옛글과 그림으로 본

한국 정원의 내면 읽기

옛글과 그림으로 본

한국 정원의 내면 읽기

홍형순 지음

한국학술정보

서 문

> 내 살과 뼈가 여문 마을이었건만, 옛 모습을 제대로 지키고 있는 것이라곤 아무 것도 없었다. 옛 모습으로 남아난 것이 저토록 귀할 수가 있을까. 그중에서도 맨 먼저 가슴을 후려친 것은 왕소나무가 사라져버린 사실이었다.[1]

영어의 가든(garden)이라는 단어의 어원은 히브리어로 '울타리를 두르다'라는 의미의 'gan'과 낙원을 지칭하는 'eden' 혹은 'oden'의 합성어라고 한다. 또 한자에 정원을 의미하는 동산 원(園), 후원 유(囿), 뜰 포(圃) 등의 글자 역시 '울타리'라는 의부(意部)를 기본으로 한다. 각기 다른 문화권의 문자에 함축된 요소와 의미가 신기할 정도로 같은 요소를 공유하고 있다.

동・서양을 막론하고 정원은 인류 역사와 함께해 왔다. 인간이 지구상에 살기 시작하면서부터 사람들은 자신의 정주 공간 주변에 울타리를 둘렀다. 이 울타리는 생존을 위한 것으로 외적이나 맹수 등 불리한 외부환경에 대처하는 수단이었다. 이 울타리 안을 마치 천국의 에덴동산과 같이 자신과 가족에게 아름다움과 안락함을 주는 공간으로 조성하고자 했다.

---

1) 이문구(2016). 『관촌수필』, 「일락서산(日落西山)」. 서울: 문학과 지성사. p. 10.

일시적으로 풍미하다가 사라져 버리는 유행(fashion)과 달리 양식(style)은 특정 지역을 바탕으로 긴 세월에 걸쳐 형성되며 독특하고 일관된 형식을 유지한다. 오랜 시간이 흐르면서 세계 곳곳에 그 나라만의 개성적인 정원 양식이 나타났다. 한 나라의 정원 양식은 그 지역의 지형, 기후와 풍토 등 자연환경을 바탕으로 그곳에 사는 사람들의 가치관, 사상과 종교 등 인문환경이 총체적으로 어우러진 결과물이다.

자연환경을 바탕으로 우리의 고유문화와 정서가 반영된 우리나라의 옛 정원은 매우 소중한 문화유산이다. 그러나 구조적이며 고정적인 건축물과 달리 지형, 식생 등 자연성을 기반으로 하는 정원은 유기체적 속성을 지니며 이로 인해 많은 옛 정원이 멸실되거나 변형된 상태이다. 특히 유례없이 급속한 산업화와 도시화 과정을 거친 우리나라의 경우는 원형을 고스란히 유지하고 있는 옛 정원이 극소수에 불과하다. 또 현존하는 정원마저도 지형, 수계, 식생 등 주변 환경이 크게 변하여 본래의 모습을 짐작하기 어려운 경우가 많다. 산천은 유구하지 못하고 인걸도 간데없으며 옛 정원 역시 남아 있지 않다.

이러한 상황에 기인하여 간혹 '우리나라 고유 정원 양식이라는 것이 과연 있는가?'라는 질문을 받기도 한다. 혹자는 한국 정원은 중국 정원의 아류에 불과하다고도 한다. 물론 규모나 화려함에는 중국 정원이 월등하다. 또 기교와 섬세함에는 일본 정원이 앞선다. 이 세 나라는 고대 이래 한자문화권에서 유·불·선 사상, 음양오행설, 풍수설 등 문화적 배경을 공유해 왔다. 또 이 나라의 정원은 단순히 시각적이고 물리적인 차원을 넘어 각별한 의미, 즉 형이상학적 상징성을 담아내는 사의(寫意)의 전통을 중시해 왔다. 이러한 점에서 우리나라 옛 정원의 정체성을 '자연과 조화', '자연에 순응' 등 진부한 표현 — 진부하다고 해서 사실과 다르다는 것은 절대 아니다. 구체적인 실증 규명은 도외시한 채 상투적으로 사용하는 것을 지양한다는 의미이다. — 만으로 단정 짓기는 역부족이다. 이를 설명하는 사람은 궁색하고 듣는 이도 개운치 못하다.

우리나라의 옛 정원에 관한 연구는 활발하며 그 성과 역시 풍성하다. 그러나 이에 대한 국외자의 평가는 그리 곱지만은 않다. 예를 들어 한국의 정원에 대해 탁월한 저서를 낸 바 있는 한국미술사 전공의 연구자는 전통 정원 연구 성과물들에 대해, "정원 경물의 배치 상태 또는 수목의 식재, 정원 조성의 내력 등 역사적 내용이나 현상적 설명에 치우쳐 있다."라고 한다. 또 정신적인 측면을 언급하고 있지만, "그 내용이 매우 피상적이고 포괄적이어서 실제로 한국 정원이 지니고 있는 진면목을 공감하기에는 부족하다."라고도 한다. 옛 정원에 관심이 있는 한문학 분야 연구자의 평가도 크게 다르지 않다. 아프지만 겸허하게 받아야 할 지적임이 분명하다.

정원은 그 집에 거주하는 사람의 생활공간이다. 단순한 생활공간이 아니라 집주인 — 혹은 작정자라고 할 수도 있다. — 이 추구하는 관념 세계와 개인의 취향이 반영된 지극히 사적인 생활공간이다. 따라서 한국적 정원 양식이라는 큰 흐름을 수용하면서도 세부적인 면에서는 다양한 변화를 보인다. 또 각기 산세와 물길 등 입지 환경이 이루는 형국에 따라 주택과 정원의 양상도 다양하게 나타난다. 그러나 앞서 언급한 바와 같이 이 같은 옛 정원이 온전히 남아 있는 경우가 드물다. 옛글과 그림을 매개로 하여 옛 정원의 내면을 살펴보려는 이유가 여기에 있다.

우리는 물질적 풍요와 함께 지식과 정보가 넘쳐나는 21세기를 살고 있다. 한두 번의 버튼 조작만으로도 이 세상 거의 '모든 지식'을 내 손안에 펼칠 수 있다. 사유나 추론은 번거로운 과정일 뿐이므로 과감하게 생략하곤 한다. 즉각적이고 즉물적이며 단편적인 지식과 정보에 길들여지고 익숙해져 있다. 많은 이들이 우리의 전통문화나 옛 정원을 보는 태도나 관점도 여기에서 크게 벗어나지 않아 보이기도 한다.

필자는 오늘의 관점이 아닌 옛사람의 눈과 마음으로 우리의 옛 정원을 살펴보고자 한다. 21세기를 사는 현대인의 관점에서 이러저러했을 것이라는 어설픈 판단을 배제한다. 이 책에 실린 글들은, 옛사람의 태도와 감성으로 옛 정원의 내면을 읽어 보려는 시도의 결과물이다.

옛 정원의 실체는 여러 겹의 층위(layer)가 겹겹이 덮여 있어 그 내면을 읽어 내기가 쉽지 않다. 긴 시간의 흐름이란 층, 이에 따른 물리적 변화의 층, 삶의 모습과 사고방식의 변화라는 층, 이러한 중층의 층위를 하나씩 걷어 냄으로써 그 내면을 읽어 낼 수 있을 것이다. 이 책을 통해 '한국 정원의 내면을 얼마나 읽어 내었는가?'라는 질문에는 자신 있는 답을 내놓기 어렵다. 연구 연륜이 쌓일 때도 됐으나 집중력과 공부가 부족하여 성과가 미미하기 때문이다.

이러한 연구를 진행하면서 맞닥뜨린 큰 벽은 한문 자료였다. 번역문에 의존할 수밖에 없는 필자의 경우, 여러 번역자의 노고에 대한 감사를 빼놓을 수 없다. 이러한 수고의 결정체인 한국고전번역원의 데이터베이스 역시 큰 도움이 되었다. 이와 함께 옛 그림에 대한 조예가 부족한 필자에게 한국미술사 분야의 연구 성과들 역시 큰 길잡이가 되었다. 현시점에도 미발굴, 미번역 자료가 얼마나 많은지 짐작조차 할 수 없다. 학제 간 연구가 절실한 이유이다.

이 책에 실린 글은 10여 년에 걸쳐 학술지에 발표한 논문을 모은 것이다. 이 과정에서 연구 주제가 파초에서 오동으로, 주역에서 하도와 낙서로 연결되고 파생되었다. 또 정조(正祖)에 관한 연구가 궁궐로 옮겨 갔고, 궁궐 연구를 진행하다 보니 호랑이 문제가 대두되었다. 연구자의 입장에서는 행복하고 흥미진진한 탐구 편력 과정이었다. 다만 이들을 한데 모으다 보니 일부 서술을 다른 꼭지에서 다시 중언부언하거나 인용과 도판이 중복된 경우도 있다. 독자의 입장에서는 이런 부분이 다소 불편할 수도 있겠으나 분방한 연구 궤적이라는 차원에서 이해하기를 당부 드린다.

이 책의 일부 서술 중에는 기라성 같은 원로를 비롯해 선배·동학의 연구 성과에 대해 이견을 제시한 부분도 있다. 이는 선행 연구 성과를 폄훼하려는 것이 아니라 필자 나름의 새로운 해석을 시도한 것이다. 선행한 연구 성과가 없었다면 이러한 시도조차 불가능한 일이다. 여러 연구 성과에 경의를 표하는 마음은 여전히 변함없다.

이 책이 세상에 나오기까지 도움을 주신 여러분께 감사를 드린다. 먼저 이 책의 출판 제안을 기꺼이 수락해 주신 한국학술정보㈜ 출판사의 조가연 님께 깊은 감사 인사를 전한다. 경제성이나 대중성만을 고려했다면 이 책은 아직도 하드 디스크 용량만 차지하는 컴퓨터 속 파일로 남아 있었을 것이다. 부족하고 서툰 원고를 죽간을 엮듯이 갈무리하여 편집해 주신 윤성일 님 덕분에 책다운 꼴을 갖출 수 있었다.

2019년 3월

태봉골 건원관 연구실에서

일러두기

이 책에 실린 글의 원출전과 제목은 다음과 같다. 이들을 모아 단행본으로 엮는 과정에서 제목과 내용 일부를 첨삭하거나 보완하였다. 당초 학술지 게재 논문에서는 지면의 제한 등으로 인해 그림과 사진 자료를 충분히 첨부하지 못했던 점을 감안하여 이 부분도 보완하였다. 또 일부 꼭지 글 말미에는 '덧붙이는 말'을 추가했다. 이는 당초 논문에는 없던 것으로 그야말로 '사족'과 같은 필자의 소회를 담은 글이다.

1. 「장주묘암도」에 표현된 정원 도해의 메타포(Metaphor)(2008. 3.). 한국전통조경학회지 26(1), 1～8쪽 수록.
2. 겸재의 진경산수화에 표현된 전통 정원(2009. 12.). 한국전통조경학회지 27(4), 61～73쪽 수록.
3. 그림 속 식물 요소를 통해 본 「독서여가도」의 의미(2010. 6.). 한국전통조경학회지 28(2), 1～8쪽 수록. 홍형순・김명희. 2인 공동.
4. 고전 시문을 통해 본 파초(*Musa basjoo*)의 식재 의미와 설계용도 (Design Use)(2011. 6.). 한국전통조경학회지 29(2), 52～62쪽 수록.
5. 상수(象數) 원리를 정원구성에 적용한 용도서(龍圖墅)와 귀문원(龜文園)(2012. 6.). 한국전통조경학회지 30(2), 119～129쪽 수록.
6. 전통 정원에서 '오동(梧桐)'의 수종, 식재 위치와 경관적 활용(2013. 6.). 한국전통조경학회지 31(2), 20～30쪽 수록.
7. 표암(豹菴)의 「호가유금원기(扈駕遊禁苑記)」에 나타난 궁원 유람행사의 내용과 의미(2014. 6.). 한국전통조경학회지 32(2), 1～11쪽 수록.
8. 정조(正祖)의 궁원(宮苑) 유락(遊樂)(2015. 12.). 한국전통조경학회지 33(4), 10～25쪽 수록.
9. 정조(正祖)의 화훼(花卉) 애호 태도와 의미(2016. 12.). 한국전통조경학회지 34(4), 14～25쪽 수록.
10. 현대 라이프스타일(Lifestyle) 관점에서 본 허균(許筠)의 『한정록(閒情錄)』(2017. 12.). 한국전통조경학회지 35(4), 56～74쪽 수록.
11. 환경사 관점에서 본 조선 시대 궁궐에 범과 표범의 출몰(2018. 9.). 한국전통조경학회지 36(3), 1～15쪽 수록.

위 목록 중에서 세 번째 논문은 동료인 김명희 교수와 공동으로 발표한 것이다. 해당 꼭지의 글에도 밝혔듯이, 당초 이 논문은 필자 단독으로 연구를 진행하였었는데 연구 마무리 단계에서 김 교수가 중대한 오류를 지적해 주었다. 이후 논문은 전반적으로 수정하여 재작성하는 과정을 거쳤다. 아울러 이 글은 공동연구자의 동의를 받아 이 단행본에 포함하였음을 밝힌다.

이 책의 원고를 작성하는 데 있어서 사용한 문장부호와 원고 작성 원칙은 다음과 같다.

1. 책명, 정기간행물 등에는 겹낫표(『』), 저술의 장, 절, 편명, 그림의 제목 등에는 홑낫표(「」)를 사용했다.
2. 고유어에 대응하는 한자어 표기가 필요한 경우는 대괄호([ ]), 드러내어 강조할 필요가 있는 단어에는 작은따옴표(‘’)를 사용했다.
3. 한자 병기는 최초 노출 후 반복하지 않도록 하나 문맥의 이해를 위해 필요한 경우에는 반복하여 한자를 병기하였다.
4. 한자 독음으로 익숙하게 알려진 중국 인명은 외래어 표기법에 따르지 않고 독음을 그대로 표기하였다.
5. 본문에 포함한 사진과 그림은 출처를 밝혔으며 출처 표시가 없는 사진은 필자가 직접 촬영했거나 퍼브릭 도메인(public domain)에서 가져온 것이다.

목 차

제1장

파초(芭蕉)의 식재 의미와 설계 용도(Design Use)

들어가는 말

어린 시절로 돌아가 보자. 당시 어린이 신문이나 잡지 한편에는 '숨은그림찾기'가 빠지지 않고 실렸다. 지금 다시 보면 그다지 교묘할 것도 없지만, 그림 속 곳곳에 숨어 있는 주전자, 농구공 등등 잡동사니를 찾아내는 재미가 있었다. 이것이 시시해질 무렵에는 복잡한 패턴(pattern)으로 구성된 무늬 속에서 선명한 입체 영상을 볼 수 있는 '매직 아이(magic eye)'가 유행하기도 했다. 이후에는 더욱 세련된 삽화집인 『월리를 찾아라(Where's Wally?)』 시리즈가 인기를 끌기도 했다.

이런 추억을 떠올리며 다음 그림들 속의 '숨은 그림'을 찾아보자. 이 그림에는 모두 시, 그림, 바둑, 차, 활쏘기 등등 여가를 즐기는 선비 모습이 있다. 이 외에도 그림에는 또 다른 공통점이 있는데, 답은 모두 '파초(芭蕉)'와 '오동나무'가 그려져 있다는 것이다. 더구나 이와 유사한 그림은 무수히 많다. 옛사람들이 이같이 파초와 오동나무를 즐겨 그린 이유는 무엇일까? 이 글은 이러한 의문점에서 출발한다.

「문인아집도(文人雅集圖)」, 이재관, 19세기 초, 32.1×42.9cm(출처: 호암미술관, 2007: 19)

「인물화」, 안중식, 18세기, 27.0×34.0cm (출처: 유홍준·이태호, 2003: 60)

「벽오청서도(碧梧淸暑圖)」, 강세황, 1750년대, 30.5×35.50cm(출처: 유홍준·이태호, 2003: 28)

「수하한담(樹下閒談)」, 이방운, 19세기, 27.0×40.0cm(출처: 유홍준·이태호, 2000: 10)

중국 서안(西安)의 호텔 중정의 파초

파초(*Moosa basjoo*)는 다년생 초본식물로 중국 남부지방이 원산지이다. 우리나라에는 오래전에 관상용으로 들여왔고 제주도, 남부지방 등 노지에서 월동이 가능한 귀화식물이다.[1] 우리나라에 생육하는 목본식물과 초본식물을 막론하고 잎의 크기에 있어

1) 김태정(1996). 한국의 자원 식물Ⅴ. 서울: 서울대학교출판부. p. 225.

서 파초 잎이 단연 으뜸이다. 여름철에 싱싱한 푸름을 뽐내는 커다란 파초 잎은 청량감을 제공하므로 '한여름의 친구'로 대접받았다. 이러한 연유로 파초는 '풀 중에 으뜸'이라 하여 초왕(草王)[2] 혹은 초제(草帝)라고도 한다.

일찍이 파초에 의미를 부여한 사람은 당대(唐代)의 시인이자 화가인 왕유(王維, 701~761년)[3]이다. 그는 후한 시대(202 B.C.~220 A.D.) 청백리 원안(袁安, ?~92년)의 고사를 담은 「원안와설도(袁安臥雪圖)」를 남겼다. 이 그림에는 쌓인 눈을 배경으로 파초 아래에 누워 있는 원안이 그려져 있다. 실제로 한겨울에는 파초가 생육할 수 없지만, 왕유는 원안의 청렴한 인품을 표상하기 위해 푸른 파초를 사용했다. 이후 파초에는 다양한 의미들이 중첩되어 왔다.

우리나라에서도 파초는 오래전부터 선비들이 애호한 정원 식물 중의 하나이다. 더구나 파초는 정원에 심어진 단순한 시각 대상물에 더해 시와 그림의 제재(題材)가 되어 '파초 시'와 '파초도'라는 문예 유형을 낳기도 했다.

파초는 유가(儒家)뿐 아니라 불가(佛家)에서도 애호하였다. 파초는 여러 사찰의 여름 경관을 대표하는 식물 요소로 활용되어 왔으며 사찰 마당과 당우의 벽화에도 빈번하게 등장한다.

앞서 살펴본 '숨은그림찾기'와 같이 파초에 관해서 많은 의문점이 있다. 즉 우리 고유의 자생식물이 아닌 파초가 어느 시기에 우리나라에 도입되었는가? 파초는 이국적인 남방 식물임에도 불구하고 우리의 전통 정원에 오랜 기간에 걸쳐 즐겨 가꾸어진 이유는 무엇인가? 옛사람들은 정원에 파초를 어떠한 용도(design use)로 식재하였는가? 선인들이 파초에 부여한 의미는 무엇이며 어떠한 완상(玩賞) 태도를 가졌는가? 이 밖에도 파초 식재를 통해 얻고자 한 구체적인 효용성은 무엇인가 등등의 의문점을 살펴보고자 한다.

---

2) 이선(2006). 우리와 함께 살아온 나무와 꽃. 서울: 수류산방. 중심. p. 654.

3) 왕유는 시문, 서화, 음률에 모두 일가를 이루었다. 이백(李白, 701~762년)이 시선(詩仙)이라면 왕유는 시불(詩佛)로 칭송받는다. 왕유의 시는 그림과 같다는 평가를 받는데 소식(蘇軾, 1036~1101년)은 "왕유의 시 속에 그림이 있다."라고 하였다. 그는 수묵 산수화를 창시한 화가이기도 하다.

파초의 전래

최치원(崔致遠, 857년~미상)은 당(唐)나라에서 벼슬을 하였고 신라 헌강왕(憲康王) 11년(885년)에 귀국하였다. 그는 당나라에 머문 동안의 저술을 모아 헌강왕에게 진헌(進獻)하였는데 이 중 전하는 것이 『계원필경집(桂苑筆耕集)』이다. 이는 문집의 형태로 전해지는 신라 시대 유일의 자료이다. 다음은 이 문집의 제20권에 실린 시이다.

'김원외가 참산의 청 상인에게 준 시에 화운하다
(和金員外贈巉山淸上人)'

바닷가 청산 속의 구름에 덮인 암자 하나 / 海畔雲菴倚碧螺
진토를 멀리 떠나 승려의 집으로 그만일세 / 遠離塵土稱僧家
그대여 파초의 비유만 물으려 하지 말고 / 勸君休問芭蕉喩
봄바람에 일렁이는 물결 꽃을 한번 보소 / 看取春風撼浪花[4]

'암자', '진토', '승려의 집' 등의 시어로 인해 불교와 관련된 내용임을 짐작할 수 있다. 또 '파초의 비유'를 언급하고 있는데 여기서는 '허망함', '무상함'을 의미한다.[5] 이 같은 파초의 불교적 의미는 뒤에서 논의하게 되므로 미루어 둔다. 여기서 고려할 점은 이 시로 인해 우리나라에 파초가 소개된 것은 적어도 통일신라 시대까지 거슬러 올라간다는 것이다.

다음은 파초를 언급한 고려 충렬왕(忠烈王) 21년(1295년)의 기록이다.[6]

꽃구경을 위한 연회를 향각(香閣)에 베풀었는데, 향각 뒤에 따로 장막을 설치하고 크게 여악을 벌였다. 중랑장 문만수(文萬壽)가 물을 끌어들여 재주를 부리고 청랍견(靑蠟絹)을 오려서 파초(芭蕉)를 만드니, 왕이 기뻐하여 백금 3근을 하사하였다.

중랑장(中郎將)은 정오품의 무관 벼슬이다. 문만수가 푸른 비단을 오려서 만든 파초가 꽤 근사했기에 왕은 백금 3근이나 하사했을 것이다. 이 기록은 고려

4) 『계원필경집』 제20권. 시(한국고전 종합 DB).

5) 김원외(金員外)는 신라 출신으로 중국에 갔다가 고운과 함께 귀국한 김인규(金仁圭)를 가리킨다. 또 '파초의 비유'는, 파초는 초본식물로 목질이 없기 때문에 단단하지 못하고 연약한 것처럼 사람도 허망하고 무상하다는 것을 의미한다(한국고전 종합 DB의 원주 참조).

6) 『고려사절요(高麗史節要)』 제21권. 충렬왕 3(忠烈王 三). 21년(1295년)(한국고전 종합 DB).

시대에도 왕을 비롯해 민간에서도 파초를 잘 알고 있었다는 것을 보여준다.

고려 시대에는 중국 송(宋)나라의 산수원림(山水園林)의 영향으로 궁궐이나 민간에서도 화려한 정원을 만들었다고 하나 그 구체적인 형태를 소개한 기록은 아직 발견되지 않았다.[7] 그러나 시문을 통해서는 당대 정원의 모습을 짐작해 볼 수 있다. 고려 중기의 대문호 이규보(李奎報, 1168~1241년)의 『동국이상국집(東國李相國集)』과 고려 말 이곡(李穀, 1298~1351년)의 『가정집(稼亭集)』 등에 파초를 읊은 시가 여러 수 있다. 다음은 『가정집』에 실린 이곡의 시이다.

'차운하여 순암(順菴)에게 답하다'

반평생 나의 생활 그야말로 이군삭거(離群索居) / 生光景屬離居
여관 밥이면 충분하지 다른 건 원래 원치 않소 / 旅食從來不願餘
창밖엔 지난밤 비에 흠뻑 젖은 파초 잎이요 / 窓外芭蕉饒夜雨
소반엔 봄에 지천으로 나는 목숙 무침이라 / 盤中苜蓿富春蔬
집안이 가난하니 단표의 즐거움을 절로 누릴밖에 / 貧自有簞瓢樂
생계가 졸렬한 것은 필묵이 서툰 때문이 아니라오 / 非因翰墨疎
선탑 가에 화려한 봄꽃의 시절이 찾아왔는데 / 時到煙花禪榻畔
몸과 세상을 좌망한 채 여인숙처럼 보내실지 / 坐忘身世□蘧廬[8]

이 시는 한가로움을 즐기며 자족하는 삶을 그리고 있다. 집 마당에 볼만한 경물이라고는 '비에 흠뻑 젖은 파초'뿐이다. 파초와 비는 매우 밀접한 연관성을 갖는 사물로서 중요한 의미가 있는데 이 부분 역시 뒤에서 상술하도록 한다.

작자 미상으로 14세기에 그려진 「아집도(雅集圖)」는 고려 시대 정원과 이를 이용하는 모습을 보여주는 그림이다. 두 폭의 그림 속에는 큰 저택의 화려한 정원에서 사대부들이 그림을 감상하고 시를 쓰는 등 풍류를 즐기는 모습이 그려져 있다. 정원 내 식물은 오동나무와 함께 남방 식물인 파초, 종려 등이 상세하게 표현되어 있다.

선행 연구에 의하면 18세기 이후에 도시문화의 활성화와 사대부의 원예취미로 인해 파초 식재가 널리 유행했다는 견해[9]도 있다. 그러나 이러한 시문과 그

---

7) 한국사연구회(2007). 개경의 생활사. 서울: 휴머니스트. p. 247.

8) 『가정집(稼亭集)』 제16권. 율시(한국고전 종합 DB).

9) 정민(2007). 18세기 조선 지식인의 발견. 서울: 휴머니스트. pp. 218-220; 노재현·김영숙·고여빈(2010). 조경 식물 파초(*Musa basjoo*) 식재 양상과 그 의미. 한국전통조경학회지. 28(2): 23-36.

림을 통해 이미 고려 시대에 파초는 보편적으로 애호된 정원 식물로 자리 잡고 있음을 확인할 수 있다.

「아집도(雅集圖)」, 작자미상, 고려, 14세기, 비단에 채색, 각 139.0×78.0cm(출처: 호암미술관 2007: 19)

「아집도」 중 '파초' 부분

파초에 내재하는 의미

유가(儒家)의 자강불식(自强不息)

'자강불식(自强不息)'이란 스스로 힘써 노력하며 쉬지 않는다는 뜻의 한자성어이다. 그 원전은 『주역(周易)』 건괘(乾卦) 상전(象傳)으로, "하늘의 움직임은 꿋꿋하다. 군자는 하늘을 따라서 스스로 굳세지고자 노력하며 쉬지 않는다."[10]이다. 즉 군자는 대자연의 질서를 본받아 스스로 심신을 수련하여 지혜와 품성, 도덕을 닦는 데 힘써야 한다는 것이다.

잎을 펼치기 위해 둥글게 말려 올라오는 파초의 새 심

파초는 생장 속도가 매우 빠른 식물이다. 외줄기에 잎이 펼쳐지기 전에 원통형으로 말린 새 심이 빠르게 올라와 다음 잎을 펼칠 준비를 한다. 옛사람들은 파초의

10) "天行健 君子以 自强不息." 김인환 역해(2006). 『주역』. 서울: 고려대학교출판부. p. 33.

이러한 생육특성을 자강불식의 표상으로 여겼다.

여러 문인은 파초로부터 자강불식의 의미를 새긴 '파초 시'와 '파초도'를 남겼다. 다음은 조선 전기의 문신인 서거정(徐居正, 1420~1488년)의 시이다.

'파초(芭蕉)'

어이하여 지엽을 말았다 폈다 하는가 / 如何枝葉捲還舒
펴고 마는 걸 원래 자유로이 하고말고 / 舒捲由來得自如
새 맘으로 새 덕 기르는 걸 배우고파라 / 欲學新心長新德
이 말을 내 다시 횡거에게 묻고 싶구나 / 此言吾欲問橫渠[11]

이 시에 나오는 횡거(橫渠, 1020~1077년)는 중국 송나라 때 장재(張載)를 말한다. 장재는 주렴계(周濂溪, 1017~1073년) 등과 함께 성리학의 토대를 마련한 학자이다. 장재 역시 "파초의 심이 다하여 새 가지를 펼치거든, 새로 말린 새 심이 은연중 뒤를 따르나니, 원컨대 새 심으로 새 덕 기르는 걸 배우고, 이내 새잎으로 새 지식 넓힘을 따르련다."[12]라고 파초로부터 자강불식의 의미를 새긴 바 있다.

다음은 조선 중기의 학자 조익(趙翼, 1579~1655년)의 시문집인 『포저집(浦渚集)』에 실린 영사(詠事) 26수 중 '파초(芭蕉)를 노래하다'라는 시이다. 여기에는 이 시를 쓴 동기와 감회를 적었는데, 파초의 생장 과정을 관찰하며 횡거의 시에 깊이 공감하고 깨우친 소감을 담고 있다. 이 글은 성리학적 격물치지(格物致知)와 궁리(窮理)의 태도를 잘 보여준다.

예전에 횡거(橫渠) 선생의 파초 시를 보긴 하였으나, 그때는 이 시가 얼마나 친절한지를 아직 알지 못하였다. 금년에 파초 하나를 대청 앞에 심어 놓고 살펴보니, 일단 하나의 잎사귀가 활짝 펴져서 사방으로 드리워지면 또 새 잎사귀가 마치 채찍처럼 속에서 돌돌 말려 곧장 위로 뽑혀 나왔고, 이 잎사귀가 또 점차 커져서 저번처럼 되면 또다시 새 잎사귀가 뽑혀 나왔는데, 이러한 현상이 그치지 않고

11) 『사가집(四佳集)』. 「사가시집」. 제45권, 시(한국고전 종합 DB)

12) "芭蕉心盡展新枝 新卷新心暗已隨 願學新心養新德 旋隨新葉起新知." 임정기 역(2006). 『사가집(四佳集)』. 「사가시집」 제45권. 시의 주석에서 재인용(한국고전 종합 DB)

계속해서 이어지곤 하였다. 내가 이것을 보고서 비로소 횡거가 시를 지은 그 뜻이 얼마나 친절한지를 알고는 마침내 느낀 점이 있어서 시를 지었다.

앞 잎사귀 드리우면 뒤 잎사귀 벌써 삐죽 / 前葉纔舒後葉抽
뽑혀 나오고 활짝 펴짐이 계속 이어지나니 / 旋抽旋暢不曾休
우리도 이것을 보고 모쪼록 학문을 발전시켜 / 吾人進學須看此
날로 열심히 추구하며 새로운 경지 이뤘으면 / 勉勉新功日日求[13]

다음은 조선 중기 문신이자 학자인 장유(張維, 1587~1638년)의 '혼자 쓸쓸히 지내면서 아무렇게나 읊어본 시 십 수(索居放言十首)' 중 10번째 시이다.

여러 개씩 붙어 있는 파초 잎사귀 / 芭蕉葉重重
중심을 같이하고 한 곳에서 나오는데 / 盡從中心出
말려 올라가다 활짝 펼쳐지고 / 初卷旋自展
다시금 돌돌 말린 새잎이 돋아나네 / 展盡卷復茁
줄기가 척추라면 잎사귀는 갈비뼈들 / 一脊布群肋
그 조리 어쩌면 이토록 치밀할꼬 / 條理何微密
누구라서 이 모습을 본떠 새겨낼까 / 誰能刻雕此
교묘한 그 자태 말로 할 수 없도다 / 巧妙不容說
화초는 보라고만 있는 것이 아니요 / 花卉非爲目
그 속에 담긴 이치 음미해야 하거니 / 物理可玩閱
닥나무 잎 만드는 데 삼 년이 걸렸다나 / 三年作楮葉
고생은 인정한다마는 어쩜 그리도 졸렬한고 / 辛苦笑爾拙[14]

이 시에, 화초는 단순한 눈요깃거리가 아니라 그 사물에 담긴 이치를 깨닫는 것이 중요하다고 한다. 여기서 파초에 담긴 의미는 당연히 '자강불식'이다.

정조(正祖, 1752~1800년)는 어린 나이에 생부의 비극적인 죽음을 겪었다. 또 외척과 노론의 견제 속에서 즉위에 이르기까지 지난한 과정을 거쳐야 했다. 그는 사도세자의 아들로서 불우한 처지를 감내해야 했고 정치적으로 불안한 상황 속에서 스스로 강해지기 위해 쉬지 않고 노력해야 했다. 다음은 정조가 세손 시절에 지은 시이다.

---

13) 『포저집(浦渚集)』 제1권. 영사(詠事)(한국고전 종합 DB).

14) 『계곡집(谿谷集)』 제25권. 오언고시(五言古詩)(한국고전 종합 DB).

'섬돌의 파초'

정원에 봄풀이 아름다우니 / 庭苑媚春蕪
푸른 파초가 새로 잎을 펼치었네 / 綠蕉新葉展
잎을 펼치면 길기가 비 같으니 / 展來如箒長
사물에 의탁해 대인이 되길 힘써야지 / 托物大人勉[15]

「정조대왕필파초도(正祖大王筆芭蕉圖)」, 정조, 18세기, 종이에 먹, 84.2×51.3cm, 동국대학교 박물관 소장(출처: 이선, 2006: 653)

사도세자의 아들로서 의지할 데 없는 어린 세손은 외척과 권신의 핍박과 견제 속에 있었다. 그는 때를 기다리며 파초에 의탁해서 자강불식을 실천해야만 했다. 이런 사례를 볼 때 조선 시대 궁궐에도 파초를 즐겨 식재하였고 그 의미를 새겼음을 알 수 있다. 이 시와 함께 정조가 세손 시절에 그린 파초도가 전해진다. 그림 속 파초는 그다지 싱싱하거나 무성해 보이지 않는다. 오히려 세 개뿐인 잎은 갈라지고 찢긴 모습으로 애처롭기까지 하다. 그러나 새잎을 펼칠 준비를 하는 심은 하늘을 향해 곧게 솟아 있다.

불가(佛家)와 파초

중국 불교 선종의 초조(初祖) 달마(達磨)에게 엄동설한에 신광(神光)이라는 젊은 스님이 찾아와 가르침을 청하였다. 면벽한 달마는 아무런 반응을 보이지 않았고 신광은 눈 속에서 추운 겨울밤을 지새웠다. 신광은 구도의 의지를 보이기

15) 『홍재전서(弘齋全書)』 제2권. 「춘저록(春邸錄)」 2. 시(한국고전 종합 DB).

위해 자신의 칼로 왼쪽 팔을 잘랐는데 이때 쌓인 눈 속에서 파초 잎이 솟아나 잘린 팔을 받쳤다고 한다. 이에 달마는 신광을 제자로 받아들여 혜가(慧可)라는 법명을 주었고 후에 혜가는 중국 선종의 제2대 조사가 되었다.[16] '혜가단비(慧可斷臂)'라는 이 고사는 이후 여러 사찰 벽화의 주제가 되었고 이를 '혜가단비도(慧可斷臂圖)'라 한다. 앞서 살펴본 바와 같이 '무상함과 덧없음'을 상징하는 파초는 '대승(大乘)의 십유(十喩)'[17] 중 하나이다. 여기에 혜가단비의 고사까지 더해지면서 파초는 사찰에 즐겨 식재한 식물 중 하나로 자리 잡게 되었다. 다음은 고려 말의 학자인 이색(李穡, 1328～1396년)의 시이다.

…
그대여 한번 보소, 푸른 눈 오랑캐 늙은 중을 / 君看碧眼老胡僧
눈밭에서 끝없는 봄이 절로 피게끔 안 했던가 / 雪中自放無邊春
지금도 뜰 앞엔 잣나무가 여전히 서 있으련만 / 至今庭前柏樹在
인간 세상엔 붉은 꽃 푸른 잎 또 한창 새롭도다 / 人間紅綠方新新[18]

여기서 '푸른 눈 오랑캐 늙은 중'은 초조 달마를 가리킨다. 또 '뜰 앞의 잣나무'는 어떤 이가 당(唐)의 조주선사(趙州禪師)에게 "달마가 서쪽에서 건너온 뜻"을 묻자 "저 뜰 앞에 서 있는 잣나무이다(庭前柏樹子)."라고 한 선문답을 의미한다.

경상북도 청도군에 소재한 운문사는 고려 시대 학승 일연(一然, 1206～1289년)이 『삼국유사(三國遺事)』를 저술한 곳이다. 일연은 충렬왕 때 운문사(雲門寺)의 주지가 되어 왕에게 법을 강론하기도 했다. 이 운문사 경내 당우 벽화에도 「혜가단비도」가 있다. 이 외에도 경내 벽화에는, 젊은 시절의 일연을 그린 그림 속에도 푸른 파초가 있으며 동자들이 파초 아래에서 그림을 공부하는 벽화도 있다.

---

16) 중국 선종의 초대 조사(祖師) 달마는 하남지방의 숭산(嵩山) 소림사(少林寺)에서 면벽 참선했다고 한다. 달마의 가사와 발우는 이조(二祖) 혜가(慧可), 삼조 승찬(僧璨), 사조 도신(道信), 오조 홍인(弘忍), 육조 혜능(慧能)으로 전해지며 선맥(禪脈)을 이었다.

17) 불교에서는 사물과 현상은 실체가 없으며 모두 허망한 존재라는 것을 열 가지 비유로 설명한다. 이 열 가지는 취말(聚沫), 포(泡), 염(炎), 파초(芭蕉), 환(幻), 몽(夢), 영(影), 향(響), 부운(浮雲), 전(電)이다.

18) 『목은집(牧隱集)』. 「목은시고」 제29권. 시(한국고전 종합 DB).

「혜가단비도」, 청도군 운문사 당우 벽화

'혜가단비'의 고사를 차치하더라도 파초의 생김새와 생육특성은 여러 면에서 불가의 가르침과 통하는 특징이 있다. 파초는 많은 껍질로 싸여 있으나 속은 비어 있으므로 해서 '무상함', '덧없음'과 통한다고 보았다. 즉, 심재(心材)가 없이 빈 속은 불가의 '공(空)', '무아(無我)' 사상을 구현하고 있는 것으로 간주된다.

파초는 무성한 잎을 피우며 크게 자라지만 추위가 오면 이내 사그라진다. 또, 왕성하게 생육하다가 열매를 맺으면 곧 시들어 버린다. 이는 불가에서 헛된 욕망을 경계하는 것과도 통한다.

불가에서는 현세에 누리는 즐거움은 보잘것없는 것으로 마치 파초 잎에 떨어지는 빗방울이 흩어지는 것과 같이 덧없는 것이라고도 한다. 다음은 조선 후기의 실학자 이덕무(李德懋, 1741~1793년)가 유명을 달리한 벗을 위해 쓴 제문이다. 여기서도 인간의 삶과 죽음을 파초에 비유한 부처의 가르침을 인용하고 있다.

'우인(友人)에게 드리는 제문'

"저 부처님의 깨우침에 '인생의 사생이 포말(泡沫)과 파초(芭蕉) 같다.'라고 하였으니, 변멸(變滅) 하는 것이 그와 같다는 말이다. 그러나 포말은 잘 꺼지면서도 계속 해 일어날 줄 알고, 파초는 묵은 뿌리가 있어 피어오를 듯이 생기를 머금고 있지만, 이제 그대의 포말은 한번 꺼짐으로 그만이요, 그대의 파초는 다시 푸르기 어렵다. 가버리면 돌아오지 못하는데 자식조차 두지 못하였구나. 하나의 혈육도 전하지 못하였으니 이에 끝나고 마는 것이다. 후사가 있다면 완연히 그대를 닮았을 것이라, ….”[19)]

이렇듯 파초는 달마의 첫 제자인 혜가의 구도 의지가 담긴 상징물이다. 또 파초의 성상과 생육특성, 파초 잎에 빗방울이 흩어지는 모습은 부처의 가르침을 일깨우는 사물이기도 했다. 이러한 연유로 파초는 여러 사찰에 즐겨 식재한 식물 중 하나로 자리 잡게 되었다.

경상남도 하동군 화개면 소재 쌍계사 경내의 파초

19) 『청장관전서(靑莊館全書)』. 「간본 아정유고」 제5권(한국고전 종합 DB).

도가(道家)와 민간에서의 파초

상상 속에 존재하는 봉황은 고귀한 존재를 상징한다. 옛사람들은 바람에 너울거리는 커다란 파초 잎을 통해 실제로는 볼 수 없는 봉황의 모습을 연상하였다. 넓고 길쭉한 파초 잎이 봉황의 꼬리를 닮았다고 하여 '봉미(鳳尾)'라고도 했다. 다음은 고려 시대의 문인 이규보의 시이다.

'천룡사(天龍寺)에 우거하면서 짓다'

온 가족이 벽산 기슭에 와서 사는데 / 全家來寄碧山傍
쭈그러진 모자 가벼운 적삼으로 평상에 누웠네 / 矮帽輕衫臥一床
목마르니 촌 술의 좋은 맛 다시 알겠고 / 肺渴更知村酒好
졸음 오니 야다 향기 좋아하노라 / 睡昏聊喜野茶香
대 뿌리 땅 위에 드러나 굽은 용 허리 같고 / 竹根迸地龍腰曲
파초 잎 창 앞에서 봉황새 꼬리처럼 길구나 / 蕉葉當窓鳳尾長
삼복에 송사 없어 일찍 쉬니 / 三伏早休民訟少
때로 공왕을 다시 섬긴들 어떠리 / 不妨時復事空王[20]

이렇듯 파초의 잎은 봉황을 상징하는 표상으로 책가도와 문자도 등 민화에 빈번히 등장한다.

「책가도」 병풍 중 부분
(출처: 유홍준·이태호, 2003: 63)

---

20) 『동국이상국집(東國李相國集)』 제9권. 고율시(古律詩)(한국고전 종합 DB).

파초와 풍류

종이의 대용품

파초 잎은 넓고 그 표면이 매끈하기 때문에 예로부터 종이의 대용품으로도 사용하였다. 조선 후기에 이규경(李圭景, 1788년~미상)이 편찬한 백과사전류의 저술인 『오주연문장전산고(五洲衍文長箋散稿)』에는 종이가 없던 상고 시대에 그 대용물로 죽간(竹簡)이나 감나무 잎, 파초 잎을 사용한 것에 대해 다음과 같이 기록하고 있다.

> … 회소(懷素)는 파초 잎을 사용하였으며, 진미공의 『비급(祕笈)』에는 "회소가 가난하여 글씨 쓸 종이가 없자, 일찍이 고향 마을에 파초 만여 그루를 심어 파초 잎을 가지고 붓 휘두를 자료로 삼고, 암자 이름을 녹천암(綠天庵)이라 하였다. ….[21]

중국 당대(唐代)의 승려인 회소(懷素, 725~785년)는 초서(草書)에 매우 뛰어났으며 특히 거침없이 갈겨쓰는 광초(狂草)로 이름이 높은 서예가이다. 그는 파초가 잘 자라는 지역인 중국 남부의 장사(長沙) 출신이다. 이곳은 기후가 온난하여 겨울철에도 파초 잎이 풍성하다. 더구나 파초 잎은 거치(鋸齒)나 돌기가 없이 표면이 매끄러워 붓을 상하게 하지도 않는다. 회소는 쉽게 구할 수 있는 파초 잎을 종이 대용으로 삼아 글씨를 연마한 것이다. 아래 그림은 파초로 둘러싸인 녹천암(綠天庵)에서 글씨를 연마한 회소의 고사를 그린 「초림학서도(蕉林學書圖)」이다.

21) 『오주연문장전산고(五洲衍文長箋散稿)』. 경사 편 3, 석전류 2, 석전잡설(釋典雜說)(한국고전 종합 DB). 한국고전 종합 DB에 탑재된 번역문과 원문에는 '녹천암(綠泉菴)'으로 표기하고 있으나 전후 맥락을 고려하여 '녹천암(綠天庵)'으로 수정하여 인용하였다. 이는 파초의 크고 푸른 잎이 하늘을 덮고 있다는 의미로 '녹천(綠泉)'이 아닌 '녹천(綠天)'이라는 표현이 옳다고 판단된다. 이에 대해서는 후술하는 「초림학서도」의 화제에도 '녹천암(綠天庵)'이라고 썼으며, 이서구(李書九)의 거처에도 '녹천관(綠天館)'이라는 당호를 사용했음을 참조할 것.

「초림학서도」, 해강(奚冈), 25.6×135.8cm(출처: 杨臣彬 编, 2007: 210-211)

회소의 고사로 인해 글씨를 연마하는 이들에게 파초는 각별한 의미를 갖는 사물로 자리 잡게 되었다. 조선 후기의 문신인 남구만(南九萬, 1629~1711년)은 기사환국(己巳換局)으로 인해 강릉에 유배되었다가 이듬해 풀려났다. 그는 유배지에서 인연을 맺은 다섯 명의 제자들과 헤어지게 되자 각자에게 절구(絶句) 한 수씩을 지어 주었다. 여기에는 제자가 사는 곳의 특징을 언급하며 후일에 서로 기억하고자 하는 내용을 담았다.[22] 다섯 명 중에서 글씨에 능한 황 동자 정길(黃童子 廷吉)에게는 회소가 파초 잎에 글씨를 연습한 고사를 담은 시를 주었다. 『약천집(藥泉集)』에 실려 있는 이 시는 다음과 같다.

그대의 집 저 농천 가에 있는데 / 君家何在弄川邊
매끄러운 돌 평평하여 비단 자리보다 낫구려 / 滑石平鋪勝綺筵
이 가운데에서 팔법을 임서(臨書)해야 하니 / 須向此中臨八法
어찌 파초를 밭에 심지 못함 걱정하랴 / 何愁不得種蕉田

황 동자의 집이 오롱천(吾弄川) 가에 있었으며, 또 글씨를 잘 썼다.[23]

선생은 제자가 오롱천(吾弄川) 가에 살았고 집 주변에는 매끄럽고 평평한 돌

22) "나는 무진년 8월 8일 유배지인 경흥(慶興)에 가 있다가 12월 3일 석방되어 돌아왔다. 그사이 위리안치된 가운데에 처음부터 끝까지 따르던 자가 다섯 사람이 있었으니, 바로 경원(慶源)의 김생 기홍(金生起泓)과 채생 우주(蔡生宇柱), 종성(鍾城)의 주생 익(朱生榏)과 온성(穩城)의 최생 보국(崔生輔國), 경원(慶源)의 황 동자 정길(黃童子廷吉)이었다. 나는 작별에 임하여 각각 절구(絶句) 한 수를 지어 주면서 그 거주하는 곳을 기록하여 후일 서로 생각하는 뜻을 붙이는 바이다."(『약천집』 제2권. 시. 한국고전 종합 DB).

23) 『약천집』 제2권. 시(한국고전 종합 DB).

이 많다는 것을 언급하고 있다. 이 말의 의미는 글씨에 재능이 있는 정길은 회소처럼 굳이 파초를 심지 않아도 글씨를 연습하는 데 부족함이 없으니 더욱 정진할 것을 당부하는 것이다.

이후 종이를 널리 사용하게 된 후대에도 파초 잎에 글씨를 쓰며 더운 여름날을 보내는 것은 선비의 운치로 자리 잡게 되었다. 다음은 조선 전기의 문신인 서거정(徐居正, 1420~1488년)의 문집인 『사가집(四佳集)』에 수록된 '자고 일어나다'라는 시이다.

> 동산의 복사꽃 오얏꽃엔 절로 길이 났는데 / 園中桃李自成蹊
> 자고 일어나니 남창엔 닭 소리가 한창일세 / 睡起南窓正午鷄
> 시 생각이 물처럼 맑은 게 하도 괴이하여 / 却怪詩情淸似水
> 파초 잎 위에다 또 새로운 시를 적어보네 / 芭蕉葉上又新題[24]

단원 김홍도(檀園 金弘道, 1745년~미상)의 「포의풍류도(布衣風流圖)」에도 이러한 여름철 선비가 즐긴 운치를 담고 있다. 그림에는 "종이창, 흙벽으로 된 집, 평생토록 벼슬 않고 그 가운데서 읊조리리"[25]라는 화제가 있다. 그림 속 인물은 벼슬을 하지 않는 선비가 입는 옷인 '포의' 차림에 맨발을 하고 있어 자유롭고 편한 상태라는 것을 보여준다. 또 주인공은 비파를 연주하고 있고 주

24) 『사가집(四佳集)』. 「사가시집」 제29권(한국고전 종합 DB).

25) "紙窓土壁 終身布衣 嘯詠其中." 유홍준·이태호(2003). 유희삼매—선비의 예술과 선비취미. 서울: 학고재. p. 155.

변에 널린 서화와 책, 고자기(古磁器), 고검(古劍), 술이 담긴 호리병 등 애호품을 통해 이 인물의 풍모와 취향을 알 수 있다. 이와 함께 붓, 벼루와 먹이 있으며 흥이 돋으면 언제든지 시를 쓸 수 있는 파초 잎도 준비되어 있다.

「포의풍류도」, 김홍도, 18세기 후반, 종이에 수묵담채, 28.0×37.0cm
(출처: 유홍준·이태호, 2003: 39)

이 밖에도 파초는 중국 당대(唐代)의 시인인 위응물(韋應物, 737~804년)이 만날 수 없는 동생을 그리워하며 파초 잎에 편지를 쓴 고사로 인해 형제애를 상징하기도 한다.[26] 이렇듯 넓고 매끄러운 파초 잎은 종이의 훌륭한 대용품이었다. 특히 파초 잎은 단순한 종이의 대용물에 더해 회소의 고사와 더운 여름날을 보내는 선비의 운치 등 복합적 의미를 갖는다.

술잔을 대신한 파초 잎

한여름 무더위가 한창일 무렵에 파초는 잎이 무성해진다. 옛사람들은 무더운 여름날에 파초 잎으로 술잔을 대신하는 풍류를 즐기기도 했다. 조선 중기에 시문

26) 이선(2006). 앞의 책. p. 655; 조성진, 조영열 역(2004). 한시와 일화로 보는 꽃의 중국문화사. 서울: 뿌리와 이파리. p. 273.

과 글씨에 능해 송도삼절(松都三絶)로 불린 최립(崔岦, 1539~1612년)의 시문집인 『간이집(簡易集)』에는 파초 잎을 술잔에 대신하는 풍류를 묘사한 시를 볼 수 있다.

'김영부(金領府) 저택의 연회(宴會)에서'

더위 피하는 멋진 풍류 북해를 압도하는지라 / 避暑風流傾北海
진흙탕 뚫고 수레와 말들 남산으로 모였어라 / 衝泥車馬簇南山
의관의 으뜸인 분 국구의 신분도 잊으신 채 / 身忘國舅衣冠右
집안사람들 함께 모아 큰 잔치를 열었다오 / 具取家人鼎俎間
가냘픈 파초 잎 견뎌 낼까, 술잔 속의 계온이요 / 桂醞盞愁蕉葉脆
단단한 수정이 혹 아닐까, 소반 위의 빙과로세 / 氷羞盤訝水晶頑
초청해 주신 성대한 뜻 시 감상하려 함일 텐데 / 嘉招侶爲憐能賦
이 백발 또 어떡하지 비단 돌려준 꿈 꿨으니 / 白首其如夢錦還[27)]

이 시는 더운 여름철에 열린 화려한 연회 모습을 보여준다. 한여름에 싱싱한 파초 잎은 쉽게 구할 수 있는 물건이다. 무더위 속에 열린 잔치이지만 청량감을 주는 싱싱하고 푸른 파초 잎으로 술잔을 대신함으로써 풍류를 즐기고 있다.

정원에서 파초의 용도(Design Use)

녹음 제공과 시각적 활용

앞에서 언급했듯이 우리나라에 생육하는 모든 식물 중 잎의 크기에 있어서 파초가 으뜸이다. 이국적인 느낌의 커다란 잎은 파초라는 식물의 가장 큰 특징이다. 이런 이유로 파초의 아명(雅名)은 녹천(綠天)인데 커다란 파초 잎을 우러러보면 녹색의 하늘처럼 보이기 때문이다.[28)]

정조 때 문신 이서구(李書九, 1754~1825년)는 파초의 푸른 잎을 애호하여 자신의 집 당호를 '녹천관(綠天館)'이라 했다. 또 연암 박지원(燕巖 朴趾源, 1737~1805년)은 55세 때 안의 현감으로 부임하였는데, 이곳에 재임하는 중에

27) 『간이집(簡易集)』 제8권. 「환조록(還朝錄)」(한국고전 종합 DB).

28) 조성진・조영열 역(2004). 앞의 책. p. 272.

‘하풍죽로당(荷風竹露堂)’이란 건물을 지었다. 하풍죽로당이란 당호는 “연꽃 향이 바람에 날리고 대나무 잎에 이슬이 맺힌다.”라는 의미이다. 연암이 지은 기문에 의하면 건물 주변의 지당, 계류, 수목과 초화 식재 등 정원 세부 구성까지 자신이 직접 구상하여 조성했음을 알 수 있다. 또 “… 뜰 가운데는 열한 뿌리의 파초가 있어, 이 당을 나가지 않고도 사계절의 경물을 모두 감상할 수 있다.”라는 구절로 볼 때 파초는 ‘하풍죽로당’의 여름 경관을 대표하는 식물 중 하나였음을 알 수 있다.

> …. 대체로 이 당의 승경은 담장에 있다. 어깨높이 위로는 다시 두 기왓장을 모아 거꾸로 세우거나 옆으로 눕혀서, 여섯 모로 능화(菱花) 모양을 만들기도 하고 쌍고리처럼 하여 사슬 모양을 만들기도 하였다. 틈이 벌어지게 하면 노전(魯錢)같이 되고 서로 잇대면 설전(薛牋)이 되니, 그 모습이 영롱하고 그윽하다. 그 담 아래는 한 그루 홍도(紅桃), 못가에는 두 그루 늙은 살구나무, 누대 앞에는 한 그루의 꽃 핀 배나무, 당 뒤에는 수만 줄기의 푸른 대, 연못 가운데는 수천 줄기의 연꽃, 뜰 가운데는 열한 뿌리의 파초, 약초밭에는 아홉 뿌리 인삼, 화분에는 한 그루 매화를 두니, 이 당을 나가지 않고도 사계절의 경물을 모두 감상할 수 있다. ….[29]

이렇듯 파초의 푸르고 싱싱하고, 넓고 유연한 잎이 바람에 너울거리는 모습은 더운 여름날 청량감을 제공하기에 적격이다. 이러한 파초의 특성을 활용하여 옛사람들은 여름철 정원 내에 싱그러운 푸름을 제공하는 시각적 요소로 파초를 즐겨 식재하였다.

파초의 잎

29) 『연암집(燕巖集)』 제1권. 「하풍죽로당기(荷風竹露堂記)」(한국고전 종합 DB).

빗소리를 듣는 청각적 활용

파초의 넓은 잎은 빗방울이 떨어지는 소리를 증폭하는 효과가 있다. 옛사람들은 이 소리를 파초우성(芭蕉雨聲)이라고 하여 운치 있는 소리 중 하나라고 여겼다. 일찍이 파초우성의 운치를 읊은 이는 당대(唐代)의 시인 백거이(白居易, 772~846년)이다. 그는 '야우(夜雨)'라는 시에서, "창밖에 밤비 내린 것을 알겠어라, 파초 잎에서 먼저 소리가 나누나(窓知夜雨 芭蕉先有聲)"[30]라고 하여 파초 잎에 시원하게 떨어지는 빗방울 소리를 묘사했다.

이후 많은 이들이 '파초우성'의 운치를 즐겼고 이와 관련한 여러 편의 시문을 남겼다. 다음은 운치 있는 소리를 듣고자 파초를 기르겠다는 서거정의 시이다.

> …
> 동이만 한 조그만 못 물은 옅고도 맑은데 / 小沼如盆水淺淸
> 부들풀이 새로 자라고 갈대 싹도 나오네 / 菰蒲新長荻芽生
> 아이 불러 대통으로 물 끌어오게 하노니 / 呼兒爲引連筒去
> 파초 길러서 비 오는 소리나 들어보련다. / 養得芭蕉聽雨聲[31]

조선 중기의 문인 허균(許筠, 1569~1618년)은 중국 명대(明代)에 유행한 서적들에서 발췌하여『한정록(閑情錄)』을 편찬하였다. 이 책의 전체를 일관하는 주제는 '한거(閑居)', 즉 한가한 삶을 산 인물과 일화이다.[32]『한정록』제6권「아치(雅致)」편에는『소창청기(小窓淸記)』의 '운치 있는 소리(聲)' 열 가지를 인용하여 다음과 같이 기록하고 있다.

> "소리(聲)의 운치에 대해서 논하는 자들이 계성(溪聲), 간성(澗聲), 죽성(竹聲), 송성(松聲), 산새 소리(山禽聲), 그윽한 골짜기에서 나는 소리(幽壑聲), 파초에 듣는 빗소리(芭蕉雨聲), 낙화성(落花聲), 낙엽성(落葉聲)을 말하는데, 이런 것들은 다 천지(天地)의 맑은소리로 시인의 가슴을 울리는 것들이다. ….[33]

---

30) 임정기 역(2006).『사가집(四佳集)』.「사가시집」제10권, 시의 주석에서 재인용(한국고전 종합 DB).

31)『사가집(四佳集)』.「사가시집」제10권, 시류(詩類), 즉사(卽事)(한국고전 종합 DB).

32) 민족문화추진회 편(2004). 한정록. 許筠.『閑情錄』. 서울: 솔출판사.

33)『한정록(閒情錄)』제6권.「아치(雅致)」(한국고전 종합 DB).

이렇듯 옛 선비들은 아름다운 경관을 눈으로 즐기는 것에 그치지 않고 시인의 심금을 울리는 운치 있는 소리를 찾기도 했다. 이러한 것을 오늘날 쓰는 전문용어로는 '음경관(音景觀)' 혹은 '사운드 스케이프(soundscape)'라고도 한다. 파초 잎에 떨어지는 빗방울 소리는 이른바 '천지의 맑은소리' 혹은 '시인의 심금을 울리는 소리'라 하여 운치 있는 소리로 여겼다.

'파초우성'의 운치를 즐기기 위해 우리나라의 정원에 파초를 식재한 것은 오래전부터 전해진 전통이었다. 즉, 파초우성의 풍류와 운치를 읊은 시문은 고려 시대 후기로부터 조선 시대 후기에 이르기까지 폭넓게 확인할 수 있는데, 다음은 고려 말의 문신인 이제현(李齊賢, 1287~1367년)의 '부질없이 짓다'라는 시이다.

늙을수록 공명에 대한 생각 희박해지니 / 老去功名念自輕
그윽한 일로 여생을 보내련다. / 且將幽事送餘生
못가에 갈대 베며 구름 그림자 구경하고 / 池邊剪葦看雲影
창 밑에 파초 옮기며 빗소리 들었네 / 窓下移蕉聽雨聲
검은 사모 흰 갈포에 한낮의 바람 시원하고 / 烏紗白葛午風輕
돌베개 등나무 의자에 습기 생겨나네 / 石枕藤床雨氣生
홀로 북창에 의지하여 꿈나라를 찾았더니 / 獨倚北窓尋夢境
녹음 어느 곳에 꾀꼬리 소리 들리누나 / 綠陰何處一鶯聲[34]

이 외에도 고려 말기의 학자인 목은 이색(牧隱 李穡)의 부친인 이곡(李穀, 1298~1351년)도 비 내린 날의 파초를 다음과 같이 읊고 있다.

반평생 나의 생활 그야말로 이군삭거(離群索居) / 半生光景屬離居
여관 밥이면 충분하지 다른 건 원래 원치 않소 / 旅食從來不願餘
창밖엔 지난밤 비에 흠뻑 젖은 파초 잎이요 / 窓外芭蕉饒夜雨
소반엔 봄에 지천으로 나는 목숙 무침이라 / 盤中苜蓿富春蔬
집안이 가난하니 단표의 즐거움을 절로 누릴밖에 / 家貧自有簞瓢樂
생계가 졸렬한 것은 필묵이 서툰 때문이 아니라오 / 計拙非因翰墨疎
선탑 가에 화려한 봄꽃의 시절이 찾아왔는데 / 時到煙花禪榻畔
몸과 세상을 좌망한 채 여인숙처럼 보내실지 / 坐忘身世□蘧廬[35]

34) 『익재집(益齋集)』 제3권. 시(詩)(한국고전 종합 DB).

35) 『가정집(稼亭集)』 제16권. 율시(律詩)(한국고전 종합 DB).

앞서 언급한 서거정은 파초를 제재로 하여 여러 수의 시를 남겼다. 특히 『사가집』에 실린 '영물(詠物) 43수'는 수목과 초화, 점경물, 동물과 가금류에 이르는 각종 정원요소를 읊은 시이다. 여기에는 매화(梅花), 행화(杏花), 장미(薔薇), 작약(芍藥), 모란(牧丹), 이화(梨花), 해당(海棠), 산다화(山茶花), 자미(紫薇), 옥매(玉梅), 동백(冬白), 규화(葵花), 국화(菊花), 사계화(四季花), 백일홍(百日紅), 삼색도(三色桃), 금전화(金錢花), 옥잠화(玉簪花), 연화(蓮花), 척촉화(躑躅花), 거상화(拒霜花), 치자화(梔子花), 죽(竹), 난(蘭), 파초(芭蕉), 훤(萱), 회(檜), 만년송(萬年松), 오동(梧桐), 양류(楊柳), 단풍(丹楓), 포도(葡萄), 석류(石榴), 정자(棖子), 시자(柿子), 화합(華鴿), 금계(錦鷄), 여학(唳鶴), 면사(眠麝) 가산(假山), 괴석(怪石), 유리석(瑠璃石), 차거분(硨琚盆) 등 43종의 정원요소가 등장한다. 이들은 각종 식물 요소뿐 아니라 비둘기, 금계, 학, 사향노루 등도 있어서 조선 전기 사대부 정원의 수준을 짐작게 한다. 이 중에서 '파초우성'을 읊은 시는 다음과 같다.

파초(芭蕉)

신령한 싹 길러 내니 부채 그림자 길어라 / 養得靈苗扇影長
푸른 잎에 바람 부니 향기가 살살 풍기네 / 風吹微綠細生香
잎은 능히 말고 펴라, 어찌 막힌 적 있던가 / 葉能舒卷何曾礙
더구나 속은 절로 텅 비어 상도가 있음에랴 / 心自通靈況有常
뚝뚝 밤빗소리 들림은 이미 기뻐했지만 / 已喜丁東留夜雨
가을 서리에 떨어지는 건 견디기 어려워라 / 不堪零落顚秋霜
십 년 동안 맘속의 무한한 강남의 흥취를 / 十年無限江南興
서창의 한 가지 서늘한 자미에 부치노라 / 寄與西窓一味涼[36]

전라남도 담양에 위치한 소쇄원(瀟灑園)은 조선 중기에 양산보(梁山甫, 1503~1557년)가 조영한 별서(別墅) 정원이다. 소쇄원은 국가지정 명승 40호로 지정되었듯이 조선 시대 민간 정원을 대표하는 곳이다. 특히 1755년에 소쇄원의 배치를 목판(木板)에 새긴 「소쇄원도(瀟灑園圖)」가 전해지므로 이를 통해 조선 중기의 원형을 짐작할 수도 있다. 이 목판에서 대봉대(待鳳臺)로 향하는 소쇄원 입구 담장 옆과 제월당(霽月堂) 측면 담장 옆에 심어진 파초의 모습을 볼 수 있다.

36) 『사가집(四佳集)』. 「사가시집」 제4권. 시류(詩類)(한국고전 종합 DB).

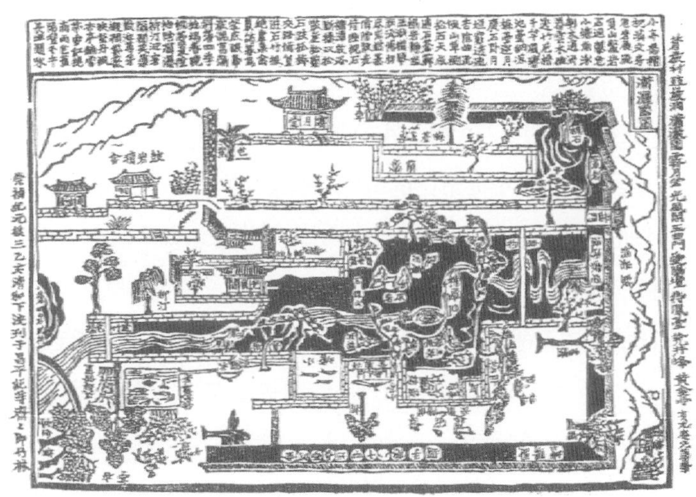

「소쇄원도(瀟灑園圖)」

「소쇄원도」의 상단에는 양산보의 사돈인 김인후(金麟厚, 1510~1560년)가 소쇄원의 아름다운 경치 48가지를 읊은 「소쇄원 48제영(瀟灑園 四十八題詠)」이 새겨져 있다. 이 중에 '적우파초(適雨芭蕉)'는 파초 잎에 떨어지는 빗방울을 '은화살'에 비유하여 그 아름다움을 묘사하였다.

은화살을 던져 마구 떨어지니 / 錯落投銀箭
너울거리는 푸른 비단 춤이여 / 低昂舞翠綃
향수 어린 소리엔 비할 수 없어 / 不比思鄕聽
도리어 안타까울 뿐 / 還憐破寂寥[37]

다음은 조선 중기의 학자 최립(崔岦, 1539~1612년)의 '승려의 시권에 제하다'라는 시이다. 이 시에, '뜨락에 속된 물건이 없다'라고 하듯이 탈속(脫俗)하고 정갈한 정원의 모습을 묘사했는데 여기에도 '파초우성'을 언급하고 있다.

파초에 듣는 빗소리 얼마간 상쾌해지는데 / 小爽芭蕉雨
훈풍이 또 살랑살랑 연꽃 잎새 간질이네 / 輕薰菡萏風
내 뜨락에 속된 물건 하나 없는데 / 吾堂無俗物
마침 또 그대가 와 산속의 얘기를 하는구려 / 着汝話山中[38]

37) 최승범(1998). 산수화처럼 펼쳐지는 탈속의 시정. 문화와 나. 1998. 7, 8. Vol. 4. 삼성문화재단. p. 24.

앞에서 박지원이 「하풍죽로당기(荷風竹露堂記)」에 기술한 '사계절의 경물'을 살펴본 바 있다. 여기에도 여름날 파초 잎에 떨어지는 빗소리가 주는 청량감을 설명한 대목이 있는데 그 내용은 다음과 같다.

> "…. 이를테면 동산을 거닐면 수만 줄기의 대에 구슬이 엉긴 것은 맑은 이슬 내린 새벽이요, 난간에 기대면 수천 줄기의 연꽃이 향기를 날려 보내는 것은 비 갠 뒤 햇빛 나고 바람 부드러운 아침이요, 가슴이 답답하고 생각이 산란하여 탕건이 절로 숙여지고 눈꺼풀이 무겁다가 파초의 잎을 두들기는 소리를 듣고 정신이 갑자기 개운해지는 것은 시원한 소낙비 내린 낮이요, 아름다운 손님과 함께 누대에 오르면 아름다운 나무들이 조촐함을 다투는 것은 갠 날의 달이 뜬 저녁이요, 주인이 휘장을 내리고 매화와 함께 여위어 가는 것은 싸락눈 내리는 밤이다. …"[39]

조선 후기 실학자인 서유구(徐有榘, 1764~1845년)도 파초 잎에 울리는 빗소리에 대한 글을 남겼다. 다음은 그가 쓴 '우초당기(雨草堂記)'이다.

> 지난 경자년(1780) 오월 나는 태극실 남쪽 작은 화단에 파초 너덧 그루를 심었더니 갑자기 십여 자 정도 자라서 저물녘이면 그늘이 창을 덮었다. 안석과 서가가 이 때문에 맑고 푸르러 기릴 만했다. 이때 날이 매우 무더웠다. 나는 폐병을 앓아 누워 있었는데, 땀이 줄줄 흐르고 기운이 빠져 계속 꾸벅꾸벅 졸았다. 갑자기 섬돌 사이에 또록또록 소리가 들려오며 청량한 기운이 얼굴을 때리기에 일어나 보았다. 구름이 뭉게뭉게 일어나더니 빗방울이 종처럼 파초 잎을 치는 것이었다. 후드득후드득 구슬처럼 흩어져 떨어졌다. 나는 귀를 기울여 한참을 들었다. 정신이 상쾌해지고 기분이 명랑해져 병이 벌써 나았음을 깨달았다.[40]

이러한 문헌 자료들을 통해 옛 선비들은 운치 있는 소리를 즐기는 행위, 즉 '사운드 스케이프(soundscape)'에 대한 가치와 의미를 명확히 인식하고 있었던 것을 알 수 있다. 또 이를 실현하기 위한 구체적 수단으로 넓은 잎을 가진 파초가 가장 적절한 식물 소재라는 점을 파악했으며 이를 적극적으로 활용했었음을 보여준다. 이러한 용도로 활용할 수 있는 식물 소재로 파초를 대체할 수 있는 식물은 매우 제한적이다.[41] 이러한 관점에서 볼 때 파초의 여러 설계용도

38) 『간이집(簡易集)』 제6권. 「초미록(焦尾錄)」(한국고전 종합 DB).

39) 『연암집(燕巖集)』 제1권. 「연상각선본(煙湘閣選本)」(한국고전 종합 DB).

40) https://saloniere.blog.me/93651998.에서 재인용.

41) 파초와 유사하게 청각적 효과를 주는 식물로 연을 들 수 있다. 옛사람들은 연지의 수면과 넓은 연잎에 빗방울이 어우러져 내는 소리를 '연당청우(蓮塘聽雨)', '하당야우(荷塘夜雨)'라 하여 운치 있는 소리로 즐겼다. 김명희·홍형순(2011). 고전 시문과 회화를 통해 본 연(*Nelumbo nucifera*)의 활용과 애호 행태. 한국전통조경학회지.

(design use) 중에서도 가장 특징적인 용도로 '청각적 활용'을 들 수 있다.

실내 관상용으로 분식(盆植)

다음 인용문은 연암이 안의 현감 시절에 쓴 '김우상(金右相)에게 올림'이라는 서간문이다.

> 지난가을에 자녀와 남녀 종들을 다 보내고 나니 관아가 온통 비었고, 몸에 딸린 것은 관인(官印)을 맡아 곁을 지키는 동자 하나뿐인데, … 홀로 매화 화분 하나, 파초 화분 하나를 동반하여 삼동을 났습니다. 옛사람 중에 매화를 아내로 삼은 이가 있었습니다만, 눈 내리는 날 푸른 파초는 마음을 터놓는 벗이 될 만하더군요. ….[42]

편지글에 의하면 연암은 파초 화분을 벗하여 추운 겨울을 지냈다는 내용을 적었다. 즉 파초를 화분에 심어 엄동설한에도 실내에서 파초의 싱그러움을 감상했다는 귀한 사례이다. 이는 계절을 가리지 않은 파초에 대한 지극한 애호 행태를 보여준다.

기타 실용적 용도

양우와 양어의 치료제

『산림경제』 「목양(牧養)」 편 '소 기르기(養牛)'에는 파초 뿌리의 즙은 아무리 심한 우역(牛疫)이라도 낫게 한다고 하였다. 또 "파초는 향촌(鄕村)에 항상 있는 것이 아니므로 미리 심어 두었다가 우역에 대비함이 가하다."[43]라고 파초 식재를 권장하였다. '물고기 기르기(養魚)' 편에도, "만약 물고기가 독기를 마시

29(4): 1-13 참조.

42) 『연암집(燕巖集)』 제3권. 「공작관문고(孔雀館文稿)」(한국고전 종합 DB).

43) 『산림경제(山林經濟)』 제2권. 「목양(牧養)」, 소 기르기(養牛)(한국고전 종합 DB).

고 물 위에 하얗게 떠 있을 때는 급히 독수(毒水)를 빼내고 다른 새 물을 못에 끌어들인 다음, 파초 잎을 많이 따다가 짓이겨 새 물이 들어오는 곳에 뿌려 고기가 마시게 하면 즉시 깨어난다."[44]라고 하였다. 물고기를 기르는 데 있어 파초 잎의 효능은 『한정록』 제16권 '치농(治農)' 편에도 동일하게 나타난다.

약용 및 식재료

파초는 약재로도 널리 쓰였다. 『승정원일기』 중 고종 31년(1894년)에 내의원(內醫院) 이강(李堈)의 계에는 "… 아뢰기를 피부에 바를 약은 파초즙(芭蕉汁)에 우황(牛黃)을 섞어서 지어 올릴 것이나 …"[45]라는 기록이 있다. 파초의 잎은 민간에서도 약재로 사용되었다. 『산림경제』 '구급(救急)' 편에는 갓 난 소아(小兒)의 급병인 태독(胎毒)과 단독(丹毒)에 파초즙(芭蕉汁)이 좋다고 소개하고 있다.[46]

또 파초의 여린 싹은 식재료로 사용되기도 했다. 『속동문선』 '양초부(養蕉賦)'에는 강희맹(姜希孟, 1424~1483년)이 판경조윤(判京朝尹) 이후(李侯) 백옥(伯玉)에게 파초를 기르는 방법을 부(賦)의 형식을 빌려 전하고 있다. 이 내용 중에는 파초의 재배법뿐만 아니라 파초 나물의 조리법도 소개하고 있는데 그 내용은 다음과 같다.

> …
> 묵은 잎 얽힌 사이에서 / 紛敗葉之披離
> 새싹이 얼기설기 나오리니 / 森蘖芽之成行
> 새 칼로 허튼 잎을 도려내고 / 操新刀而剔繁
> 부드러운 속잎을 한 광주리 잘라내어 / 剝嫩心而盈筐
> 오미를 갖추어 삶고 조리할새 / 滋五味而烹調
> 후추랑 생강이랑 골고루 섞어 / 雜辛椒與桂薑
> 그 기름지고도 담백한 맛 / 含至腴於淡溥
> 곰의 고기, 양의 고기보다 낫도다 / 勝熊膰與精羊….[47]

44) 『산림경제(山林經濟)』 제2권. 「목양(牧養)」, 물고기 기르기(養魚)(한국고전 종합 DB).

45) 『승정원일기(承政院日記)』. 고종 31년(1894년) 12월 2일 기사(한국고전 종합 DB).

46) 『산림경제(山林經濟)』 제3권. 구급(救急)(한국고전 종합 DB).

파초 생육에 적합한 기후의 제주도에서는 오늘날에도 파초를 식재료로 활용한다. 또 '반치'는 파초의 제주도 방언인데 반치지는 파초지, 즉 '파초 장아찌'이다.[48] 이 외에 제주도 향토 음식으로 파초를 주재료로 하는 '반치 냉국'도 있다. 이렇듯 파초는 물고기와 가축의 약재, 소아병의 치료제, 음식 재료 등 실용 목적으로도 사용되었다.

마무리 말

본고를 통해 파초가 우리나라에 소개된 시기는 통일신라 시대까지 거슬러 올라가는 것을 알 수 있었다. 또 여러 시문과 그림을 통해 고려 시대 중기에 이미 파초는 정원 식물로 널리 식재되고 애호되었음을 확인할 수 있었다.

파초는 여러 의미가 내재된 식물이다. 파초 잎은 종이의 대용물로 글씨나 시를 쓰기도 했고 무더운 여름날에는 파초 잎을 술잔으로 삼는 등 선비의 운치와 풍류의 의미를 갖는다.

불가에서 파초는 '혜가단비'의 고사에 의해 종교적 의미를 지닌 식물이다. 또, 파초 특유의 성상과 생육특성, 파초 잎에 빗방울이 흩어지는 모습 등은 부처의 가르침인 '공'과 '무아', '덧없음'을 각성시키는 사물이었다. 이러한 이유로 파초는 여러 사찰에 즐겨 식재되는 식물 요소로 자리 잡았다.

유가에서 파초는 "군자는 하늘을 따라서 스스로 굳세지고자 노력하며 쉬지 않는다(君子以 自强不息)."라는 가르침의 표상이었다. 즉 끊임없이 새잎을 피워내는 파초의 생육특성은 선비들이 귀감으로 삼아야 할 '자강불식'의 실체로 간주되었다.

도가와 민간에서는 파초의 넓고 긴 잎을 봉황의 꼬리에 비유하여 '봉미'라고도 하였다. 따라서 파초 잎은 존귀함의 존재의 상징인 봉황을 의미하므로 책가도, 문자도 등 민화의 소재로 즐겨 채택되었다.

---

47) 『속동문선(續東文選)』 제1권. 양초부(養蕉賦)(한국고전 종합 DB).

48) 농촌진흥청 농업과학기술원 농촌자원개발연구소(2008). 한국의 전통음식 10, 제주도. 파주: 교문사. p. 226.

정원에서 파초의 '쓰임새', 즉 설계 용도(design use)는 크게 네 가지로 파악된다. 파초의 넓고 푸른 잎으로 인해 여름철 정원에 녹음과 청량감을 제공하는 '시각적 용도'로 활용하였다.

파초의 넓고 무성한 잎은 빗방울이 떨어지는 소리를 증폭하는 역할을 한다. 옛사람들은 이 소리를 '파초우성(芭蕉雨聲)'이라 하여 여름철에 듣는 운치 있는 소리로 여겼다. 즉 파초는 '사운드 스케이프(soundscape)'를 구현할 수 있는 최적의 식물 소재였으며 옛사람들은 이 점을 적극적으로 활용하였다. '청각적 활용'은 파초의 여러 쓰임새 중 가장 특징적인 용도로 볼 수 있다. 파초는 화분에 식재하여 실내 관상용으로도 활용하였다. 본고를 통해 확인한 연암 박지원의 기록은 엄동설한에 실내에서 파초의 싱그러움을 감상했다는 귀한 사례를 보여준다.

파초는 실용적인 쓰임새도 있어 궁중과 민간에서는, 양우와 양어에 있어 약재로 널리 활용하였다. 또 파초의 여린 순은 나물이나, 장아찌, 냉국 등의 식재료로도 활용하였다.

파초는 우리나라 전통 정원에 있어서 중요한 식물 요소 중 하나였다. 요즈음은 파초를 찾아보기 쉽지 않다. 더구나 파초에 담긴 여러 의미를 새기는 사람도 없다. 파초 잎에 떨어지는 빗소리의 운치는 옛글을 통해 짐작할 수 있을 뿐이다.

덧붙이는 말

본고는 우연한 계기로 시작하게 되었다. 옛 그림을 무심히 뒤척이다가 우연히 파초를 보게 되었다. 파초는 원래 우리나라에 자생하는 식물이 아니며 추위에 약해 중부 지방에서는 노지에서 월동하지 못한다. 한번 눈에 띄고 난 후로는 파초를 그린 그림들이 무수히 많다는 것을 알게 되었다. 소나무, 대나무 등과 함께 그려져 있기도 하고 특히 오동나무와 함께 그려진 그림이 많다는 것도 눈에 띄었다. 옛사람들이 파초나 오동나무를 즐겨 그린 이유가 궁금했다.

그림뿐 아니라 파초를 읊은 시와 기문도 무척 많았다. 옛사람들은 파초를 통해 각별한 감상에 젖거나, 유교 혹은 불교의 가르침을 되새기기도 했다. 전통 정원에서 파초는 매우 친근하고 널리 사용한 소재였던 것이다.

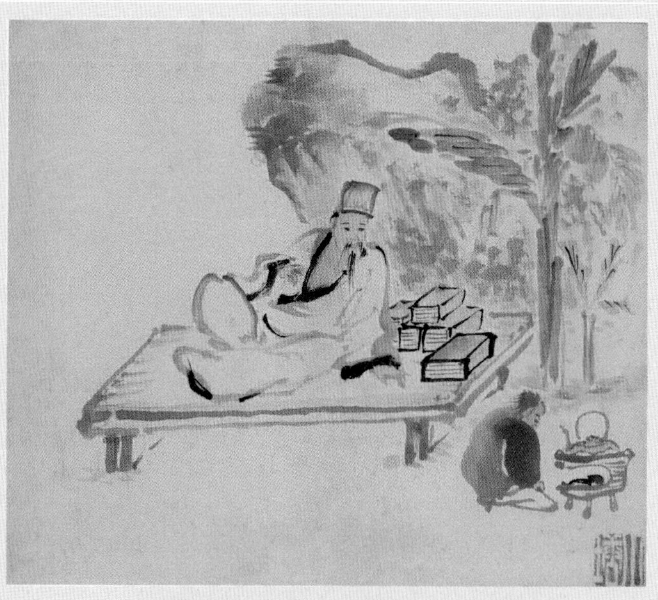

「고사한일도(高士閑日圖)」, 이재관, 22.7×27.0cm
(출처: 삼성미술관 Leeum, 2011: 214)

이 원고를 쓰면서 필자의 어릴 적 고향 집에도 파초가 있었다는 것을 근 50여 년 만에 기억하게 되었다. 그리 대단치 않은 시골집이었으나 해마다 여름철이면 바깥마당 가에 파초가 무성했다. 파초를 집안 어느 분이 심고 가꾸었는지 등의 기억은 전혀 없으나, 비바람이 몰아치는 날에 파초 잎이 격하게 일렁이던 모습만은 그림처럼 생생하다. 그동안 파초라는 식물 자체를 잊고 지냈다는 것이 이상할 정도이다. 요즈음은 도시는 물론 농촌에서도 파초를 쉽게 접할 수 없기 때문이다.

끝으로 짧은 글 두 개를 소개한다. 하나는 조선 후기 문인 이옥(李鈺, 1760~1815년)의 '완전한 식물'이라는 글이다. 이옥은 일상의 이야기를 소재로 독창적인 글을 남겼다. 또 하나는 2000년 동인문학상 수상작인 고(故) 이문구 님의 소설 『내 몸은 너무 오래 서 있거나 걸어왔다』의 '작가의 말'이다.

'완전한 식물'

천하 사물이 완전히 구비한 것은 없으니, 식물 또한 그러하다. 줄기로는 대나무처럼 긴 것이 없고, 잎은 파초처럼 큰 것이 없고, 꽃은 연꽃처럼 성한 것이 없으며, 열매는 수박처럼 큰 것이 없다.
지금 만약 열 길 되는 대나무에 파초만 한 잎이 매달려 있고, 연꽃만 한 큰 꽃이 피고, 수박만 한 큰 열매가 맺힌다면 이는 천하에 진귀한 나무일 것이다. 그렇지만 각기 그 한 가지만을 얻었고, 겸비한 것은 있지 않은바, 천하의 사물에 완전히 갖추어진 것을 요구할 수는 없는 일이다.
선비 중에 재주가 높은 자는 간혹 경박하고, 여자 중에 용모가 아름다운 자는 절개가 곧은 자는 드물며, 말 중에 빨리 달리는 놈은 잘 놀라니, 이는 이치가 그러한 것이다.
나는 일찍이 모란을 읊으면서, "시인은 꽃에 열매가 없다고 한하지 말게나, 열매가 없어도 인간 세상에서 꽃이 된다네(詩人莫恨花無實, 無實亦人間可花)"라고 한 적이 있다.[49]

'작가의 말'

제목으로 쓰인 나무는 나무이되 나무 같지 않은 나무이지요. 그렇다면 덩굴이냐, 덩굴도 아니지요. 풀 같기도 한데 풀도 아니고, 그러나 숲을 이루는 데는 저 나름대로 역할을 하는 나무이지요. 꼭 소나무나 전나무, 낙엽송처럼 굵고 우뚝한 황장목 같은 근사한 나무만이 숲을 이루는 건 아니라고 생각합니다. 있는 듯 없는 듯 존재 가치가 희미한, 그러나 자기 줏대와 고집은 뚜렷한 사람들의 이야기입니다. 돈 없고 힘없는 일년살이들도 숲을 이루는 데는 꼭 필요한 존재라는 것을 말하고 싶었습니다.[50]

두 글은 약 200여 년의 시차를 두고 있으나 같은 이야기를 하고 있다. 식물을 비롯해 천하에 완벽한 사물은 없다. 소나무처럼 근사한 나무만 존재 가치가 있는 것도 아니다. 모든 것은 부족하고 아쉬운 부분이 있다. 본래 이치가 그런 것이며 이는 사람에게 있어서도 마찬가지라는 것이다.

49) 실시학사 고전문학연구회 역(2009). 완역 이옥 전집 3. 李鈺, 『白雲筆』. 서울: ㈜휴머니스트. p. 389.
50) 이문구(2000). 내 몸은 너무 오래 서 있거나 걸어왔다. 서울: (주)문학동네.

제2장

옛 정원에서 '오동(梧桐)'의 수종, 식재 장소와 경관적 활용

들어가는 말

중국 고대 시가집인 『시경(詩經)』「대아(大雅)」 편에 "봉황이 우네, 저 높은 언덕에서. 오동나무가 자라네, 저 산 동쪽에서 …."[1]는 '오동'을 읊은 가장 오래된 시이다. 또 『장자(莊子)』「추수(秋水)」 편에 "원추(鵷鶵)라는 새는 남해에서 출발하면 북해까지 날아가는데, 오동나무가 아니면 앉지 않고, 대나무 열매가 아니면 먹지 않고, 단 샘물이 아니면 마시지 않네. …."[2]라고 하였다. 상상 속의 새인 '원추', 즉 봉황은 덕망 있는 군자가 천자에 오르면 출현한다고 한다. 이렇듯 고대 이래로 오동나무는 봉황이 깃드는 상서로운 나무로 전해온다. 이런 연유로 봉황과 오동나무는 유교적 이상 국가를 상징하는 표상이었다. 오늘날에도 봉황과 오칠동화문(五七桐花紋)은 각각 대한민국 대통령과 일본 내각총리대신의 문장(紋章)으로 사용하고 있다.

오동나무는 오래전부터 가구나 거문고, 즉 금(琴)을 만드는 데 널리 쓰였다. 바둑, 시와 함께 거문고는 선비들이 애호한 풍류 중 하나이다.[3] 거문고의 깊고 장중한 소리를 '백악지장(百樂之丈)'이라 하여 높이 쳤으며 태평성세의 음악이라 여겼다. 따라서 거문고의 몸통이 되는 오동나무를 무현금(無弦琴)이라고도 했다. 이런 연유로 조선 중기 문신 신흠(申欽, 1566~1628년)은 '야언(野言)'에,

1) "鳳凰鳴矣 于彼高岡 梧桐生矣 于彼朝陽 …." 송재소・최경열・이철희・강지희・김영죽・최영옥 역주(2011). 당시삼백 수 2. 서울: 전통문화연구회. p. 248.

2) "夫鵷鶵, 發於南海, 而飛於北海. 非梧桐不止, 非練實不食, 非醴泉不飮. …." 김학주 역(2011). 장자. 莊周, 『莊子』. 고양: 연암서가. p. 419.

3) 고려 시대의 문인 이규보(李奎報, 1168~1241년)는 거문고, 바둑, 시 중에서 바둑 대신 술을 우위에 두었다. 즉 자신은 평생에 걸쳐 거문고와 시, 술을 사랑했다고 하여 스스로 삼혹호선생(三酷好先生)이라 자호(自號)했다. 그러나 그가 지은 「사륜정기(四輪亭記)」 등에 의하면 바둑도 매우 즐겼음을 알 수 있다.

"오동나무는 천 년을 묵어도 제 곡조를 간직하고 매화는 한평생 춥게 살아도 향기를 팔지 않는다."[4]라고 읊었다.

동양의 고대 인류 문명과 함께해 온 나무 중 하나인 '오동'은 정원수로도 널리 사용되어 왔다. 그러나 한자 표기로 '오동(梧桐)'이라 뭉뚱그려 통칭한 수목이 현대의 식물분류학 관점에서는 어떤 수종을 지칭하는 것인지 명확히 파악하기 어렵다. 더구나 옛 문헌에는 '오(梧)', '동(桐)', '오동(梧桐)', '벽오(碧梧)', '벽동(碧桐)' 등 여러 가지 명칭이 혼재한다. 이 글에서는 우리의 전통 정원에 어떤 '오동'을 어디에 어떻게 식재했는가? 또 그로부터 취한 효용성은 무엇이었는가를 살펴보고자 한다.

'오동'에 주목하는 이유

'오동'으로 통칭하는 오동나무와 벽오동 등은 목질의 세포 배열, 빨리 자라는 특징, 악기를 만드는 쓰임새까지 거의 같아 헷갈리기 쉽다.[5] 현삼과의 오동나무(*Paulownia coreana* Uyeki)는 우리나라가 원산이며, 유사 종으로 울릉도가 원산인 참오동나무(*P. tomentosa*)가 있다. 벽오동과의 벽오동나무(*Firmiana simplex* W. F. Wight)는 중국, 대만, 인도차이나 등이 원산이다. 또 능소화과의 개오동나무(*Catalpa ovata* G. Don.)[6] 역시 중국이 원산지이며, 오동나무보다 격이 좀 떨어지는 나무라는 뜻이다.[7] 이들은 식물분류학적으로 전혀 다른 수종이나, 일반인들은 뭉뚱그려 오동나무라고 부르는 경우가 많다.

수목 도감에는 오동나무의 한명(漢名)을 오동(梧桐), 벽오동의 한명은 벽오동(碧梧桐) 혹은 오동(梧桐), 동마수(桐麻樹), 또 개오동나무의 한명은 목각두(木

4) "桐千年老恒藏曲 梅一生寒不賣香 月到千虧餘本質 柳經百別又新枝(오동나무는 천 년을 묵어도 제 곡조를 간직하고 매화는 한평생 춥게 살아도 향기를 팔지 않는다. 달은 천 번을 이지러져도 바탕은 변치 않으며 버드나무는 백 번을 꺾여도 새 가지가 돋는다)." 이 시 중 "桐千年老恒藏曲 梅一生寒不賣香"이라는 구절은 이황(李滉, 1501~1570년)이 평생의 좌우명으로 삼았으며 김구(金九, 1876~1949년) 선생도 암살당하기 전에 휘호로 남겼다.

5) 박상진(2011b). 문화와 역사로 만나는 우리 나무의 세계 2. 파주: 김영사. p. 105.

6) 경상북도 청송군 부남면 홍원리 547번지에 소재한 개오동나무 고목은 1998년에 천연기념물 제401호로 지정되었다. 이 나무의 수령은 약 400~500년으로 추정되며 흉고 직경이 3.9m에 이른다.

7) 박상진(2011a). 문화와 역사로 만나는 우리 나무의 세계 1. 파주: 김영사. pp. 353-354.

角豆), 재(梓)로 구분하고 있다.[8] 여기서도 '오동'이라는 한명이 오동나무와 벽오동에 공통으로 사용됨을 알 수 있다. 이 외에도 벽오동의 한자 표기는 벽오(碧梧), 벽동(碧桐) 등이 있으며,[9] 청오(靑梧), 청피수(靑皮樹), 동마수(桐麻樹)라고 불리기도 한다.[10] 식물분류학적 지식을 바탕으로 오늘날 통용되는 이 한자명은 옛 문헌에 기록된 수목 명칭과 반드시 일치하지는 않는다는 점이 우리를 더욱 어렵게 한다.

일반적인 옛 문헌에는 벽오동과 오동나무를 특별한 구분 없이 '오동'으로 통칭했다.[11] 『본초강목』과 같이 "오동은 벽오동을 말하고, 동은 오동이다."[12]라고 따로 설명한 특별한 경우도 있으나, 일반적으로 이 둘을 엄밀하게 구분하지는 않았다. 이렇듯 오동나무는 무척 '복잡한 나무'[13]이며 사료에 나오는 오동나무가 구체적으로 어떤 나무를 일컫는지 분명치 않다. 문장의 전후 맥락을 살핀다 해도 이 두 수종 간의 수형이나 특성이 유사하기에 명확하게 구별하기는 더욱 어렵다.

실례를 들어 보면, 여러 대학 조경학과에서 사용하는 조경사 교재에 수목의 식재 장소에 따른 의기(宜忌)에 대해 "오동나무 세 그루를 서북쪽에 심으면 길하다", "정전(庭前)에는 오동나무 식재를 금기시", "동쪽에 벽오동, 서쪽에 오동나무 권장" 등으로 서술하고 있다.[14] 또 다른 조경사 교재에도 오동은 방위에 따른 식재의 제한이 있었으며, "오동나무는 대나무와 함께 태평성대 희구 사상의 표현"[15]이라고 서술하고 있다. 그러나 여기서 언급하는 오동의 정확한 수종이 무엇인지 판단하기 어렵다. 또 이렇듯 모호한 수종 명칭에도 불구하고 오동나무와 벽오동을 동쪽과 서쪽으로 명확히 구분하여 식재했었는지도 의문이다. 이에 더해 오동의 식재에 있어서 뜰 앞은 피하고 서북쪽을 선호했다는 식재 원

8) 산림청 임업연구원(1992). 수목 도감. p. 378, p. 479, p. 480.

9) 박상진(2011b). 앞의 책. p. 100.

10) 강판권(2010a). 어느 인문학자의 나무 세기. 서울: 지성사. p. 240.

11) 이선(2006). 우리와 함께 살아온 나무와 꽃. 서울: 수류산방 중심. p. 637.

12) 박상진(2011b). 앞의 책. p. 105.

13) 강판권(2010b). 역사와 문화로 읽는 나무 사전. 파주: ㈜글항아리. pp. 412-421.

14) 한국전통조경학회 편(2011). 동양조경문화사. 서울: 도서출판 대가. p. 251. 이 서술은 『산림경제』를 근거로 하고 있으나 오동의 식재 장소에 따른 의기(宜忌)에 관한 기술은 『증보산림경제』에만 있다.

15) 한국조경학회 편(2007). 동양조경사. 서울: 문운당. p. 203.

칙이 보편적으로 적용되었는가도 알 수 없다.

일반인을 포함해 조경학을 공부하는 학생 대부분은, 오동나무를 봉황과 연계하여 '성군', '군자', '태평성대의 희구' 등 스테레오 타입(stereo type)화한 이해 수준에 머무는 경우가 많다. 그러나 옛 정원에서의 오동을 단순히 고대 경전인 『시경』이나 『장자』에 근거하여 국가관을 반영하는 거대 담론의 관점으로만 해석할 수 있는가에 대한 의문도 있다. 정원은 작정자의 관념 세계와 취향이 반영되는 개성적인 공간인 동시에 일상생활을 담는 지극히 사적인 공간이기 때문이다. 그렇다면 유구한 세월에 걸쳐 수많은 정원에 식재된 오동의 또 다른 의미와 효용성은 어떤 것이 있을까?

민화 속 오동과 봉황
(출처: 허균 등, 2004: 97)

옛사람들은 '오동'이라는 수목을 어떠한 감성으로 대했으며, 그 결과가 정원에 어떻게 반영되었는가를 살펴볼 필요가 있다. 이 글을 통해 밝히고자 하는 첫 번째 의문점은 옛 정원에 실제로 어떤 오동을 식재하였는가?이다. '오동나무'와 '벽오동' 등 수종에 따라 어떻게 인식하고 활용했는가를 살펴보고자 한다. 두 번째 의문점은 '오동'에 대한 식재 장소에 관한 사항이다. 즉 정전에 오동나무 식재를 금기시했다면 어떤 곳에 식재하였는가?이다. 세 번째 의문점은 옛사람들은 왜 '오동'을 즐겨 심고 가꾸었으며 이를 통해 어떠한 효용을 취하고자 했는가?이다.

이 글에서 사용하는 '오동'이라는 명칭은 옛 문헌에 나오는 한자어로 '동', '오', '벽오' 등을 통칭하는 옛 수목명을 의미한다. '오동나무'와 '벽오동'이라는 명칭은 현대 수목 분류학에 근거하는 수종명으로 각각 현삼과(*Scrophulariaceae*)의 오동나무와 벽오동과(*Sterculiaceae*)의 벽오동을 지칭한다.

이러한 의문점들을 규명하기 위한 1차 사료는 조선 시대의 백과사전류 저술인 권문해(權文海, 1534~1591년)의 『대동운부군옥(大東韻府群玉)』, 이수광(李睟光, 1563~1628년)의 『지봉유설(芝峰類說)』, 이익(李瀷, 1681~1763년)의 『성호사설(星湖僿說)』, 이규경(李圭景, 1788~미상)의 『오주연문장전산고(五洲衍文長箋散稿)』, 동식물 사전이라 할 수 있는 정학유(丁學游, 1786~1855년)의 『시명다식(詩名多識)』, 농서인 홍만선(洪萬選, 1643~1715년)의 『산림경제(山林經濟)』, 유중림(柳重臨, 1705~1771년)의 『증보산림경제(增補山林經濟)』, 서유구(徐有榘, 1764~1845년)의 『임원경제지(林園經濟志)』, 이옥(李鈺, 1760~1815년)의 『백운필(白雲筆)』, 원예서인 강희안(姜希顔, 1417~1464년)의 『양화소록(養花小錄)』, 유박(柳璞, 1730~1787년)의 『화암수록(花庵隨錄)』 등의 문헌이다.

이를 토대로 선인들의 시문을 통해 '오동'을 가꾸고 즐긴 사례들을 살펴보고자 한다. 정원 등 생활공간 주변 풍경을 읊은 제영시(題詠詩)를 비롯한 시문 속에는 선인들이 정원과 그 구성요소에 부여한 의미, 이에 대한 감상 등 애호행태가 반영되어 있다. 또 오늘날까지 옛 정원의 원형을 고스란히 유지하고 있는 경우가 거의 없지만 '오동'을 애호했던 수많은 시인 묵객의 시문과 그림이 남아 있다. 이러한 문헌 자료들과 함께 옛 정원의 모습이 시각적으로 표현된 회화도 함께 고찰하였다.

옛 문헌 속의 '오동'

유서(類書)류 저술에서의 '오동'

『대동운부군옥』에는 '동(桐)'에 대한 설명으로 "나무 이름. 거문고나 비파를 만들기에 좋다."[16]고 했고, '오(梧)'는 "오동으로 나무 이름이다."[17]라고 했다. 이에 의하면 '동(桐)'과 '오(梧)'는 모두 오동나무 혹은 벽오동을 지칭하는 명사로 뚜렷한 구분 없이 사용하였음을 보여준다. 또 다른 백과사전류 저술인 『지봉유설』에는 '오동'에 관한 별도의 기술은 없다.[18]

조선 후기에 이르러 실학사상이 널리 퍼지고 주변 사물에까지 세심한 관심이 확대되는 경향이 두드러지게 된다. 이러한 학문 풍토가 반영된 이익의 『성호사설』에는 "오동 중에 벽오동이란 것이 있는데 오동과 종류가 다르며, 또 가래나무에도 재동(梓桐)이란 것이 있는데, 그 열매가 적두(赤豆)와 같다. 나무의 성질이 썩지 않아서 관(棺)을 만들기에 알맞다."[19]고 하였다. 여기에서는 오동나무와 벽오동, 개오동나무를 명확히 구분하여 서술하고 있다. 특히 이 기록은 목재의 쓰임새 등 실용성에 관한 관심을 둔 서술이 돋보인다. 이보다 후에 편찬된 이규경의 『오주연문장전산고』에는 '오동'이라는 수종을 설명하는 별도의 내용은 없다.

정학유의 『시명다식』은 『시경』에 등장하는 여러 생물에 대해 중국의 여러 서적을 인용하여 고증하고 해설함으로써 그 정체성을 규명한 저술로 오늘날의 동식물 사전에 비유할 수 있다. 여기에서 나무를 다룬 「식목(識木)」 편에는 '동(桐)'은 백동(白桐)이며, '오동(梧桐)'은 껍질이 푸르고 잎이 '동'과 비슷하지만 조금 작고 끝이 뾰족한 것, 그 밖에 개오동나무인 '조(絛)'와 '추(楸)' 등으로 구분하였다.[20] 즉, '동'은 오동나무, '오동'은 벽오동, '조'와 '추'는 개오동나무

16) "木名 宜琴瑟." 남명학연구소 경상 한문학연구회 역주(2003). 대동운부군옥 1. 權文海, 『大東韻府群玉』. 서울: 소명출판. p. 98.

17) "梧桐 木命." 남명학연구소 경상 한문학연구회 역주(2003). 대동운부군옥 3. p. 153.

18) 신상섭・노재현(2009). 『지봉유설』로 본 이수광의 조경 식물 인식 및 가치관. 한국전통조경학회지. 27(1): 1-10. 참조.

19) "桐有碧桐與桐異種又梓亦稱梓桐其實似赤豆性不朽宜為棺", 『성호사설(星湖僿說)』 제4권 「만물문(萬物門)」 동(桐)조(한국고전 종합 DB).

20) 허경진・김형태 역(2008). 시명다식. 丁學游, 『詩名多識』. 서울: 한길사. pp. 243-245.

를 지칭한다는 것이다. 따라서 이 분류에 따른다면『시경』「대아」 편의 시에 나오는 봉황이 산다는 '오동'은 백동, 즉 오동나무가 아닌 벽오동이라고 볼 수 있다.

종합하면,『대동운부군옥』 등 백과사전류의 '오동' 등에 대한 설명이 편찬자에 따라 차이가 있으며 구체적인 수종의 구분도 모호하다. 또 정원수로서의 용도보다는 주로 목재의 쓰임새 등에 주목하여 서술하였다. 다만『시명다식』에는 수피의 색, 잎의 크기와 형태 등 각 수종의 특징에 따라 비교적 구체적으로 수종을 분류하고 있다. 이러한 점은 중국의 의서(醫書)인『본초강목』을 가장 많이 인용하였음에 기인한 것으로 보인다. 즉,『본초강목』은 약재를 정확하게 구분하기 위한 목적에서 편찬된 전문서이기 때문에 수종을 명확하게 구분할 필요가 있었을 것이다.

이러한 기록을 통해 일반적으로 벽오동과 오동나무는 '오동'으로 통칭하는 등 엄밀히 구분하지 않았음을 다시 한번 확인할 수 있었다.[21] 이렇듯 뭉뚱그려 통칭한 명칭을 사용했다는 점을 감안하면 '오동'의 식재에서도 "동쪽에 벽오동, 서쪽에 오동나무 권장",[22] "방위에 따른 식재의 제한"[23]이라는 교과서적인 설명 역시 설득력이 낮다고 판단된다.

농서와 원예서의 '오동'

옛 정원에서 '오동'의 활용과 관련된 기록은 조선 시대의 '농서(農書)와 원예서'에서도 찾아볼 수 있다. 홍만선의『산림경제』는 국내의 저술을 비롯해 저자가 직접 견문한 것을 망라한 저술이다.『산림경제』에 수목 식재 시 고려해야 할 의기(宜忌)에 관한 내용은「복거」 편 '방앗간(安碓)' 조[24]에 기술하고 있으나, 이 중에 '오동'에 대한 사항은 없다. 다만「복거」 편 중 귀문원(龜文園)에 심는다는 여러 화목 중 하나로 '오동'을 들었는데[25] 여기서 지칭하는 수종이

21) 이선(2006). 앞의 책; 박상진(2011b). 앞의 책; 강판권(2010b). 앞의 책 참조.

22) 한국전통조경학회 편(2011). 앞의 책. p. 251.

23) 한국조경학회 편(2007). 앞의 책. p. 203.

24) 민족문화추진회(2007). 국역 산림경제 1. 洪萬選.『山林經濟』. 파주: 한국학술정보(주). pp. 61-67.

25) "龜文園所植花木 梅 小桃 山茱萸 辛夷 杜鵑 丁香 海棠 山丹 薔薇 木芙蓉 躑躅 紫薇 卽百日紅 木槿 卽舞宮花 佛頂花 杏 柰 桃 紅碧粉三色 梨 林禽 查果 丹杏流杏 櫻桃 枳實 冬柏 春柏 映山紅 倭躑躅 梔子花 石榴 月桂 冬柏

오동나무인지 벽오동인지는 알 수 없다.

유중림의 『증보산림경제』 중 「나무 심기(種樹)」 편 '오동(梧桐)'에 대한 설명으로, "속칭 가동(假桐)이라고도 하는 것이다. 이것은 백동(白桐, 참오동)으로 가볍고 속이 비어 벌레나 좀이 생기지 않으므로 기구 등을 만들면 좋다. 초봄에 집 서쪽에 옮겨 심으면 여름에 그늘을 취하므로 좋다."[26]고 하였다. 또 청동(靑桐)에 대해서는, "이 나무는 악기를 만드는 데 적당하지 않다. … 청동의 성질은 추위를 견디지 못하므로 겨울이 되면 풀로 싸서 보호해준다. 씨앗은 기름을 취하는데 '오동기름(桐油)'이라고 하는 것이다. 그 씨는 잎 위에서 나오는데 볶아서 먹으면 매우 맛이 있다."[27]라고 했다. 이에 의하면 '청동'보다 '백동', 즉 벽오동보다 오동나무가 기능과 생태적 측면에서 정원수로서 가치가 크다고 기술하고 있다.

『증보산림경제』에 '오동'에 대한 기술로 특기할 만한 것은 식재에 있어 고려해야 할 '의기'에 대한 내용이다. 「집터 정하기(卜居)」 편 '나무 심기(宅木)' 조에 "오동나무를 술방(戌方)·해방(亥方)에 3그루를 심으면 노비가 많아진다. 뜰 앞에 심는 것은 꺼린다."[28]라고 하였다. 이 기록의 원문에는 '동(桐)'으로 표기되어 있는데, 앞서의 설명과 같은 맥락에서 해석한다면 이를 '가동', 즉 '백동'이라고 볼 수도 있다. 또 술방(戌方)과 해방(亥方)은 단순히 현대의 방위 개념으로 본다면 서북방에 속한다. 그러나 과거의 이십사방위(二十四方位)는 음양오행, 팔괘(八卦), 십간(十干), 십이지(十二支) 등 시간과 공간, 제반 기운과 성격 등을 모두 포함한 개념이다. 예를 들어 술방(戌方)은 양(陽)이며, 절기로는 상강(霜降)이고, 해방(亥方)은 음(陰)이며, 절기는 소설(小雪)이다. 술방과 해방에 오동 3그루를 식재함으로써 얻을 수 있는 이로움이나 그 근거에 대한 설명은 없다.

『증보산림경제』와 관련하여 고려해야 할 점은, 미신적이거나 주술적인 내용도 상당히 포함되어 있다는 것이다. 예를 들어 '고양이 눈을 보아서 시간을 아

以下不宜北地 蓮 菊 蘭 萱葵 牧丹 芍藥 金藤 石竹 石菖蒲 芭蕉 葡萄 梧桐 杜沖 楓 柳" 『산림경제(山林經濟)』 제1권, 복거(卜居). (한국고전 종합 DB).

26) "卽俗稱假桐是爲白桐輕虛不生虫蛀作器物良春初移栽軒西夏用取蔭好" 농촌진흥청(2003). 고농서 국역 총서 4, 증보산림경제 Ⅰ. 柳重臨, 『增補山林經濟』. p. 181. p. 430.

27) 농촌진흥청이 발간한 번역본에는 "약이나 기구에 적당하지 않다."라고 했으나, 원문에는 약(藥)이 아닌 악(樂)으로 표기되어 있다. 따라서 이는 오역으로 판단되어 필자가 수정하여 기술했다. "此木不中樂器 … 性不耐寒遇冬以草裹護 子取油稱桐油其子葉上生炒食甚美" 농촌진흥청(2003). 앞의 책. p. 182. p. 431.

28) "桐戌亥方種三株盛奴婢 忌種庭前", 농촌진흥청(2003). 앞의 책. p. 63. p.358.

는 법', '태아를 사내아이로 바꾸는 법', '도깨비를 쫓는 법' 등등이다. 또 여기에는 "일설에 … 하는 것을 꺼린다고 하였다", "누가 말하기를 … 하는 것이 좋다고 하였다."라는 식으로 근거가 모호한 서술도 많다. 이러한 점에 대해 『증보산림경제』 「해제」[29]에는, 『산림경제』가 정연한 체계로 구성된 것에 반해 『증보산림경제』는 증보한 분량은 대단히 많으나 체계가 혼란스러운 점이 많아 편찬 기술의 후퇴로 보인다고 한다. 또 농업기술사적 가치는 인정되나 채록한 문헌 표시가 없어 자료집 수준에 머물고 있어 사료적 가치가 떨어진다고 하였다. 이러한 점을 볼 때 오동을 식재하는 데 따른 의기 사항이 보편적으로 적용되었다고 보기도 어렵다.

서유구의 『임원경제지』 중 터 잡기와 집짓기에 관해 기술한 「상택지(相宅志)」에는 '나무를 심는 데 피해야 할 것'으로 "뜰 앞에는 오동나무를 심지 말라! 주인이 하는 일을 방해한다."[30]라고 했는데, 이는 송나라 때 왕수(王洙)가 음택풍수에 대해 저술한 『지리신서』의 내용을 채록한 것이다. 앞서의 『증보산림경제』에는 "뜰 앞에 심는 것을 꺼린다."라 하였고, 『임원경제지』에는 "주인의 일을 방해"한다고 더욱 구체적인 이유를 들고 있으나 그 근거는 알 수 없다.

원예서인 강희안의 『양화소록』에는 각종 화훼와 함께 노송(老松), 만년송(萬年松) 등 여러 수목에 관해 기술하고 있으나 '오동'과 관련한 내용은 없다. 유박의 『화암수록』에 실린 '화목구등품제(花木九等品第)'에는 '오동'을 진달래, 살구, 백일홍, 감나무 등과 함께 6등에 올렸다. 이 중에서 오동에 대한 설명으로 "벽오동(碧梧桐)이 품격이 높다. 분에 심어 또한 덮개를 이루는 것이 좋다."[31]고 하였다. 이 서술에 의하면, 오동나무와 벽오동을 딱히 구분하지 않고 식재하는 경향이 있으나 벽오동의 관상 가치를 우위에 두었다는 점이 돋보인다. 특히 벽오동은 분에 식재할 정도로 품격이 있는 나무로 여겼다는 점이 주목된다.

이옥의 『백운필』 중 「담목(談木)」 편 '내가 심은 나무들' 칙(則)에는, 자신의 집에 직접 심은 나무 삼십여 가지 중 하나로 '오동'이 있다고 기술했다.[32] 또 「

29) 김영진(2003). 『증보산림경제』 「해제」. pp. 5-12.

30) 안대회 편역(2005). 산수 간에 집을 짓고. 徐有榘, 『林園經濟』. 파주: 돌베개. p. 161.

31) 이병훈 역(2009). 양화소록. 姜希顔, 『養花小錄』. 서울: 을유문화사. p. 163.

32) 실시학사 고전문학연구회 역(2009). 완역 이옥 전집 3. 李鈺, 『白雲筆』. 서울: ㈜휴머니스트. pp. 339-340.

담초(談艸)」 편 '서울 민가와 시골 민가의 차이' 칙에는, 한양의 민가는 시골 민가와 달리 "집이 초라하며 비좁고 사람 또한 청빈하여도, 매양 집 한편에 일년 된 벽오동 한 그루를 심어서 그 높이가 담장을 넘게 되고, … 꽃이 피고 열매를 맺으면 또한 절로 소쇄한 정취가 있다."33)라고 했다.

안동 하회마을(국가민속문화재 제122호) 민가 담장 가 벽오동

이들을 종합해 보면, 『증보산림경제』에는 '백동'이 녹음수로 좋다고 하였고, 『양화소록』과 『백운필』에는 품격과 정취를 들어 벽오동이 정원수로서 가치가 높다고 하였다. 즉, 전자는 그늘을 제공하는 기능을 우선하였고 후자는 미적 측면에 주목하고 있음을 보여준다. '오동'의 식재와 관련된 의기 사항은 『증보산림경제』, 『임원경제지』에서 찾아볼 수 있으나, 이러한 원칙이 얼마나 보편적으로 적용되었는가는 판단하기 어렵다. 이러한 점은 후술할 조선 시대 오동을 표현한 시문과 그림을 통해 다시 살펴보고자 한다.

---

33) 실시학사 고전문학연구회 역(2009). 앞의 책. p. 390.

시문에서의 '오동'

최근에는 인문학적 관점에서 수목을 고찰하여 나무의 이름과 유래, 쓰임새, 관련 그림, 문학과 역사 등 문화적 맥락에 관한 저술 활동도 활발하다.[34] 이러한 성과들은 조경사 연구를 위한 기초자료로서 활용가치가 크다.

한문학 분야에서 유병례는 중국의 당시(唐詩)와 한국의 조선 시대 시에 담긴 오동나무의 이미지를 종합적으로 고찰한 바 있다.[35] 이 연구에 의하면 한·중 양국 시가에 등장하는 오동은 공통으로 '가을의 전령'이며, 오동 단독보다는 다른 사물들과 병치되면서 대조의 미학을 이루는 것이 하나의 양식으로 정립되었다고 한다. 시가 속에 오동과 더불어 관습화된 동반 사물은 봉황, 우물, 거문고, 달, 밤비 등이다. 오동과 동반된 사물에 담긴 시적 함의를 살펴보면, 봉황은 고고한 인격자에 대한 그리움, 거문고는 '절친한 친구', 즉 지음(知音) 또는 태평성세에 대한 갈망, 우물은 총애를 잃은 궁중 여인의 원망 혹은 친구에 대한 그리움, 달은 그리움과 쓸쓸함, 밤비는 슬픔과 비애, 즉 화자가 처한 환경의 불우함을 나타낸다고 하였다. 이 연구에서는 오동을 제재로 한 조선의 권근(權近, 1352~1409년) 등 16인[36]의 시 22수(首)를 고찰하였다. 이 연구에서 고찰한 22수의 시에 등장하는 오동의 명칭을 보면, 11수에 '오동', 6수에 '동', 2수에 '오', 또 다른 2수에는 '벽오'로 표현하고 있다. 특히 권근의 '오동가를 지어 전판사 덕성에게 주다(梧桐歌 贈田判事)'라는 시에는 제목에 '오동', 도입부에는 '벽오', 중반부에는 '동'을 혼용하고 있다.

한시는 고도의 함축성과 상징성을 생명으로 하며, 그 표현 수단인 한자 역시 표의문자로서 함축성과 다의성을 지닌다는 특징이 있다. 또 한시는 5언(言) 혹

34) 강판권(2010a). 앞의 책; 강판권(2010b). 앞의 책; 강판권(2010c). 나무 열전. 파주: (주)글항아리; 강판권(2011). 미술관에 사는 나무들, 세상에서 가장 아름다운 붓. 파주: 효형출판; 박상진(2004). 역사가 새겨진 나무 이야기. 파주: 김영사; 박상진(2009). 우리 문화재 나무 답사기. 서울: 왕의 서재; 박상진(2011a, b). 앞의 책.

35) 유병례(2009). 한·중 고전 시가에 나타난 오동나무 이미지 비교. 중어중문학. 44집: 201-238.

36) 권근(權近, 1352~1409년), 이직(李稷, 1362~1431년), 김수온(金守溫, 1409~1481년), 신숙주(申叔舟, 1417~1475년), 서거정(徐居正, 1420~1488년), 성간(成侃, 1427~1456년), 김종직(金宗直, 1431~1492년), 홍귀달(洪貴達, 1438~1504년), 박은(朴誾, 1479~1504년), 김성일(金誠一, 1538~1593년), 하항(河沆, 1538~1590년), 최립(崔岦, 1539~1612년), 권필(權韠, 1569~ 1612년), 장유(張維, 1587~1638년), 이상질(李尙質, 1597~1633년), 송준길(宋浚吉, 1606~1672년).

은 7언(言)의 자수(字數), 4구(句) 혹은 8구(句)의 구수(句數), 운자(韻字) 등의 엄격한 형식을 따른다. 이러한 까닭에 시 속에 나오는 '동', '오' 혹은 '오동' 등의 구체적인 수종을 판단하기 어렵다. 다음은 최립(崔岦, 1539~1612년)의 시이다. 여기에서 제목에는 '동'이라 하였으나, 본문에서는 7언 형식에 부합하기 위해 '오동'으로 표현한 것으로 보인다.

'아침 햇빛 속의 오동나무(朝陽桐)'

앉아서 부상을 대하노라니 어느덧 동트는 밤 / 坐對榑桑夜已光
오동나무가 정면으로 아침 햇빛을 받고 섰네 / 梧桐地正受朝陽
성긴 가지 빽빽한 잎 다음 해에는 커질 텐데 / 疎柯密葉明年大
나 대신 어떤 이가 봉황의 모습을 보게 될꼬 / 代我何人看鳳凰[37]

다음은 김성일(金誠一, 1538~1593년)의 시이다. 이 시의 제목에 '오', 본문에는 '벽오'라는 명칭을 혼용하고 있다.

'오동나무와 대나무가 가득한 도산(陶山)의 뜨락을 달빛을 타고 배회하노라니 뜨거운 눈물이 줄줄 흘러내리다(陶山梧竹滿庭。乘月徘徊。感淚潸然)'

저녁 구름 떠 있는 가엔 유정문 닫혀 있고 / 幽貞門掩暮雲邊
사람 없는 뜨락 가엔 달빛만이 가득하네 / 庭畔無人月滿天
천 길 높이 날던 봉황 어디로 날아가고 / 千仞鳳凰何處去
벽오동과 푸른 대만 해마다 자라는가 / 碧梧青竹自年年[38]

다음은 정온(鄭蘊, 1569~1641년)의 칠언절구이다. 이 시에는 '벽오'라고 표현하였다.

'영동현(永同縣)에 당도하여(到永同縣)'

푸른 대는 이끼를 뚫고 돌계단을 의지하고 / 翠竹穿苔蒙石砌
벽오동은 넓게 뻗어 화려한 기둥을 마주했네 / 碧梧張蓋對華楹
밤이 되자 빈 관사에는 가을비만 추적추적 / 夜來空館多秋雨
방울방울 듣는 소리 꿈을 깨는 나그네라 / 滴滴聲中客夢驚[39]

---

37)『간이집(簡易集)』 제8권. 동군록(東郡錄)(한국고전 종합 DB).

38)『학봉집(鶴峰集)』 제1권. 시(한국고전 종합 DB).

39)『동계집(桐溪集)』 제1권. (한국고전 종합 DB).

옛 정원에는 오동나무와 벽오동 외에 개오동나무도 정원수로 사용하였다. 개오동나무는 뇌신목(雷神木) 또는 뇌전동(雷電桐)이라 하여 뜰에 심으면 벼락이 떨어지지 않는다고 믿었기에 궁이나 절에도 심었다고 한다.40) 또 팥처럼 생긴 개오동나무 열매를 달인 물은 이뇨효과가 있어 한약재로도 쓰인다. 다음은 성호(星湖) 이익(李瀷)의 '정동망(鄭東望)의 모와(茅窩) 팔경에 차운하다'라는 시이다. 그러나 여기에 나오는 '추(楸)'는 개오동나무를 비롯해 가래나무와 호두나무에 공통으로 쓰이는 한명이므로 꼬집어 어느 수종이라고 단정 짓기는 어렵다.

> 그늘이 수레 열 대를 덮을 만큼 넓으니 / 蔭蓋容車十輛寬
> 서늘할 때 조촐한 술자리 단란히 펴도다 / 乘凉鋪我小筵團
> 덩그렇게 큰 집이 다시 있음을 알지 못하며 / 不知更有渠渠屋
> 그 열매는 손님에게 내어 대접할 만하여라 / 肴核留賓亦足餐
>
> 이는 '작은 정원의 개오동나무 그늘(小園楸陰)'에 차운한 것이다.41)

시뿐만 아니라 산문에서도 '오동'과 '벽오'가 혼재되어 나타나기도 한다. 이이엄(而已广) 장혼(張混, 1759~1828년)은 「평생지(平生志)」에 자신이 꿈꾸는 이상적인 주거공간을 묘사하였다. 그는 인왕산 기슭 옥류동에 있는 낡은 집을 사서 마당에 "… 푸른 홰나무 한 그루를 문 앞에 심어 그늘을 드리우고, 벽오동 한 그루를 바깥사랑채에 심어 서쪽으로 뜬 달빛을 받아들인다. …"42)라고 했다. 이 글에는 '벽동(碧桐)'이라고 한 것에 반해 「평생지」 부록에는 '깨끗한 물건[淸供]'을 무려 80종이나 열거하고 있는데 옛 거문고[古琴], 옛 검[古劍], 이름난 국화[名菊] 등과 함께 '오동(梧桐)'을 들고 있는 것을 보면 장혼도 역시 '오동'과 '벽오'를 뚜렷하게 구분하지 않았음을 보여준다.

정약용(丁若鏞, 1762~1836년)은 서울 명례방에 있는 자신의 정원을 소개한 「죽란화목기(竹欄花木記)」에 여러 수종과 더불어 "… 벽오동은 두 살짜리가 한 그루다."43)라고 하였다. 또 홍경모(洪敬謨, 1774~1851년)가 6대에 걸쳐 살아

40) 최영전(1997). 한국 민속 식물. 서울: 아카데미서적. pp. 34-35.

41) 『성호전집(星湖全集)』 제2권(한국고전 종합 DB).

42) "… 綠槐一樹 植門前以蔭 碧梧一樹 樹外軒 西受月影 …." 안대회(2008). 고전 산문 산책. 서울: ㈜휴머니스트. p. 541.

43) "… 碧梧桐生二歲者一本." 정민(2005). 18·19세기 문인지식인층의 원예취미. 한국한문학연구. 35집. p. 50.

꽃이 만개한 봉강정사(鳳岡精舍)의 오동나무
(대전 동구 이사동 소재).
봉강(鳳岡)이라는 당호와 오동나무가 잘 어울린다.

온 집에 관해 기술한 『사의당지(四宜堂志)』의 「화석제오(花石第五)」 편에 벽오동이 "분재로 한 그루가 있었는데, 지금은 없다."[44]고 하였다.

종합하여 보면, 옛 정원을 묘사한 시문에는 오, 동, 오동, 벽동 등의 명칭을 구분 없이 사용하였음을 재차 확인할 수 있었다. 실제로 정원에 도입된 '오동'의 수종은 오동나무와 벽오동을 비롯해 개오동나무도 활용한 것으로 보인다. 또 조선 후기에는 경화사족들의 원예취미가 고조되는 등 사회적 분위기의 영향으로 수종별 품격의 차별화, 선호도 차이 등에 관한 기술이 나타나는 것으로 판단된다.

'오동'을 그린 조선 시대의 그림을 통해서도 수종들을 확인할 수 있는데, 김득신의 「출문간월도(出門看月圖)」의 '오동'은 잎의 크기와 둥그런 형태로 보아 오동나무임을 알 수 있다. 안중식의 「인물화」의 오동은 잎의 형태가 손바닥 모양으로 벽오동의 특징을 명확히 보여준다. 변상벽의 「군묘작작도(群猫鵲雀圖)」에 그려진 수목에 대해 개오동나무로 해석하기도 하는데,[45] 열매가 긴 콩깍지 모양이 아니라 늘어진 실타래처럼 연결되어 있고 잎의 모양도 실제와 달라 확인이 필요할 것으로 보인다.

44) 이종묵 역(2009). 사의당지, 우리 집을 말한다. 洪敬謨, 『四宜堂志』. 서울: ㈜휴머니스트. p. 95.
45) 박상진(2011a). 앞의 책. p. 352.

「출문간월도(出門看月圖)」,
김득신, 18C 후반~19C 전반, 25.3×22.8cm, 개인 소장
(출처: 박상진, 2011b: 398)

「군묘작작도(群猫鵲雀圖)」, 변상벽, 조선 후기, 124.5×60cm, 서울대박물관 소장
(출처: 박상진, 2011a: 352)

「인물화」, 안중식, 18C, 27.0×34.0cm
(출처: 유홍준·이태호, 2003: 60)

옛 정원에서 오동의 활용

'오동'의 식재 장소

오동에 대한 또 다른 의문점은 오동나무와 벽오동의 식재 장소에 관한 사항이다. 즉, "오동나무 세 그루를 서북쪽에 심으면 길하다", "동쪽에 벽오동, 서쪽에 오동나

무 권장" 등과 같이 방위에 따라 수종을 구분하였는가?이다. 또 "정전(庭前)에는 오동나무의 식재를 금기시"했다면 어떤 곳에 '오동'을 식재하였는가? 등이다.[46]

정약용이 역참의 누각 앞에 있는 오동나무를 읊은 시에 "월루 서쪽 언저리 벽오동 한 그루는 …"[47]라는 구절이 있으며, 다른 시에는 "오동나무를 동쪽 처마 밑에 심으니 문창은 자못 밝지를 못하지만, 이 뜻을 그대는 알지 못하리, 이는 곧 나의 달맞이하는 곳일세."[48]라는 구절도 있다. 이에 의하면 누각 서쪽에 벽오동, 동쪽 처마 밑에 오동나무가 있었음을 보여준다.

앞서 언급한 장혼의 「평생지」에 "… 벽오동 한 그루는 바깥사랑 서쪽에 심어 달빛을 받는다. …"[49]고 하였다. 또 권필(權韠, 1569~1612년)이 쓴 「죽오당기(竹梧堂記)」에는 오동나무의 식재 상황과 운치를 다음과 같이 묘사했다.

> … 나의 벗 임자정(任子定)이 금수(錦水) 가에 집을 짓고 산다. 그 정원은 10묘(畝) 정도인데 큰 대나무 천 그루가 빽빽하게 솟아 있고, 늙은 오동나무 한 그루가 집 바로 동쪽 모퉁이에 서 있다. 그래서 이 두 나무를 가지고 집의 이름을 지었으니, 그 집에 있는 것에 나아가 봉에다 뜻을 기탁(寄託)한 것이다. 중추(仲秋)의 어느 날 내가 그 집에 갔더니, 오동나무에 밤이 오자 산의 달이 비켜서 밝고 오동나무 그림자는 땅에 비쳤으며, ….[50]

이 글 역시 원문 제목에는 오(梧), 본문에는 오동(梧桐)과 오(梧)라는 명칭을 사용했는데 이러한 기록들을 통해 볼 때 방위를 고려하여 오동나무와 벽오동을 엄격하게 구분하여 식재하지는 않았던 것으로 보인다.

서거정(徐居正, 1420~1488년)의 시 중에서 "… 창 앞의 용 그림자 펼치는 건 오동나무요, 물 저쪽서 사향을 풍겨 온 건 연꽃이로다. …"[51]라는 구절은 집

---

46) 중국과 한국의 옛 시에는 '우물[金井]가의 오동나무'라는 표현이 빈번하게 등장한다. 여기서 우물은 고향을 상징하는 경우가 많으며 이는 중국에서 유래한 스테레오 타입(stereo type)화한 시어(詩語)라고 한다(유병례. 2009. 앞의 글. pp. 218-230). 본고에서 다루는 정원에서 오동의 식재 장소와는 관련성이 적다고 판단된다.

47) "… 月樓西畔碧梧桐 …" 『다산시문집(茶山詩文集)』 제2권, 시. (한국고전 종합 DB).

48) "種梧當東榮 紙窓殊未曙 此意君不知 是我候月處" 『다산시문집(茶山詩文集)』 제6권, 「송파수작(松坡酬酢)」(한국고전 종합 DB).

49) "… 碧梧一樹樹外軒西 …" 정민(2005). 앞의 글. p. 48.

50) "… 余友林子定 築室于錦水之涯 其園十畝 鉅竹千梃 切切交峙 老梧一株 直堂之東隅 乃以之二物名堂 蓋卽其所有而託義於鳳也 仲秋之日 余往造焉 梧至夜 山月斜明 梧陰在地 …" 『석주집 외집(石洲集 外集)』 제1권(한국고전 종합 DB).

가까이에도 오동을 식재하였음을 보여준다. 또 허균(許筠, 1569~1618년)의 시에도 "… 앓고 나니 오동잎은 뜰에 가득 쌓여 있네. …"[52]라고 하여 뜰 가에 오동이 있었음을 보여준다. 윤증(尹拯, 1629~1714년)은 '달구경 하며'라는 시에, "… 뜰 앞에는 오동나무가 있어, 이 밤에 더욱 보기가 좋네. …"[53]라고 하여 정전(庭前)에 오동이 있었음을 보여준다. 김정희(金正喜, 1786~1856년)의 시에도 "… 뜰 가에 푸르른 저 오동나무를, 앉아서 보니 꽃도 다 푸르네. …"[54]라고 하였다. 정약용의 「오죽헌기(梧竹軒記)」에는 "오죽헌이라는 것은 금정역(金井驛) 찰방(察訪)이 거처하는 곳이다. 뜰 앞에 벽오동 한 그루가 있고 고죽(苦竹)이 몇 떨기 있어, 이것 때문에 오죽헌이라는 이름이 지어졌다. …"[55]라는 기록도 있다. 이러한 글 속에 나오는 '정(庭)'은 '집 안에 있는 마당, 뜰'을 의미하는 글자다. 이처럼 여러 시문을 통해 뜰과 뜰 앞인 '정전(庭前)' 혹은 뜰 가인 '정반(庭畔)'에 오동이 식재되었음을 확인할 수 있다. 이들을 종합해 볼 때 방위에 따라 오동의 종류를 구분하여 식재했던 것으로 보이지는 않는다. 또 '정전', 즉 뜰에도 오동을 즐겨 식재하였던 것으로 판단된다.

정선의 「인곡유거도」는 겸재 자신이 사는 인왕산 아래의 집을 그린 그림으로 오동이 있는 뜰의 전형적인 모습을 보여준다. 또 그림 속의 '오동'은 잎의 형태를 감안하면 벽오동이 아닌 오동나무라는 것을 알 수 있다.

---

51) "… 臨窓龍影梧桐樹 隔水麝香菡萏花 …" 『사가집(四佳集)』 「사가시집」 제51권(한국고전 종합 DB).

52) "… 病起梧庭落葉深 …" 『성소부부고(惺所覆瓿藁)』 제2권(한국고전 종합 DB).

53) "… 庭前有梧桐 此夜更好看 …" 『명재유고(明齋遺稿)』 제1권(한국고전 종합 DB).

54) "… 庭畔梧桐樹 坐看花盡碧 …" 『완당전집(阮堂全集)』 제9권(한국고전 종합 DB).

55) 『다산시문집(茶山詩文集)』 제14권(한국고전 종합 DB).

「인곡유거(仁谷幽居)」, 정선, 27.4×27.48cm, 간송미술관 소장
(출처: 최완수, 2004: 13)

옛 정원의 오동을 그린 그림 중 강세황(姜世晃, 1713~1791년)의 「벽오청서도(碧梧淸暑圖)」가 유명하다. 이 그림은 원래 중국 명(明)나라 심석전(沈石田, 1427~1509년)의 작품으로 청(淸)대에 간행한 『개자원화보(芥子園畫譜)』에 수록되어 있다. 표암은 이 그림을 방(倣) 했는데, 이는 "방작(倣作)이 원작보다 뛰어난 창작이 될 수 있음을 보여주는 대표적인 예"[56]라고 할 정도로 아름다운 그림이다. 오동나무의 운치를 보여주는 또 다른 그림으로 강세황의 「초당한거도(草堂閑居圖)」가 있다. 그림 속 초당 앞에는 연지가 있고 그 옆에 버드나무가 가지를 드리우고 있다. 초당 뒤편에 아름드리 오동나무가 보인다. 오동이 드리우는 운치 있는 그늘을 동음(桐蔭)이라고 하는데, 그림 속 주인공은 동음 아래 초당에 앉아 한가로이 연지를 보고 있는 그림이다.

56) 국립중앙박물관(2013). 표암 강세황-시대를 앞서간 예술혼. 탄신 300주년 기념 특별전 전시용 도록. p. 280.

「초당한거도(草堂閑居圖)」, 강세황, 18.7×22.2cm, 개인 소장
(출처: 국립중앙박물관, 2013: 50)

'오동'의 경관적 활용

'오동'과 계절감

'오동'과 봉황의 이미지가 병치되는 경우에는 당연히 '고매한 벗 혹은 인격자', '태평성세'를 은유한다고 볼 수 있다. 이러한 의미 맥락이 외부공간에 구현된 대표적인 사례로 오동나무를 동반하는 대봉대(待鳳臺), 봉서루(鳳棲樓)와 같은 건축요소의 당호(堂號)를 들 수 있다. 그러나 옛 정원에서의 '오동'을 모두 이들과 동일한 맥락으로 해석하는 데는 무리가 있다.

'오동' 자체가 갖는 단독적인 이미지 중 가장 널리 알려진 것은 '가을의 전령'이다. 즉, "오동나무 잎사귀 하나가 떨어지면, 천하 모두가 가을이 온 것을 안다."[57]라고 하며 줄여서 '일엽지추(一葉知秋)'라고도 한다. 옛사람들이 뜰 가의 오동나무를 보며 읊은 시에는 거대담론적인 태평성세를 읊은 것보다 가을의 정취를 노래한 것들이 월등하게 많다.[58]

권근의 「우정기(雨亭記)」에 "… 처마 밑의 오동잎이 떨어지는 소리 들리는 밤이면, 거문고 타기에 알맞다. 불꽃 같은 더위는 이미 가시고, 맑은 바람이 시원하면 술자리를 벌이고, 시를 읊조리기에도 알맞다. …"[59]라고 하였다. 이규보의 시에는 "… 떨어지는 오동잎 하나에 가을 기운 완연하구려. …"[60]라고 했고, 이색(李穡, 1328~1396년)은 "… 오동에 가을바람 불기만 손꼽아 기다릴 제 …"[61]라고 읊었다. 서거정의 '중구일(重九日) 이틀 전에'라는 시에는 "한 그루 오동나무가 가을 기후에 시들어, 뜰 가득한 낙엽을 안타까워 쓸지 못하네 …."[62]라는 구절이 있고, 김창협(金昌協, 1651~1708년)의 시 '우물가 오동나무(井梧)'에, "오동나무 잎 지고 느릅나무 단풍 드니 군영에 가을바람 어느새 서늘하다. …"[63]고 했다. 또 안정복(安鼎福, 1712~1791년)은 '밤에 앉아 우연히 읊다(夜坐偶吟)'라는 시에 "우수수 오동잎이 가을을 알려 오고 궂은비가 개고 나니 밤이 한결 맑네. …"[64]라고 '가을의 전령'인 오동을 읊고 있다. 이렇듯 오랜 기간에 걸쳐 수많은 이들이 오동에 투영하여 '가을'을 노래한 이유를 이해할 필요가 있다. 다음은 신흠(申欽)이 사계절을 읊은 '한거사영(閑居四詠)' 중 '가을' 부분이다.

가을바람이 우물 난간을 흔들면 / 西風撼井闌
오동잎 한 잎이 떨어진다네 / 一葉梧桐雨
현헌옹은 어인 일로 / 底事玄軒翁
천고의 그윽한 상념에 잠기는 것일까 / 幽愁入千古[65]

신흠의 호는 상촌(象村) 외에도 현헌(玄軒), 현옹(玄翁) 등이 있다. 시 속의 현

---

57) "梧桐一葉落 天下盡知秋" 『시전명물집람(詩傳名物集覽)』 卷12 「梧桐生矣」. 『가정집』 제17권. 율시(律詩). '중부(仲孚)가 화답했기에 다시 지은 시'의 주석에서 재인용(한국고전 종합 DB).

58) 오동나무를 통해 가을의 정취를 읊는 전통은 현대 대중가요에서도 볼 수 있다. 작고한 가수 최헌의 '오동잎'이라는 노래에도 "오동잎 한잎 두잎 떨어지는 가을밤에 …."라는 가사가 있다.

59) "… 庭苔 晝寂而宜碁 淅瀝滴階 簷梧夜響而宜琴 炎蒸已 洗 淸飇洒然 或宜置酒 或宜哦詩 …" 『동문선(東文選)』 제79권(한국고전 종합 DB).

60) "… 一葉秋聲意已闌 …" 『동국이상국집(東國李相國集)』 제18권(한국고전 종합 DB).

61) "… 屈指秋風吹碧梧 …" 『목은집(牧隱集)』 「목은시고」 제8권(한국고전 종합 DB).

62) "一樹梧桐秋色老 落葉滿庭憐不掃 …" 『사가집(四佳集)』 「사가시집」 제52권(한국고전 종합 DB).

63) "井梧初落磧楡黃 幕府秋風颯已涼 …" 『농암집(農巖集)』 제2권(한국고전 종합 DB).

64) "庭梧摵摵報秋聲 宿雨初收夜氣淸 …" 『순암집(順菴集)』 제1권(한국고전 종합 DB).

65) 『상촌집(象村集)』 제17권(한국고전 종합 DB).

헌옹(玄軒翁)은 신흠 자신이다. 그는 가을로 들어서면 '그윽한 상념'에 잠기는 때라고 한다. 그윽한 상념, 즉 천고의 시름(愁)이란 무엇인가? '천지현황(天地玄黃)'으로 시작하는 『천자문(千字文)』에 '추수동장(秋收冬藏)'이라고 했듯이, 가을은 수렴하는 시기이며 조락(凋落)의 계절이다. 만물의 생성과 생장, 소멸의 순환원리를 도식화한 하도(河圖)에 의하면, 가을은 동방(東方)의 만물이 생장하는 여름의 '목(木)' 기운이 쇠하고 서방(西方)의 '금(金)' 기운이 성하여 숙살지기(肅殺之氣)가 찾아오는 시기이다. 즉, 가을은 모든 생명의 사이클(cycle)이 한 번 마무리되는 시기이며, 삶과 죽음의 문제를 고민하고 자신의 남은 생을 돌아보는 시기이다.[66)]

『예기』「월령」 편에 의하면, 입추가 되면 천자는 재계(齋戒)한 후 제후와 대부를 거느리고 친히 서쪽 교외에 나가 가을을 맞는 제사를 지내는데 이를 '영추(迎秋)'라 했다. 이러한 연유로 경복궁의 서쪽 문도 영추문(迎秋門)이라고 했다. 옛사람들은 사시(四時)와 사절(四節)의 때, 그에 따른 조짐과 변화를 인지하는 것 자체가 중요한 덕목 중 하나였다. 이러한 계절 변화의 의미와 가을의 전령으로서 '오동'을 이해할 필요가 있다.

송(宋) 대의 구양수(歐陽脩, 1007~1072년)는 가을을 맞아 계절이 변하는 소리를 듣고 인생을 회고하는 내용의 「추성부(秋聲賦)」를 지었다. 이 글은 산문체의 부(賦)라는 새로운 형식에 인생의 무상함을 담은 내용으로 최고의 명문 중 하나로 꼽힌다. 이 글을 제재로 김홍도(金弘道, 1745년~미상)는 「추성부도(秋聲賦圖)」를 그렸다. 화가의 마지막 작품으로 알려진 이 그림 한편에는 「추성부」 전문이 쓰여 있고 화면 전체에는 가을밤의 스산한 분위기가 가득하다. 밤하늘에는 달이 훤히 비추고 있으며 나무는 모두 낙엽이 져 앙상한 모습이다. 초옥 안의 주인공은 동자에게 밖에서 나는 이상한 소리가 무엇인지 알아보라고 했다. 그림 속 동자는 나무를 가리키며, "달과 별은 맑고 은하수는 하늘에 밝은데 사방에 사람 소리는 없고 소리는 나뭇가지 사이서 납니다(星月皎潔 明河在天 四無人聲 聲在樹間)."라고 답하고 있다.

---

66) 김풍기(2012). 옛 시에 매혹되다. 서울: 푸르메. p. 296.

「추성부도(秋聲賦圖)」, 김홍도, 55.8×214.7cm(출처: 삼성미술관 Leeum, 2011: 197)

「추성부도」 부분

그림의 한복판에 있는 커다란 나무를 주목해 보자. 동자가 가리키고 있는 이 나무가 이른바 가을의 소리(秋聲)를 내고 있다는 것이다. 구양수의 글이나 단원이 그림에서 표현하고자 한 내용을 감안하면 이 나무의 수종은 오동나무 말고는 달리 없다. 반드시 오동나무여야만 하는데 어떻게 증명할 수 있을까? 초옥 앞에 서 있는 커다란 나무 부분을 확대해 보면, 앙상한 가지 끝에 가까스로 달린 오동잎 하나를 볼 수 있다.

'오동'과 일시적 경관

저녁노을, 물안개, 하늘을 나는 새떼 등과 같이 기상 현상이나 계절 변화에 따라 잠시 나타났다 사라지는 경관을 일시적 경관(ephemeral landscape)이라고 한다. 오동나무와 관련해서는 달밤 혹은 비와 관련한 일시적 경관에 대한 기록을 볼 수 있다.

한가함을 의미하는 한(閑)과 같은 의미로도 쓰이는 '한(閒)'의 자의는 "달(月)이 대문(大門) 안에 들이비치는 것"[67]이라고 했다. 옛사람들은 이러한 '달'과

67) 『한정록(閑情錄)』 제3권. 「한적(閒適)」(한국고전 종합 DB).

가장 잘 어울리는 사물을 '오동'이라고 보았고, 이 둘을 병치함으로써 그 운치를 더할 수 있다고 생각했다. 정조의 사위로 문장에 뛰어났던 홍현주(洪顯周, 1793~1865)는 이러한 분위기를 '달밤의 맑은 흥취'라는 화제로 그림을 그렸는데 여기에서도 달과 오동나무가 어우러진 모습을 볼 수 있다.

「월야청흥도(月夜淸興圖)」, 홍현주, 간송미술관 소장(출처: 안대회, 2005: 24)

채휴징(蔡休徵)은 「자천동산수록(自天洞山水錄)」에 조부인 채득기(蔡得沂, 1605~1646)가 경영한 '무우정(舞雩亭)'의 승경 28가지를 들었는데, 그중 하나로 가을비가 내린 후 오동에 걸친 영롱한 달을 '오동제월(梧桐霽月)'이라고 하였다.[68] 서거정은 '밤에 읊다'라는 시에, "… 앉아서 보니 서늘한 달이 오동에 옮겨오네."[69]라고 하였고 '새벽에 읊다'라는 시에서는, "… 달 비낀 오동 그림자 서창에 보기 좋아라"[70]라고 했다.

앞서 인용한 윤증의 '달구경 하며'라는 시에, "… 뜰 앞에는 오동나무가 있어,

68) 이종묵(2006). 조선의 문화공간 3. 서울: ㈜휴머니스트. p. 286.

69) "… 坐看涼月轉疎梧." 『사가집(四佳集)』. 「사가시집」 제50권(한국고전 종합 DB)

70) "… 月斜梧影可西窓" 『사가집(四佳集)』. 「사가시집보유」 제1권(한국고전 종합 DB).

이 밤에 더욱 보기가 좋네"[71]라고 했으며 또 다른 시에서는, "… 오동에 달 비치면 오두막도 서울 같고 …"[72]라고 했다. 권필의 '오동잎에 쓰다'라는 시에, "… 이 오동나무 그림자 좋아 왔노라, 여기 앉아 달 뜨기를 기다리니 …"[73]라고 했다. 신흠의 시 '독불견(獨不見)'에는, "… 비낀 달이 오동 끝에 내리네"[74]라고 하였다. 또 정온은 '원천정(原泉亭)에 적다'라는 시에, "… 오동나무에 밝은 달이 이를 때, 두 언덕을 서성이다 돌아오누나"[75]라고 하였다.

소나무, 대나무 등등 수많은 나무 중에서 달밤의 운치를 더하는 것은 왜 하필 오동나무여야 하는가에 대한 오랜 궁금증이 있었다. 그 답은 조선 후기 지식인 유만주(兪晩柱, 1755～1788년)의 일기 『흠영(欽英)』에서 찾을 수 있다. 유만주는 "오동나무에 달빛이 비치는 게 가장 아름다워. 커다란 잎사귀의 그림자가 땅에서 일렁이는 게 맘에 들거든."[76]이라고 했다. 오동나무 자체가 아니라 달빛에 비친 커다란 오동잎이 바람에 일렁이는 그림자가 아름답다는 것이다. 이렇듯 오동나무는 달과 함께함으로써 그 운치를 배가시키는 역할을 했다.

'오동'의 특징 중 하나는 여타의 활엽수들에 비해 잎의 크기가 월등히 크다는 점이다. 이를 이용하여 옛사람들은 오동잎에 글씨를 쓰기도 했다. 또 오동의 큰 잎은 빗소리를 증폭시키는 역할도 한다. 이로 인해 오동잎에 떨어지는 빗소리를 즐기고 감상한 사례도 많이 볼 수 있다.

『동문선(東文選)』에 실린 '우야유회(雨夜有懷)'라는 시에 "초당에 가을 칠월, 오동잎에 듣는 비 밤 삼경 …"[77]이라고 하였다. 서거정은 "… 고요한 밤 오동잎은 빗방울 듣기에 알맞고 …"[78]라고 하였고, '가을밤'이라는 시에는 "… 오동나무엔 빗소리가 남았구나 …",[79] 또 다른 시에는 "깊고 그윽한 집엔 오동잎에

71) "… 庭前有梧桐 此夜更好看" 『명재유고(明齋遺稿)』 제1권(한국고전 종합 DB).

72) "… 梧照月時窩似洛 …" 『명재유고(明齋遺稿)』 제1권(한국고전 종합 DB).

73) "… 愛此梧桐影 坐待月華生 …" 『석주집(石洲集)』 제6권(한국고전 종합 DB).

74) "… 斜月下桐梢" 『상촌집(象村集)』 제3권(한국고전 종합 DB).

75) "… 梧桐明月到 彷彿兩岡還" 『동계집(桐溪集)』 속집 제1권(한국고전 종합 DB).

76) 김하라 편역(2015). 일기를 쓰다 2, 흠영 선집. 兪晩柱, 『欽英』. 파주: 돌베개. p. 266.

77) "草堂秋七月, 桐雨夜三更 …" 『동문선(東文選)』 제9권(한국고전 종합 DB).

78) "… 夜靜老梧宜滴雨 …" 『사가집(四佳集)』. 「사가시집」 제3권(한국고전 종합 DB).

빗방울 듣고 …"[80]라고 하였다. 박세당(朴世堂, 1629~1703년)은 "… 오동나무에 새벽 비 내려 빈 뜰을 울리누나 …"[81]라고 했다. 김정희는 '초가을(初秋)'이라는 시에 "… 큰 오동엔 빗소리 웅장하여라 …"[82]라고 하였다.

『소상팔경도(瀟湘八景圖)』는 중국 동정호(洞庭湖) 주변의 아름다운 풍광을 그린 그림이다. 이 중 하나인 「소상야우(瀟湘夜雨)」는 비 내리는 호숫가의 밤 풍경을 그린 그림이다. 여기에서 화가는 비 내리는 밤 풍경을 물기를 가득 머금은 오동잎을 통해 표현하고 있다. 이처럼 '오동'은 오동잎에 떨어지는 빗소리를 즐기는 등 비 오는 날의 정취를 더해주는 수목 중 하나였다.

「소상야우(瀟湘夜雨)」(부분), 김득신, 57.7×104.0cm, 간송미술관 소장(출처: 한국민족미술연구소, 2008: 53)

마무리 말

'오동'은 동양의 인류 문명과 함께해 온 나무 중 하나이며 정원수로도 널리 사용되어 왔다. 우리의 옛 정원에서도 많은 이들이 오랜 기간에 걸쳐 오동을 식재하고 애호해 왔다.

일반적으로 오동나무로 통칭하는 수목에는 여러 종류가 있다. 더구나 한자 표기에는 여러 명칭이 혼용되어 왔다. 이 글을 통해 살펴보고자 한 의문점은 다음과 같다. 첫째, 우리나라의 전통 정원에 즐겨 사용된 '오동'의 '수종'은 무엇인가? 둘째, 의기 사항에 준해서 방위에 따라 오동나무와 벽오동을 가려서

79) "… 梧桐留雨聲 …" 『사가집(四佳集)』. 「사가시집」 제52권(한국고전 종합 DB).

80) "院落深深桐葉雨 …" 『사가집(四佳集)』. 「사가시집」 제29권(한국고전 종합 DB).

81) "… 曉雨梧桐咽空庭 …" 『서계집(西溪集)』 제4권(한국고전 종합 DB).

82) "… 魁梧壯雨聲 …" 『완당집(阮堂全集)』 제9권(한국고전 종합 DB).

식재하였는가? 또 정전(庭前)에 오동나무 식재를 금기시했다면 어떤 장소에 식재하였는가? 셋째, 옛사람들은 왜, 오랜 기간에 걸쳐 오동을 즐겨 심고 가꾸었으며, 이를 통해 어떠한 효용을 취하고자 했는가?이다.

물리적이고 고정적인 건축물과 달리 정원의 경우는 긴 세월의 흐름이라는 제약으로 인해 그 실체가 고스란히 남아 있는 경우가 거의 없다. 특히 생명체인 수목과 화훼는 제한적인 수령, 병충해, 풍수해 등으로 고사한 경우가 많으므로 옛 정원의 원형을 확인하기 어렵다. 이 글에서는 오동을 애호한 옛사람들의 시문과 그림을 통해 이러한 의문점을 살펴보았다. 그 결과를 요약하면 다음과 같다.

백과사전류와 농서, 원예서 등 고문헌을 고찰한 결과, '오동'에 대한 설명이 편찬자에 따라 차이가 있으며, 구체적인 수종의 구분도 모호하다. 따라서 방위에 따라 '오동'의 수종을 가려서 식재하는 등의 제한이 적용되지는 않았던 것으로 판단된다. 옛 정원을 묘사한 시문을 통해서도 오, 동, 오동, 벽동 등의 어휘가 큰 구분 없이 사용되었음을 다시 한번 확인할 수 있었다. 실제로 정원에 활용한 '오동'의 수종은 오동나무와 벽오동을 비롯해 개오동나무도 식재한 사례도 확인할 수 있었다.

'오동'의 식재와 관련된 의기 사항은 『증보산림경제』와 『임원경제지』에서 찾아볼 수 있으나, 이러한 원칙이 보편적으로 적용되지는 않은 것으로 판단된다. 즉 동쪽과 서쪽 방위에 따라 오동나무와 벽오동을 엄격히 구분하여 식재하지는 않았던 것으로 보인다. 또 의기 사항과는 달리 '정전(庭前)', 즉 뜰 앞이나 뜰 가장자리 등 집 가까이에도 오동이 즐겨 식재되었던 것으로 판단된다.

옛 정원에서 오동의 효용성은 '가을의 전령'으로서 계절감을 강조하는 수목으로써의 역할을 하였다. 이에 더해 오동은 일시적 경관의 정취를 더하는 수목으로써의 효용성도 있었다. 즉, 옛사람들은 '달'과 가장 잘 어울리는 사물을 '오동'이라고 보았고, 이 둘이 병치된 운치를 즐겼다. 또 '오동'은 잎에 떨어지는 빗소리를 즐기는 등 비 오는 날의 정취를 더해주는 수목 중 하나로 활용되었다.

이러한 내용을 종합해 볼 때, 오늘날 우리가 흔히 생각하듯 오동나무는 태평

성대와 성군, 군자만을 의미하는 것 이외에도 많은 효용성이 있는 수목이라는 점을 확인할 수 있었다. 즉 오동나무는 가을의 전령으로서 계절감을 강조하는 수목이고, 달빛에 마당에 어른거리는 오동잎 그림자가 아름다우며 비 오는 날의 정취를 더해주는 등 다양한 활용가치가 있는 수목이다. 이러한 점에 대한 인식 부족으로 인해 현대의 정원이나 공원에서는 오동나무나 벽오동을 적극적으로 활용하지 않고 있는 것으로 생각된다.

덧붙이는 말

옛 그림에는 수하인물도(樹下人物圖) 혹은 수하독서도(樹下讀書圖)라고 하는 보편화한 형식과 내용의 그림이 여럿 있다. 이런 그림에는 나무 아래에서 술이나 차를 마시는 등 풍류를 즐기거나 독서하는 모습 등을 담았다. 여기에는 세속을 벗어나 안빈낙도를 추구하는 문사의 관념 세계를 표현하고 있다.

다음 그림은 호생관(毫生館) 최북(崔北, 1712~1760년)의 「수하독서도」이다. 그림 속 인물은 커다란 오동나무 아래에서 괴석을 책상 삼아 독서 삼매경에 빠져 있는 모습이다.

---

83) 오진(吳鎭, 1280~1354년), 황공망(黃公望, 1269~1354년), 왕몽(王蒙, 1308~1385년), 예찬(倪瓚, 1301~1374년)이다.

84) 조선미 역(2002). 중국 회화사. 서울: 열화당. p. 118.

「수하독서도(樹下讀書圖)」,
최북, 26.1×21.5cm,
선문대학교 박물관 소장
(출처: 국립전주박물관,
2012: 88)

최북의 「수하독서도」에 등장하는 오동나무에 비해 조금 다른 차원의 흥미로운 그림도 있다. 다음 그림은 장승업(張承業, 1843~1897년)이 예찬의 고사를 그린 「고사세동도(高士洗桐圖)」이다. 화면 하단에는 고사의 주인공인 예찬이 괴석에 걸터앉아 있으며 그 옆에는 서책도 보인다. 예찬은 커다란 오동나무 등걸을 정성스럽게 씻고 있는 동자를 바라보고 있다.

예찬(倪瓚, 1301~1374년)은 중국 원말 4대가(元末四大家)[83] 중 한 사람이다. 그의 작품에 있어서 가장 큰 장점은 담일(淡逸) 또는 소소(蕭疎)를 특징적으로 나타낸 데 있으며, 이 점에서는 중국 회화 전체에서 그가 으뜸이라고 한다.[84] 예찬은 속기(俗氣)를 멀리했으며 개인적으로는 병적이라 할 만큼 결벽증이 있었다고 한다. 그는 끊임없이 목욕하곤 했으며 자신이 사용하는 물건 모두를 청결한 상태로 유지하게 했다.

그림 속 오동나무 아래에는 탁자와 지필묵 등이 갖추어져 있다. 예찬은 이 오동나무 그늘 [桐蔭]에서 시를 쓰거나 그림을 그리는 등 이곳을 즐겨 이용했음을 알 수 있다. 결벽증이 심한 예찬은 자신이 즐기는 오동나무 그림자조차도 청결하기를 원했던 것으로 보인다. 이 예찬의 고사는 후대 여러 화가가 즐겨 그린 화재(畫材)가 되었다.

「고사세동도(高士洗桐圖)」, 장승업, 141.8×39.8cm, 호암미술관 소장 (출처: 삼성미술관 Leeum, 2006: 7)

제3장

그림 속 식물요소를 통해 본 「독서여가도(讀書餘暇圖)」의 의미

들어가는 말

조선 시대 성리학자들의 격물치지(格物致知)는 객관적으로 존재하는 각각의 물(物)에 이르러 그 이치를 깨닫는 방식이었고, 그들은 먼저 가까이 있는 것부터 생각했는데 이를 '근사(近思)'라고 한다.[1] 따라서 근사는 모든 공부의 기본이었고 그 대상은 인간 행위 자체이자 삼라만상이었다.

격물치지와 근사라는 학문적 자세의 결실 중의 하나로 강희안(姜希顔, 1417~1464년)의 『양화소록(養花小錄)』을 들 수 있다. 여기에는 수목과 화훼의 본성을 살피고 이를 재배하는 방법이 기록되어 있다. 이에 의하면 각각의 나무와 꽃에는 선비들에게 귀감이 되는 품성이 있는데 예를 들어 소나무의 지조, 국화의 은일, 매화의 품격 등이다. 이러한 성리학적 전통과 태도는 18세기 이후에 이르러서는 사물 그 자체의 아름다움에 집중되기도 하였는데 이런 영향을 토대로 유박(柳璞, 1730~1787년)은 「화목구등품제(花木九等品第)」, 「화품평론(花品評論)」 등을 저술하기도 하였다.[2] 이렇듯 옛사람들은 주변의 꽃과 나무들에게 각기 고유의 의미, 품(品)과 격(格)을 부여하고 이를 완상하는 전통을 이어왔다.

기호학(semiotics)은 기호들로 구성된 특정 상징체의 구조와 여기에 내재된 의미를 분석하는 학문이다. 기호학의 관점에서 보면 인간은 기호 속에서 살아가며 기호를 통해 세상을 이해하고 의사소통을 한다. 인간을 '창조적 동물'이라고 일컫는 것은, 인간은 기호들을 엮어 의미 있는 상징체로 만들어 내는 능력을 갖춘 존재임을 뜻한다.[3]

---

1) 박영택(2006). 회화에 나타난 식물성의 상상력(교수신문사, "우리 시대의 미를 논한다"). 서울: 성균관대학교출판부. p. 54.
2) 정민(2005). 18, 19세기 문인 지식층의 원예 취미. 한국한문학연구. 35: 35-77.

우리의 옛 그림이나 현대 회화도 비언어적 기호체계의 하나일 수 있으며 그림 속에 수목과 화훼 역시 어떤 의미를 전달하기 위한 기호로 사용되기도 한다. 전통 회화에 있어서 '식물성'은 우리 주변의 한 떨기 꽃이나 하찮은 풀과 나무에서 비롯되는 것이지만 동양인의 마음과 정신 속에 철학적 혹은 인생론적 뿌리 인식을 심어주었고 우리 삶에 의미 문맥을 형성한 것들이었다고 한다.4)

우리의 옛 그림은 단순히 아름다운 미술작품으로서의 가치뿐 아니라 그 속에는 옛사람들의 삶의 모습과 흔적이 고스란히 담겨 있다는 점도 주목할 필요가 있다. 한 폭의 작은 그림에는 옛 문학, 건축, 음악, 풍속, 의상, 글씨 등등 여러 분야가 고루 관여하고 있기에 이 모든 것을 모두 살피자면 참으로 끝이 없다고 한다.5)

「독서여가도」는 겸재(謙齋) 정선(鄭敾, 1676~1759년)과 그의 평생지기인 사천(槎川) 이병연(李秉淵, 1671~1751년)의 시와 그림의 합벽첩인 『경교명승첩』에 장첩되어 있는 그림이다. 가로 16.8cm, 세로 24cm에 불과한 이 그림은 오늘날 흔히 쓰는 A4 용지보다도 작은 크기이다. 그림 속에는 부채를 든 인물을 비롯해 서가가 있는 방과 툇마루, 화분 등이 세밀하게 그려져 있다. 이 그림은 조선 시대 선비의 일상인 '독서와 여가'를 주제로 하고 있어 일반인들에게도 매우 친숙한 그림이다. 특히 '독서 여가'라는 그림의 제목으로 인해 독서 혹은 출판 관련 행사나 캠페인 기간에 대중 매체에 빠지지 않고 등장하기도 한다.

이 그림에 대한 미술사 분야의 일반적인 견해는 겸재 자신의 '자화상'이라는 것이다. 그러나 당대의 화성(畵聖) 겸재가 평생의 지기이자 13,000여 수의 시를 남긴 대시인 사천에게 보낸 이 그림을 단순한 자화상으로만 보아 넘기기에는 무언가 미진한 점이 있다. 겸재는 이 그림 속에 벗에게 전하는 각별한 의미를 담지는 않았을까?

이 그림 속에 내재한 의미를 파악하기 위해 본고에서는 「독서여가도」 속에 표현된 수목과 화훼에 주목하였다. 그림 속에 표현된 수목 1주와 2개의 화분에

3) 김경용(2001). 기호학이란 무엇인가. 서울: 민음사. p. 12.

4) 박영택(2006). 앞의 글. p. 55.

5) 오주석(1999). 옛 그림 읽기의 즐거움 1. 서울: 솔출판사. p. 188.

심어진 화초는 화면 구성을 위한 장식요소 이상의 의미를 내포하고 있을 것이라고 생각된다. 본고에서는 그림 속 수목과 화초 등 식물요소를 통해 「독서여가도」가 내포하고 있는 심층의 의미를 해석하고자 한다.

「독서여가도」의 탄생 배경

겸재(謙齋)와 사천(槎川)

겸재와 사천은 삼연(三淵) 김창흡(金昌翕, 1653~1722년)의 문하에서 동학하였다. 두 사람의 집도 스승 댁의 좌우에 있어서 항상 백악산 기슭에서 뛰놀며 자랐고 그들의 친분도 남달랐다.[6] 사천은 겸재보다 5년 연상이었으나 평생지기가 되어 훗날 "시에서는 사천, 그림에서는 정선"[7]으로 병칭된다.

「시화환상간」, 1751년경, 견본담채, 26.4×29.5cm, 『경교명승첩』 하, 간송미술관 소장 (출처: 최완수, 2009: 187)

겸재는 65세 무렵인 영조 16년(1740년)에 양천 현령으로 부임하게 되었다.[8] 그다음 해인 영조 17년(1741년)에 절친한 벗 사천과 이별하게 되자 시화환상간(詩畵換相看)의 약조를 했다.[9] 즉, 두 사람이 자주 만날 수 없게 된 것은 아쉽지만 헤어져 있는 동안에도 서로의 시와 그림을 바꾸어 보자는 약속이다. 이 약속을 토대로 경신년(1740년)

6) 최완수(2003). 겸재 정선과 진경 산수화풍(최완수 외, "우리 문화의 황금기 진경 시대 2, 예술과 예술가들"). 서울: 도서출판 돌베개. p. 64.

7) 유홍준(2001). 화인 열전 1. 서울: 역사비평사. p. 202.

8) 양천현은 오늘날 서울시 강서구 일대로 한강 하류의 산수가 어우러져 풍광이 빼어난 곳이었다. 겸재는 양천 현령으로 만 5년간 있었고, 이 시기는 그의 그림이 완숙한 경지에 이른 때로 많은 작품을 남겼다.

9) 최완수(2009). 겸재 정선 2. 서울: 현암사. p. 48.

겨울 세밑부터 신유년(1741년) 동짓달까지 만 1년간 진경 시화의 양대 거장이 주고받은 시와 그림의 합벽첩인 『경교명승첩』이 만들어졌다.[10]

『경교명승첩』 하권에는 겸재와 사천이 시화환상간의 약속을 하는 모습을 그린 「시화환상간」이라는 그림과 사천이 겸재에게 보낸 편지가 실려 있다. 겸재는 사천의 편지 한 구절을 그대로 이 그림의 제시로 적었는데 그 내용은 다음과 같다.

> 내 시, 자네 그림 서로 바꿔봄에, 그 사이 경중을 어이 값으로 논하여 따지겠는가. 시는 간장(肝腸)에서 나오고, 그림은 손으로 휘두르니, 누가 쉽고 어려운지 모르겠구나. 신유(1741) 중춘 사제(槎第).[11]

제시의 첫 글자 옆에는 "천금이나 되는 큰돈을 준다 해도 남의 손에 넘기지 말라!"는 뜻의 '천금물전(千金勿傳)'이라는 도장이 찍혀 있어 겸재의 이 그림에 대한 각별한 애착을 보여준다.[12] 「독서여가도」는 겸재와 사천 간 이렇듯 길고도 깊은 우정을 바탕으로 탄생하였다.

미술사 분야의 견해

『경교명승첩』은 상·하 2권으로 장첩되어 있고 여기에는 총 43폭의 그림이 있는데, 이 그림들은 후대에 다시 장첩하는 과정에서 그 순서가 교란되었을 수도 있으며 그 가능성은 하권에서 더욱 크다고 한다.[13] 본고에서 살펴보는 「독서여가도」는 『경교명승첩』 상권의 맨 앞에 있는 그림이다. 그림의 내용은 겸재 자신이 툇마루에 나와 잠시 휴식하는 모습을 담고 있다.

이 그림은 선비의 일상인 '독서와 여가'를 주제로 하며, 툇마루에 앉은 주인공과 방 안의 서가 등 단순한 구도의 그림이다. 지금까지 이 그림에 대한 미술사 분야의 견해는 겸재의 자화상 혹은 사인풍속도(士人風俗圖)라는 견해가 주

10) 시화상간첩(詩畵相看帖)이라고도 불리는 이 화첩은 간송미술관에 소장되어 있다. 최완수(2004). 겸재의 한양 진경. 서울: 동아일보사. p. 21.

11) "我詩君畵換相看, 輕重何言論價間. 詩出肝腸畵揮手, 不知誰易更誰難. 辛酉仲春槎第" 최완수, 2009: p. 185에서 재인용.

12) 오주석(1999). 앞의 책. p. 219.

13) 최완수(2009). 앞의 책. p. 55.

류를 이루고 있다.

정양모는 「독서여가도」는 「인곡유거」와 함께 겸재의 외모나 창작 산실을 짐작할 수 있는 자화상적 그림이라고 했다.[14] 최완수도 겸재가 화분에 담긴 화초를 감상하고 있는 이 그림은 "겸재가 평소 인왕곡 인곡정사(仁谷精舍)에서 생활하던 양상을 그린 자화상으로, 바깥사랑채에서 독서의 여가에 잠시 더위를 식히며 시상에 잠겨 화리(畵理)를 탐구하고 있는 자신을 사생적 필치로 그렸다."[15]라고 하였다. 또 이 그림은 그를 애타게 그리워하는 사천의 요청으로 그렸을 가능성이 크다고 하였다.

유봉학은 겸재에 대해 우리의 자연경관을 사실적으로 묘사한 것은 물론 그의 산수 속 인물들이 대부분 우리의 의관 풍물을 보인다는 면에서 풍속화의 단서를 제공했다고 한다. 특히 그의 자화상인 「독서여가도」는 전통적 인물화를 사인풍속도로 발전시킨 것이라고 했다. 따라서 「독서여가도」와 「인곡유거도」 등은 "서울과 교외를 생활권으로 하는 경화사족의 건실한 생활상을 전형적으로 보여주는 사인풍속도(士人風俗圖)"[16]라고 했다. 장진성도 조선 후기 사대부의 경제적, 정서적 풍요로움을 보여주는 사인풍속화로 '독락(獨樂)'의 이미지를 담고 있다고 했다.[17]

윤진영 역시 겸재의 자화상 성격의 그림이며 사인풍속도라는 점에 동의하고 있다.[18] 그는 특히 「독서여가도」 속 겸재의 서재에 걸린 산수화와 겸재가 들고 있는 부채에 그린 선면화(扇面畵)에 대한 미시적 분석을 하기도 하였다.

유홍준은 「겸재 평전」에, "툇마루에 나와 앉아 화분에 핀 모란꽃을 감상하는 여유로운 모습을 그렸으며, 손부채의 그림과 책장 문짝에 그려진 그림이 모두 겸재 그림 같아서 자화상적 인물화"[19]라고 했다. 여타의 연구와 달리 이 연구

---

14) 정양모(2009). 정선 그림의 특징과 위상(국립중앙박물관, "겸재 정선, 붓으로 펼친 천지조화" 테마전 도록). 서울: 통천문화사. p. 13.

15) 최완수(1993). 겸재 정선 진경산수화. 서울: 범우사. p. 164; 최완수(2004). 앞의 책. p. 21; 최완수(2009). 앞의 책. p. 65.

16) 유봉학(2003). 조선 후기 풍속화 변천의 사회・사상적 배경(최완수 외, "우리 문화의 황금기 진경 시대 2, 예술과 예술가들"). 서울: 도서출판 돌베개. p. 99.

17) 장진성(2007). 조선 후기 사인풍속화와 여가문화. 미술사 논단. 24: 261-291.

18) 윤진영(2006). 독서의 여가와 산수도. 문헌과 해석. 2006년 겨울호 통권 37호: 29-39.

19) 유홍준(2001). 앞의 책. pp. 270-272.

에서 특히 주목되는 점은 그림 속 화분에 심어진 꽃을 언급하고 있다는 점이다. 다만 그의 서술과 달리 그림 속 꽃은 '모란꽃'이 아닌 '작약꽃'이라는 오류가 있다. 이러한 오해는 중국을 비롯해 우리나라의 전통문양, 민화, 도자기, 의복, 건축 등 제반 의장 요소에 '모란'이 폭넓게 사용되었으므로 매우 친숙한 소재이기 때문인 듯하다.[20] 후술하겠지만 그림 속의 꽃이 모란 혹은 작약에 따라 그 해석은 크게 달라진다.

이상과 같은 「독서여가도」에 대한 미술사 분야의 연구 성과를 종합해 볼 때, 대부분의 연구는 그림의 형식과 한국 미술사적 가치 등에 주목해 왔다. 이러한 일련의 연구 대부분은 이 그림을 겸재의 자화상이나 풍속화로 결론짓고 있다. 또 그림 속의 식물요소들에 대해 단순한 장식요소 이상의 큰 의미를 두지 않았다. 즉 그림과 시에 있어 당대의 두 거장이 주고받은 그림 속에 정교하게 묘사된 수목과 화초 등 식물요소에 내재된 의미에 주목한 연구는 없었다.

「독서여가도」 속 식물

고연희는 기존의 회화사 서적들이 표현의 형식을 중시했던 것에 더해 그 형식의 역사 밑에 숨어 있는 내용을 들추어 규명하고자 하였다. 그에 의하면 "산수화의 내용을 살피는 연구가 활발히 시도되고 있어 구곡도, 계회도, 산거도, 아집도, 무이산도, 팔경도, 어부도, 기유도, 시의도 등의 내용에 근거하여 갈래를 세워보고 논의함으로써 그 시절 문사들의 생활과 꿈 혹은 욕망을 만나볼 수 있는 새로운 경로"[21]라고 하였다.

오주석(1999)에 의하면, 옛사람들은 '그림을 본다(看畵)'라는 말보다 '그림을 읽는다(讀畵)'라는 말을 쓰기 좋아했으며 이는 서화일률(書畵一律)의 전통으로 글씨와 그림이 한 가락이므로 보는 방법도 '읽는 것'이라 한다. 또 그림 속의 형상보다

20) 당초에는 필자 역시 그림 속 화분의 식물을 모란으로 단정하고 논문을 작성하였다. 논문 투고를 앞두고 같은 학과에 근무하는 동료 교수께 초고 검토를 부탁했고, 임학을 전공하신 그분은 모란이 아닌 작약이라는 것을 단번에 지적하셨다. 따라서 이 논문은 그분을 공동저자로 하여 전반적으로 재작성하는 과정을 거쳤다.

21) 고연희(2007). 조선 시대 산수화. 아름다운 필묵의 정신사. 서울: 도서출판 돌베개. p. 8.

그린 사람의 마음이 주가 되는 문인화에서는 '그림 읽기'가 더욱 중요하며, 감상의 원칙은 '옛사람의 눈으로 보는 것'과 '옛사람의 마음으로 읽는 것'이라 하였다.[22)]

본고에서도 「독서여가도」를 겸재와 사천의 눈과 마음으로 읽어 보고자 한다. 이러한 시도를 통해 단순히 자화상 혹은 풍속도로 알려진 이 그림의 이면에 담긴 실제 의미를 파악할 수 있을 것이다.

「독서여가도」, 영조 17년(1741년) 견본채색, 16.8×24.0cm, 『경교명승첩』 상, 간송미술관 소장(출처: 최완수, 2004: 19)

22) 오주석(1999). 앞의 책. pp. 150-153.

그림의 개요

매우 단순한 구도의 이 그림은 툇마루에 앉은 인물을 중심으로 실내의 서가와 향나무 한 주가 배경을 이루며 두 개의 화분이 전경을 이루고 있다. 동양화의 화론에서는 허(虛)와 실(實)의 대비를 강조한다. 즉 화면에 "빽빽하기는 바람조차 통하지 않아야 하고, 성긴 곳은 말이 달릴 정도"[23)]가 되어야 한다는 것이다. 이 그림은 이러한 화론을 충실히 따르고 있는데, 인물을 중심으로 배경에는 빼곡히 쌓인 책과 치밀한 향나무의 지엽이 배경을 이루고, 전면에는 텅 빈 마당에 두 개의 화분만 있다. 겸재 자신인 그림 속 인물은 전경과 배경 간의 균형을 잡는 중심의 역할을 한다. 전면 마당에 놓인 두 개의 화분은 그림의 구도에 초점이 된다. 그림 속 겸재 자신의 시선도 이 화분들을 그윽이 바라보고 있다. 화가 자신이 주시하고 있는 이 두 개의 화분은 이 그림의 또 다른 주인공으로 볼 수 있다.

향나무

향나무(*Juniperus chinensis* L.)는 측백나무과(*Cupressaceae*)의 향나무속(*Juniperus*)에 속하는 상록성의 침엽관목이나 침엽교목으로 우리나라 옛 정원에 즐겨 식재해 왔다. 목재의 색이 붉은빛이 도는 자주색이라 자단(紫檀)이라 부르기도 하고, 나무에서 향기가 난다고 하여 목향(木香)이라고도 부른다.

서재의 곁문을 통해 보이는 향나무는 뒤틀린 줄기와 가지 등이 이루는 수형으로 보아 수령이 오래된 노목임을 알 수 있다. 노목임에도 불구하고 뒤틀린 줄기와 짙푸른 녹색의 잎이 처마에 이르는 왕성한 수세를 보이고 있다.

향나무나 소나무는 줄기가 뒤틀려 구불구불 자라는 것을 상품으로 쳤으며, 조선 시대에는 이러한 수형의 향나무나 소나무를 화계 등에 즐겨 심었다.[24)] 강희안의 『양화소록』 「만년송(萬年松)」 편에는 "만년송은 층진 가지에 푸른 잎이 마치 타래실이 아래로 드리운 듯하고, 나무줄기가 뒤틀려 꾸불꾸불한 게 꼭 붉

23) 서은숙 역(2003). 시는 붉고 그림은 푸르네. 黃玉峰. 詩情畵意. 서울: 도서출판 학고재. p. 133.

24) 이선(2006). 우리와 함께 살아온 나무와 꽃. 서울: 수류산방. 중심. p. 314.

은 뱀이 숲 위로 올라가듯 하고 청렬(淸冽)한 향기가 풍기는 것이라야 아름답다"[25]라고 하였다. 그림 속의 붉은 수간과 가지, 수관 표현은 마치 강희안의 만년송에 관한 서술을 그대로 그림으로 옮긴 듯하다.

예로부터 송백(松柏)은 지조와 연륜을 상징한다. 송백(松栢)의 '백(柏)'은 숫자를 표기하는 '백(百)'자의 소리를 빌어 백수(百壽), 즉 장수를 의미하기도 한다. 또 백수(白壽)는 일백 백(百)의 획수에 한 획이 빠진 글자로 99세를 지칭한다. 따라서 그림 속 향나무는 겸재가 칠순을 넘긴 사천의 장수를 기원하는 의미를 담은 것으로 볼 수 있다.

「노백도」, 131.6×55.6cm, 호암미술관 소장 (출처: 호암미술관 2007: 24)

이러한 해석의 개연성은 겸재의 다른 그림인 「노백도(老柏圖)」[26]의 사례를 통해서도 확인할 수 있다. 「노백도」 속 향나무의 구불구불한 수간은 초서체의 목숨 수(壽)자를 형상화하였다. 이 그림의 하단에는 심전(心田) 안중식(安中植, 1861~1919년)이 운양(雲養) 김윤식(金允植, 1835~1922년)의 장수를 축원하는 내용의 찬문(讚文)이 적혀 있어 이 그림의 의미를 더욱 명확히 보여준다. 이러한 상황을 볼 때 「노백도」와 「독서여가도」 속의 향나무는 '장수'라는 일관된 의미를 표현하고 있다고 판단된다.

「독서여가도」를 그릴 당시 겸재는 이미 65세를 넘겼으며, 사천은 겸재에 비해 5년 연상이었으므로 당시의 여건과 기준으로는 무척이나 장수를 누리고 있는 노장들이었다.[27] 그림 속의

25) 이병훈 역(2009). 양화소록. 姜希顔. 『養花小錄』. 서울: 을유문화사. p.38.

26) '백(柏)'은 일반적으로 잣나무나 측백나무를 지칭하므로 「노백도」에 표현된 수종에 대한 논란이 있을 수 있다. 이선(2006, 앞의 책)은 송백(松柏)이라는 용어에 대해 단지 소나무와 잣나무 또는 소나무와 측백나무를 가리키는 것이 아니라, 소나무 등속인 상록침엽수를 대표하는 용어로 보는 견해도 있다고 하였다. 또 「양화소록」에서도 향나무를 '만년송(萬年松)'으로 칭하였고, 향나무의 한자명이 향목(香木)과 함께 원백(圓柏) 혹은 회백(檜柏)으로 표기되기도 한다(임업연구원, 1992. 한국수목 도감). 이러한 점을 종합해 볼 때 「노백도」 속의 수종을 향나무로 보는 것이 타당해 보인다.

주인공은 벗을 그리워하는 겸재 자신이다. 겸재는 그림의 배경에 버티고 있는 오래된 향나무를 통해 사천과 자신의 건강과 안녕을 기원하고 있다. 늙기는 했으나 오랜 연륜을 보여주는 굴곡진 줄기와 가지, 푸르고 무성함, 청렬한 향기 등 향나무의 이미지는 두 노장의 건재함과 장수를 바라는 표상이라 할 수 있다.

난초

난의 모습은 동양고전의 미를 응축하고 있는데, 꽃이 없을 때도 녹엽의 모습만으로도 훌륭한 미관을 갖추고 있다. 또 난은 어떠한 진귀하고 고가한 명품이라도 모두가 야생종으로 그 모습에 깊은 자연미를 함축하고 있다. 교배에 의한 신종 작출이 마음대로 안 되는 것은 원예계에서 동양란뿐이라고 하는 것도 난을 순결한 것으로 보게 해주는 큰 소인이다.[28]

그림 속 툇마루 전면에는 두 개의 화분 중 하나는 난초가 심어진 화분이다. 난초는 특정 식물을 지칭하기보다는 난초목(蘭草目, *Orchidales*) 난초과(蘭草科, *Orchidaceae*)에 속하는 식물을 총칭하며 일반적으로 '난'이라고 한다.

난초는 고고한 자태와 맑은 향기로 인해 선비들이 즐겨 가꾼 화초 중의 하나이다. 『양화소록』에도 난향을 국향(國香)으로 귀하게 서술하였다. 춘란과 같이 한 꽃대에 한 송이 꽃이 피는 '일경일화(一莖一花)'를 난(蘭)이라 하고, 건란이나 한란과 같이 한 꽃대에 여러 송이의 꽃이 피는 '일경구화(一莖九花)'를 혜(蕙)라고 구분하기도 한다.[29]

전통적으로 난초는 고귀한 사람이나 벗을 의미한다. 『명심보감(明心寶鑑)』 「교우(交友)」 편에 "지초와 난초는 둘 다 향기로운 꽃으로, 지란지교(芝蘭之交)는 곧 지초와 난초처럼 맑고 깨끗하며 두터운 벗 사이의 사귐을 일컫는

---

27) 평균수명의 개념은 신생아, 영유아 등까지를 가산한 연후의 평균인데, 조선 시대 역대 왕은 양질의 보건환경에서 생활했음에도 불구하고 평균수명은 44.6세에 불과했다(홍성봉, 1991. 조선조 역대 왕의 수명과 그 사인. 한국인구학회지. 14(1). p. 44). 조선 시대 일반인의 평균수명은 이보다 훨씬 낮아 대략 30~35세 내외로 추정한다. 일제강점기인 1926년에 처음으로 한국인의 평균수명을 조사한 결과 33.7세였다고 한다.

28) 한국자생란연구회編(1989). 동양란 가꾸기. 서울: 세종문화원. pp. 14-16.

29) 문봉선(2006). 새로 그린 매란국죽 1. 서울: 도서출판 학고재. p. 131.

다."라고 하였다. 또 공자(孔子)는 "선한 사람과 함께 있으면 지초와 난초가 있는 방으로 들어가는 것과 같아서 오래되면 향기를 맡지 못하니, 그 향기에 동화되기 때문이다"[30]라고 하였다. 이는 『주역』「계사전(繫辭傳)」의 천화동인(天火同人, ䷌) 괘(卦)를 설명하는 내용 중 "공자께서 말씀하시길, 두 사람의 일치된 마음은 그 날카로움이 쇠를 끊을 만하고 마음속에서 일치하는 말은 그 향기가 난초와 같다."[31]라고 한 데서 유래한다. 잘 알려져 있듯이 겸재는 『주역』에 조예가 매우 깊었으며 『도설경해(圖說經解)』라는 저술을 남긴 바 있다. 이 외에도 고귀한 우정을 의미하는 말로 금란지교(金蘭之交)와 금석지교(金石之交)가 있다.

그림 속 화분의 난초는 겸재 자신과 사천 간의 소중한 우정, 즉 지란지교를 상징한다. 그림 속 겸재는 그윽한 눈으로 바라보는 난초 화분을 통해 헤어져 있는 벗을 추억하고 있다고 보인다. 마치 헤어져 있는 벗을 대하듯 수시로 눈길을 주는 난초 화분을 통해 사천을 그리워하는 겸재 자신의 일상 속의 애틋한 감정을 표현하고 있다.

작약

전술한 바와 같이 「독서여가도」에 대한 몇몇 선행 연구에서는, 그림 속 화분에 핀 꽃을 모란(*Paeonia suffruticosa*)으로 판독하는 오류가 종종 있었다. 모란과 작약(*Paeonia lactiflora var. hortensis*)은 둘 다 탐스럽고 화려한 꽃이 피고 약재로도 쓰이므로 예로부터 우리 선조들이 즐겨 가꾸어 왔다. 이 둘은 생김새나 용도 등이 유사한 점이 많아 혼동하기 쉽다.

모란의 별칭은 목단(牧丹)이라고도 하는 나무이고, 작약은 겨울에 땅 위의 줄기가 모두 죽어버리고 뿌리만 살아 있는 여러해살이풀이다.[32] 꽃의 모양이나 색깔과 크기 및 피는 시기도 비슷하고 잎 모양도 닮아 있어서 흔히 모란과 작약을 혼동하는 경우가 많다.

---

30) 子曰 與善人居 如入芝蘭之室 久而不聞其香 卽與之化矣…. 『孔子家語』.

31) … 二人이 同心하니 其利斷金이로다. 同心之言이 其臭如蘭이로다(김인환 역해, 2006. 주역. 서울: 고려대학교출판부. p. 518).

32) 박상진(2001). 궁궐의 우리 나무. 서울: 눌와. p. 199.

모란(출처: 국립산림품종관리센터, 2015: 277)

작약(출처: 국립산림품종관리센터, 2015: 275)

모란 잎은 3엽으로 작은 잎은 달걀모양을 한다. 꽃은 홍색으로 피고 지름이 15cm 이상이다. 모란 잎은 손바닥처럼 넓적하게 갈라지는 특징이 있는데, 그림 속의 식물은 화분에 심겨 있으며 잎이 길쭉하며 가장자리가 밋밋하여 모란의 잎과는 뚜렷하게 구별되므로 작약임을 알 수 있다.

모란은 꽃이 크고 화려하고 호화로운 분위기를 주며 옛 중국에서도 '꽃 중의 왕(花王)'이라 하였다.[33] 우리나라에서도 모란은 전통적으로 정원에 즐겨 식재된 수종이다. 또 모란은 부귀영화를 상징하여 민화 등 각종 그림과 다양한 의장 요소로 사용되어 왔다. 길상문으로서 모란문은 자수, 의상, 도자기, 가구공예, 건축 등에 폭넓게 적용되었다. 모란 문양은 궁중, 사찰을 비롯해 민간에 이르기까지 신분과 무관하게 사랑받았다. 또 아이의 돌, 백일, 혼례, 수연(壽宴) 등 상서로운 행사뿐 아니라 제례나 장례식에도 사용되는 등 그 용도가 매우 광범위했다.[34] 이렇듯 전통적으로 폭넓게 사용된 모란 문양은 한국인들에게 매우 친숙하며 또 이러한 이유로 인하여 미술사 분야의 연구 등에서도 그림 속의 꽃을 모란으로 오해하는 경우가 많다.

33) 중국 송(宋) 대의 주돈이는 「애련설」에서, 모란은 부귀영화를 상징하여 당나라 이래 세상 사람들이 모란을 매우 좋아하지만, 자신은 '군자의 꽃'인 연꽃을 사랑한다고 했다.

34) 박은순(2008). 이렇게 아름다운 우리 그림. 한국문화재보호재단. pp. 61-63.

모란도

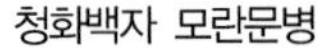

청화백자 모란문병

동화사 대웅전 어칸문

경복궁 자경전 꽃담

모란 문양 사례(출처: http://www.designdb.com)

작약은 함박꽃이라고도 하며 미나리아재비과(*Ranunculoideae*)의 여러해살이풀이다. 꽃은 줄기 끝에 1개가 피며 꽃 색이 다양하여 전통적으로 원예용으로 널리 재배되어 왔다. 유박(柳璞, 1730~1787년)이 저술한 『화암수록(花庵隨錄)』 중

‘화품평론(花品評論)’에 작약은 “모든 꽃부리에서 뛰어나고, 희고 붉은 것이 서로 높음을 자랑한다. 논하되, 작약은 충실하고 화려함이 화왕(花王)보다 못하지 않으니…”[35]라고 하였다. 즉, 작약은 모란에 버금가는 꽃으로서 널리 애호된 화초였음을 알 수 있다. 또 「화암수록」의 ‘화목구등품제(花木九等品第)’에도 작약은 모란, 왜홍(倭紅) 등과 함께 ‘부귀를 취하는(取富貴)’ 2등의 품으로 분류하고 있다. 이에 의하면 작약의 별칭은 귀우(貴友) 또는 화상(花相)이라고도 한다.[36]

충남 홍성군 장곡면 소재 사운고택(국가민속문화재 제198호) 진입부의 작약

그림의 구도와 내용에 있어서 작약이 심어진 화분은 매우 중요한 역할을 하며 이 그림의 핵심을 이루고 있다. 즉 화면 전면에 위치한 작약 화분은 전체 화면의 구도를 잡아주는 초점이 된다. 특히 화면 속의 겸재 자신의 시선도 작약 화분을 그윽이 응시하고 있다.

작약은 예로부터 재회를 약속하고 이별을 아쉬워하며 선물하는 꽃이었다.[37] 중국에서 일명 ‘가리(可離)’라고 하여 ‘이별의 꽃’으로 알려져 있다. 이와 동시

---

35) 이병훈 역(2009). 앞의 책. p. 170.

36) 이병훈 역(2009). 앞의 책. pp. 157-158.

37) 조성진 · 조성렬 역(2004). 한시와 일화로 보는 꽃의 중국문화사. 中村公一(2002). 中國の愛の花ことば. 서울: 뿌리와 이파리. p. 94.

에 작약을 의미하는 '작(芍)'자가 약속을 의미하는 '약(約)'자와 중국어 발음이 비슷하여 '재회를 약속하는 꽃'이라고도 한다.[38)]

작약이 심긴 백자 화분에는 국화 문양이 새겨져 있는 점도 주목할 만하다. 국화(*Chrysanthemum morifolium*)는 흔히 '군자의 은일과 절개'를 상징하는 꽃으로 알려져 있으나, 고대 중국의 약학 서적인 『신농본초경(神農本草經)』에 장수(長壽)에 도움이 되는 약초로 기록되어 있고 예로부터 중양절에 국화주를 마시거나 장수하기 바라는 사람에게 국화를 주는 풍습이 있었다.[39)] 이렇듯 불로장수를 의미하는 국화는 장수화(長壽花), 수객(壽客), 부연년(傅延年), 연령객(延齡客) 등의 다른 이름으로 불렸고, 기국연년(杞菊延年) 혹은 송국연년(松菊延年)이라는 축수의 문구를 붙여 환갑·진갑 등의 잔칫상에 헌화로 많이 사용되었다.[40)]

농촌 주택 담장가의 작약

「독서여가도」의 초점 역할을 하는 작약 화분은 헤어져 있는 벗과의 재회를 기약하는 상징물이다. 겸재는 '이별'과 '재회'를 상징하는 '작약'을 통해 사천을

---

38) 이선(2006). 앞의 책. p. 634.

39) 조성진·조성렬 역(2004). 앞의 책. p. 288.

40) 이상희(2004). 꽃으로 보는 한국문화 3. 서울: 넥서스 BOOKS. pp. 241-242.

그리워하는 간절한 메시지를 전하고 있다. 또 작약이 심어진 화분에 불로장수를 의미하는 국화 문양이 그려져 있다는 것도 주목할 만한 점이다.

「독서여가도」의 부분(작약과 난초)

마무리 말

본고는 「독서여가도」 속에 표현된 수목과 화초에 대한 고찰을 통해 그림이 내포하고 있는, 보다 심층의 의미를 해석하고자 하였다. 즉, 단순한 구성의 이 그림 속에 그려진 수목과 2개의 화분에 심어진 화초는 단순한 장식요소 이상의 의미를 내포하고 있을 것이라는 가정을 하였다.

「독서여가도」가 그려진 정황과 이 그림 속에 표현된 식물들이 내포하고 있는 의미들을 종합해 볼 때, '자화상' 혹은 '사인풍속도'라는 기존 미술사 연구 분야의 해석에 더해 더욱 새로운 의미 추론이 가능했다. 이 그림은 겸재가 헤어져 있는 벗 사천에게 보내는 비언어적 기호들로 채워져 있다. 여기에는 겸재가 사천에게 전하고자 하는 간절하고 애틋한 메시지가 담겨 있으며, 그 의미들을 표상하는 상징물로 수목과 화초를 사용하였다. 겸재가 이 그림을 통해 사천에게 전하고자 한 의미는 다음과 같이 요약할 수 있다.

첫째, 이 그림은 겸재와 사천이라는 두 노장의 건강과 안녕, 우정과 재회라는 주제를 함축적으로 담고 있다는 새로운 해석이 가능하였다.

둘째, 이러한 의미를 표현하는 수단으로 향나무, 난초, 작약이라는 식물요소가 활용되었다.

셋째, 각 식물요소는 겸재가 사천에게 전하고자 하는 간절한 메시지를 담은 표상이라 할 수 있다. 그 구체적인 내용으로, 만년송이라고 불리는 오래 묵은 향나무의 연륜과 푸르고 싱싱함은 두 사람의 건강과 장수를 기원하고 있다. 난초는 겸재와 사천 간 지란지교의 향기로운 우정을 의미한다. 작약에는 헤어져 있는 벗과의 재회를 바라는 겸재의 심정을 담고 있다. 화분에 있는 국화 문양 역시 불로장수를 기원하는 상징물이다.

이 그림은 당대를 풍미한 화성과 대시인 간의 우정을 바탕으로 제작되었다. 이들은 헤어져 있는 동안에 시화환상간(詩畵換相看)의 약속을 하였고 겸재는 벗을 그리는 간절한 마음을 담아 이 그림을 그렸다. 그림 속의 식물 소재들은 겸재의 간절한 메시지를 담은 기표(記標, signifiant)이다. 이들을 통해 겸재 자신과 사천이라는 두 노장의 '건재함과 안녕'과 '우정' 그리고 '재회의 약속'이라는 기의(記意, signifié)를 담고 있다. 당대를 풍미한 대시인인 사천도 이 그림에 담긴 각별한 메타포(metaphor)를 충분히 읽어 내었을 것이다.

제4장

상수(象數) 원리를 정원 구성에 적용한 용도서(龍圖墅)와 귀문원(龜文園)

들어가는 말

우리나라 전통정원 문화의 특징 중 하나는, 작고 소박한 정원일지라도 작정자의 관념과 철학 등 각별한 의미를 담은 공간으로 승화시키고자 했다는 점이다. 이 점은 서양 정원이 '활용성'과 '시각적 아름다움' 등만을 추구하여 단순히 물리적 공간을 조성하는 것과는 전혀 다른 차원의 가치를 추구했다는 차별성을 갖는다. 따라서 품(品)과 격(格)을 추구하는 전통정원에 있어서 '의미를 담아내는', 즉 '사의(寫意)'는 중요한 화두가 되어 왔다. 이러한 영향으로 조선시대 지식인들은 현실의 세계에는 존재하지 않는 상상 속의 정원을 꾸미고 이를 기록으로 남긴 사례도 많다.[1)]

홍만선(洪萬選, 1643~1715년)의 『산림경제(山林經濟)』는 은둔하고자 하는 선비를 위한 산림 생활의 지침서이자 각종 농업기술에 관한 저술이다. 이는 조선 중기에 허균(許筠, 1569~1618년)이 산림에 은거한 사람들에 관해 기록한 『한정록(閑情錄)』의 영향을 크게 받았다. 다만 『한정록』은 중국의 여러 전적을 채록한 데 비해 『산림경제』는 국내의 저술을 비롯해 직접 견문(見聞)한 것까지 망라하고 있다.[2)]

용도서(龍圖墅)와 귀문원(龜文園)은 『산림경제』의 「복거(卜居)」 편에 실려 있다. 이 글의 발단은 박사원(朴士元)의 문집에 실려 있는 「용문정사도기(龍文精舍圖記)」로 이것은 하도(河圖)의 원리를 적용한 정원 구상안이다. 후에 박사원의 친구인 이국미(李國美)는 여기에 낙서(洛書)의 원리를 적용한 정원인 '귀문원'을

1) 홍형순·이원호(2006a). 19세기 문인 항해 홍길주의 『숙수념』에 관한 조경학적 고찰. 한국전통조경학회지. 24(3): 67-78; 홍형순·이원호(2006b). 허균의 저작을 통해 본 상상적 공간. 한국전통조경학회지. 24(4): 111-120.

2) 신승훈(2007). 산림경제 해제(민족문화추진회, "국역 산림경제"). 파주: 한국학술정보(주). pp. 3-27.

추가함으로써 '용도서'와 짝을 이루는 한 쌍의 정원 구상안으로 완성하였다.[3)]

공자는 『주역』「계사전」에, "하수에서 그림이 나오고 낙수에서는 낙서가 나왔는데, 이것을 성인께서 본받았다."[4)]고 하였다. 하도(河圖)는 전설의 시대인 약 5,500여 년 전에 하수(河水)에서 용마(龍馬)가 지고 나온 상(象)을 보고 복희씨(伏羲氏)가 그렸다고 전해지며, 이를 용도(龍圖)라고도 한다. 낙서(洛書)는 기원전 2,200년경 하(夏)나라 우왕(禹王)이 치수를 할 때 낙수(洛水)에서 나온 거북이 등에 그려진 그림을 보고 그린 것으로 귀문(龜文)이라고도 한다.[5)]

이후 하도와 낙서는 정치와 학문, 의학 등을 비롯해 동양문화 전반에 영향을 미쳤다. 동양학에서 하도와 낙서의 중요성과 영향력에 대해, "동양의 밑바닥 그 어느 곳을 캐도 하도의 흔적이 보이지 않는 곳이 없다."[6)]라고도 한다. 하도와 낙서는 공자에 의해 집대성된 선진유학(先秦儒學)의 학문적 사유에 토대가 되었고, 송(宋) 대의 정호(程顥)와 정이(程頤), 주희(朱熹) 등이 정립한 신유학(新儒學)을 거쳐, 퇴계(退溪) 이황(李滉, 1501~1570년)과 율곡(栗谷) 이이(李珥, 1536~1584년)의 이기(理氣) 철학을 정립하는 데에도 바탕이 되었다.[7)]

'용도서'와 '귀문원'은 이러한 하도와 낙서의 원리를 적용한 정원 구상안으로서 실제 조영된 바 없는 일종의 상상 속의 정원이다. 용도서와 귀문원에 관한 서술은 정원의 모습을 구체적이고 상세하게 묘사하고 있으나, 하도와 낙서 등 상수학에 대한 이해가 없이는 여기에 내재된 의미를 파악할 수 없다. 본고에서는 이 기록을 고찰함으로써 정원 구성 의도와 여기에 담긴 의미와 조경사적 의의를 살펴보고자 한다.

---

3) 신승훈(2007). 앞의 글. pp. 15-16.

4) "河出圖 洛出書 聖人則之" 김인환 역해(2006). 주역. 서울: 고려대학교출판부. p. 530.

5) 고대 중국 주(周)나라는 귀중한 물건을 보관하는 건물을 별도로 두었고 이곳에 하도(河圖)와 낙서(洛書)도 수장하였다. 이로 인해 도서관(圖書館)이라는 명칭의 어원이 되었다.

6) 전창선·어윤형(2011). 음양오행으로 가는 길. 서울: 와이겔리. p. 255.

7) 임병학(2007). 선진유학에 나타난 하도 낙서. 한국국학진흥원 국학연구 제11집: pp. 254-255.

용도서와 귀문원의 저자와 내용

『산림경제』의 「복거」 편은 주거공간 조성에 있어 터 잡기와 길흉(吉凶) 판단 등에 관한 내용을 담고 있어 전통조경 연구에 많은 시사점을 제시하고 있다. 용도서와 귀문원은 「복거」 편 '방앗간(安碓)' 조에 실려 있는데 후에 유중림(柳重臨, 1705~1771년)이 편찬한 『증보산림경제(增補山林經濟)』에도 다시 이 글과 그림을 함께 채록하였다. 또 19세기 전반기에 서유구(徐有榘, 1764~1845년)도 『임원십육지(林園十六志)』를 편찬하면서 「이운지(怡雲志)」에 용도서와 귀문원을 수록하였다.[8] 이러한 점은 당대의 여러 지식인이 용도서와 귀문원에 담긴 의미와 가치를 인정하였음을 보여준다.

『산림경제』의 내용에 관한 본격적인 연구가 이루어지지 않았으며, 국역을 계기로 "각 전문 분야별로 다시 검토되고 더욱 깊이 있게 연구되어야 할 것이다."[9]라고 한다. 특히 용도서와 귀문원은 성리학적 사유체계의 근간을 이루는 하도와 낙서의 원리를 이용하여 주거공간을 설계한 것으로, 이러한 사례는 중국에서도 전례를 찾아볼 수 없는 독특한 문화라고도 한다.[10]

용도서와 귀문원에 대한 아이디어의 발단은 박사원의 '용문정사도기'로 이것은 하도의 원리를 적용한 정원 구상안이다. 여기에는 건물과 단(壇), 연못 등이 있으며 경승재(敬勝齋), 태극단(太極壇), 활당지(活塘池) 등 구체적인 명칭을 부여했다. 이에 반해 정원에 식재된 수종에 대해서는 모두 '아무개 나무'라고 소략하게 표현하고 있다. 이러한 점은 후에 이국미가 낙서의 원리를 추가하여 완성한 용도서와 귀문원에 각 수목의 성상(性狀)과 수종을 구체적으로 밝힌 것과 대비된다. 박사원은 하도의 오묘한 원리를 정원 구성에 적용하는 발상을 하였으나, 여기에 식재할 수종을 선정하는 등 정원 세부까지 구체화하는 것에는 미치지 못

8) 『임원십육지(林園十六志)』의 구성은 「본리지(本利志)」, 「관휴지(灌畦志)」, 「예원지(藝畹志)」, 「만학지(晩學志), 「전공지(展功志), 「위선지(魏鮮志), 「전어지(佃漁志), 「정조지(鼎俎志), 「섬용지(贍用志)」, 「보양지(葆養志)」, 「인제지(仁濟志)」, 「향례지(鄕禮志)」, 「유예지(游藝志)」, 「이운지(怡雲志)」, 「상택지(相宅志)」, 「예규지(倪圭志)」 등 16부문이다. 이 중에서 「이운지」는 선비의 고상한 삶을 위한 주거공간, 문방구, 예술품과 서적 등에 관한 내용을 엮었다.

9) 신승훈(2007). 앞의 글. p. 23.

10) 이종묵(2009). 성리학적 사유를 구현한 조선 선비의 집. 남명학연구원 남명학 제14권: p. 317.

하고 있음을 알 수 있다. 「용문정사도기」의 일부를 인용하면 다음과 같다.

> 모년 모월 모일 아무개와 아무개가 함께 아무개 산 아무개 기슭에 서실을 함께 지었다. 집을 짓고 나무를 심은 것은 모두 하도의 위치와 수를 본받은 것이다. … 태극단 위에 아무개 나무를 한 그루 심어 태극단의 모서리와 5개가 되게 하였으니 곧 천(天) 5의 형상으로, 노닐면서 쉬는 곳으로 삼았다. 태극단 앞뒤에 각기 아무개 나무 다섯 그루가 있어 … 태극단 왼편에 아무개 나무 세 그루가 있으니 곧 천(天) 3의 형상이요, 태극단 오른편에 아무개 나무 네 그루가 있으니 곧 지(地) 4의 형상이다. … 나무를 심고 집을 짓는 일을 마치고 나서 이 모든 것을 용문정사(龍文精舍)라 이름하였다.11)

「용문정사도기」는 "모년 모월, 아무개가 아무개 장소에, 아무개 나무를 …" 등으로 서술하고 있는데, 이로 인해 실제적인 계획안이라기보다 시안(試案) 혹은 초안(草案)으로서의 성격이 두드러져 보인다. 「용문정사도기」를 보완하여 이국미가 완성한 용도서와 귀문원의 전문은 다음과 같다.

> 용도(龍圖)란 하도(河圖)를 말함이고, 귀문(龜文)이란 낙서(洛書)를 말함이다. 용도서(龍圖墅)와 귀문원(龜文園)을 경영함에서는 하도와 낙서의 위치(位置)와 수(數)를 상징하여 경영하되, 모름지기 물이 있는 곳에 평평하고 넓은 땅 두 곳을 마련하여, 한 군데는 복판에 둥근 단(壇)을 쌓되 높이는 3척(尺), 사방은 5보(步)쯤 되게 하며, 그 위에는 십자각(十子閣)을 지어 5칸을 만들고, 중간에는 방, 4면(面)에는 누(樓)를 만드는데, 이는 천오(天五)의 수(數)를 상징한 것이다. 그리고 단의 가 8면에는 3층의 계단을 만들어 연결되게 하기도 하고 끊기게도 하는데, 이는 선천팔괘(先天八卦)를 상징한 것이다. 아래에는 뜰을 만들고 뜰 경계에는 10개의 돈대(墩臺)를 벌려 쌓아서 주위를 만드는데, 이는 지십(地十)의 수를 상징한 것이다. 돈대의 바로 북쪽에는 우물이나 못을 파는데, 이는 천일(天一)의 수를 상징한 것이고, 돈대의 남쪽에는 쌍 돈대가 있는데, 이는 지이(地二)의 수를 상징한 것이며, 동쪽에 3, 서쪽에 4는 천삼(天三)·지사(地四)의 수를 상징한 것이다. 또 그 바깥으로 북쪽에 6, 남쪽에 7, 동쪽에 8, 서쪽에 9를 둘러 마치 둥근 진(陣)의 형상같이 하는데, 이는 곧 지육(地六)·천칠(天七)·지팔(地八)·천구(天九)의 수를 상징한 것이다. 이렇게 하면 하도의 55수대로 충족이 된다. 그러고는 그 위에다 십장청(十長青)을 심는데, 십자각 모퉁이에는 모두 대나무를 심고, 안쪽 둘레에 있는 10개의 돈대에는 측백(側柏)을 벌여 심어 병풍으로 삼는다. 북쪽 우물가에는 맥문동(麥門冬)을 심고, 남쪽 두 돈대에는 적목(赤木)을 심어 문을 만들며, 동쪽 세 돈대에는 황양목(黃楊木), 서쪽 네 돈대에는 진송(眞松)을 심는다. 그리고 그 바깥으로, 북쪽에 해송(海松) 6주(株), 동쪽에 회목(檜木) 8주, 서쪽에 솔(松) 9주, 남쪽에 자단(紫檀) 7주를 심는데, 이것이 용도서이다.
>
> 그 둘째 것은 복판에 둥근 섬을 만들되 사방은 5보쯤 되게 하고, 가운데에 태극정(太極亭)을 지어 방 한 칸에 사방의 퇴(退)는 반 칸으로 한다. 그리고 물길을 둘

11) 이종묵(2009). 앞의 글. p. 318에서 재인용.

러서 간방(間方)에 격축(隔築)하여 네 개의 못을 만드는데, 복판에 있는 섬과 합하여 중오(中五)의 수가 되게 한다. 그리고 8면(面)에 각각 3층의 사계(莎階, 잔디로 만든 계단)를 만드는데, 이는 후천팔괘(後天八卦)가 되게 한 것이다. 바깥으로 북쪽에 반달(半月) 같은 모양을 만들어 중간을 비게 하는데, 이는 이일(履一)이고, 동쪽에 이런 식으로 안쪽에 하나 바깥쪽에 둘을 쌓되 약간 작게 하는데 이는 좌삼(左三)이며, 서쪽에도 안쪽에 셋, 바깥쪽에 넷을 쌓되 더 작게 하는데 이는 우칠(右七)이고, 남쪽의 안쪽에는 둘, 중간에 셋, 바깥쪽에 넷을 쌓되 더 작게 하는데 이는 대구(戴九)이며, 서남간(西南間)에는 두 개의 만형(彎形)으로 된 것을 서로 향하게 하되 등성이를 충만하게 하며, 동남(東南)에는 네 개가 있는데 이는 이사위견(二四爲肩)을 상징한 것이며, 서북(西北)에는 여섯, 동북(東北)에는 여덟인데 이는 육팔위족(六八爲足)을 상징한 것이다. 이것이 낙서 45의 수인데, 못에는 각색의 연꽃과 원추리・부들・마름・순채의 종류를 심고, 팔괘(八卦)의 계단과 4정방(正方)・4우방(隅方)에는 꽃나무와 과일나무를 의향에 따라 심는데, 이것이 귀문원이다.

예부터 하도(河圖)와 낙서(洛書)에 대한 학설(學說)은 지극히 오묘하고, 원유(園囿)의 성대(盛大)함은 더할 수 없이 규모가 크고 사치스러웠으나, 하도와 낙서의 위치와 수로써 원유의 제도(制度)를 배정하여 만들었다는 말은 듣지 못하였다. 그런데 우연히 고우(故友)인 박사원(朴士元)의 문집(文集)을 보게 되었는데, 거기에 용문정사도기(龍文精舍圖記)가 있었다. 그 집을 짓고 나무를 심는 방법이 하도를 모방한 것이었으나 아깝게도 뜻만 두고 성취하지는 못하였다. 또 그 안배를 함에서는 완벽하지 못했는데, 이는 아마 젊을 때의 작품이었을 것이다. 그러나 자세히 보니 나도 모르는 사이에 마음속으로 확연히 깨닫게 되었다. 그래서 그 의의를 추연(推衍)하여 보충해서 완성하고 아울러 낙서에까지 손을 대서 대(對)가 되게 하였다. 하도는 주로 청상(淸爽)하게 하였고 낙서는 아주 화려하게 하였는데, 하도와 낙서의 제도는 또 모두 저속하지 않게 했다.

대개 하도는 용마(龍馬)의 선모(旋毛)로서 둥근 형태로 된 것이고, 낙서는 신귀(神龜)의 탁문(坼文)으로서 모난 형태로 된 것인데, 세속에 전하는 하도와 낙서는 모두 별의 점 모양으로 해서 모난 형태로 만들었으며, 하도의 중간의 10개의 점은 반을 나누어 남・북으로 갈라놓았고, 낙서의 3・7・9의 점은 겹으로 배치하지 않고 가로 배열하였으니, 이는 매우 의의가 없으므로 이제 모두 바로잡았다.

또 선천(先天)・후천(後天)의 체용(體用) 관계를 나누어 앞으로 늘그막에 완상(翫賞)하면서 여유 있는 생활을 하는 장소로 삼고 싶기는 하지만 돌아보면 나는 가난하고 또 늙었으니, 그 꿈이 이루어질 것인지 기필할 수가 없다. 그래서 이 세상의 동호자(同好者)들이 천고(千古)에 아무도 발명하지 못한 이 훌륭한 일을 이루기를 바라는 한편, 박사원의 뛰어난 재주를 추상(追想)해 보니 구원(九原)에 간 사람이라 살아오기도 어려우므로, 상의하면서 함께 유쾌함을 갖지 못하는 것이 유감스럽다.

홍사중(洪士中) 선생이 『산림경제』를 저술하면서 이 도(圖)를 보고 옳게 여겨 「복거」 편에 편입시켰으니, 이것이 이른바 '조만간에 만난다.'라는 것이 아닌가. 성주(星州) 이국미(李國美)가 쓰다.

용도서(龍圖墅)에 심은 십장청(十長靑)은 대나무・소나무・해송(海松)・측백(側柏)・자단(紫檀)・진송(眞松)・적목(赤木)・황양목(黃楊木)・맥문동(麥門冬)이다.

귀문원(龜文園)에 심은 화목(花木)은 매화・소도(小桃)・산수유(山茱萸)・신이(辛夷)・두견(杜鵑)・정향(丁香)・해당화・산단(山丹)・장미・목부용(木芙蓉)・철쭉・자미(紫薇)—백일홍(百日紅)이다.—・목근(木槿)—무궁화(舞宮花)이다.—・불정화(佛

頂花)·행(杏)—단행(丹杏)·유행(流杏)—·벚나무·복숭아나무—홍(紅)·벽(碧)·분(粉) 삼색(三色)—·배나무·임금(林禽)—사과(査果)—·앵두나무·탱자나무·동백나무—춘백(春柏)—·영산홍·왜철쭉[倭躑躅]·치자화(梔子花)·석류·월계(月桂)(동백꽃 이하는 북쪽 지역에는 마땅치 않다)·연꽃·국화·난초·원추리·해바라기·목단(牧丹)·작약·금등(金藤)·석죽(石竹)·석창포(石菖蒲)·파초·포도·오동(梧桐)·두충(杜沖)·단풍·버드나무이다.[12]

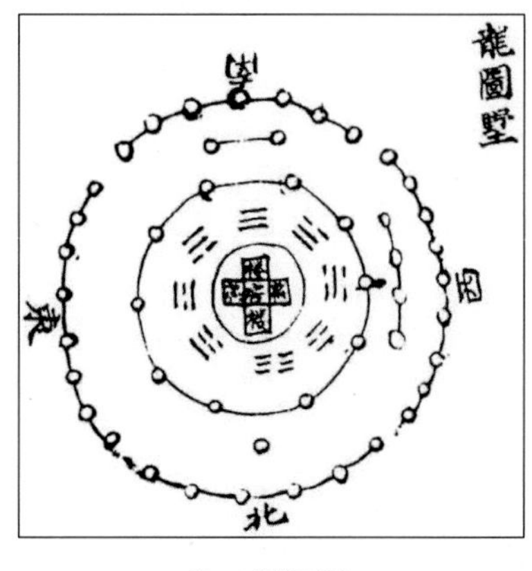

용도서(龍圖墅)

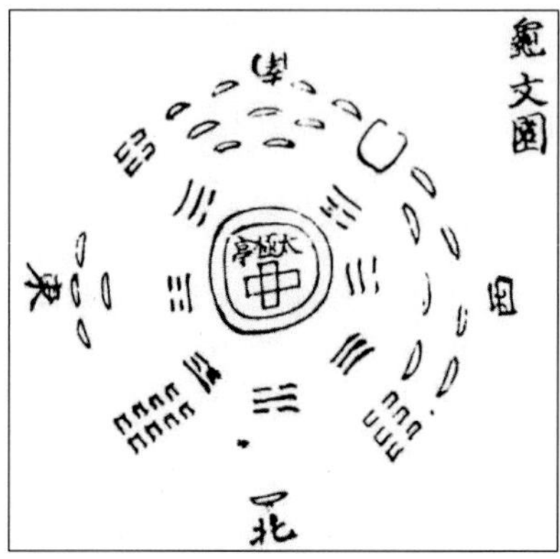

귀문원(龜文園)

『산림경제』의 용도서와 귀문원(출처: 한국고전 종합 DB)

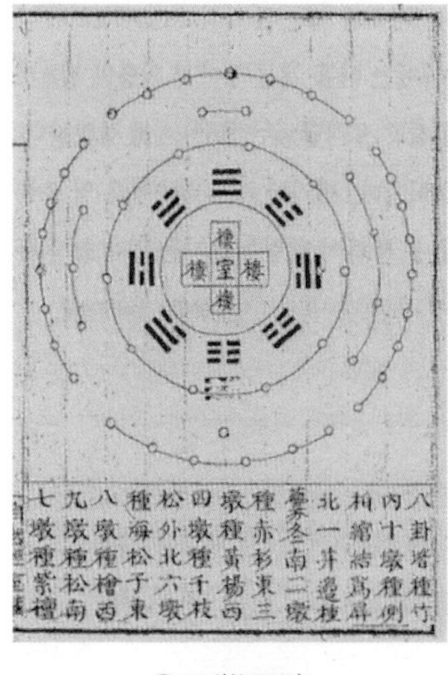

용도서(龍圖墅)

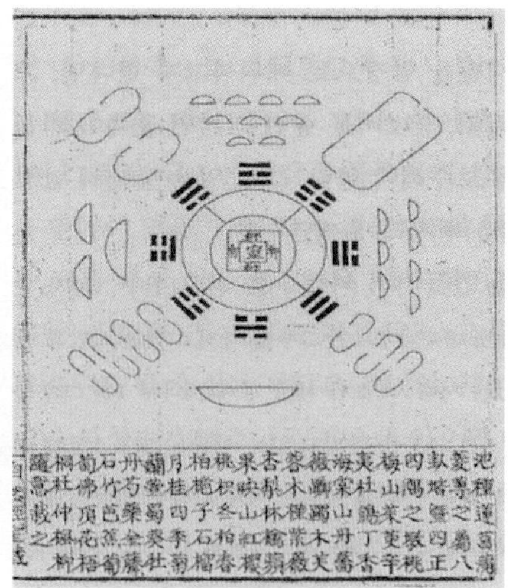

귀문원(龜文園)

『임원경제지』의 용도서와 귀문원(출처: 안대회, 2005: 39, 41)

---

12) 민족문화추진회(2007). 국역 산림경제 1. 洪萬選. 『山林經濟』. 파주: 한국학술정보(주). pp. 63-66.

이국미는 자신이 지은 용도서와 귀문원이라는 정원 구상에 대해 매우 만족하며 “천고(千古)에 아무도 발명하지 못한 이 훌륭한 일”[13]이라고 자부하고 있다. 이 글은 독자가 정원의 모습을 구체적으로 그려 낼 수 있을 정도로 상세히 묘사하고 있다. 그러나 여기에 담긴 의미는 전혀 짐작할 수 없으며, 어떤 점에 있어서 그 누구도 하지 못한 훌륭한 일이라고 하는지 그 가치를 알 수 없다.

이 글에 대한 구체적인 의문점은 다음과 같다. 천일(天一), 지이(地二), 천삼(天三), 지사(地四) 등 하도와 낙서의 위치(位置)와 수(數)는 무엇을 의미하는가? 천일(天一)을 상징하기 위해서는 왜 우물이나 못이 필요한가? 왜 용도서에는 십장청(十長靑)이라 하여 상록수만을 식재한 반면, 귀문원에는 왜 화목(花木)과 과목(果木)을 자유롭게 식재하는가? 용도서는 청상(淸爽)하고 귀문원은 아주 화려하게 조성하는 이유는 무엇인가? 이러한 의문점은 하도와 낙서를 비롯한 상수 원리에 관해 개략적이나마 이해함으로써 해석이 가능할 것이다.

하도와 낙서, 상수학

상수학 관련 선행 연구

하도와 낙서 등 상수학에 관한 연구는 주로 동양 사상사, 한국학 등 인문학 분야와 한의학 분야 등에서 이루어져 왔다. 한국학 분야에서 임병학은 『주역』, 『서경』, 『시경』 등 삼경(三經)을 통해 선진유학(先秦儒學)에서 표상하고 있는 하도와 낙서를 고찰하였다.[14] 이를 통해 공자에 의해 집대성된 선진유학에서도 하도와 낙서가 중요한 학문적 주제였으며 학문적 탐구과제인 역도(歷道)를 표상하는 체계였음을 밝혔다.

미술사학 분야에서 유준영은 상수역학(象數易學)의 기호학적 해석을 통해 김수증(金壽增, 1624~1701년)의 화음동정사(華蔭洞精舍)에 내재된 의미구조 분

13) 민족문화추진회(2007). 앞의 책. p. 66.

14) 임병학(2007). 앞의 글. pp. 253-281.

석을 하였다.[15] 이 연구에서 화음동정사 경내 인문석(人文石)에 새긴 태극도, 낙서, 선후천팔괘도(先後天八卦圖) 등 정사 조영 의미 파악을 위해 성리학의 자연관, 이(理)·기(氣)에 기초한 음양오행 사상, 상수이론(象數理論)을 토대로 도상해석(圖像解析)을 시도하였다. 김동욱은 '구곡', '정사 건축' 등 은둔 공간에 대한 유준영의 일련의 연구에 대해 "현장을 통해 당대의 유적을 확인하고 관련된 문헌을 독파하면서 사상과 건축을 연관시켰다는 점에서 전통건축 연구의 한 방법론을 열었다."[16]고 평가하였다. 이후에 강병기 등은 하도와 낙서, 팔괘도 등 음양오행 사상에 내재된 공간개념을 추출하여 우리의 전통공간이 공유하는 조영 원리를 규명하고자 하였다.[17] 환경설계와 관련해서 김명주와 박현수는 음양 사상을 바탕으로 소쇄원의 공간을 재해석함으로써 음양이 대비되는 공간과 기능, 형태요소를 추출하고, 이를 도심지 내의 쌈지공원 조성에 적용 가능성을 검토하였다.[18]

본고와 직접적인 관련이 있는 선행연구로는 한문학 분야 이종묵의 연구가 있다.[19] 이 연구에서는 조선 성리학자의 정신적 지향이 주거공간에 미친 영향을 폭넓게 고찰하였다. 이를 통해 하도를 응용한 박태보의 「용문정사도기」와 이를 보완한 이국미의 용도서와 귀문원에 대한 고찰과 함께 이 글을 본받아 실천으로 옮긴 정욱(鄭煜)의 섭취원(涉趣園), 주돈이의 「태극도설」을 응용한 김육(金堉, 1580~1658년)의 재산루(在山樓) 등의 사례를 소개하였다. 관련 분야의 연구 성과에 비해 용도서와 귀문원에 대한 조경사 분야의 연구는 없었다.

상수학(象數學)

고대 농경사회에서 자연 질서에 대한 이해는 필수적이었다. 그들은 해와 달

---

15) 유준영(1990). 한국전통건축의 기호학적 해석: 화음동정사를 중심으로. 미술사학연구회 미술사학 제2권: 25-57.

16) 유준영(2010). 김수증의 은둔사상. 서울: 북코리아. p. 38에서 재인용. 원전은, 김동욱(1985). 한국건축에 대한 1980년대 전반기의 연구현황. 월간 건축과 환경. 1985년 9월호: 36-38.

17) 강병기·최종현·임동일(1995). 전통공간사상에 관한 연구(1): 역과 음양·오행 사상에 근거한 전통적 공간개념의 형성. 국토계획. 30(6): 7-20.

18) 김명주·박현수(2006). 소쇄원 공간의 재해석을 통한 도심지 공원 계획안: 음양 사상을 이용한 쌈지공원. 대한건축학회 학술발표대회 논문집 26(1): 447-452.

19) 이종묵(2009). 앞의 글. pp. 303-332.

을 비롯한 항성과 행성 등 천문을 관찰하고, 여기서 얻어진 우주 변화의 원리와 질서 등의 지혜를 삶에 적용하고자 하였다. 따라서 동양학문의 원형은 모두 하늘에서 내려왔다고 하는데,[20] 하늘의 뜻이 땅에 드리우는 것을 천수상(天垂象)이라고 한다.

> 하늘이 괘의 형상을 드리워서 길흉을 나타내니 성인이 그것을 재현한다. 황하에서 그림이 나오고 낙수에서 글이 나오니 성인은 이것을 본떴다. 『주역(周易)』 「계사전(繫辭傳)」[21]

하늘(天)이 드리운[垂] 상(象)이란 '하늘의 질서'이며 이는 일월성신(日月星辰)의 끊임이 없고 규칙적인 운행에서 비롯된다. 옛사람들은 하늘의 관찰을 통해 불변의 법칙과 질서를 찾아냈고 이는 인간 역시 따라야 할 삶의 규범이라고 생각했다.

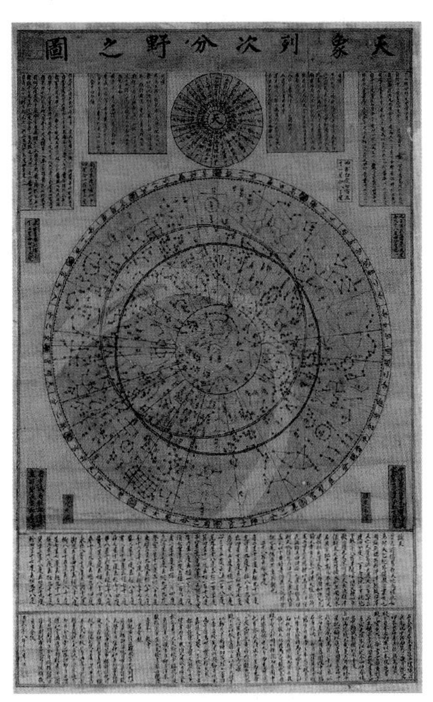

「천상열차분야지도(天象列次分野之圖)」 부분
(출처: 국립중앙박물관, http://www.museum.go.kr)

조선 역시 새 왕조의 개국은 천명을 받은 것이며 그 신성한 왕권을 표상하기 위해 태조(太祖) 4년(1395년)에 하늘의 상을 돌에 새긴 「천상열차분야지도(天象列次分野之圖)」를 제작하였다. 여기에는 해와 달이 운행하는 황도(黃道)와 백도(白道), 자미원을 비롯한 별자리, 12지지(地支) 등이 새겨져 있다. 이 천상의 저본은 고구려 때 만들어 평양성 안에 있었으나 전쟁으로 인해 유실되었다고 한다. 옆의 그림은 영조 때 제작한 목각 모사본이다.

---

20) 전창선・어윤형(2011). 앞의 책. pp. 30-31.

21) "天垂象 見吉凶 聖人象之 河出圖 洛出書 聖人則之."(『주역』 「계사전」. 김인환 역해, 2006. 앞의 책. p. 530).

상수학의 관점에서는 세상 모든 사물과 그 변화에는 반드시 일정 원칙과 이치가 있다고 본다. 우주 만사 만물에 내재한 이러한 철학적 원리를 이(理)라고 한다. 이 이(理)에는 반드시 그에 해당하는 구체적 현상인 상(象)이 있다. 또 상(象)에는 그것을 표상하는 특정 수(數)가 있다는 것이다.

'천수상'은 상수(象數)와 역(易)의 체계를 이루며, 모든 동양학문의 근본이 되었고, 이 상(象)은 양(陽,—)과 음(陰,--)의 기호체계를 파생하였다. 우주의 변화원리인 역(易)에 내재하는 의미를 의리(義理)라 하며, 이를 설명하는 구조와 기호이론이 상수(象數)이다.[22] '의리'는 인문학적 관점이 주가 되었고, '상수'는 그에 내재된 계시를 철저히 해독함으로써 미래를 예측하는 것에 주안점을 두었다.

긴 유학사의 흐름에 있어서 진(晉) 대의 왕필(王弼, 226~249년)은 "뜻을 취하고 상을 잊는다(得意而忘象)"라는 기치하에 '상'을 일소할 것을 주장했고 송 대 유학자들이 이 입장을 지지했기에 상수는 몇 세기 동안 빛을 보지 못했다.[23] 송 대에 신유학의 토대를 이룬 주돈이(周敦頤, 1017~1073년)는 '의리'를 바탕으로 한 『태극도설(太極圖說)』을 저술함으로써 성리학의 체계적인 형이상학적 우주관의 기초를 세웠다. 이러한 학설을 계승한 주자(朱子)도 우주와 만물의 탄생과 이학(理學)의 성립 요소 등을 전통적인 상수이론을 통해 설명하였다.

하도와 낙서

고대문명의 여명기에 만들어진 하도와 낙서는 '하늘의 상', 즉 우주 변화의 원리가 표현된 도상이라 할 수 있다. 오늘날 책을 의미하는 '도서(圖書)'의 어원이기도 한 하도와 낙서의 상징들은 상뿐만 아니라 수의 기본을 내포하고 있어 상수학의 기본이 된다. 동양의 밑바닥 그 어느 곳을 캐도 하도의 흔적이 보이지 않는 곳이 없으며, 여기에는 자연수 1부터 10까지의 수로 변치 않는 음양의 분합(分合) 정신이 들어 있다.[24]

하도와 낙서는 모두 수를 나타내는 검은 점과 흰 점으로 구성되어 있다. 이

22) 유준영(1990). 앞의 글. p. 46.

23) 신원봉 역(2005). 역경 잡설. 南懷瑾, 易經雜說. 서울: 문예출판사. p. 8.

24) 전창선·어윤형(2011). 앞의 책. p. 255.

들은 상을 나타내므로 상수(象數)라 하기도 하고, 이치와 법칙을 담고 있기에 이수(理數) 혹은 법수(法數)라고도 한다.[25] 이러한 상수의 관찰을 토대로 괘상으로 발전했는데 복희씨가 하도를 바탕으로 복희팔괘도(伏義八卦圖)를 그렸다. 또 낙서에는 65자의 글자[26]가 함께 전해져 이를 바탕으로 우임금이 「홍범구주(洪範九疇)」를 만들었으며 후에 주 문왕(周 文王)이 문왕팔괘도(文王八卦圖)를 그렸다고 한다. 중국의 가장 오래된 역사서이자 유가 경전 중 하나인 『상서(尙書)』에는 음양오행설의 기원을 「홍범구주」라고 기록하고 있다. 주자가 만년에 저술한 『주역본의(周易本義)』와 『역학계몽(易學啓蒙)』에 하도와 낙서를 수록하였고 이를 역(易)의 시원이자 팔괘의 조형(祖形)으로 보았다.[27]

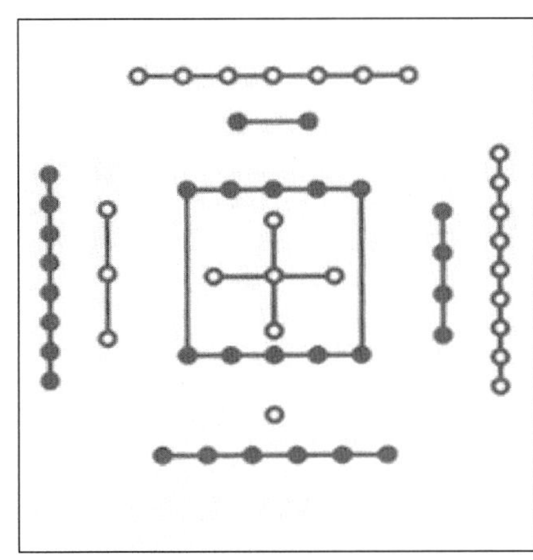

하도(河圖)

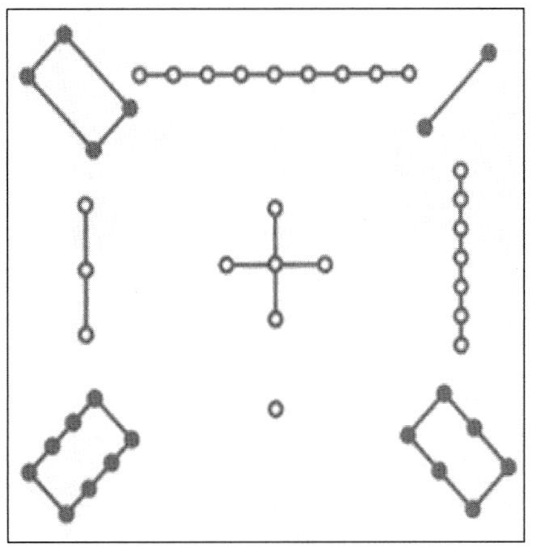

낙서(洛書)

하도의 원리

생수(生數)

하도의 기본이 되는 1, 2, 3, 4, 5를 기본수라고 한다. 이들은 생명을 창조하

25) 윤창열(2010). 하도 낙서와 삼역괘도. 서울: 상생출판. p. 45.

26) 初一曰五行 次二曰敬用五事 次三曰農用八政 次四曰協用五紀 次五曰建用皇極 次六曰乂用三德 次七曰明用稽疑 次八曰念用庶徵 次九曰嚮用五福 威用六極(윤창열, 2010. 앞의 책. pp. 46-47에서 재인용).

27) 전용원(2005). 주자 역학의 상수학적 특성 연구: 하도・낙서・태극의 관계를 중심으로. 중국어 문학 논집 제35호: 455-481.

므로 생수(生數)라고도 하며, 만물의 운명을 결정하는 명수(命數)라고도 한다.

감지할 수 없는 무극(無極)의 상태에서 물질화되는 태극(太極)으로 전환하는 과정, 즉 우주 만물 창조의 시작은 물[水]에서 시작되는데, 계절은 겨울, 공간적 위치는 북방이며, 수는 1이다. 여기에는 당연히 상대가 있어야 하는데 그것은 불[火]이며, 계절은 여름, 위치는 남방이며, 수는 2이다. 물[水]과 불[火]은 음양의 기본요소이자 우주 변화의 주체가 된다.

물과 불의 작용으로 생명이 탄생하게 되는데 이것이 목(木)이며 계절은 봄, 방위는 동방이며 그 수는 3이다. 모든 생명체는 필연적으로 소멸하는데 이것을 표상하는 것이 금(金)이고 계절은 가을, 방위는 서쪽이며 그 수는 4이다. 3목(木)은 본중말(本中末, 水－木－火) 운동을 하며 생명력이 강한 상태다. 4금(金)은 북방의 1수(水)로 거두어들이는 '수렴' 과정이다.

3목(木)과 2화(火)가 위치한 동쪽과 남쪽을 양방(陽方)이라 하고, 4금(金)과 1수(水)가 위치한 서쪽과 북쪽을 음방(陰方)이라 한다. 양방과 음방 수의 합은 5인데, 이는 자화(自化)된 토(土)이며 공간적 위치는 중앙이다.

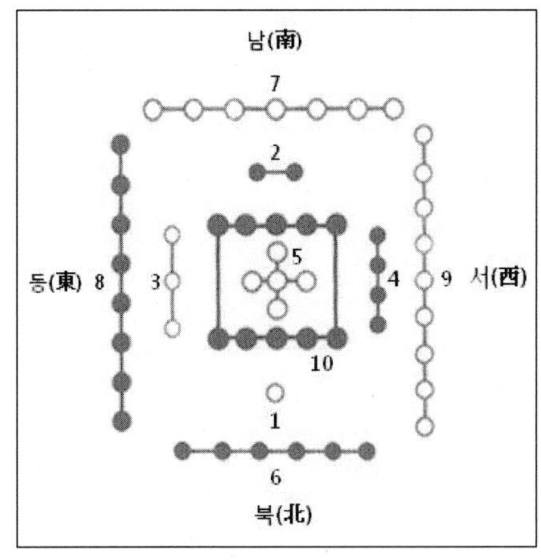

하도의 생수와 성수

성수(成數)

5토(土)는 조화를 이루는 주체가 되어 각 생수의 상대를 만들어낸다. 1에 5토(土)의 조화로 북방에 6수(水), 2에 5토(土)의 조화로 남방에 7화(火), 3에 작용하여 동방에 8목(木), 4에 작용하여 서방에 9금(金)이 생기며, 5에 자화하여 중앙에 10토(土)가 자리 잡는다. 이러한 6, 7, 8, 9, 10을 완성된 수라는 의미에서 성수(成數) 혹은 물질화된 수라는 뜻에서 물수(物數), 형체를 이루게 되었다는 뜻에서 형수(形數)라고도 한다.

하도와 음양

하도와 낙서에는 양수인 1, 3, 5, 7, 9는 흰 점으로, 음수인 2, 4, 6, 8, 10은 검은 점으로 표시되어 있다. 여기서 흰 점은 하늘[天], 양(陽)을 나타내고, 검은 점은 땅[地], 음(陰)을 나타낸다. 따라서 1, 3, 5, 7, 9는 천수(天數)라 하며, 2, 4, 6, 8, 10은 지수(地數)라고 한다.

북방에서 생긴 양(陽生)은 좌선(左旋)하면서 3양장(陽長), 7양성(陽盛), 9양극(陽極)으로 변화하며, 남방에서 생긴 음(陰生) 역시 4음장(陰長), 6음성(陰盛), 8음극(陰極)으로 발전한다. 이렇듯 태양과 태음이 함께하고 소양과 소음이 함께하는 것을 음양의 동시성(同時性), 호근성(互根性), 순환성(循環性), 대대성(對待性)의 원칙으로 설명한다.[28)]

동시성의 원칙이란, 음양은 독음독양(獨陰獨陽)으로 존재할 수 없고 항상 동시에 존재한다는 것이다. 호근성의 원칙은, 음과 양은 서로 한 뿌리를 갖는다는 것이다. 즉, 수(水)의 생수는 양(1)이고, 성수는 음(6), 화(火)의 생수는 음(2)이고, 성수는 양(7)이다.

순환성의 원칙은, 음양은 모두 생기고, 자라고, 왕성하다가 극에 도달하는 순환의 질서가 있다. 또 양생(陽生)할 때 음성(陰盛), 양장(陽長)할 때 음극(陰極), 양성(陽盛)할 때 음생(陰生), 양극(陽極)할 때 음장(陰長)하는 것과 같이 음과 양이 번갈아 가며 순환하는 과정으로 '소장성(消長性)'이라고도 한다.

대대성의 원칙은, 북방에 양생일 때 남방에 음생, 동방에 음극일 때 서방에 양극, 남방에 양성일 때 북방에 음성, 서방에 음장일 때 동방에 양장과 같이 상대적인 작용을 대대성이라 한다.

---

28) 윤창열(2010). 앞의 책. pp. 59-62.

음양은 건(乾)과 곤(坤), 물과 불, 남과 여, 형(形)과 상(象), 강(剛)과 유(柔), 동(動)과 정(靜), 형이상(形而上)과 형이하(形而下), 진(進)과 퇴(退), 상생(相生)과 상극(相剋) 등 여러 가지의 대비되는 중층의 의미를 갖는다. 대비되는 이 두 요소는 서양의 절대적인 이분법과는 다른 차원으로 상대와 마주 '대(對)'하고 있으면서도 서로 배척하지 않고 기다리고 맞이하는[待] 상태를 견지한다. 이를 음양의 '대대유행(待對流行)'이라고 하는데, 음양은 '대대'의 관점에서 보면 상호 대립된 둘이고 '유행'의 관점에서는 하나의 기운이다.[29] 이러한 점은 서양 과학의 이원론적 요소가 갈등하고 투쟁하는 '적대적 대립'과 차별화되는 독특한 관계를 맺으며 동양 사상과 학문의 근간이 된다.

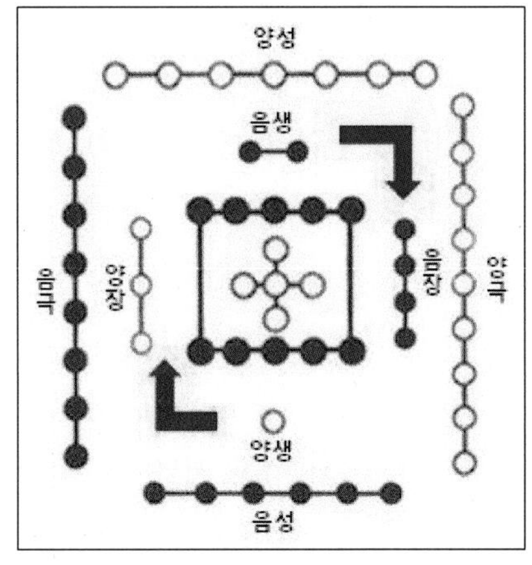

하도와 음양

하도 낙서와 팔괘도

하도를 바탕으로 그려진 복희팔괘도는 선천팔괘도(先天八卦圖) 혹은 태극팔괘도(太極八卦圖)라 하며, 우주 만물의 창조 모습을 담고 있다. 고대 동양의 관점에서 우주적 현상을 크게 나누어 여덟 개로 보았는데, 위에는 하늘, 아래는 땅(乾南坤北)이, 동에는 해, 서에는 달(離東坎西)이 기준이 된다.[30] 복희팔괘도는 일건천(一乾天, ☰), 이태택(二兌澤, ☱), 삼리화(三離火, ☲), 사진뢰(四震雷, ☳),

29) 이광호 역주(2011). 근사록 집해 Ⅰ. 朱熹・呂祖謙 편저, 葉菜 집해. 『近思錄集解』. 서울: 아카넷. p. 72.

30) 태극기에도 건(乾)・곤(坤)・이(離)・감(坎)의 사괘와 태극 문양이 이러한 우주관을 반영하고 있다.

오손풍(五巽風, ☴), 육감수(六坎水, ☵), 칠간산(七艮山, ☶), 팔곤지(八坤地, ☷) 등 만물이 생성되는 순서로 배열된다.

낙서를 토대로 그려진 문왕팔괘도는 후천팔괘도(後天八卦圖)라고도 하며, 오행의 상생 변화 모습을 담고 있다. 여기에는 낙서의 숫자인 2·7·6, 9·5·1, 4·3·8을 그대로 배열하여 일감(一坎, ☵), 이곤(二坤, ☷), 삼진(三震, ☳), 사손(四巽, ☴), 오중(五中), 육건(六乾, ☰), 칠태(七兌, ☱), 팔간(八艮, ☶), 구리(九離, ☲)의 순서로 배치된다. 복희팔괘도와 문왕팔괘도에 방위와 수, 괘의 명칭을 설명적으로 병기한 그림은 다음과 같다.

복희팔괘방위도

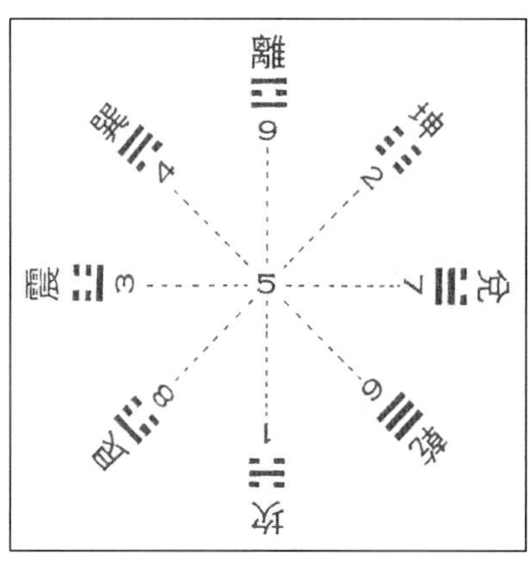

문왕팔괘방위도

하도와 낙서의 차이점

하도는 중앙에 5토(土)와 10토(土)가 위치하며 1, 2, 3, 4, 5의 생수가 주체가 되어 6, 7, 8, 9, 10의 성수를 통솔한다. 여기에는 각 5개씩의 천수(天水, 陽數)와 지수(地水, 陰水)가 있고, 천수의 합은 25, 지수의 합은 30으로 그 총합은 55이다. 생수와 성수가 함께 완전한 모습을 나타냄으로써 상도(常道)를 보여주므로 '숫자의 체(數之體)'라고 한다.

낙서에는 '금화교역(金火交易)', 즉 4, 9 금(金)과 2, 7 화(火)의 위치가 바뀐 모습을 보이며, 1, 3, 5, 7, 9의 양수가 정방에 있고, 2, 4, 6, 8의 음수가 간방에 위치(陽正陰偏)한다. 이것은 양이 주도적인 역할을 하고 음이 보조적인 역할(陽主陰輔)을 하는 것을 보여준다.31) 또 낙서의 중앙에는 5토(土)만 있으며, 10토(土)는 없다. 이 수들의 총합은 45이다. 양이 음을 통솔하는 것은 변화하는 모습을 나타내므로 낙서는 변도(變道)이며 '숫자의 용(數之用)'이라고 한다.

아래 그림의 '상생도'는 하도로부터 추상하여 오행의 상생 관계를 보여주는 그림이다. 여기서는 좌선(左旋)하며 목생화(木生火), 화생토(火生土), 토생금(土生金), 금생수(金生水), 수생목(水生木)으로 상생하고 있다. 이 그림에서 동남방은 목(木)·화(火)가 작용하는 생장과 분열과정을, 서북방은 금(金)·수(水)에 의한 수장(收藏)과 통일을 이루며 종합하는 과정을 보여준다.32)

'상극도'는 낙서로부터 추상된 그림으로 2·7 금(金)과 4·9 화(火)의 위치가 바뀌어 금화교역(金火交易)된 것을 보여준다. 여기서는 우선(右旋)하며 목극토(木克土), 토극수(土克水), 수극화(水克火), 화극금(火克金), 금극목(金克木)의 상극관계를 나타낸다. 이러한 상극작용은 모순과 대립의 과정을 통하여 만물을 생성하며, 생(生)을 견실하게 하는 필요극(必要克)이라 한다.33) '상생상극도'는 오행의 상생과 상극관계를 종합적으로 설명하는 그림이다.

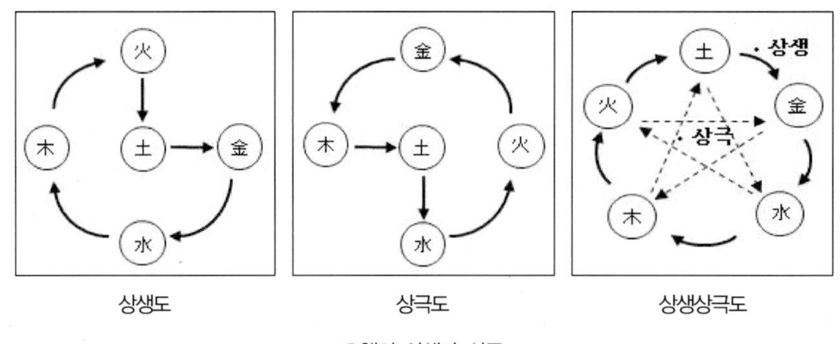

오행의 상생과 상극

31) 동양에서는 예로부터 양수를 길수(吉水), 즉 상서(祥瑞)로운 수로 여겼다. 따라서 양수가 겹쳐진 1월 1일은 설, 3월 3일은 삼짇날, 5월 5일은 단오, 7월 7일은 칠석, 9월 9일은 중양절이라 하여 명절로 삼았다. 또 상차림도 3첩, 5첩, 7첩, 9첩 반상으로 나뉜다. 이러한 예는 장례 및 혼례문화 등 여러 풍속에서도 찾아볼 수 있다. 구미래(1995). 한국인의 상징세계. 서울: 교보문고. pp. 24-25.

32) 한동석(2006). 우주 변화의 원리. 서울: 대원출판. p. 107.

33) 한동석(2006). 앞의 책. p. 110.

용도서와 귀문원의 원문에서도 하도와 낙서를 "선천(先天)·후천(後天)의 체용(體用) 관계"라고 그 차이를 말하고 있듯이 하도와 낙서가 표상하는 의미의 요체는 '선천'과 '후천', '체'와 '용'이다. 선천과 후천에 대해서는 다양한 관점이 있으며, 여기에 더해 시간적 선·후천과 공간적 선·후천의 개념이 더해지기도 한다. 기본적으로 선천은 우주 만물이 형성되기 이전의 상태이고 후천은 우주 만물이 생성된 이후라고 구분할 수 있다. 따라서 선천팔괘가 우주가 형성되는 대현상을 나타낸 것이라면 후천팔괘는 우주 내에서의 변화와 운용의 법칙을 나타낸다.[34] 선천에서는 '체(體)'를 강조하지만, 후천에서는 '용(用)'을 중시한다. 선천괘가 근본이라면 후천괘는 그 작용이다.[35] 즉, '체(體)'는 '변화하는 본체', 즉 우주 만물을 의미한다. '용(用)'은 '체의 작용', 즉 '본체가 어떻게 움직여 현상계를 형성하는가?'에 주목한다. 따라서 하도는 안정된 모습으로 정(靜)적이며 조화, 질서, 상생의 모습이다. 이에 반해 낙서는 역동적으로 변해가는 모습으로 동(動)적이며 부조화, 무질서, 상극을 표현하고 있다.

용도서와 귀문원의 구성과 의미

저작자 및 편찬자

'용도서'와 '귀문원' 원문에 이국미는 이 글의 유래에 대해, "… 우연히 고우(故友) 박사원(朴士元)의 문집을 보게 되었는데 거기에 '용문정사도기'가 있었다. … 그래서 그 의의를 추연(推衍)하여 보충해서 완성하고 아울러 낙서에까지 손을 대서 대(對)가 되게 하였다. …"[36]라고 밝히고 있다. 이에 의하면, 박사원은 하도의 원리를 적용한 '용문정사'만을 구상하는 데 그쳤으나, 이국미는 낙서의 원리를 적용해 구상한 귀문원을 추가함으로써 용도서와 짝을 이루도록 완성하였다. 후에 홍만선은 선비가 산림에 은거하는 데 지침이 될 수 있

34) 신원봉 역(2005). 앞의 책. p. 52.

35) 신원봉 역(2006). 주역 강의. 南懷瑾, 易經繫傳別講, 서울: 문예출판사. p. 204.

36) 민족문화추진회(2007). 앞의 책. p. 65..

는 『산림경제』를 편찬하면서 이 글을 「복거」 편에 채록하였다.

『국역 산림경제』의 해제에 의하면, 사원(士元)은 박광일(1655~1723년)의 자(字)이며 이국미는 성주 이씨(星州 李氏)라는 사실 외에는 밝혀진 것이 없어 홍만선의 처족의 한 사람으로 추정한다고 했다.[37] 그러나 이 설명에는 오류가 있어 보인다. '한국 역대 인물 종합정보시스템'[38]에 의하면 박광일(1655~1723년)의 본관은 순천(順天), 호는 손재(遜齋)로 송시열(宋時烈)의 문하에서 수학하였다. 그는 숙종 때 천거되었으나 관직을 사퇴하고 지리산에 들어가 산수(山水)를 즐기다가 영조 때 작고한 것으로 알려졌다. 그는 『손재문집(遜齋文集)』, 『근사록차기(近思錄箚記)』, 『우암선생어록(尤庵先生語錄)』 등의 저서를 남겼다. 『송자대전』 부록에는 숙종 3년(1677년)부터 숙종 15년(1689년) 시기에 박광일이 스승인 우암(尤庵)과 학문을 논한 대화들이 기록되어 있는데, 이 대화의 주제는 성리학 경전과 음양오행(陰陽五行), 오상(五常), 기(氣)와 이(理), 태극도(太極圖) 등 성리학의 주요 이슈들을 망라하고 있다.[39]

이동언(李東彦, 1662~1708년)의 본관은 전주(全州)로 자는 국미(國美), 호는 삼복재(三復齋)이다. 이 두 사람의 생몰 연대를 비교해보면 이동언이 박광일보다 먼저 타계하였다. 따라서 이동언이 쓴 글에서 박사원을 '고우(故友)'라고 칭한 것은 앞뒤가 맞지 않는다. 따라서 사원(士元)은 박광일이 아닌 다른 사람일 것이다.[40]

이러한 점에 대해 한문학 분야의 연구에서는, '용문정사기'를 지은 사람은 서계(西溪) 박세당(朴世堂, 1629~1703년)의 아들인 박태보(朴泰輔, 1654~1689년)임을 밝혔다.[41] 박태보의 자는 사원(士元), 호는 정재(定齋)로, 우계(牛溪) 성혼(成渾, 1535~1598년)의 학풍을 계승한 소론계 경화사족의 일원이다.[42] 박태보는 숙종 3년(1677년)에 문과에 장원하여 부자장원(父子壯元)의 개가를 올리는 등 학식이 출중하고 성격도 강직하였다.[43] 그는 기사환국 때 국모

---

37) 신승훈(2007). 앞의 글. p. 16.

38) 한국 역대 인물 종합정보 시스템(http://encykorea.aks.ac.kr).

39) 『송자대전』 부록 제16권. 어록(語錄) 3. (한국고전 종합 DB).

40) 필자는 이러한 의문점을 학술대회 발표 논문에서도 제기한 바 있다. 홍형순(2012). 『산림경제』 「복거」 편 중 용도서와 귀문원에 내재된 의미. 한국전통조경학회 춘계학술논문발표회 초록집 pp. 55-60.

41) 이종묵(2009). 앞의 글. p. 317.

42) 유봉학(1999). 조선 후기 학계와 지식인. 서울: 신구문화사. pp. 123-124.

의 폐출이 부당함을 주장함으로써 숙종의 노여움을 초래해 국문을 받고 36세에 요절하여 절의지사(節義之士)로 칭송된다.

정원 구성과 요소

정원 구성의 모티브(motive)

이국미가 원문에서 밝히고 있듯이 용도서와 귀문원을 구상하는 데 있어서 주된 모티브(motive)는 각각 하도와 낙서다. 이 두 도상은 각기 우주 만물의 생성과 그 변화원리를 함축하여 '상'과 '수'로 표상하고 있으며 그 의미의 핵심은 '선천'과 '후천', '체'와 '용'의 관계로 요약된다. 이국미도 원문에 "선천 · 후천의 체용 관계를 나누어 앞으로 늘그막에 완상(翫賞)하면서 ⋯."라고 서술하고 있다.

용도서와 귀문원에는 하도와 낙서가 각각 표상하고 있는 대비되는 두 개념이 일관되게 적용되었고, 또 이를 구현하기 위해 각각 차별화된 여러 정원 구성 기법과 요소들이 도입되었다. 따라서 중심이 되는 '선천'과 '후천', '체'와 '용'이라는 형이상학적 제재(題材)는 용도서와 귀문원의 의미를 파악하는 데 있어 중요한 핵심어가 된다.

정원의 명칭

당초 박사원이 하도의 원리를 적용한 정원을 구상하고 '용문정사'라고 칭했다. 여기서 '정사(精舍)'는 학문을 가르치는 집 혹은 정신을 수양하는 곳이라는 의미로 건축이 주가 되는 공간이라는 점에 주목할 필요가 있다.[44]

'용문정사기'를 토대로 이국미는 한 쌍을 이루는 정원으로 발전시켜 각기 '용도서'와 '귀문원'이라고 명명하였다. 두 정원의 명칭을 각기 '서(墅)'와 '원(園)'으로 구분한 것도 각 정원에 도입된 모티브의 차별성을 강조하기 위한 의도적인 이름 짓기(naming)의 결과로 판단된다. 즉, '서(墅)'의 문자 의미는 '농

43) 김학수(2005). 끝내 세상에 고개를 숙이지 않는다. 서울: 도서출판 삼우반. p. 166.

44) 정사(精舍)는 불교 건축에서 시작되었으며 인도의 죽림정사(竹林精舍, Venuvana)가 시초이다. 후에 도교나 유학자들도 정사를 경영했는데 무이산(武夷山)에 있는 주자의 무이정사(武夷精舍)가 유명하다. 우리나라에는 우암(尤菴) 송시열(宋時烈)이 말년에 회덕 송촌의 남간정사(南澗精舍)에서 강학했으며, 안동의 원지정사(遠志精舍, 국가민속문화재 제85호), 옥연정사(玉淵精舍, 국가민속문화재 제88호), 겸암정사(謙菴精舍, 국가민속문화재 제89호) 등 많은 정사가 남아 있다.

막'으로 건축물을 지칭하는 글자이다. 당초 박상원이 구상한 '정사'를 이국미는 '서'로 대체한 것이다. '서'와 대응하는 '원(園)'은 '울타리를 두른 수목의 재배지', 즉 정원을 의미하는 글자이다. 따라서 용도서는 고정적이며 구조적인 건축물이 주가 되는 정원으로 하도가 표방하는 변치 않는 조화와 질서, 즉 '선천'과 '체'를 표방하고 있음을 강조하는 명칭이다. 이에 비해 귀문원은 자연성이 강조되고 계절에 따라 다양한 변화를 보이는 정원으로, 낙서에 담긴 변화와 상극, 즉 '후천'과 '용'을 표방하고 있음을 강조하는 명칭이다.

건축 요소

앞서 살펴본 바와 같이 하도는 중앙에 5토(土)가 위치하며 1, 2, 3, 4의 생수와 함께 6, 7, 8, 9, 10의 성수를 통솔한다. 낙서에도 중앙에 5토(土)가 위치하며 정방의 양수(陽數)들은 간방의 음수(陰數)들을 통솔한다. 이렇듯 주도적 역할과 중심적 위치에 있는 5토(土)를 상징하기 위하여 용도서와 귀문원에는 모두 건축 요소를 도입하였다.

용도서의 중앙부에는 '십자각'을 두었는데 '각(閣)'은 높고 큰 집을 의미한다. 따라서 십자각의 형태와 규모는 방을 중심으로 사방에 누(樓)가 있는 다섯 칸 규모이다. 귀문원의 중앙부에는 '태극정'이 위치하는데 한 칸의 방과 사방에 반 칸의 툇마루가 있는 한 칸 반 규모이다. 이렇듯 두 건물은 각(閣)과 정(亭)이라는 명칭과 같이 건물의 용도와 성격을 명확하게 차별화하였다. 즉 건축이 주가 되는 용도서에는 높고 커다란 십자각, 수목이 주가 되는 귀문원에는 작은 태극정을 둠으로써 각 정원의 모티브와 명칭이 의미하는 차별성을 일관되게 강조하고 있다.

정원 구조물

용도서에는 하도에 표현된 10개의 수와 위치를 표현하기 위해 구조물을 조성하였다. 전술한 바와 같이 하도의 중앙에 위치한 천오(天五)를 상징하기 위해서 다섯 칸의 십자각을 설치함으로써 정원의 중심을 이루도록 하였다. 또 천일(天一)을 상징하기 위해서는 북쪽에 우물이나 못을 조성하였다. 이 수(水) 요소는 하도의 1수(水), 즉 오행 요소 중 최초로 '수(水)'가 발현한 것을 상징하기 위한 것으로 우주 만물이 창조되는 시작은 물이라는 점을 상징한다. 즉 천일

(天一)은 무극(無極)의 상태에서 생명력을 지닌 양(陽)이 최초로 발동한 상태로, 여기의 물은 만물을 생성하는 기본 존재이자 우주의 본체이며 우주의 변화인 오행의 변화도 사실상 변화하는 본체는 물이라는 점을 의미하고 있다.[45] 이 이외의 8개의 수와 위치는 모두 돈대를 조성하여 표현하였다. 이러한 돈대들은 시각적 효과나 기능성을 지닌 구조물이라기보다는 하도의 수와 위치를 충실히 재현하기 위한 수단으로 판단된다.

귀문원의 중심부에도 중오(中五)를 상징하는 둥근 섬을 조성하고, 그 위에 태극정을 두었고, 섬을 둘러싸는 연못을 조성하였다. 이 연못을 각 간방(間方)에 설치된 격축에 의해 넷으로 나눔으로써 가운데 섬과 함께 중오(中五)의 수와 위치를 표현하도록 하였다. 이를 기준으로 동서남북 각 정방(正方)에 위치하는 1, 3, 7, 9의 양수(陽數)를 표현하기 위한 구조물을 설치하였는데 그 형태는 "반달[半月] 같은 모양을 만들어 중간을 비게 한 것"이라 하고 있다. 또 각 간방(間方)에 위치하는 2, 4, 6, 8의 음수(陰數)를 표현하기 위한 구조물은 "두 개의 만형(彎形)으로 된 것을 서로 향하게 하되 등성이를 충만하게 한" 모양이라고 하였다. 이러한 구조물들은 둔덕이나 마운딩(mounding) 등 지형변화요소로 짐작할 수 있으나, 원전에 서술된 표현만으로는 의장(意匠)상의 특징을 완벽하게 추정하기 어렵다. 다만 '중간이 빈 것'과 '등성이가 충만한 것'이라는 형태적 차별성을 통해 '햇살이 비치는 밝은 곳'과 '그림자가 지는 어두운 곳'의 대비를 강조하기 위한 것으로 판단된다. 또 '반달 모양'과 '두 개의 만형' 역시 음양이 어우러져 이루는 태극을 상징하기 위한 지형지물로 판단된다.

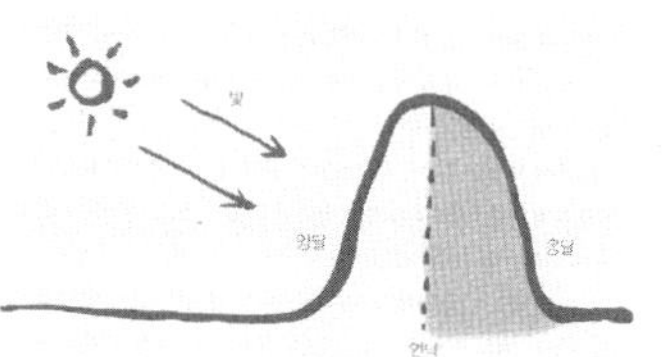

응달과 양달
(출처: 전창선과 어윤형, 2012: 49)

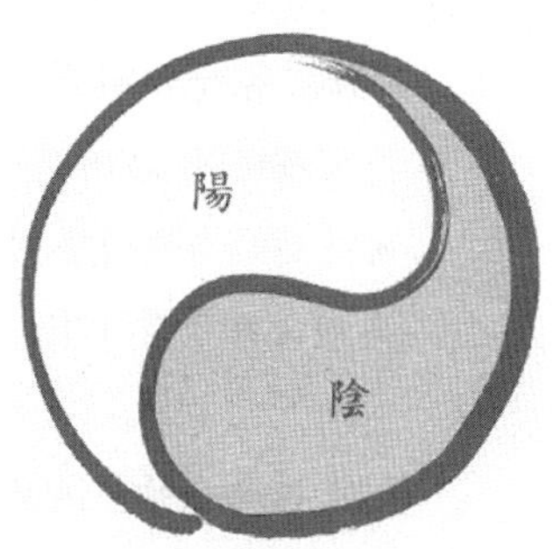

태극
(출처: 전창선과 어윤형, 2012: 51)

45) 한동석(2006). 앞의 책. p. 72.

이 외에도 용도서의 십자각과 귀문원의 태극정이 설치되는 단의 팔면에는 모두 계단을 두었다. 삼 단으로 이루어진 이 계단에는 각각 하도와 낙서에서 유래된 선천팔괘도와 후천팔괘도를 형상화하였다.

식재 요소

용도서에 식재된 수종은 십장청(十長靑)이라 하여 대나무, 측백, 맥문동, 적목(赤木), 황양목(黃楊木), 진송(眞松), 해송, 회목(檜木), 솔, 자단(紫檀) 등 10종의 상록수만 식재하였다. 단조로울 수 있음에도 불구하고 상록수종만 도입한 이유는 사철 변함없는 모습을 연출함으로써 하도가 표방하는 '선천'과 '체'의 조화와 질서 원리를 표현하기 위한 것이다.

주목되는 점은 십장청 중 초본으로 맥문동이 유일하게 식재되어 있는데, 그 위치는 천일(天一)을 상징하는 '북쪽 우물가'이다. 이것은 전술한 바와 같이 무극의 상태에서 태극의 상태로 전환하는 과정을 상징하고 있다고 보인다. 즉, 생명력인 '양'이 발동하였으나 아직 '음'을 대(待)하지 못하였으므로 본격적인 생장을 이루지 못하고 있는 상태를 초본식물인 맥문동 식재를 통하여 상징하고 있다.

또 지이(地二)의 위치인 "남쪽 두 돈대에는 적목을 심어 문을 만든다."라고 하였는데, 여기서 '문(門)'은 음(陰)인 곤(坤)을 상징하는 시설이다. 이 문은 『주역』「계사전」의 "곤은 가만히 있을 때 닫혀 있고 움직일 때 열려 있다. 곤은 이로써 생명을 광대하게 한다."[46]라는 음의 속성과 작용을 상징한다. 이 외의 하도에 나타나는 수와 위치에 따라 각 수종을 배분하고 수량을 할당하여 식재하였다.

십장청으로 제시된 수종 중에서 자단(紫檀)이라는 수목에 대해 상록수 여부에 대한 의문이 있을 수 있으나, 조선 중기 이후 문헌에 나오는 자단은 향나무를 가리키는 경우가 많다.[47] 자단은 원래 동남아 및 아프리카에 걸쳐 자라는 교목으로 목재의 무늬가 아름답고 목질이 강하며 장미 향기가 난다고 해서 장

46) "夫坤은 其靜也 翕하고 其動也 闢이라 是以廣生焉 하나니 …" 김인환 역해(2006). 앞의 책. p. 515.
47) 박상진(2004). 역사가 새겨진 나무 이야기. 서울: 김영사. pp. 120-121.

미 나무라고도 한다. 고급 가구, 조각, 악기의 재료가 되며, 신라 시대에는 성골만 쓸 수 있었다. 조선 시대에는 그 수요를 충당할 수 없어 조선 중기 이후에는 우리나라에 자생하는 향나무가 그 대체품이 되었고, 아예 이름도 자단으로 불렀다. 십장청으로 제시된 수종 중 적목(赤木), 진송(眞松), 회목(檜木) 등에 대한 정확한 수종명은 파악하기 어렵다.

용도서와 달리 귀문원의 식재는 수종 선정이나 식재 수량에 대한 제약이 없다는 특징을 보인다. 원문에는 이를 "의향에 따라 심는다."라고 하였다. 즉 연못가에는 여러 색의 연꽃과 원추리, 부들, 마름, 순채 등을 식재하고 팔괘를 형상화한 계단 주변 등에는 각종 꽃나무와 과일나무를 자유롭게 식재하도록 하였다. 상록수만 도입한 귀문원과 달리 이러한 자유로운 식재가 의도하는 효과는 계절에 따라 꽃이 피고 결실을 맺으며 낙엽 지는 변화감을 극대화하여 낙서가 표방하는 '후천'과 '용', 즉 역동성과 변화감을 표현하고자 한 것이다.

시각적 효과

원문에 용도서는 "청상하게" 하고 귀문원은 "아주 화려하게" 한다고 했다. 두 정원이 연출하는 시각적 효과가 뚜렷한 차별성을 보이는 것 역시 각기 하도와 낙서의 원리를 표방하기 때문이다. 즉, 용도서의 '청상함'은 하도를 바탕으로 선천팔괘도와 음양오행 이치 등 우주생성의 원리인 선천과 체를 표상하는 것으로 정적이며 조화, 질서, 상생을 함축적으로 표현한 것이다.

귀문원의 '화려함'은 낙서를 바탕으로 후천팔괘도와 음양오행 이치 등 우주변화의 원리인 후천과 용, 역동성, 변화, 부조화, 무질서, 상극의 모습을 강조한 표현이다. 이를 요약하면 하도와 낙서는 우주 만물의 '근본'과 '작용'을 나타내는 도상이며, 이를 적용한 용도서의 시각적 이미지(image)는 '청상함'을, 귀문원은 '화려함'을 추구하였다. 이국미는 두 정원의 이러한 시각적 효과의 차별화를 이루기 위해 건축물, 수경시설 등을 비롯해 수종 선정과 식재 기법 등을 각기 달리 적용하였다.

정원 조성의 목적과 용도

정원이 갖는 기본 속성은 생활공간으로서의 '기능'과 '아름다움'을 충족시키는 것이라 할 수 있다. 이러한 일반적인 관점에서 용도서와 귀문원이라는 정원을 평가한다면 그 가치를 인정받기 어려울 수도 있다. 이 정원에는 다양한 기능과 행태를 수용하는 공간 배분이나 의도적인 동선 체계도 없다. 따라서 심미성, 기능성 등 정원으로써의 효용성을 기대하기도 어렵다. 이러한 점에 대해 이국미는 이 정원을 조성하는 의도를 "… 선천(先天) · 후천(後天)의 체용(體用) 관계를 나누어 앞으로 늘그막에 완상(翫賞)하면서 여유 있는 생활을 하는 장소로 삼고 …."라고 하였다. 여기서 '완상'이라는 한자는 '가지고 놀며, 기리다'라는 것을 뜻한다. 이는 공자가 주역(周易)에 대해 "가지고 놀다 보면 얻는 바가 있다(玩索而有得)."라고 한 것과 맥락을 같이한다고 볼 수 있다. 즉 용도서와 귀문원은 '휴식과 위락의 공간'이라는 통념적인 정원과 달리 성리학적 격물치지(格物致知)를 이루기 위한 '궁리(窮理)의 공간'이라 할 수 있다. 이 정원은 성리학적 소우주를 구현한 공간이며, 여기에서 성리학자들의 이상적인 인간상인 "세상 만물의 이치에 통달하고 명정한 자기 성찰"[48]을 이루기 위한 특별한 공간이라고 할 수 있다.

그러나 이국미는 끝내 이 두 정원을 실제로 조성하지는 못하였다. 그는 "이 세상의 동호자(同好者)들이 천고(千古)에 아무도 발명하지 못한 이 훌륭한 일을 이루기를 희망한다."라고 하였다.

마무리 말

여러 시대에 걸쳐 다양한 문명권에서 종교 혹은 신화적 상징성을 담은 만다라(mandala)를 주택이나 종교건축, 도시 등의 현실 세계에 구현한 사례들을 흔하게 찾아볼 수 있다. 용도서와 귀문원 역시 상수 철학의 기본원리를 정원 구성에 적용하여 이를 구체화하고자 한 시도라 할 수 있다.

---

48) 정옥자(2003). 우리가 정말 알아야 할 우리 선비. 서울: 현암사. p. 23.

동양의 자연관을 이해하기 위한 하위 개념들은 모두 하도와 낙서에 바탕을 둔 음양오행관이 근간이 된다. 이러한 연유로 사서(四書)를 읽기 전에 반드시 익혀야 한다고 하여 '사서의 사다리'라 일컫는 『근사록(近思錄)』의 서두는 자연의 조화생성 원리인 '도의 본체(道體)', 즉 주돈이의 「태극도설(太極圖說)」로 시작한다. 성리학을 국학으로 받아들인 조선도 17, 18세기에 자연에 대한 이해가 깊어질 수 있었던 것은 음양론 이외에 상수학과 오행론을 해석의 방법론으로 많이 원용하였기 때문이라고도 한다.49)

본고는 용도서와 귀문원에 담긴 의미와 조경사적 가치를 규명하고자 시작되었다. 이를 위해 상수학의 개요를 비롯해 하도와 낙서에 담긴 생수와 성수, 음양, 팔괘도 등의 원리를 살펴보았다. 이와 함께 용도서와 귀문원 정원 구성과 제반 요소를 고찰한 결과를 요약하면 다음과 같다.

첫째, 하도와 낙서는 우주 변화의 원리 등 상수 철학의 기본 명제들을 포괄적으로 추상화한 개념적 정의(conceptual definition)라 할 수 있는데, 용도서와 귀문원은 이를 정원 구성 원리로 적용하여 거기에 담긴 의미를 구체적으로 경험하고 반복 가능한 방식으로 설명할 수 있도록 한 조작적 정의(operational definition)라 할 수 있다. 이러한 시도는 중국에서도 전례가 없는 독특한 사례이다.

둘째, 하도 낙서의 의미에 대한 조작적 정의를 가시화하기 위한 수단으로써 정원이라는 생활공간을 선정하였고, 하도 낙서의 방위개념과 위치와 수 등을 재현하는 소품으로 태극정과 십자각, 돈대, 우물, 연못 등과 각종 수목을 사용하였다.

셋째, 용도서와 귀문원은 각기 하도와 낙서가 표상하고 있는 선천과 후천, 체와 용의 관계를 주 모티브로 하고 있다. 즉, 용도서는 하도가 표방하는 우주생성의 원리, 즉 정적이며 조화, 질서, 상생의 모습을 상징하기 위하여 사철 푸른 상록수, 이른바 '십장청(十長靑)'을 식재하도록 구상하였다. 귀문원에는 낙서가 표방하는 후천의 변화, 즉 동적이며 부조

49) 한국사상사연구회(2011). 조선 유학의 개념들. 서울: 예문서원. p. 131.

화, 무질서, 상극, 변화를 표현하기 위해 화목과 과목을 자유롭게 식재하도록 하였다. 따라서 하도의 원리가 적용된 용도서는 우주 만물의 '근본'을 표현하기 위해 '청상함'이란 시각적 이미지(image)를 갖도록 하였다. 같은 맥락에서 낙서의 원리가 적용된 귀문원에는 우주 만물의 '작용'을 나타내기 위해 '화려함'을 추구하였다.

용도서와 귀문원은 하도와 낙서의 원리를 정원 조성에 적용한 시도로 우리나라 조경사의 흐름 속에서 매우 특별한 사례이다. 이 정원은 우주 만물의 탄생과 변화가 이루는 음양오행 등 형이상학적 제반 개념들을 건물과 정원 구조물, 식재 등을 통해 정원 구성으로 형상화하고자 하였다. 이 정원의 가치와 의미는 실제적인 기능성이나 효용성 차원이 아닌 조선 시대 성리학자들의 학문적 관심과 실천이라는 관점에서 이해할 필요가 있다고 보인다.

하도와 낙서가 바탕이 된 상수학은 고대 이래로 오랜 기간에 걸쳐 다양한 학파와 여러 학자의 지혜가 축적된 동양의 독특한 사고 체계이다. 따라서 그 개념과 이론이 심오하고 방대하며 해석의 관점도 다양하다. 이러한 맥락에서 동양철학의 제반 개념에 대해 더욱 심층적이고 다양한 관점에서 더욱 실증적인 후속 연구도 필요할 것이다.

제5장

「장주묘암도」에 표현된 정원 도해의 메타포(Metaphor)

들어가는 말

우리나라의 옛 정원은 그 원형을 완벽하게 간직한 채 현존하는 사례가 드물다. 고정적이고 구조적인 건축물과는 달리 정원은 시간의 경과에 따라 생장, 쇠퇴, 소멸해 가는 유기체적 특성이 크게 작용하기 때문이다. 따라서 우리나라의 전통정원의 원형을 고찰하기 위해서는 옛글과 그림 등 이차적 자료로부터 많은 단서를 얻을 수 있다.

「장주묘암도(漳州茆菴圖)」는 주자[1]가 장주(漳州) 지사를 지내던 시절에 주역의 원리에 입각하여 띳집, 즉 묘암(茆菴)을 짓고 후원을 꾸민 고사를 그린 그림이다.[2] 이 고사는 『주자어류(朱子語類)』에 실려 있는데 영조가 어느 날 이 글을 읽다가 크게 감동하여 이 내용을 그림으로 그리도록 하였다. 이러한 사실을 『영조실록』에는 다음과 같이 기록하고 있다.

> 영조 22년 9월 2일(을미) 유신을 소견하여 남강묘암도기를 지어내리다.
>
> 임금이 유신(儒臣)을 소견하여 남강묘암도기(南康茆庵圖記)를 지어내리고, 이어 하교하기를, "화본(畫本)을 3층으로 정하여, 어제(御製)는 상층에 쓰고, 어류(語類)의 본문은 중층에 쓰며, 묘암도(茆庵圖)는 하층에 그리도록 하라" 하였다.[3]

『승정원일기』 영조 22년(1746년) 9월 2일 기사에도 같은 내용의 기록이 있다.

---

1) 이름은 희(熹), 호는 회암(晦庵)으로 송(宋) 대의 유학을 집대성하였다. 사후에 문공(文公)이라는 시호를 받았고 주자(朱子)라 하여 성현의 반열에 올랐다.

2) 유홍준(2001). 화인 열전 1. 서울: 역사비평사. p. 286; 박창애(2016). 조선 시대 주자 숭모열과 그 이미지 시각화 양상. 대동문화연구 제93집. pp. 231-232.

3) 上召見儒臣, 製下南康 ≪茆菴圖記≫, 仍敎曰 "畫本定爲三層, 御製書上層, 語類本文書中層, ≪茆菴圖≫則畫于下層也." 『영조실록』(한국고전 종합 DB).

> … 왕이 친히 지은 '남강묘암도기(南康茆菴圖記)'를 윤급(尹汲)에게 내리고 말하기를 '편(篇)'자는 '편(編)'자로 고쳐 써야 한다고 하였다. 이 임금이 지은 글은 부제학 윤급이 쓰고 그 아래에 직명과 유신(儒臣)의 이름을 썼다. 화폭은 세 층으로 해서 맨 위층에 임금이 지은 글을, 가운데에 주자어류(朱子語類)의 본문을, 묘암도(茆菴圖)의 그림을 맨 아래에 배치하도록 하였다.[4]

이처럼 그림을 그리게 된 동기와 과정, 시기가 명확한 경우는 미술사적으로도 매우 희귀한 사례로 꼽는다. 다만 이 그림을 그린 이에 대한 기록이 없어 미술사학계에서는 화풍과 작품성으로 미루어 겸재(謙齋) 정선(鄭敾, 1676~1759)의 작품으로 추정하고 있다.[5] 이 그림은 성리학적 이념을 표현하고 있는 사의도(寫意圖)이자 성현의 일화를 표현한 고사도(故事圖)이다. 유홍준은 이 시대의 고사도에 대해 "주자학을 주도적 이데올로기로 삼고 있던 시대에 주자의 고사를 그림으로 그리는 것은 매우 중요한 일이었다. 이는 여느 환쟁이나 할 수 있는 것이 아니었다. 그것은 주자학과 그림 모두에 익숙한 문인 화가만이 해낼 수 있는 장르였다"[6]고 한다. 이러한 관점에서 겸재는 최적의 인물이었다. 그는 주역에 조예가 깊어 정조 때 성리학자로 이름을 떨친 근재(近齋) 박윤원(朴胤源, 1734~1799)이란 제자도 길러낸 바 있으며 스스로 『도설경해(圖說經解)』를 저술하기도 했다.[7]

선진유학에 뿌리를 둔 성리학은 송·명 시대에 이르러 이론적으로 심화되고 철학적인 체제를 갖추게 되었다. 성리학은 이(理)와 기(氣)의 개념을 바탕으로 우주의 생성과 구조, 인간 심성의 구조, 사회에서 인간의 자세 등에 관하여 형이상학적인 철학사상을 수립하게 되는데 그 중심에 있던 사람이 남송의 주자이며, 우리나라 경우는 조선의 퇴계 이황이다.[8]

이 그림은 왕명에 의해 제작되었으며 여기에는 이상적인 국가건설과 통치 철

---

4) 初二日 巳時. … 上下親題南康茆菴圖記 于尹汲曰 篇字以編字改書之 御製則 副學親書之 其下書于職名臣某. 而書本定爲三層 御製書于上層 語類本文 書于中層 茆菴圖 則圖于下層可也. 『承政院日記』 第1008冊, '英祖 22年 丙寅 9月 初2日 乙未' 條(한국사 데이터베이스). 이 두 기록에는 '장주(漳州)'가 아닌 '남강(南康)'이라는 지명으로 기록되어 있다. 이러한 착오가 있었던 이유는 주자가 장주, 남강 두 곳에서 모두 지사를 지낸 바 있음에서 기인한다. 실제 그림에는 '장주'로 고쳐져 있다. 이태호(1992). 영조의 요청으로 그린 「장주묘암도」에 대한 소고. p. 112.

5) 이태호(1992). 앞의 글. pp. 116-192; 유홍준(2001). 앞의 책. pp. 286-289.

6) 유홍준(2001). 앞의 책. p. 283.

7) 유홍준(2001). 앞의 책. p. 296.

8) 허균(2003). 한국의 정원, 선비가 거닐던 세계. 서울: 다른 세상. p. 31.

학이 담겨 있다. 더구나 이렇듯 큰 이상을 작고 소박한 정원 모습에 담고 있어 전통정원의 연구에 중요한 의미를 갖는다. 따라서 본고에서는 「장주묘암도」에 담긴 정원 도해의 의미를 고찰함으로써 전통정원에 담긴 사상적 배경의 한 단면을 살펴보고자 한다.

「장주묘암도」에 대한 선행 연구

1992년 학고재 화랑에서 열린 '조선 후기의 그림과 글씨전'에 「장주묘암도」가 일반에게 최초로 전시되었다. 이 전시회 도록에 실린 이태호의 연구[9]에서 이 그림이 왕명에 의해 그려졌으며, 그 내용은 주자 사상의 핵심적 생활상을 담았고, 성리학이 회화사에 미친 영향 등 사료적 가치를 알렸다. 또 중국적 소재를 조선적으로 재해석한 방법과 세세한 필치를 감안하여 이 그림을 그린 화가가 겸재 정선임을 밝혔다.

유홍준의 저서에서는 '겸재 정선'의 성장 과정, 교우, 학문, 그림에 입문과 성장, 화풍의 성립 등 그의 삶과 예술을 전반적으로 살펴보았다. 여기에서도 「장주묘암도」가 지니는 미술사적 가치를 소개하였고 화가가 겸재였으리라는 이태호의 견해에 동의하고 있다.[10]

호암미술관은 전통정원 '희원' 개원 10주년을 기념하여 '한국미술 속의 정원을 걷다'라는 주제의 전시회를 2007년 4월에 개최한 바 있다.[11] 이 전시에는 고려와 조선 시대의 정원을 담은 그림을 '산수정원', '전통정원과 생활', '정원요소'로 분류하여 전시하였다. 이 전시에도 「장주묘암도」가 소개된 바 있다.

「장주묘암도」에 관한 기존의 연구들은 대부분 한국미술사 분야의 연구들로, 미술사적 의의, 작가와 화풍에 관한 연구가 일부 축적된 정도이다. 주역의 원리를 담아 이상적인 정원의 모습을 표현한 이 그림은 전통조경 연구에 있어 많은 시사점을 제시하고 있으나 이와 관련한 조경사 분야의 연구 성과는 없다.

---

9) 이태호(1992). 앞의 글. pp. 109-122.

10) 유홍준(2001). 앞의 책. pp. 286-289.

11) 호암미술관(2007). 전통정원 희원 개원 10주년 기념 소장품 테마전 '한국미술 속의 정원을 걷다' 전시용 도록.

「장주묘암도」, 112×63cm, 개인 소장
(출처: 유홍준, 2001: 287)

「장주묘암도」의 화폭 구성

상단, 영조의 어제(御製)

「장주묘암도」는 실록의 기사 내용과 같이 3단으로 구성되어 있다. 상단에는 영조의 어제(御製), 중단에는 『주자어류』에 실려 있는 고사, 하단에는 이 내용을 그린 겸재의 그림으로 구성되어 있다. 상단에 쓴 영조의 어제 내용은 다음과 같다.

> 지난해 주서(朱書)를 읽다가 그 속에서 발견한 것을,
> 오늘에야 한 폭의 그림으로 그리도록 하였네.
> 언제나 이 구절을 생각할 때마다,
> 홀연히 성현들이 함께 노니는 곳[賢遊洞]에 나아간 듯하네.
>
> 일찍이 「자성편(自省編)」에 밝힌 바 있듯이 '기수무우(沂水舞雩)'의 마음을 깨달은 바 있었다. 이번에 또다시 그림으로 그려 오도록 명함은 그때의 뜻과 함께하는 것이다. 병인년(1746) 가을에.12)

영조는 일찍이 글을 읽다가 '기수무우(沂水舞雩)'13)라는 구절의 의미를 깨닫고 깊이 공감한 적이 있었는데 다시금 주자의 글을 읽다가 또다시 느낀 바가 있어 그 감회를 그림으로 그리도록 했다는 것이다. '기수무우'는 『논어』「선진(先進)」편에 있는 글이다. 이 글에 의하면, 공자는 제자인 자로(子路), 증석(曾皙), 염유(冉有), 공서화(公西華)에게 "만일 너희를 알아주는 사람이 있다면 어떻게 하겠는가?"라고 물었다. 이에 자로 등 세 사람은 각각 자신에게 기회가 주어진다면 나라를 잘 다스리겠다는 등 커다란 포부를 드러내며 자신만만하게 답했다. 이들의 말은 다소 과장되고 자기 과시적이었기에 공자는 말없이 미소만 지었다. 이 미소의 의미는 '겸손하지 못하다'라는 것이었다.

이에 반해 증석의 답은 "늦은 봄에 봄옷을 지어 입은 뒤 어른 5~6명, 어린아이 6~7명과 함께 기수(沂水)에서 목욕하고, 무우(舞雩)에서 바람을 쐬

12) 昔年已見朱書裏 今日命圖一片中 予意恒時此等處 依然若坐賢遊洞 曾於自省編 已諭沂水舞雩之心 今又命圖于此蓋其意則一也. 柔兆(丙) 攝提格(寅) 仲秋. 출처, 이태호(1992). 앞의 글. p. 110.에서 재인용.

13) 기수(沂水)는 강의 이름이고 무우(舞雩)는 하늘에 제사를 지내는 곳이다. 무우에는 제단과 신단수(神壇樹)가 있어 휴식하며 바람 쐬기 좋았던 것으로 보인다.

고는 노래를 읊조리며 돌아오겠습니다."라고 하였다. 이에 공자는 감탄하며 "나는 증석과 함께하련다."라고 하였다.14)

공자가 증석의 답변에 감탄하며 그와 함께하겠다는 이유는 무엇인가? 강가에서 목욕하고 바람을 쐬며 노래 부르며 돌아오겠다는 증석의 대답은 음풍농월(吟風弄月)과 유유자적(悠悠自適)하며 풍류를 즐기는 삶의 모습을 말한 것이다. 그의 말에는 가식이 없었으며 지고지순(至高至純)하고 무애자재(無碍自在)의 경지를 보였다. 공자는 이 점에 감탄한 것이다.

영조 역시 공자와 증석의 고사를 읽으며 크게 공감하여 '성현들이 함께 노니는 곳(賢遊洞)'에 있는 듯했다고 했는데, 이번에 주자의 글을 읽으며 지난번 감회를 다시금 떠올렸다. 영조가 읽었다는 주자의 글은 화면의 중단에 적혀 있다.

중단, 회암 선생 장주묘암도기

영조가 감명 깊게 읽었다는 『주자어류』의 본문은 '회암 선생 장주묘암도기(晦菴先生漳州茆菴圖記)'라는 제목으로 '어제'의 아래에 적었다.

> 주자는 장주에서 활 쏘는 집[射堂]에 후원을 꾸며 놓았다. (후원은) 우물 정(井)자 모양으로 9개의 구획을 나누었다. 한가운데는 석축으로 높게 단을 쌓았다. 가운뎃줄 뒷부분에는 초가로 묘암을 짓고, 집에는 세 개의 창을 냈다. 왼쪽 창살은 태괘(泰卦), 오른쪽 창살은 비괘(否卦), 뒤 창살은 복괘(復卦), 앞문은 박괘(剝卦)가 된다. 이 묘암에는 작은 초가집을 붙여 지었다. 맨 아래 구획에는 작은 초가 정자를 세웠다. 좌우의 세 개 구획 각 열에는 복숭아나무와 오얏나무를 심고, 그 사이에는 매화나무를 심었다. 아홉 개의 구획 주변에는 대나무를 심어 빙 둘러싸게 했다. (선생께서는) 이날 (묘암을 완성하고서) 그 사이를 돌아보고 제자들에게 웃으며 이르기를, "(여기에는) 위로 천하를 다스리는 아홉 가지 대법(大法)에 팔괘(八卦)의 형상이 있고, 아래로는 세상 땅을 구구(九丘)로 나누는 팔진(八陣)의 도형방법(圖形方法)이 있다"라고 말하였다.15)

---

14) "莫春者 春服旣成 冠者五六人 童子六七人 浴乎沂 風乎舞雩 詠而歸." 夫子喟然嘆曰 "吾與點也." 김형찬 역(2013). 논어. 서울: 홍익출판사. pp. 129-131, p. 325.

15) 유홍준(2001). 앞의 책. p. 288; 先生於州治射堂之後圃 劃爲井字九區 中區石甃爲高壇 中之後區爲茆菴 菴三牕左牕櫺爲泰卦 右爲否卦 後爲復卦 前扇爲剝卦 菴前接於小屋 前區爲 小茅亭 左右三區 各列植桃李 而間以梅 九區之外圍繞植竹 是日遊其間 笑謂諸生日 '上有九疇 八卦之象 下有九丘 八陳之法'. 이태호(1992). 앞의 글. p. 111에서 재인용.

이태호의 연구(1992)와 유홍준의 연구(2001)에서는 "… 아래로는 세상 땅을 구주(九州)로 나누는 팔진(八陳)의 도형방법(圖形方法)이 있다"라고 번역하였으나, 원문에는 구구(九丘)라 하였기에 본고에서는 수정하여 인용하였다. 구(丘)는 고대 중국의 면적을 나타내는 단위로, 사방 6척을 1보(步), 100보를 1무(畝), 900무(畝)를 1정(井), 4개의 정(井)을 1전(甸), 4전(甸)이 1구(丘)가 된다.

『주자어류』는 주자 사상의 규모와 골격을 전체적으로 조망할 수 있는 책으로 성리학의 입문서라 할 수 있다. '어류' 혹은 '어록' 형식의 이 책에는 주희와 그를 따른 제자들 간에 나눈 학문적 대화를 모아서 기록했다.

주희 연보에 따르면, 61세(紹熙 원년 庚戌, 1190년)가 되던 해 4월에 부임지인 장주에 도착하였고 경계법(境界法)에 관하여 상소하였다. 이해 10월 장주에서 사경과 사서[16]를 간행하였다. 11월 무렵까지 『주역본의(周易本義)』를 완성하였고 이후로 개정을 되풀이하였다. 이후 이듬해 4월에 장주를 떠나게 되어 장주에는 1년 남짓 머물렀다.

'회암 선생 장주묘암도기'의 내용은 주희가 장주에서의 재임 기간에 활 쏘는 집[射亭]과 그에 딸린 후원을 조성한 기록이다.[17] 작은 규모의 띳집과 소박한 정원이지만 "여기에는 천하를 다스리는 법과 팔괘, 구구 팔진의 도형 방법이 있다."라고 했다. 주희 스스로 만족하며 제자들에게 이 공간에 담긴 원리를 설명했다. 영조는 이 글을 읽고 크게 공감하였고 그 내용을 그림으로 그리도록 명했다.

하단, 「장주묘암도」

그림이 갖는 가장 일반적이고 기본적 기능은 도해(圖解)로서의 성격을 갖는다. 따라서 난해하거나 추상적인 개념 혹은 교훈이 되는 내용을 한 폭의 화면에 간명하게 나타내는 힘이 있다.[18] 이러한 맥락에서 영조는 이 그림을 그리도록 명했고 완성된 그림을 수시로 감상하며 그 내용과 의미를 되새기고자 한 것이다. 영조는 상단의 어제를 통해 '성현들이 함께 노니는 곳[賢遊洞]'에 있는 듯하다고 밝혔듯이 이 그림은 영조가 공자, 주자와 소통하는 매개체가 되는 시

16) 사경(四經)은 『서경』, 『시경』, 『역』, 『춘추』이고 사서(四書)는 『대학』, 『논어』, 『맹자』, 『중용』이다.

17) 주자와 '활쏘기'는 어울리지 않아 보이기도 하나, 『주례(周禮)』에 의하면 군자가 갖춰야 할 여섯 가지 기예, 즉 육예(六藝)로 예(禮), 악(樂), 사(射), 어(御), 서(書), 수(數)가 있다. 이 중에 활쏘기는 뜻을 바르게 하는 수양 방편이었다.

18) 그림이 갖는 이러한 기능과 효용성으로 과거 시대에는 사의도(寫意圖), 고사도(故事圖), 감계화(鑑戒畵)를 비롯해 효자도, 열녀도 등이 많이 제작되었다. 이러한 그림은 궁극적으로 감상을 위한 것이지만 심미적인 차원의 감상뿐 아니라 실용적인 활용을 위하기도 한다. 윤진영(2016). 영조 대의 미술문화 : 회화를 중심으로. 장서각 아카데미 왕실문화강좌. pp. 98-99.

각자료로 활용하고자 한 것이다.

이 그림은 주자의 설명대로 작은 규모의 정원 모습을 그린 것이다. 그러나 이 안에는 주역의 원리를 바탕으로 다양한 중층의 의미를 담고 있다. 이 그림이 표상하는 의미를 파악하기 위해 개략적이나마 주역의 원리에 대한 이해가 필요하다.

「장주묘암도」(부분)

주역의 개념과 원리

주역의 주요개념

역(易)의 형성과정은 약 5천 년 전에 자연현상의 관찰과 생활경험의 누적을 통해 원시적 복서 행위인 저구(著龜)가 출현했고, 약 3천 년 전 역경의 원형인 괘(卦), 효(爻), 괘사, 효사 등이 작성되었다. 약 2천5백 년 전에 역전(易傳)의 기조사상이 형성되었고 한(漢) 대의 비직(費直)에 의해 오늘날 우리가 보는 역경과 역전이 합해진 역서가 편집되었다. 삼국시대 위(魏)나라 왕필(王弼, 226~249년)의 의리역(義理易)이 나와 상수역(象數易)이 위축되었고, 송(宋) 대의 소옹(邵雍, 1011~1077년)에 의해 상수역이 다시 숭상되어 소위 선천역이 출현했다고 한다.[19]

공자 이전 2,500년은 점복(占卜)의 시대라 할 수 있고 공자 이후의 시기는 주역의 텍스트(text, 經)에 대한 해석[傳]의 시대이다.[20] 공자는 50세가 되어서야 비로소 주역을 공부하기 시작했는데 주역을 여러 번 읽어 죽간을 매었던 가죽끈이 세 번이나 끊어졌다는 연유로 '위편삼절(韋編三絶)'이라는 고사성어가 전해진다. 주역은 현대를 사는 우리에게 매우 낯설고 난해하여 쉽게 손이 가지 않는 책이다. 이러한 점은 과거에도 같은 상황이었던 것으로 보이는데 공자 역시 주역에 대해 "갖고 놀다 보면 얻는 바가 있다(玩索而有得)."[21]고 하였다.

공자는 『계사전』 상하 두 권을 지은 것으로 전해지는데 『계사전』은 문장이 간결하고 핵심을 찌르면서도 아름답다.[22] 『역경』에 관한 10편의 저술을 『십익(十翼)』이라 하는데 『문언전(文言傳)』, 『단전(彖傳)』 상하 편, 『상전(象傳)』 상하 편, 『계사전(繫辭傳)』 상하 편, 『설괘전(說卦傳)』, 『서괘전(序卦傳)』, 『잡괘전(雜卦傳)』 등 7종 10편이다. 이 『십익』의 내용 중 상당 부분은 공자와 그 후학들의 학설이라고 한다.

동양 문화에 있어서 주역은 핵심을 이루고 있는데, "중국 철학의 이론 근거

19) 김충열(2007). 『주역』 강의 원고. 삼성출판박물관 강좌.

20) 경(經)은 원본 텍스트이고 전(傳)은 그것의 해설이다. 신영복(2007). 나의 동양고전 독법 강의. 서울: 돌베개. p. 91.

21) 신원봉 역(2005). 역경 잡설. 南懷瑾(1997). 易經雜說. 서울: 문예출판사. p. 39.

22) 신원봉 역(2005). 앞의 책. p. 138.

와 중국 사상의 원형은 '역'에 뿌리를 두고 있다."[23]고 한다. 따라서 중국 고대 문화의 기틀이 되는 경전인 『육경(六經)』[24] 중에서도 '역'을 으뜸으로 꼽으며 육경의 우두머리, 즉 '육경지수(六經之首)'라 한다. 이러한 역의 중요성에 대해 당나라 우세남(虞世南, 558~638년)은 "역을 배우지 않은 사람은 장상(將相)이 될 수 없다"[25]고 했다. 주역이 담고 있는 내용은 첫째, 우리가 살아가는 이 세상은 어떻게 있으며, 둘째 이 세상에서 우리는 어떠한 삶의 길을 모색해야 하는가에 대한 소박하고 진실한 해답을 강구한 기록이라고 한다.[26]

주역의 세 원칙

역경의 세 원칙은 변역(變易), 간역(簡易), 불역(不易)을 말한다. '변역'은 세상의 일, 물건, 상황, 생각 등등 그 어느 것도 변하지 않는 것이 없으며 변하지 않는 것은 불가능하다는 것이다. 따라서 역은 이러한 변화를 예측, 판단하고 이를 설명하기 위한 도구이다. 이 변화는 춘하추동(春夏秋冬)의 계절 변화로부터 생주이멸(生住移滅), 길흉화복(吉凶禍福), 피고취락(避苦趣樂)에 이르기까지 모든 것이 우리의 삶과 연관되어 있다고 본다.

두 번째 원칙인 '간역'은 아무리 변화가 복잡하더라도 일단 그 원리를 이해하고 나면 아주 단순화할 수 있다는 것이다. 앞서의 변역에서 "세상의 어떤 것도 변하지 않는 것이 없으며, 변하지 않는 것은 불가능하다."라고 했으나, 이 복잡다단한 변화를 간단명료하게 단순화한다. 역은 우주 삼라만상의 변화를 8괘를 비롯해 64괘로 단순화하여 설명한다.

세 번째 법칙인 '불역'은 만사 만물은 시시각각 변화하지만, 다행히도 제멋대로 변하거나 뒤죽박죽 혹은 엉망진창의 변화가 아니라는 것이다. 모든 변화하는 것 중에서 영원히 불변하는 것이 있다고 한다. 이는 모든 변화에 내재하고 있는 주체 혹은 일관된 질서라고도 할 수 있다. 이것은 만사 만물을 변화하게 하는 주체이지만 그 자체는 변하지 않는다는 것으로 종교에서의 '신'이나

23) 김충열(1999). 『易』의 宇宙觀, 性命觀 그리고 文化觀. 『주역연구』 제3집: p. 5.

24) 『시(詩)』, 『서(書)』, 『예(禮)』, 『악(樂)』, 『춘추(春秋)』, 『역(易)』을 말한다.

25) 신원봉 역(2005). 앞의 책. p. 71에서 재인용.

26) 김충열(1999). 앞의 글. pp. 4-5.

'주재자' 혹은 철학에서의 '본체' 등과 비견할 수 있다.[27]

주역의 세 법칙

역경의 세 법칙은 이(理), 상(象), 수(數)이다. '이'는 우주의 만사 만물에는 모두 각각의 원칙과 이치가 있는데 이것을 '이'라고 하며 성리학의 관점에서는 '철학적 원리'가 된다. '상'은 '이'가 발현하는 구체적 현상(象)을 말한다. 또 각각의 '이'와 '상'에는 반드시 그것을 표상하는 특정의 '수'가 있다.[28]

효(爻)와 괘(卦)

태극(☯)이 양의(兩儀)를 낳고, 양의가 사상(四象)을 낳고, 사상이 8괘(八卦)를 낳는다. 팔괘는 각각 세 개의 음양을 나타내는 부호로 구성되는데 이것을 효(爻)라 한다. 팔괘는 우주적 현상을 크게 나눈 것[29]으로 건(乾 ☰, 하늘), 곤(坤 ☷, 땅), 리(離 ☲, 태양), 감(坎 ☵, 달), 진(震 ☳, 천둥, 雷), 손(巽 ☴, 바람), 간(艮 ☶, 산·육지), 태(兌 ☱, 바다·강)를 말한다. 이 여덟 괘가 의미하는 것은 천지간의 여덟 가지 대현상의 변화이며, "선천 팔괘가 우주가 형성되는 대현상을 나타낸 것이라면, 후천 팔괘는 우주 내에서의 변화와 운용의 법칙을 나타낸다."[30]고 한다.

태극	태극(☯)							
음양	음(--)				양(ㅡ)			
사상	태음(⚏)		소양(⚎)		소음(⚍)		태양(⚌)	
	4		3		2		1	
팔괘	☷	☶	☵	☴	☳	☲	☱	☰
	곤(坤)	간(艮)	감(坎)	손(巽)	진(震)	리(離)	태(兌)	건(乾)
	8	7	6	5	4	3	2	1

사상과 팔괘

27) 신원봉 역(2005). 앞의 책. pp. 33-36.

28) 신원봉 역(2005). 앞의 책. pp. 36-38 참조. 이(理), 상(象), 수(數)에 관해서는 앞서의 '용도서와 귀문원' 꼭지의 글에서 서술한 바 있다.

29) "八卦而小成." 신원봉 역(2006). 주역 강의. 南懷瑾(1991). "周易繫傳別講". 서울: 문예출판사. p. 215.

30) 신원봉 역(2005). 앞의 책. p. 52.

팔괘를 소성괘(小成卦)라 하고 이 소성괘를 두 개씩 겹쳐서 64개의 대성괘(大成卦)가 만들어진다. 64개의 대성괘마다 괘사(卦辭)가 있고 각 대성괘를 구성하는 각 6개씩의 효, 총 384개의 효마다 효사(爻辭)가 있다.

착종복잡(錯綜複雜)

주역에 있어서 세상사를 파악하는 중요한 관점의 하나로 '착종복잡'을 들 수 있다. 이 착종복잡의 원리는 사물을 판단하는 데 있어서 단편적인 시각이 아닌 종합적, 객관적, 다층적 관점의 중요성을 강조하는데 그 원리는 다음과 같다.[31]

'종'이란 서로 대칭이 되는(相對) 괘로서 64괘 중 8개 괘를 제외하고 서로 대칭이 되는 괘를 갖는다. 종괘의 이치(理)는 우주의 사물이 모두 상대적이며 만사를 객관적으로 보라는 것을 가르치고 있다. 예를 들어 구(姤, ䷫)괘의 종괘는 쾌(夬, ䷪)괘가 된다.

착괘는 음양이 뒤바뀐 것이다. 착괘의 이치는 입장이 같고 목표도 일치하나 문제를 보는 각도가 서로 다른 것을 말한다. 구(姤, ䷫)괘의 제1효가 음효이며 나머지 다섯 효는 모두 양효인데 음양이 바뀜으로써 복(復, ䷗)괘가 된다. 착괘인 복괘의 종괘는 박(剝, ䷖)괘다.

복잡(復雜)은 교호(交互)괘의 이치로써 6효 내부의 변화를 의미한다. 교호의 변화로 교호괘가 만들어지며 교호괘는 종괘와 착괘가 있다. 본괘의 2, 3, 4효를 취하고 다시 3, 4, 5효를 취하여 두 괘를 중첩하면 교호괘가 만들어진다. 교호괘는 다시 이것의 종괘와 착괘가 있어 한 사물을 팔방에서 살필 수 있다. 예를 들어 서합(噬嗑, ䷔)괘의 경우, 2, 3, 4효를 취해 괘를 만들면 산(山)을 의미하는 간괘(☶)가 되는데 이를 호괘라 한다. 다시 서합괘의 3, 4, 5효를 취하면 수(水)를 의미하는 감괘(☵)가 되는데 이를 교괘라 한다. 서합괘의 교괘와 호괘를 중첩시키면 건(蹇, ䷦)괘가 되는데 이것이 서합괘의 교호괘가 된다.

31) 신원봉 역(2005). 앞의 책. pp. 70-72 참조.

64괘의 방원도

주역의 우주관은 서양의 '무한우주관'과 달리 천지와 인간의 관계 등을 적절히 파악하고 대응하는 길을 찾는 데 역점을 둔 '유한우주관'이다.[32] 이 유한우주는 천지(天地)와 사방(四方)으로 제한된 공간을 말하는데 지극히 한정되고 단조로운 공간일 수도 있다. 그러나 시간의 변화라는 무궁성(無窮性)으로 인해 천지는 제구실하며 만물은 각각의 생의(生意)를 성취할 수 있다는 것이다.

방원도에서 원은 우주의 시간을 나타내며 사각형은 공간을 의미한다. 원도는 시간, 방도는 공간을 나타내며 방·원이 한 짝을 이룬다. 하나의 공간은 하나의 시간과 결합하여 작용이 일어난다.[33] 방도는 우주 만사가 복잡하지만, 그 속에서 일정한 법칙을 찾아낼 수 있다는 것을 보여준다. 이러한 주역의 기본 원리를 도식화한 것이 방원도이다.

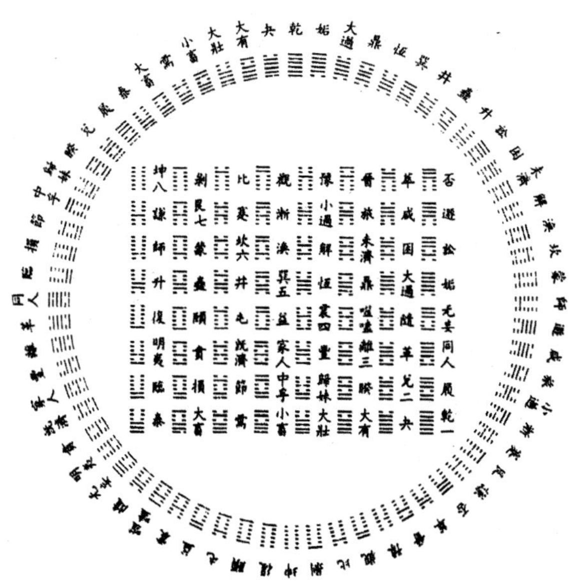

복희선천괘의 방원도(출처: 신원봉 역, 2005: 73)

32) 김충열(1999). 앞의 글. p. 26.

33) 신원봉 역(2005). 앞의 책. pp. 73-77.

「장주묘암도」의 도상 의미

화면의 기본 도상

「장주묘암도」 부분
(출처: 유홍준, 2001 : 287에 필자 편집)

이 그림의 도상은 한 개의 원과 사각형이 이룬 간단한 도형(◎)이다. 원 안의 사각형은 다시 '우물 정(井)'자의 아홉 구획의 격자로 나뉜다. 전체 공간을 한정 짓기 위해 대나무를 무성하게 식재하여 원형의 윤곽을 강조하였다. 이 도형이 표상하고 있는 것은 주역의 핵심인 '64괘 방원도'를 도식화한 것으로 보인다.

'역'은 한정된 구조 공간 내에서 만물이 하염없이 변화, 생성하는 이치를 궁구하고 그 이치를 본받아 인간세를 영위하고자 하는 현세간(現世間) 철학이며, 이의 실현은 정치를 통해 수행된다.[34] 우리의 삶을 기탁하는 이 세계는 천지·사방으로 둘러싸인 한정된 공간이라는 유한우주관의 입장이 특징이며 여기에 시간의 흐름에 따라 이것의 운행은 끊임없이 변화한다고 본다. '역'에서 중점적으로 파악하고자 한 것은 천지의 운행 법칙과 그 운행에 따른 기후변화(四時推移)와 이에 따른 만물의 순환 생성의 질서 등 생존에 절대적 영향을 주는 것이었다.[35] 이 변화를 파악하는 데 기본 원칙은 앞서 서술한 변역, 불역, 간역이다. '역'은 변화의 철학이며[36] 이것을 간단히 도식화한 것이 '방원도'이며 이것이 「장주묘암도」의 기본 구도를 이룬다.

34) 김충열(1997). 損·益卦의 論理와 教訓. 한국주역학회 「주역연구」 제2집. p. 19.

35) 김충열(1999). 앞의 글. pp. 4-5.

36) 주역에 있어서 '변화'는 핵심이다. 따라서 영어권에서는 『주역』을 『the Book of Changes』라고 번역하기도 한다.

아홉 가지 대법(大法)과 팔괘(八卦)의 형상

화폭 중단에 쓴 '회암 선생 장주묘암도기'에는 정원의 모습을 다음과 같이 묘사하고 있다.

> … 우물 정(井)자 모양으로 9개의 구획을 나누었다. 한가운데는 석축으로 높게 단을 쌓았다. … (선생께서는) 이날 (묘암을 완성하고서) 그 사이를 돌아보고 제자들에게 웃으며 이르기를, "(여기에는) 위로 천하를 다스리는 아홉 가지 대법(大法)에 팔괘(八卦)의 형상이 있고, 아래로는 세상 땅을 구구(九丘)로 나누는 팔진(八陳)의 도형방법(圖形方法)이 있다.

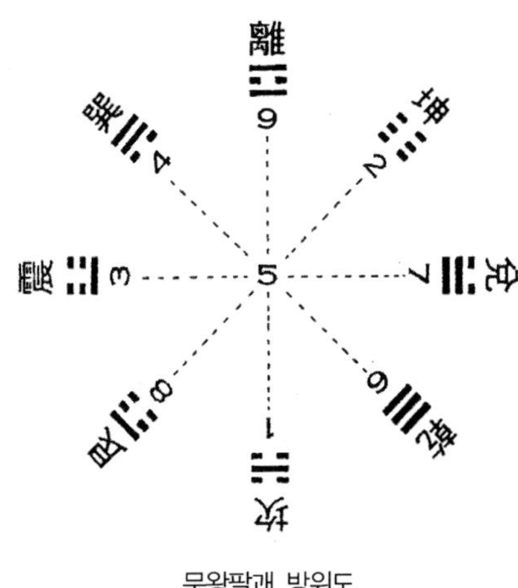

문왕팔괘 방위도

그림에는 이 설명 그대로 9개의 구획이 명확히 드러난다. 주자가 말한 "위로 천하를 다스리는 아홉 가지 대법(大法)에 팔괘(八卦)의 형상"에 대해 살펴보자.

낙서(洛書)와 함께 전해진 65자의 글자를 바탕으로 우(禹)왕이 홍범구주(洪範九疇)를 정했고 후에 주 문왕(周文王)이 문왕팔괘도(文王八卦圖)를 그렸다. 문왕팔괘도는 우주 변화의 대원칙인 천도(天道)이며 홍범구주는 인간 세상에 적용하는 이륜(彛倫)이다. 문왕팔괘도와 홍범구주는 음양오행의 시원이 되었다.

홍범구주는 『상서(尙書)』에 실려 있으며 세상을 다스리는 9개 조목의 대법(大法)으로 전해진다. 홍범구주[37]의 첫째는 오행(五行)으로 수(水)·화(火)·목(木)·금(金)·토(土)이다. 모든 사물의 기본이 되는 이 다섯 요소의 성질과 특성을 잘 이해해야 한다는 것이다. 둘째는 오사(五事)로 모(貌), 언(言), 시(視),

37) 初一曰五行 次二曰敬用五事 次三曰農用八政 次四曰協用五紀 次五曰建用皇極 次六曰乂用三德 次七曰明用稽疑 次八曰念用庶徵 次九曰嚮用五福 威用六極. 윤창열(2010). 하도 낙서와 삼역괘도. 서울: 상생출판. pp. 46-47에서 재인용.

청(聽), 사(思)이다. 태도와 말하는 것을 비롯해 보고, 듣고, 생각하는 것에 주의함으로써 성인이 될 수 있는 것이다. 셋째는 팔정(八政)으로 식(食), 대(貸), 사(祀), 사공(司空), 사도(司徒), 사구(司寇), 빈(賓), 수(帥)이다. 이는 식량, 재정, 제사, 주거, 교육, 치안, 손님 접대, 군사 등 8가지 정무를 말한다. 넷째는 오기(五紀)로 년[歲], 월(月), 일(日), 성신(星辰), 역수(歷數)이다. 이를 잘 살피고 기록해야 한다고 한다. 다섯째는 황극(皇極)이다. 이는 하늘의 도를 따르는 임금의 법이자 왕도를 말한다. 여섯째는 삼덕(三德)으로 정직(正直), 강극(剛克), 유극(柔克)의 세 덕행이다. 일곱째는 계의(稽疑)이다. 이는 중대한 일에 대해 점을 쳐서 길흉을 판단하고 동의를 구해 대동(大同)해야 한다는 것이다. 여덟째는 서징(庶徵)으로 일기와 기후변화의 징조를 잘 살펴야 한다는 것이다. 아홉째는 오복(五福)과 육극(六極)이다. 오복은 장수(長壽), 부귀, 건강, 적선, 선종(善終) 등 5가지 행복이며 육극은 단명, 질병, 근심, 가난 등 6가지 불행으로 이것에 유의해야 한다는 것이다. 낙서에서 파생한 문왕팔괘도와 홍범구주의 도식은 다음과 같다.

4 손(巽, ☴)	9 리(離, ☲)	2 곤(坤, ☷)
3 진(震, ☳)	5 중앙	7 태(兌, ☱)
8 간(艮, ☶)	1 감(坎, ☵)	6 건(乾, ☰)

문왕팔괘의 수와 구궁도(九宮圖)

4 오기(五紀)	9 오복(五福) 육극(六極)	2 오사(五事)
3 팔정(八政)	5 황극(皇極)	7 계의(稽疑)
8 서징(庶徵)	1 오행(五行)	6 삼덕(三德)

문왕팔괘와 구주(九疇)

이렇듯 「장주묘암도」 속에는 낙서의 수와 팔괘, 홍범구주의 도식이 숨어 있다. 즉 이 그림은 하늘의 운행 질서, 즉 천도와 하늘을 본받아 나라를 잘 다스려야 하는 왕도를 표상한다. 영조는 수시로 이 그림을 보며 홍범구주의 가르침을 새기며 자신의 책무를 다지고자 한 것이다.

구구(九丘)로 나누는 팔진(八陳)의 도형방법(圖形方法)

'회암 선생 장주묘암도기'에는 "… 아래로는 세상 땅을 구구(九丘)로 나누는 팔진(八陳)의 도형방법(圖形方法)이 있다."라고 하였다. 구구와 팔진에 대해 살펴보면 다음과 같다.

앞서 서술한 바와 같이 『주역』은 수천 년간 지속하여 온 농경문화의 산물이다. 농업을 바탕으로 하는 고대 주나라는 정전법(井田法)[38]을 근간으로 하는 조세제도를 시행했다. 이 정전법은 정(井)자 모양으로 경작지를 분할하여 외곽의 8개 필지는 각 개인의 사전(私田)이 되고 중앙의 1필지는 공전(公田)으로 8명이 공동 경작하여 국가에 세금으로 납부하는 제도이다. 엽채(葉采)의 『근사록집해(近思錄集解)』 중 「치법(治法)」 편에 정전법을 다음과 같이 설명하고 있다.

> 천하를 다스리는 데에는 정전제부터 시작하지 않으면 끝내 공평하게 할 수 없다. 주나라의 도는 다만 고르고 평등한 것일 뿐이다.[39]

주(周)나라를 다스리는 데 있어서 정전법(井田法)이 매우 중요한 제도였음을 보여준다. 공평한 토지 분배와 조세제도를 통해 백성의 평등한 삶을 이룰 수 있으며 주나라는 이로써 백성이 균등하고 평화를 이루었다는 말이다.

영조 재위기 치적 중 하나로 백성들의 민생을 개선하고 조세제도의 합리성을 도모하기 위해 시행한 균역법(均役法)을 들 수 있다. 영조가 의욕적으로 시행한 이 제도의 기저에는 주자가 말한 "땅을 구구(九丘)로 나누는 팔진(八陳)의 도형방법(圖形方法)"에 담긴 의미가 연관되어 있다고 보인다.

중앙의 높은 단(壇)

'회암 선생 장주묘암도기'에 의하면 "한가운데는 석축으로 높게 단을 쌓았

---

38) 사방 6척을 1보(步), 100보를 1무(畝), 900무(畝)를 1정(井), 4개의 정(井)을 1전(甸), 4전(甸)이 1구(丘)가 된다. 주척(周尺)을 20cm로 가정한다면, 1구(丘)는 2,073,600m^2 (약 62만 8천 평), 9구(丘)는 18,662,400m^2 (약 565만 평)이다.

39) "治天下, 不由井地, 終無由得平. 周道止是均平." 이광호 역주(2011). 근사록집해 Ⅱ. 서울: 아카넷. p. 748.

다."라고 했으며 그림 속에서도 이 단을 확인할 수 있다. 정원 구성에 있어서 정중앙에 위치한 이 단은 시각적이나 상징적으로 큰 의미를 지닌다.

이 단은 앞서 살펴본 문왕팔괘의 구궁도(九宮圖)와 홍범구주의 원리를 따른 것이다. 앞서 살펴본 바와 같이 중앙을 나타내는 수는 5이며 성질은 토(土)이다. 이것은 수, 화, 목, 금의 상생과 상극의 변화를 주재하는 바탕이자 조화를 이루게 하는 중매자의 역할을 한다.

홍범구주에서 황극(皇極)은 군주인 황(皇)이 중극(中極) 자리에 스스로 서는 것(建)[40]으로 하늘의 도를 따르는 임금의 법이자 왕도를 의미한다. 『상서』에 홍범구주의 황극에 대한 설명으로 "한쪽으로 치우치거나 붕당을 이루지 않으면 왕도는 널찍하고 편하다(無偏無黨 王道蕩蕩 無黨無偏 王道平平)."라고 했다. 당파와 붕당의 폐해를 없애기 위해 영조가 시행한 탕평책(蕩平策)도 이 글에 뿌리를 두고 있다.

이 단을 또 다른 측면에서 본다면 공자와 관련된 '행단(杏壇)'의 모습과도 관련이 있다고 볼 수 있다. 고사에 의하면, 공자가 행단(杏壇) 위에 앉고 제자가 그 곁에서 강학(講學)했다고 하여 이후에 행단은 공자의 학문을 가르치고 배우는 장소를 의미한다.

오늘날 행단은 은행나무(*Ginkgo biloba*)와 연관 지어 설명되지만 이러한 행단이 당초부터 은행나무 단인가에 대한 논란은 오래전부터 있어 왔다. 한자 자전의 자해도 '행(杏)'을 "살구나무 행, 살구 행, 은행나무 행"으로 설명하고 있다. 또 한약재로 쓰이는 행인(杏仁)은 살구나무(*Prunus armeniaca var. ansu*) 열매의 씨를 지칭한다. 이수광(李睟光, 1563~1628년)은 『지봉유설(芝峰類說)』「제자(諸子)」 편에서 행단의 나무는 은행나무가 아닌 살구나무일 것이라고 주장했다.[41] 아래 이수광의 서술은 「장주묘암도」에 그려진 정경과 매우 흡사하다.

40) 김일권(2018). 전통 자연학의 범주와 오행지학적 상관론. 동아시아 고대학. 제50집. p. 248.

41) 행단과 은행나무는 공자와 관련성이 깊다. 다만 행단에 대한 여러 견해에 대해서는 허균의 저술(2003. 한국의 정원, 선비가 거닐던 세계. 서울: 다른 세상: 90-93)에 소개되어 있다.

"'공자가 행단에 앉아 있다.'라고 하였다. 『사문유취(事文類聚)』를 상고하여 보니, '행(杏)은 홍행(紅杏, 붉은 꽃의 살구나무)이다.'라고 하였으니, 반드시 근거하는 것이 있을 것이다. 강희맹의 시에, '단 위의 붉은 살구 꽃송이가 반은 떨어졌다(壇上杏花半落紅).'라고 한 것이 이것이다. 어떤 이는 은행나무가 아닌가 의심하는데 그것은 잘못이다."[42]

이를 종합하면 그림 속 중앙의 높게 쌓은 네모난 단은 중층의 의미를 갖는데 홍범구주의 황극의 원리와 강학 공간으로서의 행단을 형상화한 것으로 판단된다.

괘상(卦象)

주역의 '경(經)'은 64괘형과 괘・효사를 포함하여 상경[43]과 하경[44]으로 나누어진다. 『서괘전(序卦傳)』에도 상경과 하경을 괘의 순서대로 나누어서 설명하고 있다. 상경은 건(建)으로부터 시작하여 리(離)에 이르는 30개 괘이며, 하경은 함(咸)으로부터 미제(未濟)에 이르는 34개 괘로 이루어진다. 상경은 천지개벽으로부터 시작해서 인류사회와 역사발전의 관계를 설명하고 있는데, 하경은 개인으로부터 시작해 가정, 부자, 군신의 인륜 관계를 말한다.[45]

'회암 선생 장주묘암도기'에 언급한 태(泰), 비(否), 복(復), 박(剝)괘는 모두 상경에 속한 괘이다. 이 4개의 괘 중 그림에서 실제 볼 수 있는 것은 태괘와 복괘이다. 태괘와 복괘의 종괘인 비괘와 박괘는 뒤 창살에 있어서 그림에 표현할 수 없는 한계로 인해 생략되었다. 이 네 괘의 괘사(卦辭), 괘사를 해석한 단전(彖傳), 괘가 표상하고 있는 상전(象傳)[46]을 살펴보면 다음과 같다.

42) 허균(2003). 앞의 책. p. 93에서 재인용.

43) 상경: 건(建), 곤(坤), 둔(屯), 몽(蒙), 수(需), 송(訟), 사(師), 비(比), 소축(小畜), 리(履), 태(泰), 비(否), 동인(同人), 대유(大有), 겸(謙), 예(豫), 수(隨), 고(蠱), 임(臨), 관(觀), 서합(噬嗑), 분(賁), 박(剝), 복(復), 무망(无妄), 대축(大畜), 이(頤), 대과(大過), 감(坎), 리(離) 등 30개 卦.

44) 하경: 함(咸), 항(恒), 둔(遯), 대장(大壯), 진(晋), 명이(明夷), 가인(家人), 규(睽), 건(蹇), 해(解), 손(損), 익(益), 쾌(夬), 구(姤), 췌(萃), 승(升), 곤(困), 정(井), 혁(革), 정(鼎), 진(震), 간(艮), 점(漸), 귀매(歸妹), 풍(豊), 여(旅), 손(巽), 태(兌), 환(煥), 절(節), 중부(中孚), 소과(小過), 기제(旣濟), 미제(未濟) 등 34개 卦.

45) 신원봉 역(2005). 앞의 책. pp. 385-388.

46) 괘사(卦辭)는 경(經)이고 이를 해석한 단(彖)과 상(象)은 전(傳)이다.

「장주묘암도」 부분. 창살에 표시된 괘상(卦象)

지천태(地天泰, ䷊)

태괘(䷊)의 시간적 의미는 입하(立夏)로 여름의 시작이므로 만물이 융성함을 뜻한다. 태괘의 괘사는 "작은 것을 잃고 큰 것을 얻으니 좋다. 길하고 형통하다."이며 단전(彖傳)은 "하늘과 땅이 사귀고 만물이 서로 소통한다. 윗사람과 아랫사람이 사귀고 그들의 뜻이 일치한다. … 군자의 길은 변치 않으나 소인의 길은 소멸한다."이다. 상전(象傳)은 "하늘과 땅이 교분을 맺는 것이 지천태(地天泰)의 형상이다. 임금은 이것을 본받아 백성의 생활을 유익하게 한다."이다.[47] 태괘는 하늘과 땅이 서로 교통하여 태평하다는 의미로 주역 64괘 중에서 가장 이상적인 괘로 본다.[48] 경복궁에 있는 왕비의 침전인 교태전(交泰殿)의 명칭도 천지교태(天地交泰)에 근거한 것이다.

천지비(天地否, ䷋)

비괘(䷋)의 시간적 의미는 입동(立冬)으로 겨울이 시작되어 만물이 자라는

47) 泰 小往大來 吉亨. 象曰 泰小往大來吉亨 則是天地交而萬物 通也 上下交而其志同也. 內陽而外陰 內健而外順 內君子而外小人 君子道長 小人道消也. 象曰 天地交泰 后以 財成天地之道 輔相天地之宜 以左右民 …. 김인환 역해(2006). 앞의 책. pp. 119-121; 신영복(2007). 앞의 책. pp. 108-109. 참조.

48) 신영복(2007). 앞의 책. p. 110.

것을 멈추고 굳게 지키는 것을 뜻한다. 비괘의 괘사는 "비(否)는 인(人)이 아니다. 군자가 올바름을 펴기에는 이롭지 않다. 큰 것이 가고 작은 것이 온다."이며, 단전은 "… 천지가 조화하지 않으니 만물이 서로 통하지 못한다. 상하가 일치하지 않으니 세상에서 나라들이 없어진다. … 소인의 도는 오래가고 군자의 도는 소멸한다."이다, 상전은 "천지는 서로 교통하지 못하고 막혀 있다. 군자는 이러한 상황에서 자신의 유덕함을 숨김으로써 난을 피해야 한다. 그리고 관록을 영광으로 생각하여 벼슬에 나가면 안 된다."이다.49) 비(否)괘는 "사물은 영원히 잘 통할 수 없으므로 비(否)괘가 이루어진다."50)는 의미이다. 천지비괘는 좋지 않은 괘의 하나로 '막힌 것', 소통되지 않고 막혀 있는 상태인 '비색(否塞)'을 의미한다.

지뢰복(地雷復, ䷗)

복괘(䷗)의 시간적 의미는 동지 다음의 괘로 만물의 소생과 시작을 뜻한다. 복괘의 괘사는 "성취한다. 나갔다가 들어와도 병에 걸리지 않는다. 친구들이 그를 믿고 오니 그에게 허물이 없기 때문이다. 그는 일을 마치고 같은 길을 되돌아온다. 지뢰복은 7일 만에 되돌아오곤 한다. 가서 일을 맡는 것이 유익하다."51)이다. "박이 극에 이르면 다시 회복된다. 위로 가는 길이 다하면 다시 방향을 돌린다."52)는 의미를 갖는다. 복괘는 희망을 시사한다.

산지박(山地剝, ䷖)

박괘(䷖)의 시간적 의미는 동지 전의 절기를 나타내며 만물이 소멸되는 것을 뜻한다. 박괘의 괘사는 "이로울 것이 없다. 잃게 된다."이며, 단전은 "박은 깎이어 떨어지는 것이다."이다. 상전은 "산이 땅에 의거하는 것이 산지박의 형상이다. 윗사람은 이것을 본받아 아랫사람을 관대하게 대하여 머무르는 자리를 편

---

49) 否之匪人 不利君子貞 大往小來. 彖曰 … 則是天地不交而萬物 不通也 上下不交而天下無邦也 … 小人道長 君子道消也. 김인환 역해(2006). 앞의 책. pp. 126-128; 신영복(2007). 앞의 책. pp. 117-119. 참조.

50) 物不可以終通, 故受之以否. 신원봉 역(2005). 앞의 책. p. 376.

51) 復亨 出入無疾 朋來無咎 反復其道 七日來復 有利攸往. 김인환 역해(2006). 앞의 책. pp. 207-208.

52) 物不可而終盡 剝窮上反下. 신원봉 역(2005). 앞의 책. p. 382.

안하게 해야 한다."이다.[53] 사물은 극에 이르면 서서히 추락하거나 본래의 상태로 되돌아간다. 박괘는 이것을 의미하며 절망과 어려운 상황을 시사한다.

태괘(䷊)와 비괘(䷋), 박괘(䷖)와 복괘(䷗)는 서로 대칭이 되는 종괘의 관계를 갖는다. 앞서 주역의 원리에서 살펴보았듯이, 종괘의 이치(理)는 우주의 사물이 모두 상대적이며 만사를 객관적으로 보라는 교훈을 준다. 또 주역의 64괘는 모두 다른 괘와의 관계에 의해서 재해석되는 중첩적 구조를 보인다. 일반적으로 태괘는 순운(順運)이라고 하나 후반부로 가면 역운(逆運)으로 전환할 수 있으며, 비괘도 전반부만 역운일 뿐 후반부로 가면 순운으로 돌아가니 반순반역(半順半逆)의 양면성을 지닌다.[54] 따라서 이 그림에 표현된 태괘는 선길후흉(先吉後凶)이고 비괘는 선흉후길(先凶後吉)의 관계를 갖는다. 또 박괘의 절망은 다시 복괘에서 희망을 찾는다. 이러한 괘들은 서로 교체 반복되며 "영원히 좋거나, 영원히 나쁜 것은 없다."라는 것이 주역의 입장이다. 결국, 중요한 것은 '치중화(致中和)'의 자세로 시간의 변화에 맞추어 인생의 균형을 잡아가는 삶을 도모하는 것이다.[55] 이는 개인의 일생이나 국가의 흥망에서도 마찬가지이다. 동양철학의 관점에서는 태괘와 비괘를 '동양의 흥망성쇠의 한 모델'로 파악하기도 한다.[56] 그림에 언급된 괘상들은 개인의 수양은 물론 국가경영의 궁극적 사표들로 제시되었다고 판단된다.

수종과 식재의 의미

'회암 선생 장주묘암도기' 본문에 수종과 식재 위치를 직접 언급한 대로 방형으로 구획된 공간에는 복숭아나무(*Prunus persica* L.), 오얏나무(자두나무, *Prunus salcina* L.), 매화나무(매실나무, *Prunus mume* S. et Z.)가 식재되어 있

53) 剝 不利有攸往. 象曰 剝剝也 …. 象曰 山附于地剝 上以厚下安宅 …. 김인환 역해(2006). 앞의 책. pp. 201-203; 신영복(2007). 앞의 책. pp. 121-122. 참조.

54) 김충열(1997). 앞의 글. p. 31.

55) 김충열(1997). 앞의 글. p. 31.

56) 김충열(2000). 「周易」 泰卦·否卦 講義 —東洋의 '興亡盛衰'의 한 모델—. 한벽문총 제9집: 53-66 참조.

다. 이들은 모두 이른 봄에 꽃이 먼저 피고 열매가 풍성한 유실수로서 개화, 성장, 결실과 쇠퇴 등 계절감이 풍부한 수종들이다. 방형의 공간의 외주부는 대나무(*Phyllostachys bambusoides* S. et Z.)가 원형으로 둘러싸고 있다. 이는 유한 공간과 무궁 시간을 의미하는 방원도의 도상을 표상하기 위한 식재 기법으로 볼 수 있다. 즉 상록수인 대나무를 원형으로 두름으로써 불변의 하늘을 표상하였고, 방형의 공간에는 과실수인 화목을 식재함으로써 변화무쌍한 땅을 표현한 것으로 보인다.

방형의 공간에 식재된 수목의 수량은 우측에 6주, 좌측에 9주로써 비대칭을 이루고 있다. 우수인 '6'과 기수인 '9'라는 숫자는 주역에 있어서 매우 중요한 의미를 갖는다. 하늘을 뜻하는 건(乾, ☰)은 3개의 양효로 이루어지고, 땅을 뜻하는 곤(坤, ☷)은 3개의 음효로 이루어진다. 효를 말할 때는 양효(陽爻, ⚊)는 9로 음효(陰爻, --)는 6으로 나타낸다. 구(九)는 가변을 대표하는 노양(老陽)이며 육(六)은 가변을 대표하는 노음(老陰)이다. 주역의 384효 가운데 양효는 모두 '구'로 칭하고 음효는 모두 '육'으로 칭한다. 따라서 그림의 좌우의 수목의 숫자가 의미하는 것은 마치 태극(☯)과 같이 음(☷)과 양(☰)의 균형을 이룬 상태를 도해하고 있다.

대나무로 둘러싸인 외주부 하단의 좌측에는 소나무(*Pinus densiflora* S. et Z.)가 2주, 우측에는 측백나무(*Thuja orientalis* L.)로 보이는 수목이 1주가 표현되어 있다. 이 3주의 상록수는 짙은 채색이 두드러지며 다른 수목들에 비해 크기가 월등히 크므로 화면상에 강조되어 보인다. 1과 2라는 우수와 기수의 의미 차이만큼 이들의 형태도 매우 대조적이다. 곡간형(曲幹形)의 소나무 2주는 유연한 곡선으로 부드럽고 여성적이며 원추형의 측백나무 1주는 수직적이며 굳건하고 남성적인 모습이다. 이 수목들은 주역의 '음(陰)'과 '양(陽)', '동(動)'과 '정(靜)', '강(剛)'과 '유(柔)' 등 대조적인 개념들을 의미한다고 판단된다. 즉 공자가 『계사전』을 통해 설명한 대자연의 법칙[57]에 의하면 동(動)과 정(靜)은 천지간에 존재하는 물리적 현상으로 정적인 것은 음(陰)에 속하는 곤괘

57) "움직임과 고요함에는 일정한 법칙이 있으니 이러한 법칙에 호응하여 강건한 선과 유순한 선이 구별된다(動靜有常 剛柔斷矣)." 김인환 역해(2006). 주역. 서울: 고려대학교출판부. p. 507.

(坤卦)이며 동적인 것은 양(陽)에 속하는 건괘(乾卦)라 할 수 있다. 동과 정은 물질이 형성되기 이전의 현상이며 이들이 구체적인 물질세계에 이르면 강유(剛柔)가 된다. 우리가 사는 세계의 모든 물리법칙은 강유(剛柔) 또는 음양(陰陽)이 서로 마찰함으로써 생긴다.[58] 이렇듯 그림에 표현된 수목의 생태적 특성, 수형, 수량 등 식재를 통해 표현하고 있는 도상은 모두 주역의 우주관을 내포하고 있다.

마무리 말

'회암 선생 장주묘암도기'의 말미에는 주자가 묘암을 완성한 후 제자들에게 이른 말을 직접 인용하여 기록하였다. 즉, "여기에는 위로 천하를 다스리는 아홉 가지 대법(大法)에 팔괘(八卦)의 형상이 있고, 아래로는 세상 땅을 구구(九丘)로 나누는 팔진(八陳)의 도형방법이 있다."라는 구절이다. 이것이 「장주묘암도」의 핵심이며, 영조는 이 그림을 수시로 감상하며 이 의미를 되새기고 각성하기 위해 그림으로 그리도록 했을 것이다.

「장주묘암도」의 기본 도상(◎)으로부터 중앙의 높은 단, 괘상을 비롯해 여러 종류의 수목 등을 이용해 다양한 중층의 의미를 담고 있다. 정원을 구성하는 기본 도상은 주역의 핵심 원리를 표상하는 64괘 방원도를 형상화하였다. 우물 정(井)자 모양의 구획은 국가경영의 근간이 되는 농업과 균등한 조세제도의 표상이다. 정원 중앙부의 높은 단은 홍범구주 황극의 위치를 나타낸 것으로 임금이 나라를 다스리는 바른 법과 도리를 의미한다. 특히 '아홉 가지 대법(大法)과 팔괘(八卦)의 형상', '구구(九丘)로 나누는 팔진(八陳)의 도형방법(圖形方法)' 등은 영조 재위 기간에 역점을 두어 시행한 탕평책과 균역법'과도 맥락이 닿아 있음을 알 수 있다. 다른 한편으로 이 단은 성인의 강학 공간인 행단의 재현으로 볼 수도 있다.

그림에 표현된 괘상은 개인의 수양은 물론 국가경영의 궁극적 사표들로 모

58) 신원봉 역(2005). 앞의 책. pp. 141-149; 신원봉 역(2006). 앞의 책. pp. 29-30.

든 상황과 사물을 균형적인 시각에서 판단할 것을 강조하고 있다. 정원에 식재한 수목의 종류와 수량은 변화하는 것과 변치 않는 것, 음과 양의 조화 법칙 등을 나타내고 있다.

이를 종합하면, 「장주묘암도」는 성리학의 이념을 바탕으로 하는 영조의 국가 경영 목표와 통치 철학을 함축적으로 도해한 그림이다. 이 그림은 공자를 비롯해 주자의 고사를 제재로 하였다. 그 기저가 되는 철학적 바탕은 육경 중에서도 으뜸으로 치는 주역의 넓고 깊은 뜻을 바탕으로 한다. 영조는 이 그림을 수시로 감상하며 군주로서의 자신의 책무와 역할을 되새기고자 했을 것이다. 특히 이러한 중층의 의미를 이상적인 정원의 모습을 통해 재현하였다.

덧붙이는 말

『주역』 「계사전」에, 태극은 만물의 근원으로 태극으로부터 음・양, 즉 양의(兩儀)를 낳고, 양의는 사상(四象)을 낳고, 사상은 팔괘(八卦)를 낳고, 팔괘는 길흉을 결정하며 길흉이 대업을 성취하게 한다고 하였다. 이를 바탕으로 주돈이(周敦頤, 1017~1073년)는 오행론을 더해 『태극도설』을 지어 성리학적 도덕 형이상학 체계를 완성하였다.

성리학은 자신의 본성[性]을 발현하여 우주의 이치[理]에 다다르게 하는 심성 수양의 학문이다. 조선 시대의 성리학자들에게 태극, 사상, 팔괘는 우주 만물의 원리와 법칙 혹은 현상세계를 철학적으로 이해하고 설명하는 데 있어 가장 기본이 되는 토대였다.

영조는 「장주묘암도」를 통해 홍범구주와 팔괘(八卦)의 형상, 구구(九丘)와 팔진(八陳)의 도형의 의미를 새기고 각성하고자 했다. 영조의 경우와 같이 수준 높은 그림을 매체로 한 것은 아니지만 이와 유사한 사례가 매우 많다. 대표적인 예로 곡운(谷雲) 김수증(金壽增, 1624~1701년)의 화음동정사(華蔭洞精舍)를 들 수 있다. 그는 정사의 경내에 있는 큰 바위에 태극도, 하도와 낙서, 선·후천 팔괘도 등을 새기고 인문석(人文石)이라 칭했다.

사적 제260호 안동 병산서원(屛山書院)은 우리나라 서원 건축의 백미로 꼽는다. 서원 전면에 펼쳐진 병산(屛山)의 절벽과 낙동강이 어우러지는 자연경관이 일품이다. 이 절경과 마주한 만대루(晩對樓)는 우리나라 목조 건축물의 조형미를 대표하는 건물 중 하나이다.

서원 내에는 서애(西厓) 류성룡(柳成龍, 1542~1607년)과 그의 셋째 아들의 위패를 모신 존덕사(尊德祠)가 있다. 존덕사 전면 내삼문(內三門) 장주초석에는 팔괘가 음각되었다. 주지하다시피 팔괘는 성리학적 우주관과 만물의 생성과 변화 질서를 나타내는 기본 도상이다.

병산서원(사적 제260호) 내삼문 장주초석에 새겨진 팔괘.
(경북 안동시 풍천면)

다음의 사진은 충청남도 홍성군 장곡면에 소재한 국가민속문화재 제 198호 사운(士雲) 고택(古宅)이다. 이 집은 19세기 중반에 지어진 것으로 조선 후기 양식을 잘 간직하고 있는 전통가옥이다. 고택의 배후에는 완만한 구릉지가 감싸고 있으며 울창한 송림이 배경을 이룬다. 고택 전면에는 둥근 섬이 있는 네모난 연못과 버드나무 등 고목이 있는 운치 있는 정원을 갖추고 있다.

고택 사랑채 마루방에는 '낮잠을 자는 곳'이라는 의미의 수루(睡樓)라는 작은 현판을 걸었다. 이 수루 아래 벽에는 건(☰)·곤(☷)·감(☵)·리(☲) 4괘와 천하태평(天下太平) 4자를 문양으로 넣었다. 하늘과 땅 그리고 해와 달의 운행이 순조로우며 천하가 태평하고, 이를 좇아 심성을 수양하며 가끔은 편히 낮잠도 즐기는 곳이었을 것이다.

사운 고택 사랑채 누마루 외벽의 사괘(四卦)와 천하태평(天下太平).
(충남 홍성군 장곡면 소재)

제6장

겸재 진경산수화 속의 정원

들어가는 말

자연환경을 바탕으로 우리의 고유문화와 정서가 반영된 전통정원은 매우 중요한 문화유산이다. 그러나 구조적이며 고정적인 건축물과 달리 지형, 식생 등 자연성을 기반으로 하는 정원의 속성으로 인하여 많은 전통정원이 멸실되거나 훼손된 상태이다. 특히 유례없이 급속한 산업화와 도시화 과정을 거친 우리나라의 경우는 원형을 유지하고 있는 정원은 극소수에 불과하다. 또 대부분의 현존하는 전통정원은 지형, 수계, 식생 등 주변 환경이 크게 변하여 본래의 모습을 짐작하기 어려운 실정이다.

전통에 관한 관심이 고조된 영향으로 옛 정원에 관한 연구도 활발하며 그 성과도 많이 축적되었다. 그러나 선행 연구들은 전통정원 관련 문헌 자료를 통하여 사실을 추론하는 연구방법에 의존하는 경우가 많았다. 이러한 일련의 연구는 고정원과 관련된 시문을 분석함으로써 작정자의 자연관 등 관념 세계, 작정 의도 등을 고찰하였다. 심도 있는 해석과 이에 따른 연역 과정이 수반되어야 한다는 측면에서 이러한 연구는 정원 조영의 사상적 배경을 규명한다는 점에서는 유용할 수 있으나 당대 정원의 실제 모습을 규명하는 부분에서는 한계가 있다. 이러한 현상에 대해 문헌 분석을 바탕으로 하는 연구는 사실(事實)이나 사실(史實)을 확인하거나 발굴을 수반하지 않은 채 정원의 형상을 추정하는 것에 머물러 작정과 이에 대한 해석이 다각적이지 못했고 깊이 있는 연구가 이루어지지 못했다는 지적도 있다.[1)]

극히 일부 정원의 경우에는 정원 조성 시점의 본래 모습을 보여주는 귀한 자

1) 유병림 · 황기원 · 박종화(1989). 조선조 정원의 원형. 서울대학교 환경대학원 부설 환경계획연구소. p. 1.

「옥호정도」(부분), 국립중앙박물관 소장
(출처: 국립중앙박물관, http://www.museum.go.kr)

료들이 있다. 1755년(영조 31년)에 목각으로 제작되어 전해오는 「소쇄원도」는 소쇄원의 원형 연구에 있어 중요한 사료이다. 궁궐의 경우에는 1824년(순조 24년) 경복전이 소실된 후부터 1828년(순조 28년) 연경당이 건립되기 이전까지의 기간에 그려진 것으로 보이는 「동궐도」가 전해져 조선 시대 궁원 연구에 중요한 사료가 된다. 또 현재는 멸실된 옥호정[2)]을 1815년에 그린 「옥호정도」가 있다. 이 그림은 "19세기 당시 사대부가의 정원 구성을 잘 보여준다. 바깥 행랑에서 계단을 올라오면 취병이 있다. 입구에는 느티나무 한 그루가 서 있다. 마당에는 얕은 울림 벽을 두고 담장 아래 수조에 심은 연꽃과 화분에 심어진 뒤틀린 분송(盆松), 파초와 충석류 등이 줄지어 늘어선 모습을 볼 수 있다"[3)]라고 하듯이 당시 정원의 모습을 매우 사실적으로 보여준다. 그러나 이렇듯 정원의 모습을 사실적으로 묘사하기 위해 의도적으로 제작된 시각적 자료는 매우 드물다.

이러한 배경하에 본고에서는 옛 정원의 모습을 확인할 수 있는 중요한 텍스트로써 진경산수화가 갖는 의미와 가치에 주목하였다. "조선 후기의 사실주의는 조선 시대 문예의 흐름에서 독창적이면서 가장 뛰어난 예술적 성과"[4)]이며 이를 대표하는 것이 진경산수화이다. 조선의 문화절정기에 겸재(謙齋) 정선(鄭敾, 1676~1759년)에 의해 완성된 진경산수화에는 당대의 산수 경관을 비롯해 다양한 인문 경관을 담고 있다.

진경산수화는 멸실된 유적을 복원하는 데 있어서 실제적인 기초 자료로 활용

2) 순조 때 세도가인 김조순(金祖淳, 1765~1832년)의 별서이다.

3) 정민(2007). 18세기 조선 지식인의 발견. 서울: 휴머니스트. p. 40.

4) 유홍준(1999). 조선 후기 진경산수화의 화론과 진경시의 시론. 미술사학보, 12. p. 41.

하기도 했다. 오늘날 우리가 보는 세검정(洗劍亭)은 진경산수화를 이용해 유적을 복원한 대표적 사례이다. 영조 24년(1748년)에 홍제천 냇가 암반 위에 지은 세검정은 오랜 기간에 걸쳐 풍류객이 찾는 한양의 명소였다. 이후 1941년 화재로 소실되어 세검정이란 명칭만 남아 있었으나 겸재의 「세검정도」를 바탕으로 1977년에 현재 모습으로 정자를 복원하였다.[5] 또 서울 강남구는 겸재의 「압구정도」를 바탕으로 압구정에 대한 복원 계획을 밝히기도 했다.[6] 이외에도 2005년 4월 5일에 발생한 산불로 소실된 낙산사의 전각들 역시 단원(檀園) 김홍도(金弘道, 1745년~미상)의 「낙산사도」를 토대로 복원하기도 하였다.[7]

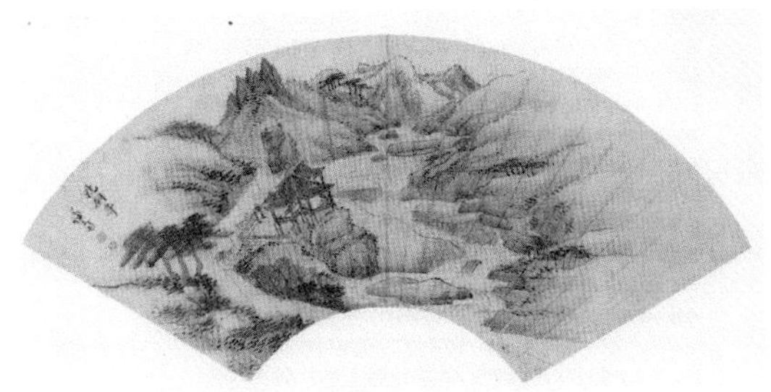

「세검정」, 종이에 담채, 61.9×22.7cm, 국립중앙박물관 소장(출처: 최완수, 2004: 181)

「압구정」, 비단에 채색, 31.0×20.0cm, 간송미술관 소장(출처: 최완수, 2004: 224)

진경산수화에 주목하는 이유

예술작품 속에 나타나는 양식은 그 시대의 문화적 특성을 반영하게 되므로 양식분석을 바탕으로 작품 간의 영향 관계나 시대의 전후 관계를 설정해 볼 수 있고, 분석내용은 문화적 해석을 내리는 데 기본적인 요소가 된다.[8] 본고에서

5) 최완수(2004). 겸재의 한양 진경. 서울: 동아일보사. p. 186.

6) 조선일보, 2009. 3. 25. 기사. "겸재 정선의 그림대로 압구정 복원키로"

7) 조선일보, 2009. 10. 7. 기사. "낙산사 그림같이 되살아나다"

8) 전영옥(2004). 조선 시대 괴석의 특성과 산수화와의 관련성에 관한 연구. 한국전통조경학회지. p. 2.

주목하는 시간적 범위는 우리나라에서 진경산수화가 태동하고 풍미한 조선 시대 후기이다. 이 시기는 조선의 지식인들이 '조선다움'에 대한 자각과 자긍심을 바탕으로 활발한 문화·예술적 실험이 시도된 독특한 시기이다.

겸재는 젊어서부터 그림으로 명성을 얻었다. 그는 당대의 여러 문인과 교류했으며 영조의 적극적인 후원도 있었다. 그의 그림을 원하는 사람이 많았고 그 명성은 중국에까지 알려졌다. 따라서 그는 매우 다작을 했으며 84세까지 장수하였기에 현존하는 작품 수가 매우 많다.

겸재의 현존 작품은 많기도 하거니와 그림의 제재가 된 대상도 무척이나 다양하다. 최완수는 겸재의 대표적인 진경산수화 100폭을 금강산(金剛山), 동해경승(東海景勝), 한수주유(漢水舟遊), 한양탐승(漢陽探勝), 경외가경(京外佳景)으로 분류하였다.[9] 박은순은 진경산수화에 표현된 제재에 따라 명승명소도(名勝名所圖), 야외계회·시회도(野外契會·詩會圖), 유거·정사도(幽居·精舍圖), 구곡도(九曲圖), 궁중실경도(宮中實景圖), 기행사경도(紀行寫景圖)로 구분하였다.[10] 또 고연희는 진경산수화를 문인들의 산수 유람을 기록한 노닌[遊] 산수, 즉 기유도(記遊圖)와 그들의 저택이나 사당, 정자와 누대(樓臺) 등 머문[居] 공간을 그린 산거도(山居圖)로 구분하였다.[11]

이렇듯 겸재는 금강산과 동해 등 경승과 아름다운 자연경관을 즐겨 그렸다. 반면에 그는 사찰과 관아, 당(堂)과 누정 등 인문 경관을 묘사한 그림도 많이 남겼다. 특히 그의 거주지인 한양지역을 비롯한 자신의 행적과 관련된 장소를 그린 그림이 여러 점 전한다. 이 중에서도 한양지역은 겸재 자신을 비롯한 스승들이 누대에 걸쳐 세거하던 곳이며 주변 지기와 교분을 나눈 곳으로 겸재 그림에 중요한 제재가 되었다.[12] 본고에서는 겸재가 주거공간을 그린 그림을 통해 조선 시대 문화절정기 정원의 모습을 살펴보고자 한다. 이를 통해 현재는 멸실되어 그 흔적조차 없는 조선 후기 정원의 모습에 다가갈 수 있을 것이다.

---

9) 최완수(1993). 겸재 정선 진경산수화. 서울: 범우사. 참조.

10) 박은순(2002). 진경산수화의 관점과 제재. 우리 땅, 우리의 진경(국립춘천박물관, "조선 시대 진경산수화" 특별전 도록). 서울: 통천문화사. p. 256.

11) 고연희(2002). 조선 후기 회화와 타자성. 미술사학보 18: 23-46.

12) 박은순(2002). 앞의 글. p. 154.

선행 연구

북송(北宋)의 곽희(郭熙)는 자신의 화론을 집대성한 『임천고치(林泉高致)』를 저술했는데 그 핵심은 「산수훈(山水訓)」 편이다. 이 글에서 군자가 산수를 좋아하고 아끼는 이유는 자연과 혼연일체가 됨으로써 인격 수양의 방편으로 삼는 것이라고 하였다.

> 군자가 대체로 산수를 사랑하는 까닭은 그 취지가 어디에 있는가? 인간의 기본적인 소양을 키울 수 있는 전원에서 거처하고 싶기 때문이고, 노래하고 자유로이 즐길 수 있는 곳이 샘과 바위가 있는 곳이기 때문이며, 원숭이와 두루미가 울고 나는 모습을 보며, 숨어 사는 즐거움이 고기 잡는 어부나 나무하며 한가하게 사는 나무꾼과 같기 때문이며, 인간이라면 가까이하고 싶고 언제나 친해지고 싶은 것이기 때문이다. 시끄럽고 번잡한 세속에 얽매인다는 것은 어느 인간이고 항상 싫어하는 일이다. 구름과 안개 피어오르는 곳에 사는 신선이나 성인들은 누구나 항상 만나보기를 원하지만 쉽게 볼 수 없다. …중략…. 그러므로 산수 자연을 동경하는 마음이나 안개와 노을을 벗 삼으려는 생각은 꿈속에서나 있을 뿐이요, 생생하게 귀로 듣고 눈으로 보는 현실에서는 단절되어 있다. 이제 훌륭한 솜씨를 얻어서 생생하게 산수를 표현하면 집과 뜰을 벗어나지 않고서도 앉아서 산봉우리와 골짜기를 오르내릴 수 있고 원숭이와 새들이 우짖는 소리가 마치 귀에 들리는 듯할 것이며, 산수의 광경이 눈을 홀리듯 황홀하게 보일 수 있을 것이다. 이것이 어찌 사람의 뜻을 기쁘게 하지 않으며 진실로 나의 마음을 사로잡지 않겠는가? 이것이야말로 세상에서 그림 속의 산수를 귀하게 여기는 까닭의 참뜻이라 하겠다. 만약 이 같은 것을 주로 하지 아니하고 가벼운 마음으로 산수화에 임한다면 어찌 정신이 어지럽지 아니할 수 있겠으며 맑은 바람을 더럽히지 아니하겠는가?[13)]

산수화는 “동양 특유의 사유체계를 바탕으로 한자문화권이 창출한 옛 그림의 가장 빛나는 결정체”[14)]라 한다. 산수화는 동양의 전통적 자연관을 바탕으로 산수애(山水愛)와 조화(調和)를 담고 있다.

18세기에 접어들면서 우리 산천의 곳곳을 그린 산수화들이 갑자기 다양하고 풍부하게 등장하게 되는데 한국회화사에서 이러한 그림을 진경산수화라는 특별한 이름으로 부른다.[15)] 이 새로운 회화 양식은 “도입된 것이 아니라 창출된 것”[16)]으로, 안휘준은 이를 “우리나라에 실재하는 경관을 남종화(南宗畵) 양식

---

13) 지순임(2005). 중국화론으로 본 회화미학. 서울: 미술문화. pp. 228-229에서 재인용.

14) 이원복(2004). 조선 시대 산수화 - 그 흐름과 특징(국립광주박물관, “조선 시대 산수화” 특별전 도록). 서울: 예맥출판사. p. 120.

15) 고연희(2007). 조선 시대 산수화. 아름다운 필묵의 정신사. 서울: 도서출판 돌베개. p. 166.

에 바탕을 두고 정선 특유의 화풍을 가미하여 그린 그림"[17]으로 정의한다. 진경산수화의 출현은 이상과 상상의 관념에 유람과 거주의 체험을 반영하는 커다란 변화이자 산수관의 변화였고, 문인들의 자기표현 욕구이자 우리 산천을 발굴하고 표현하는 열정의 과정이었다.[18] 이렇듯 진경산수화가 갖는 각별한 의미로 인해 한국미술사를 비롯해 여러 분야의 연구 성과가 많이 있다.

산수화에 표현된 정원을 대상으로 한 건축학 분야의 연구로, 김기임과 윤홍택은 산수화와 시에 나타난 정원의 구성요소와 원리를 추출하고 산수화의 투시법으로 사례 정원을 분석하였다.[19] 김정용은 중국의 산수화와 원림 건축의 공간의식에 내재된 함의를 비교 분석해 양자 간의 관계를 고찰한 바 있다.[20] 정봉구와 한동수는 멸실된 조선 후기 원림의 실체를 밝히고자 제영시, 원림기(園林記), 의원기(意園記) 등과 함께 원림도(園林圖)를 고찰하고 「옥호정도(玉壺亭圖)」를 사례로 옥호산방(玉壺山房)을 분석하였다.[21]

조경사 분야에 있어서 전통 회화에 주목한 연구로, 심우경은 각국의 고분벽화에 표현된 이상향과 이들이 정원문화에 미친 영향을 연구한 바 있다.[22] 김채현과 배현미는 풍속화에 표현된 공공공간의 형태적 특성을 고찰한 바 있으며,[23] 조경진과 서영애는 그림에 나타난 정원 이용방식과 의미를 추적함으로써 정원 체험방식을 풍류의 관점에서 해석하였다.[24] 이 외에도 「동궐도」를 통해 식재현황 및 특징을 분석[25]하거나 궁궐에 조성된 취병의 특성을 고찰한 연구[26] 등이 있다. 홍형순은 영조(英祖)의 명으로 그려진 「장주묘암도」의 정원도해에 내재한 성리학적 의미를 고찰한 바 있다.[27]

---

16) 정연식(1996). 겸재 진경산수화의 낭만주의적 경향. 서울여자대학교 인문과학연구소 인문논총 3. p. 242.

17) 안휘준(1999). 한국회화사. 서울: 일지사. pp. 254-263; 고연희(2007). 앞의 책. p. 168.

18) 고연희(2007). 앞의 책. p. 168.

19) 김기임 · 윤홍택(1996). 예술 분야에 나타난 조선 시대 정원의 구성요소와 구성원리. 대한건축학회 학술발표논문집. 16(2): 125-128.

20) 김정용(1999). 중국 회화이론과 원림 건축사상 비교연구. 건축역사연구. 8(2): 33-45.

21) 정봉구 · 한동수(2007). 조선 후기 한양의 원림에 관한 연구. 대한건축학회 논문집 계획계 23(10): 81-92.

22) 심우경(2007). 고분벽화에 표현된 이상향이 정원문화에 미친 영향. 한국전통조경학회지. 25(2): 11-24.

23) 김채현 · 배현미(2007). 풍속화에서 살펴본 공공공간의 형태특성에 관한 연구. 한국전통조경학회지. 25(2): 59-71.

24) 조경진 · 서영애(2008). 조선 시대 풍속화를 통해 본 정원의 풍류적 의미 연구. 한국조경학회지. 36(5): 94-107.

25) 김현준 · 심우경(2007). 「동궐도」에 나타난 식재현황 및 특징 분석. 한국전통조경학회지. 25(2): 141-154.

26) 백종철 · 김용기(2001). 조선 시대 궁궐에 조성된 취병의 특성에 관한 연구. 한국전통조경학회지. 19(2): 28-37.

최종현은 원림과 관련된 여러 형식의 산수화에 관해 개괄적이고 기초적인 고찰을 시도한 바 있다.[28] 전영옥은 조선 시대 궁궐에 배치된 괴석의 한국적 특성과 안견파 화풍의 산수화 속에 나타난 산의 표현양식과의 관련성을 고찰한 바 있다.[29] 노재현 등은 『백운첩(白雲帖)』에 실린 「다산초당도(茶山草堂圖)」를 통해 다산초당의 외경과 정원 내 시설 및 조경특성을 분석하여 정원의 면모와 의미를 추정한 바 있다.[30]

진경산수화는 '부지 규모(site scale)'의 정원에 주목한 연구보다 '도시 규모(city scale)'에서의 경관 관련 연구에 그 가치가 주목을 받아왔다. 강명수는 겸재의 회화 중 서울 주변의 산지 구릉 경관이 그려져 있는 21엽을 토대로 시점장과 조망대상과의 관계를 정량적으로 분석한 바 있다.[31] 강영조와 배미경은 겸재가 금강산과 한강 주변을 그린 100엽의 산수화를 저본으로 하여 그림 속에 나타난 조망점의 분포 특성, 조망 행동의 출현 빈도, 조망 행동과 조망점과의 관계를 고찰한 바 있다.[32] 김광석과 박길룡은 산수화에 나타나는 파노라마 프레임, 삼원법, 다시점 등의 시각구조를 이용하여 우리만의 도시 풍경의 특색을 살리려는 시도의 연구를 수행하였다.[33] 유가현과 성종상은 진경산수화에 표현된 지형형상과 눈, 비, 노을, 안개 등의 자연현상 및 인간행태, 시절 등을 통해 풍토 경관을 해석하였다.[34] 이들을 종합하여 볼 때, 겸재의 그림에 표현된 당대 정원에 주목한 관련 연구 성과는 없었다.

---

27) 홍형순(2008).「장주묘암도」 정원 도해의 메타포. 한국전통조경학회지. 26(1): 1-8.

28) 최종현(2007). 원림 건축 형식으로서의 한국전통 산수화 고찰. 한국전통조경학회지. 25(4): 13-36.

29) 전영옥(2004). 앞의 글. pp. 1-12.

30) 노재현・신상섭・박율진(2008). 다산도에 표현된 다산초당의 원형 경관 탐구. 한국전통조경학회지. 26(2): 31-41.

31) 강명수(2001). 진경산수화 분석을 통한 산지 구릉 경관 유형의 분류 및 해석. 한국조경학회지. 29(4): 12-23.

32) 강영조・배미정(2002). 겸재 정선의 진경산수화에 나타난 조망 행동. 한국조경학회지. 30(5): 1-12.

33) 김광석・박길룡(2004). 산수화의 시각구조와 도시 풍경 담기에 관한 연구. 대한건축학회 학술발표논문집. 24(1): 22.59-26

34) 유가현・성종상(2009). 진경산수화에 표현된 풍토 경관에 관한 기초 연구. 한국조경학회지. 37(1): 87-99.

진경 시대의 문화 특징

진경 시대와 진경 문화

'진경 시대'라는 역사용어는 1981년 간송미술관 기획전에 처음 사용하였고 이후 정기적으로 개최하는 기획전의 명칭에 여러 차례 사용하여 왔다.[35] 이로 인해 진경 시대라는 용어는 일반화되고 보편적으로 사용하는 계기가 되었다. 이러한 진경 시대는 조선왕조 후기 문화가 조선 고유색을 한껏 드러내면서 난만한 발전을 이룩하였던 문화절정기를 일컫는 문화사적 시대 구분 명칭으로서 그 기간은 숙종(1675~1720년 재위) 대에서 정조(1777~1800년 재위) 대에 걸치는 125년간을 지칭한다.[36] 이 시기의 조선 회화는 중국 미술의 아류에 불과하다는 식민사관적 폄하에 대해 조선 미술의 독자성과 차별성을 부각하는 근거로 빈번히 채택되기도 한다. 한편으로 진경산수화를 비롯한 진경 문화 전반에 걸쳐 조선 중화주의의 소산으로 보는 견해에 대해 지나치게 과장되었다는 비판적 견해와 절충적 견해도 있다.[37]

진경산수화

진경산수화의 화론은 기본적으로 사실주의에 바탕을 두고 있으며 그 대상을 충실히 묘사하는 것을 기본으로 하고 있다. 그러나 그 예술적 경지는 외형적인 사실에 더하여 내면적 진실성과 감동적 표현을 추구하였다.[38] 유홍준은 이에 대해 "단순한 사실론(寫實論), 형사론(形寫論)에 머무는 것이 아니라 전신론(傳

35) 제21회(1981. 10) '진경 산수화전', 제25회(1985. 10) '진경 시대 시서화전', 제50회(1996. 5) '개관 25주년 기념 진경시 대전' 등이다. 이원복(2004). 앞의 글. pp. 123-125.

36) 최완수(2006). 조선 왕조의 문화절정기, 진경 시대(최완수 외, "우리 문화의 황금기 진경 시대 1, 사상과 문화"). 서울: 도서출판 돌베개. p. 13.

37) 진경산수화를 비롯한 진경 문화에 대해, 우리 문화의 자주성 모색의 결과, 즉 '조선 중화주의'의 소산으로 보는 윤희순, 최완수 등의 견해가 있다. 이에 대해 홍선표, 한정희, 송혁기, 고연희 등은 조선 중화주의론은 허구라는 입장이며, 유홍준은 절충적 해석이 필요하다는 입장이다. 고연희(2007). 앞의 책. p. 366.

38) "김창협이 산수시에서 추구한 '진(眞)'도 단순히 사실적 묘사를 말하는 것에 그치지 않고, 사욕이 없는 정신으로 역동하는 자연현상 속에 내재한 미를 발견하고 그로 인한 작가의 흥취 체험이 녹아 들어가는 형상화의 과정을 거쳐 시적 언어로 재창조된 것으로서의 '진'이라는 점을 보여준다." 김재숙(2001). 진경 시대 미학 사상 연구. 한국동양 철학회 동양철학. p. 165.

神論), 신운론(神韻論)에까지 발전하여, 사실론 이로되 형사에 머무는 사실론이 아니라 전신과 신운까지 담아내는 사실론"[39]이라 하였다. 또 정연식은 겸재의 진경산수는 사실적인 경향의 산수화라고 할 수 있으며 사실주의(寫實主義, realism) 경향을 보이지만 사실주의와는 거리가 멀며 그의 그림은 과장되어 있고 대담한 생략과 왜곡이 가해져 있다고 한다.[40] 이러한 점에서 조선 후기에 부각되어 한 시대를 풍미한 진경산수는 단순히 실제 경치를 묘사한 실경산수나 이와 유사한 서양의 풍경화와는 전혀 다른 차원의 의미가 있다.[41]

경화사족의 예술 취향

18세기 이전 성리학적 가치관의 선비들은 성정 수양에 예술 행위가 필수적 요소임을 인정하면서도, 예술에 지나치게 몰입하여 본연지성(本然之性)을 잊어버리는 것을 경계하였다. 이러한 경향으로 퇴계, 율곡, 우암 등 많은 대학자는 시 짓기를 꺼리거나 삼갔으며 제자들에게도 시를 짓는 것에 지나치게 몰두하는 것을 경계하도록 하였다. 이에 반해 새롭게 등장한 경화사족(京華士族)이라는 독특한 문화 계층은 이전 시기의 선비들과 달리 시서화금(詩書畵琴)의 다양한 취미를 아우르는 도시적 취향을 지녔으며 이들의 예술에 관한 관심은 과거의 완물상지(玩物喪志)로는 제약할 수 없는 단계에 도달함으로써 심미적 문예관을 수용하고 있었다.[42] 이들 경화사족 가운데서도 겸재가 속한 백악사단을 중심으로 조선의 개성적 진경 문화를 창출하게 된다.

진경 문화를 주도한 백악사단은 서울 인왕산과 백악산 아랫동네에 살고 있던 일군의 노론계 사대부들로서 이들은 대개 삼연(三淵) 김창흡(金昌翕)의 문인들이었다.[43] 당대 세력가인 안동 김씨의 문곡(文谷) 김수항(金壽恒, 1629~

---

39) 겸재의 진경산수화는 실경에 즉(卽)해 그린 것이면서도 어느 작품 하나 실경을 사진처럼 그린 것은 없다고 한다(유홍준, 1999. 앞의 글. p. 50). 정선 자신도 산수 실상을 존중하여 그 실상을 그리고자 하는 의도로 그의 산수화 세계를 이룩한 것은 아니다(고연희, 2002. 앞의 글. p. 32). 진경산수화를 제재로 하는 조경학과 경관 분야의 여러 연구에 있어서, 화폭에 담긴 '사실성'에만 주목하는 경향이 있다. 이는 '진경'을 '실사'(實寫)로 오해함으로써 오는 폐단이다. 화폭에 담긴 내면적 측면을 간과한다면 연구의 오류를 범할 수도 있다.

40) 정연식(1996). 앞의 글. pp. 242-251.

41) 이원복(2004). 앞의 글. pp. 127-128.

42) 김재숙(2001). 진경 시대 미학 사상 연구. 한국동양 철학회 동양철학 15. p. 157.

43) 유홍준(1999). 앞의 글. p. 41.

1689년)의 '창(昌)'자 돌림 아들 6형제 중 몽와(夢窩) 김창집(金昌集, 1648~1722년), 농암(農巖) 김창협(金昌協, 1651~1708년), 삼연(三淵) 김창흡(金昌翕, 1653~1722년), 노가재(老稼齋) 김창업(金昌業, 1658~1721년) 등 이른바 '4창'이 있었다. 이들은 17, 18세기 문화예술계의 이론을 주도했고 겸재는 김창흡의 집인 '청풍계'에 드나들며 삼연의 문하생이 된다. 삼연은 벼슬에 관심을 두지 않고 평생 처사적 삶을 지향하여 강원도 화천의 곡운(谷雲) 계곡, 설악산의 백연정사(白淵精舍), 철원 삼부연, 설악산 영사암 등에 은거했다. 그는 평생에 금강산을 여섯 번이나 오를 정도로 산수를 즐긴 풍류의 학자이자 시인이다. 그가 추구한 시의 세계는 진경시(眞景詩)였으며 겸재는 진경산수화를 통해 스승의 예술정신을 그림 세계에 구현했다고 볼 수 있다. 삼연의 문하에서 겸재는 사천(槎川) 이병연(李秉淵, 1671~1751년)과 동학하였다. 사천은 겸재보다 5년 연상이나 평생지기가 되어 훗날 "시에서 이병연, 그림에서 정선"[44]으로 병칭된다.

겸재 그림 속의 정원

「청풍계도(淸風溪圖)」

도판 개요

청풍계는 백악산 청풍계 골짜기에 있던 선원(仙源) 김상용(金尙容, 1561~1637년)[45]의 고택이다. 당시는 순화방(順化坊)으로 불렸고 지금의 서울시 종로구 청풍길 12-4번지 일대로 '김상용 집터'라는 표지석이 있다. 겸재 당시에는 김상용의 후손인 김시보(金時保, 1658~1734년)가 살고 있었다. 김시보는 겸재의 대선배이자 후원자였으며 그의 집인 청풍계는 '백악사단' 인사들이 즐겨 모임을 갖는 장소였다. 따라서 겸재는 청풍계를 여러 번 그렸고 서로 다른 다섯 폭의 그림이 전해진다. 청풍계는 겸재에게 학문과 예술의 출발점이며 사회적 교류의 근본이 되는 각별한 공간이었다.

44) 유홍준(2001). 화인 열전 1. 서울: 역사비평사. pp. 200-202.

45) 병자호란 때 빈궁과 원손을 수행해 강화도에 피난했다. 성이 함락되자 그는 남문루(南門樓)에 있던 화약에 불을 붙이고 순절하였다. 사후 문충(文忠)이란 시호를 받았고 영조 34년(1758년)에 영의정에 추증되었다.

「청풍계도」,
고려대박물관 소장본

영조 6년경
(1730년경),
종이에 채색,
36.0×96.2cm
(출처: 최완수, 2004:
123)

「청풍계도」,
간송미술관 소장본

영조 15년(1739년),
비단에 채색,
58.8×133.0cm
(출처: 최완수,
2004: 122)

「청풍계도」,
호암미술관 소장본

영조 27년(1751년), 종이에 엷은 채색,
29.5×33.7cm(출처: 최완수, 2004: 127)

「청풍계도」, 간송미술관 소장본

영조 31년(1755년), 종이에 엷은 채색,
29.5×33.0cm(출처: 최완수, 2004: 129)

「청풍계도」, 국립중앙박물관 소장본

18세기, 비단에 수묵담채, 26.8×33.0cm
(출처: 호암미술관, 2007: 14)

당주와 작정자

청풍계에는 병자호란을 맞아 강화도에서 순절의 의를 세운 선원 김상용의 영정을 모신 사당이 있어 후손들이 대대로 이곳을 경영하였다.[46] 이 터는 원래 선원의 고조부인 김영수(金永銖, 1446~1502년)가 살던 집터였으며 훗날 안동 김씨 200년 집권, 60년 세도의 산실이 된다.[47] 겸재는 초년기부터 학문과 교류, 입신 등 평생에 걸쳐 이 가문과 밀접한 인연을 맺었다.

선원(仙源)이 이곳을 별장으로 꾸민 것은 선조 41년(1608년)이며, 겸재가 「청풍계도」를 처음 그린 때는 영조 6년경(1730년경)이다. 따라서 겸재가 활동하던 시기에 이미 120여 년이 넘은 고택이었으며 당대를 풍미하는 세도가의 저택으로서의 규모와 격조를 갖추었을 것이다. 겸재의 그림에 표현된 커다란 노거수들은 이 저택의 연륜을 잘 보여준다.

관련 기록

겸재와 동시대의 인물이며 김상용의 방손(傍孫)인 동야(東野) 김양근(金養根, 1734~1799년)은 「풍계집승기(楓溪集勝記)」를 남겼다. 이 글이 지어진 때는 영조 42년(1766년)으로 겸재 서거 후 7년의 시점이다. 따라서 겸재가 청풍계도를 그린 시기와 10여 년에서 30여 년 이상의 시차가 있음에도 불구하고 마치 그림을 설명하듯 청풍계 원림을 상세히 묘사하고 있다. 「풍계집승기」 전문을 인용하면 다음과 같다.

> "청풍계(淸楓溪)는 우리 선세의 옛 터전인데 근래에는 선원(仙源) 선생의 후손이 주인이 되었다. 경성 장의동 서북쪽에 있으니 순화방 인왕산 기슭이다. 일명 청풍계(靑楓溪)라고도 하는데, 풍(楓)으로 이름 지어 말함에는 반드시 그 뜻이 있겠으나 지금 상고할 길이 없다. 대체 백악산이 그 서쪽으로 둘러쌓았다.
> 한 시내가 우레처럼 돌아내리고 세 연못이 거울처럼 열려 있다. 서남쪽 뭇 봉우리들은 수풀과 골짜기가 더욱 아름다우니, 계산(溪山)의 아름다움으로는 도중(都中)에서 가장 뛰어날 것이다. 서리서리 꿈틀거려 내려온 언덕을 혹은 와룡강(臥龍岡)이라 일컫는데, 실은 집 뒤 주산이 되고 그 앞이 곧 창옥봉(蒼玉峯)이다.
> 창옥봉 서쪽 수십 보에는 작은 정자가 날아갈 듯이 시내 위에 올라앉아 있다. 띠로 지붕을 이었는데 한 칸은 넘을 듯하고 두 칸은 못 되나 수십 인이 앉을 수 있

46) 고연희(2007). 앞의 책. pp. 210-211.

47) 최완수(2009). 겸재 정선 2. 서울: 현암사. p. 14.

으니 태고정(太古亭)이다. 오른쪽으로 청계를 끼고 왼쪽으로는 삼각산을 끌어들이거늘, 당자서(唐子西)의 '산이 고요하니 태고와 같다(山靜似太古)'라는 구절을 취하여 그것으로 이름을 지었다.

늙은 삼나무 몇 그루와 푸른 소나무 천여 그루가 있어 앞뒤로 빽빽이 에워싸고, 정자를 따라서 왼쪽에 세 못이 있는데 모두 돌을 다듬어서 네모나게 쌓아 놓았다. 정자 북쪽의 구멍으로 시냇물을 끌어들여 바위 바닥으로 흘러들게 하니 첫째 못이 다 차고 나면 그다음 못이 차고, 그다음 못이 다 차고 나면 다시 셋째 못으로 들어가게 되었다. 위 못을 조심지(照心池)라 하고, 가운데를 함벽지(涵碧池)라 하며 아래를 척금지(滌衿池)라 한다. 우리 낙재(樂齋) 선조께서 삼당(三塘)이라고 호를 쓰신 것은 이 때문이다.

함벽지의 왼쪽에 큰 바위가 편편하고 반듯한 것이 있는데, 그 표면은 두께가 서로 비슷하고 넓이는 자리 몇 입을 펴놓은 듯하다. 가히 앉아서 가야금을 탈 수 있으므로 탄금석(彈琴石)이라 한다. 듣건대 충주 탄금대로부터 조선(漕船)을 따라온 것이라서 그렇게 이름 지었다고 하니 역시 그 유적이기 때문이다. 탄금석의 왼쪽에 네 칸의 마루와 두 칸의 방이 있는데 방 앞은 또 반 칸 툇마루로 되었으니 곧 이른바 청풍지각(青楓池閣)이다. 우리 창균(蒼筠) 선조(金箕報, 1531~1599년)께서 남쪽으로 돌아오신 뒤에 드디어 선원께서 꾸며 사시던 곳이다.

각액(閣額)은 한석봉(1543~1606년)의 글씨이며 또 들보 위에 '청풍계' 석 자를 걸어놓고 붉은 잎으로 둘러놓은 것은 선조(1552~1608년)의 어필이고, 각의 동쪽이 소오헌(嘯傲軒)이 되는데 곧 도연명의 시 '동쪽 처마 밑에서 휘파람을 불어대니, 문득 다시금 이 삶을 얻는 듯하다(嘯傲東軒下, 聊復得此生)'라는 뜻이다. 헌의 오른편은 온돌방으로 되었는데, 방 안의 편액은 와유암(臥遊庵)으로 하였으니 종소문(宗少文)의 '명산을 누워서 유람한다(臥遊名山)'라는 뜻으로 산속 경치를 베개 베고 다 바라볼 수 있다.

남쪽 창문 문미(門楣) 위에는 소현세자(1612~1645년)께서 쓰신 '창문은 물 떨어지는 쪽에 내고 흐르는 물소리 듣는데, 길손은 외로운 봉우리에 이르러 흰 구름을 쓴다(窓臨絶磵聞流水, 客致孤峯掃白雲)'라는 시를 새겨 걸었다.

마당 남쪽에는 수백 길 되는 큰 전나무가 있으니 나이가 수백 년은 됨직한데 한 가지도 마르지 않아서 보기가 좋다. 서쪽 창문 밖의 단상(壇上)에는 두 그루 묵은 소나무가 있어 서늘한 그늘을 가득 드리우는데, 특히 달밤에 좋아 송월단(松月壇)이라고 부른다. 단의 북쪽은 석벽이 그림 병풍 같고 세 그루 소나무가 있는데 형상이 누워 덮은 듯하여 창옥병(蒼玉屛)이라 하니, 청음(淸陰)께서 시로 읊으시기를 '골짜기 수풀은 그대로 수묵화인데, 바위벼랑 스스로 창옥병 이루었구나(林壑依然水墨圖, 巖厓自成蒼玉屛)'라 하셨다. 또한 화병암(畵屛巖)이라고도 한다.

회심대(會心臺)는 태고정 서쪽에 있으며 무릇 삼 층인데, 진간문(眞簡文)이 이른바 '마음에 맞는 곳이 꼭 멀리 있어야 하는 것은 아니다(會心處, 不必在遠者也)'라는 뜻이다. 회심대 왼쪽 돌계단 뒤에 늠연사(凜然祠)가 있으니 곧 선원(仙源)의 영정을 봉안한 곳이다. 사당 앞 바위에 '대명일월(大明日月)'이라는 네 글자를 새긴 것은 우암(尤庵) 송 선생의 글씨다.

천유대(天遊臺)는 회심대 위에 있는데 푸른 석벽이 우뚝 솟아 저절로 대를 이루었으며, 일명 빙허대(憑虛臺)라고도 하니 근처의 빼어난 경치를 모두 바라볼 수 있다. 석벽 위에 주자의 '백세청풍(百世淸風)' 네 글자가 새겨져 있으므로 또한 청풍대라고도 한다.[48]

---

48) 淸風溪 吾先世舊居, 而近爲先源先生後承所主. 在京城壯義洞西北, 坊是順化, 麓是仁王, 一名青楓溪. 以楓名言, 必有其義, 而今未可攷. 盖白嶽雄峙於其北, 仁王環擁於其西, 一溪雷轉, 三塘鏡開, 西南諸峯, 林壑尤美, 溪山之勝, 殆甲於都中. 蟠龍之岡, 或稱臥龍, 實爲屋後主山. 其前卽蒼玉峯也. 峯西數十步, 爰有小亭, 翼然臨于溪上, 用茅覆之,

이 기문은 청풍계 원림의 입지 특성으로부터 주요 공간 및 시설, 특징적인 수목요소 등을 상세히 설명하고 있다. 또 건물과 연못의 명칭, 현액과 각자 내용 등을 밝히고 있어 작정자의 사상과 관념적인 태도까지 짐작할 수 있다. 이 기록과 함께 겸재의 그림에는 원림의 입지 환경, 구성과 세부 시설 등을 도해하듯 표현하고 있어 청풍계 원림의 실제 모습을 짐작할 수 있게 한다.

입지와 공간구성

청풍계 원림의 가장 큰 특징은 백악산과 인왕산 자락의 산세와 암벽을 배경으로 계류가 대지의 측면을 감싸고 흐르는 곳에 양호한 입지에 위치하고 있다는 점이다. 이렇듯 산수가 어우러지는 뛰어난 입지 조건을 토대로 당대의 세도가에 걸맞은 격조 높은 정원을 조성하였다.

현존하는 다섯 폭의 「청풍계도」의 화면 구성을 비교해 보면 고려대학교박물관 소장본이 가장 넓은 화각으로 화면을 구성하였다. 이 화폭 하단에 청풍계 진입부에 위치한 삼문 형식의 솟을대문으로부터 청풍계 계곡 전체와 주택의 입지, 배경을 이루는 인왕산 등 저택과 입지 환경의 전반적인 맥락을 잘 보여준다. 특히 이 그림에는 청풍계 진입부에 삼문 형식의 솟을대문 주변의 무성한 수목을 묘사하였고 이로 인해 청풍지각으로 진입하는 협문은 생략되어 있다.

정선과 동문수학하였고 평생지기이며 예술적 동반자인 사천 이병연은 청풍계의 입지 특성을 다음과 같은 시로 묘사하고 있다.

도성 안의 티끌 먼지 만 섬이지만

一間有餘, 二間不足, 可坐數十人者, 太古亭也. 右挾淸溪, 左挹華岳, 取唐子西, 山靜似太古之句名之. 有老杉數株碧松千章, 前後森蔚, 循亭而左有三池, 皆鍊石而方築之. 自亭北穴, 引溪流于岩低, 一池旣盈又第二池, 二池旣盈, 又入第三池. 上曰照心, 中曰涵碧, 下曰濯衿. 我樂齋宣祖之又號三塘以此. 涵碧之左, 有大石平正, 其面厚薄相等, 廣袤恰如數席布, 可坐彈琴, 故刱名曰彈琴石, 聞自忠之彈琴臺, 隨漕船來者而名之, 亦以其蹟也. 彈琴之左有四間堂二間房, 房前又爲半間軒, 卽所謂靑風之閣. 我蒼筠先祖南還後, 遂爲仙源粧點者也. 閣額韓石峯護筆, 又於梁上, 揭淸風溪三字, 籠之以紅紗者, 宣祖御筆, 而閣之東爲嘯傲軒, 卽陶詩 嘯傲東軒下, 聊復得此生之意也. 軒右爲溫室, 室中扁以臥遊庵, 用宗小文臥遊名山之義, 山內勝槪枕上可盡. 南窓楣上, 刻揭 昭顯世子所書 窓臨絶磵聞流水, 客到孤峯掃白雲之詩, 境絶可想也. 庭南有數百杖大檜, 年可數百, 而無一枝向衰, 可喜. 西窓外壇上, 有二株古松, 凉陰滿地, 最宜月夜, 名曰松月壇. 壇之北石壁如畵屛, 有三松, 狀如偃盖者, 爲蒼玉屛. 淸陰詩曰, 林壑依然水墨圖, 巖厓自成蒼玉屛, 亦)名畵屛巖. 會心臺), 在太古西, 凡三層, 眞簡文所爲 會心處不必在遠者也. 會心之左 石磴上 有凜然祠, 則仙源影子奉安處也. 祠前石面, 刻大明日月四字者, 尤庵宋先生筆. 天遊臺, 在會心上, 翠壁斗起, 自然成臺, 一區形勝盡輸于此. 壁面刻朱夫子百世淸風四大字, 故于名 淸風臺. 『安東金氏文獻錄』第三冊 卷四, 「楓溪集勝記」. 최완수(1993). 앞의 책. pp. 152-156에서 재인용.

이곳에는 단 한 점도 따라오지 못하리라.

이병연, 태고정에서 정선, 박창연과 더불어 두보 시의 운자로 짓노라[49]

앞서 살펴본 동야(東野)의 기록에서도 "도중(都中)에서 가장 뛰어나다."라고 했듯이 빼어난 입지 조건은 당대는 물론 후대 사람들에게도 널리 회자되었던 것으로 보인다. 조선 후기에 한양에 좋은 집터를 구해 정원을 꾸미려고 애썼던 유만주(兪晩柱, 1755~1788년)도 다음과 같이 말했다.

한성 사대부 집 가운데 원지(園池)가 빼어난 곳으로는 다만 김 씨의 청풍(淸風)이 있을 뿐이다. 차지하고 있는 지세가 그윽하고도 촌스럽지 않고 세워놓은 정자와 대가 고아하면서도 사치스럽지 않기 때문이다.[50]

청풍계의 입지
(출처: 최완수, 2004: 123에 필자 편집)

빼어난 입지 환경에 축대를 쌓고 담장을 둘러 주택과 정원을 조성하였다. 이 축대와 담장은 인접한 계류 등 자연환경 요소와 경계를 이룬다. 경사 지형에 적응하기 위해 주택과 정원 영역은 장대석을 쌓아 여러 단으로 조성하였으며 각 단에는 방지를 조성하거나 수목을 식재하기도 하였다. 경사지를 이용해 여러 개의 단을 조성하고 각 단에 건물, 정자, 지당을 도입한 기법은 르네상스 시기의 이탈리아 정원에서 보이는 노단 건축양식(terrace dominant style)에 비견된다.

49) 城中塵萬斛 一點不能隨 太古亭與元伯公美拈杜律韻.「槎川詩抄」卷下. 고연희(2007). 앞의 책. p. 211에서 재인용.
50) 안대회(2009). 통원 유만주의 조경미학. 한국전통조경학회지. 27(1). p. 51에서 재인용.

건축요소

고려대학교 소장본에 비해 호암미술관 소장본 「청풍계도」는 저택 내부를 클로즈업(close up)한 화각으로 화면을 구성하였다. 따라서 이 도판은 건물의 배치 상황을 상세하게 파악하는 데 더욱 유용하다.

계단 위에 있는 협문을 들어서면 청풍지각 전면에 다시 노단이 있어 계단을 통해 접근하도록 하였다. 청풍지각 역시 기단 위에 건축하였다. 청풍지각은 네 칸 마루와 두 칸의 방이 있으며 방 앞은 반 칸 툇마루로 구성되어 있다. 전면의 담장 쪽을 향해 높다란 누마루가 있어 개방된 시야를 확보할 수 있도록 했다. 이 건물과 면하여 소오헌이 위치하고 있다.

청풍지각의 맞은편에는 초가 이엉을 올린 태고정이 위치하는데 이 역시 기단 위에 조성하였다. 청풍지각과 태고정 사이에는 네모난 연못인 함벽지가 있다. 함벽지의 호안을 비롯해 기단과 계단의 모든 석재는 장대석(長臺石)을 사용

청풍계의 주요건물
(출처: 호암미술관, 2007: 14에 필자 편집)

하여 매우 격조 높은 수준이었음을 알 수 있다.

주택의 후면 쪽으로 노단을 조성하고 사당인 늠연사를 배치하여 선원의 영정을 모셨다. 이 사당 영역은 다른 도판에 비해 고려대학교 소장본과 간송미술관 소장본 「청풍계도」에 상세히 묘사되어 있다. 사당 영역 역시 장대석을 쌓아 조성한 부지에 담장을 두르고 별도의 협문을 설치하였다

수경 및 수목요소

청풍계에는 조심지(照心池), 함벽지(涵碧池), 척금지(滌衿池)라는 세 개의 지당을 경사 지형에 순응하여 조성하였다. 동야의 기록에 의하면 인접한 자연 계류로부터 물을 끌어들여 바위 바닥으로 흐르게 하여 지당에 물을 대었다고 한다. 물은 순차적으로 월류(overflow) 하며 상부 지당으로부터 하부 지당의 물을 채웠다. 이러한 물 공급과 순환방식으로 지당의 물은 항상 맑은 상태를 유지하였을 것이다. 이에 대해 동야는 "세 연못이 거울처럼 열려 있다."라고 하였다. 특히 이 지당은 전형적인 방지의 형태였으며 호안은 모두 다듬어진 장대석으로 처리하였다.

청풍계의 수경 및 수목요소
(출처: 최완수, 2004: 122에 필자 편집)

이렇듯 자연의 계류를 주택 내부로 끌어들여 장대석 호안의 방형 지당을 세 개나 조성한 것은 조선 시대 사가(私家) 정원에 있어서 매우 드문 사례라 할 수 있다. 이 세 개의 지당은 청풍계 원림을 대표하는 경관 요소이자 자랑거리였을 것이다. 이러한 점을 방증하듯 동야(東野)의 선조인 낙재(樂

齋) 김영(金瑛, 1475~1528년)은 삼당(三塘)이라는 호를 쓰기도 했다.

동야의 「풍계집승기」에는 청풍계의 수목요소를 "늙은 삼나무 몇 그루와 소나무 천여 그루가 앞뒤로 빽빽이 에워싸고 있으며", "마당 남쪽에는 수백 길 되는 큰 전나무", "서쪽 창문 밖의 단상(壇上)에는 두 그루 묵은 소나무" 등으로 묘사하고 있다. 겸재의 그림을 통해서도 이러한 식재 상황을 확인할 수 있다. 특히 아름드리 전나무는 청풍계 원림의 주목(主木, specimen tree)으로서의 역할을 했을 것이다. 이 외에도 솟을대문 주변에 우거진 버드나무와 주택 안팎에 위치한 무성한 활엽수를 확인할 수 있다. 겸재가 이 그림을 그릴 당시 청풍계는 이미 120여 년이 넘은 권세가의 고택이었으며, 여기에 있는 오래된 고목들은 이 집의 연륜과 격조를 더해주고 있었을 것이다.

점경물 및 기타 요소

동야의 기록에는 함벽지의 왼쪽에 탄금석(彈琴石)이라는 명칭의 널찍한 너럭바위가 있었다고 한다. 이 기록에 의하면 충주 탄금대로부터 조운선(漕運船)으로 운반해 왔기에 탄금석이라 명명했다고 한다. 이 바위에 앉아서 가야금을 연주할 만하다고 했는데 겸재의 그림 속에는 수목들로 가려져 있다. 지당, 정자 등과 인접해 있으며 탄금석이라는 명칭을 통해 당시 사대부들의 정원 이용행태와 풍류를 짐작할 수 있다.

청풍계 영역 내의 건물과 지당, 소나무가 식재된 단 등에 명칭을 부여함으로써 각별한 의미를 담고 있다. 예를 들어, 누워서 산수를 즐기는 와유암(臥遊庵), 마음을 비추는 조심지(照心池), 푸르름을 담은 함벽지(涵碧池), 옷고름을 씻는 척금지(滌衿池) 등이다. 이 외에도 송월단(松月壇), 창옥병(蒼玉屛), 화병암(畵屛巖) 등과 대명일월(大明日月), 백세청풍(百世淸風) 등 바위에 새긴 글씨가 있다. 이러한 이름짓기(naming)를 통해 누대에 걸친 가문과 당주가 추구하는 관념적 태도를 짐작할 수 있다.

「인곡유거도(仁谷幽居圖)」

도판 개요

「인곡유거도」, 27.4×27.4cm, 간송미술관 소장
(출처: 최완수, 2004: 13)

'인왕산 골짝의 그윽한 거처지'라는 뜻의 이 그림은 겸재의 『경교명승첩(京郊名勝帖)』에 장첩된 그림이다. 이 그림은 인왕산 골짜기에 위치한 겸재 자신의 집을 그린 그림이다.[51] 창 속에 보이는 인물은 그림을 그리는 화가의 모습이 아니라 단정히 독서 중인 선비의 모습이며,[52] 마당에는 버드나무와 오동나무가 그늘을 넓게 드리우고 버드나무를 타고 오른 넝쿨이 조선 정원의 자연스러운 멋을 한껏 자아내고 있다.[53] 이 집이 위치했던 곳은 지금의 종로구 청운동 경복중·고등학교 일대이다.

입지와 공간구성

'인곡유거'라는 당호에 걸맞게 그림에 표현된 주택 역시 인왕산으로 향하는 조망을 확보할 수 있는 빼어난 입지 조건을 갖추고 있다. 그림에는 사랑채 일부와 여기에 부속된 마당 등 주택의 일부분만 표현되어 있다. 마당은 초가를 얹은 토담으로 구획되어 있으며 일각문 역시 소박한 초가지붕 형태이다.

정원과 수목요소

겸재의 산수화에는 노송 등 상록수가 강조되어 표현된 경우가 대부분이다. 이 그림은 상록수의 표현이 전혀 없는 드문 사례이며 이로 인해 주택의 분위기

51) 최완수(2004). 앞의 책. p. 12.
52) 고연희(2007). 앞의 책. p. 215.
53) 유홍준(2001). 앞의 책. p. 270.

는 더욱 소박해 보인다. 마당에는 버드나무, 오동나무 등 활엽수 등이 식재되어 있다. 버드나무를 감고 있는 만경목은 줄기의 표현으로 보아 박 넝쿨 등 한해살이 식물이 아니라 포도나무나 다래나무 등과 같은 목본류로 보인다. 줄기의 형태 등을 감안할 때 창덕궁 후원의 다래나무의 생육상태와 흡사하나, 다래나무에는 없는 덩굴손이 표현된 것으로 보아 머루나무나 포도나무일 것으로 추정된다.

창덕궁 후원의 다래나무, 천연기념물 제251호(출처: 이선, 2006: 232)

또 그림 속에는 오동나무가 그늘을 드리우고 있으며 그 아래에는 외줄기로 자라며 잎을 피워내기 시작하는 파초가 그려져 있다. 오동나무는 고귀한 존재인 봉황이 둥지를 튼다는 각별한 의미를 갖는 수목이기도 하지만 오동나무는 선비들이 서당이나 서재 주변에 즐겨 심은 수종이다. 오동나무는 커다란 잎이 청량감을 주며 달밤에 그 그림자가 마당에 일렁이는 모습이 아름답기에 달과 가장 잘 어울리는 나무라고도 한다.

파초 역시 조선 시대 선비들이 즐겨 가꾼 수종으로, 파초의 넓은 잎은 한여름 더위에 시원함을 더해 주므로 옛사람들은 파초를 '한여름의 친구'이자 '풀 중에 으뜸(草王)'이라 했다. 옛 선비들은 여름날 파초 잎에 떨어지는 빗방울 소리를 즐기거나, 파초 잎에 시를 쓰며 여름을 지내는 것을 운치로 여겼다. 이러한 연유로 강세황의 「벽오청서도(碧梧淸暑圖)」, 이재관의 「문인아집도(文人雅集圖)」 등 선비의 주거공간과 일상을 그린 여러 그림에 오동나무와 함께 파초가 등장한다. 이렇듯 식재 등 여러 상황 등을 종합하여 볼 때, 「인곡유거」의 규모는 작고 의장은 소박했으나 당대 선비들이 추구한 이상을 담은 격조 높은 정원이었음을 알 수 있다.

「인곡정사(仁谷精舍)」

도판 개요

퇴계(退溪, 1501~1570년)와 우암(尤菴, 1607~1689년) 선생의 글씨첩이라는 의미의 『퇴우이선생진적첩(退尤二先生眞蹟帖)』은 퇴계의 자필 원고본인 『주자서절요서(朱子書節要序)』에 우암이 쓴 두 편의 발문을 합장한 책이다. 겸재의 외조부 박자진(朴自振, 1625~1694년)은 퇴계의 후손인 홍유형(洪有炯)으로부터 『주자서절요』를 전수받았고, 박자진은 무봉산(舞鳳山)에 은거 중인 우암에게 두 번이나 찾아가 그때마다 발문을 받아 이 서첩을 완성하였다. 이후 겸재의 차자 정만수(鄭萬遂, 1710~1795)가 박자진의 후손으로부터 이 서첩을 물려받게 되었다. 서첩을 소장하게 된 겸재는 이 일을 큰 경사로 생각하여 서첩의 조성과 전수 과정을 나타내는 4폭의 그림을 그려 합본하였다.[54] 이 그림 중 「인곡정사」는 서첩을 소장하게 된 인왕곡 겸재 자택의 모습을 그린 것이다. 인곡정사는 지금의 옥인동 20번지 부근이다.

54) 최완수(2003). 겸재 정선과 진경 산수화풍(최완수 외, "우리 문화의 황금기 진경 시대 2, 예술과 예술가들"). 서울: 도서출판 돌베개. p. 86.

「인곡정사」(출처: 최완수, 2004: 24에 필자 편집)

당주와 작정자

이 집은 겸재 자신이 만년을 보낸 집으로 규모와 격식에 있어 앞서 살펴본 「인곡유거도」와 큰 차이가 있다. 이러한 점에 대해 유홍준은 「인곡유거도」에 표현된 주택은 소탈하기 그지없으나 「인곡정사」에는 기와집과 솟을대문에 행랑채도 딸린 어엿한 반가(班家)의 격식과 위용을 갖추었다고 하였다.[55]

입지와 공간구성

주택은 인왕산 기슭에 입지하며 배후에는 무성한 소나무 숲이 둘러싸고 있다. 주택은 안채와 사랑채, 행랑채가 있으며 안마당과 사랑 마당이 있다. 안채 후면에는 축대를 쌓아 조성한 후원이 있다.

전면에 솟을대문을 중심으로 행랑채가 딸려 있다. 마당 한편에는 바자울을 덮은 막(幕)이 있다. 이 주변에는 자연석들이 작은 무더기를 이루고 있으며, 이와는 대조적으로 다듬은 돌로 만들어진 좌대석(座臺石)이 수목의 하부에 배치되어 있다.

안마당과 사랑 마당은 내외담으로 공간을 구획하였다. 'ㄱ'자로 두 번 굴절된 내외담에는 안채로 통하는 중문을 설치하였다. 중문과 대문은 직각으로 굴절된 방향으로 설치함으로써 진입부로부터의 시선을 적절하게 차폐하고 있다. 안채는 'ㄷ'자 형태로 구성되었고 건물로 위요된 작은 안마당을 형성하고 있다. 안마당 가에는 담장에 면하여 초가로 지어진 헛간과 창고가 있다. 헛간에는 절구 등의 가사에 필요한 기구가 보이며 매우 실용적인 공간으로 사용되었을 것

55) 유홍준(2001). 앞의 책. p. 293.

이다. 후원 측면 담장 가에는 장독대가 있다. 후원에는 경사지 처리를 위한 석축이 표현되어 있으며 그 위로는 무성한 대나무 숲이 조성되어 있다.

수목요소

겸재의 「인곡정사」에 대한 사천의 제시에는 "솔숲 푸르른 곳 대 바람 속에, 붓 휘둘러 아이들에게도 마구 그려 준다."[56]라는 구절이 있다. 겸재의 그림과 사천의 시를 대비하여 보면, 인곡정사를 대표하는 경관과 수목요소는 주택을 둘러싼 송림과 후원이 대나무 숲임을 알 수 있다. 후원에 무성한 대나무 숲은 겨울에는 찬 바람을 막아주고 여름에는 청량감을 주었을 것이며 시각적으로는 차폐기능도 있었을 것이다.

사랑채에 면해 사랑 마당에 식재된 활엽교목과 하부의 관목류는 사랑채로부터의 시각적 효과를 고려한 것으로 보인다. 큰 수목은 여름에 그늘을 제공하며 그 하부에는 좌대석이 배치되어 있어 휴게기능을 갖는다. 이 좌대석은 사랑채에 기거하는 집 주인에게 매우 유용한 정원시설물이었을 것이다.

「풍계유택(楓溪遺宅)」

도판 개요

이 그림 역시 『퇴우이선생진적첩』에 합첩되어 있으며, 겸재의 외조부인 박자진이 이 책을 비장하며 살던 곳, 즉 겸재 외가댁 모습이다. 이 그림을 그릴 당시 겸재는 71세로 소년기를 회상하여 그린 그림이다. 화면의 구도는 주택의 정면부가 아닌 안채와 후원, 뒷문을 중심으로 그려져 있다. 최완수는 유란동 겸재댁에서 보이던 외가댁 모습을 그린 것으로 추정한다.[57]

당주와 작정자

겸재의 외조부 박자진은 광해군 때 영의정을 지낸 박승종(朴承宗, 1562~

56) "松翠之邊竹籟中, 揮毫草草應兒童, 輞川不是他人畫, 畫是主人摩詰翁. 丙寅秋, 友人槎川." 최완수(2009). 겸재 정선 2. 서울: 현암사. p. 400에서 재인용.

57) 최완수(1993). 앞의 책. p. 166.

1623년)의 당질로 명문가 출신이다. 겸재의 생애사를 보면 외조모는 겸재 5세 때에 타계하고 외조부는 19세 시에 서거하였다. 겸재의 부친은 겸재 14세 시에 타계하여 외조부인 박자진이 당시 겸재 일가의 생계를 책임진 것으로 보인다.58)

입지와 공간구성

풍계유택이라는 그림의 제목과 같이 이 주택의 입지는 인왕산의 청풍계 지역에 위치하고 있다. 주택의 배경에는 청풍계의 산등성이와 무성한 송림이 둘러싸고 있다. 앞서 살펴본 바와 같이 이 일대는 당시 도성 내 주거지 중에서 제일가는 입지 조건을 갖는 곳이었다.

「풍계유택」(출처: 최완수, 2004: 116에 필자 편집)

58) 최완수(1993). 앞의 책. p. 166.

그림의 앞부분은 바깥사랑채 일부분만 보일 뿐 행랑채와 대문은 보이지 않는데 내당이 이층누각 형태의 격자 집이고 후원에 상당한 규모의 별당이 두 채나 있으며 사랑채가 따로 있어 상당한 규모의 저택이다.[59] 주택 내 각 공간은 기능과 성격에 따라 내외담으로 명확하게 구획되어 있다.

수목요소

이 저택에서 겸재는 사천과 사천의 아우인 순암, 그리고 여타 동년배인 외숙의 아들들과 함께 공부하였다고 한다. 다음의 시는 순암(順庵) 이병성(李秉成, 1675~1735년)이 젊은 시절을 회고하며 겸재에게 보낸 것이다.

> 측백나무 단 앞에 눈발이 희끗희끗, 등잔불 화롯불은 꿈같이 아득하다.
> 주미 휘두르던 제옹(霽翁), 박창언은 간데없고, 담경(談經) 하던 겸로(謙老, 겸재 정선)는 이미 백발이 되었네.[60]

시의 내용과 같이 키가 크고 수령이 오래된 측백나무는 이 집 정원을 대표하는 수목이었다.[61] 사랑채 주변에는 지붕의 높이보다 훨씬 큰 소나무와 오동나무가 있어 사대부가로서의 면모를 보여준다. 담장으로 구획된 마당 곳곳에 오래된 활엽교목과 관목이 군식되어 있다. 또 주택으로 향하는 접근로의 경사지에는 버드나무가 있다.

59) 최완수(2004). 앞의 책. p. 118.

60) 側柏壇前雪霰稠, 燈檠爐火夢悠悠, 霽翁揮塵歸玄夜, 謙老談經已白頭. 『順庵集』卷四, 臨書 口占 寄鄭元伯歚. 是日讀朱書, 追憶公美元伯講論舊事, 爲之悵然. 최완수(1993). 앞의 책. p. 166에서 재인용.

61) 「청풍계도」의 전나무와 이 그림에서의 측백나무 표현은 매우 유사하며 구체적인 수종의 판별이 어렵다. 각 수목을 청풍계를 묘사한 동야의 기록에서는 전나무(檜)로, 풍계유택을 묘사한 순암은 측백(側栢)으로 표기하고 있다. 이선은 동종이명(同種異名)의 사례가 많아 사료에 기록된 수종명을 그대로 신뢰하기 어려우며, 최근에 고전에 나오는 나무 이름이 정확히 어떤 나무인지를 밝히는 연구들이 진행 중이라 한다. 이선(2006). 우리와 함께 살아온 나무와 꽃. 서울: 수류산방. 중심. pp. 657-658.

마무리 말

본고는 겸재 정선의 진경산수화가 전통정원 연구에도 의미 있는 자료가 될 수 있을 것이라는 점에 주목하였다. 이를 위해 겸재가 인문 경관을 묘사한 그림 중에서 특히 주택과 정원의 면모를 파악할 수 있는 도판을 선정하여 연구가 진행되었다. 「청풍계도」 등 총 8점의 그림을 대상으로 고찰한 결과는 다음과 같다.

선원 김상용의 저택을 그린 5점의 「청풍계도」에는 주택 내에 다양한 공간구성과 정원요소를 갖추고 있었음을 확인할 수 있었다. 그림을 통해 주택의 입지조건, 공간구성과 건물의 배치, 수경시설 및 식재 상황 등을 파악할 수 있었다. 청풍계는 당대 최고의 권세가이자 문벌인 안동 김씨 가문의 저택으로, 계류를 끌어들여 장대석으로 호안을 처리한 방지가 세 개나 조성되어 있었다는 점은 조선 시대 사가 정원 중에서도 드문 사례로 판단된다. 이 그림과 함께 청풍계를 묘사한 동야 김양근의 「풍계집승기」 역시 조선 시대 정원 연구에 의미 있는 사료라 할 수 있다.

겸재 자신이 젊은 시절을 보낸 「인곡유거도」에는 작은 규모에 매우 소박한 형식의 정원을 표현하고 있다. 특히 이 정원의 오동나무, 파초 등 식재 상황을 통해 당대 선비들이 추구한 이상적인 정원의 모습을 확인할 수 있었다.

겸재가 만년을 보낸 「인곡정사도」를 통해서는 조선 후기 사대부가의 규모와 격식을 확인할 수 있었다. 사랑채와 안채, 사랑 마당과 안마당, 후원과 장독대, 대문과 중문 등 조선 시대 후기 양반가 주택배치와 구성을 보여주고 있다.

겸재의 외조부인 박자진의 주택을 그린 「풍계유택」 역시 명문가의 주택과 정원을 표현하고 있다. 이 그림을 통해 내당과 별당, 후원 등의 공간구성을 확인할 수 있었다. 이 외에도 측백나무, 소나무, 오동나무, 대나무, 버드나무 등의 식재 상황도 살펴볼 수 있었다.

이러한 주택들은 모두 산수가 수려한 승경지에 위치하여 양호한 입지 조건을 갖추고 있다는 공통점을 갖는다. 주택과 정원의 조영에 있어서 무엇보다도 좋은 터를 선택하는 것이 중요하였음을 알 수 있다. 빼어난 자연경관을 배경으로 인공적으로 조성된 주택과 정원은 매우 절제되고 소박하게 처리되었다. 화려하고 번잡함을 지양하고 그윽하고 격조 높은 선비의 삶이 정원에 구현되었음을 알 수 있다.

본고는 전통정원 연구에 진경산수화의 가치와 의미를 모색하기 위한 기초 연구로서의 성격을 갖는다. 본고의 의의는 진경산수화를 통해 현재는 멸실된 조선 후기 사대부의 주택과 정원의 모습을 확인할 수 있었다는 점이다. 이와 함께 궁궐, 관아, 사찰, 누정 등을 표현한 겸재의 진경산수화에 관한 추후 연구도 필요하다고 생각된다.

제7장

표암(豹菴)의 「호가유금원기(扈駕遊禁苑記)」에 나타난 궁원 유람행사의 내용과 의미

들어가는 말

창덕궁은 조선 태종 5년(1405년)에 창건된 이래 순종이 승하한 1926년까지 오랜 기간에 걸쳐 사용된 궁궐이다. 이 궁에는 여러 전각과 함께 궁중 의례와 연회 등의 행사를 수용하고 왕과 근친들의 학문 연마와 풍류, 휴식 등을 위한 궁원이 있다. 이곳은 창덕궁의 배후에 위치하므로 후원(後苑), 궁의 북쪽에 있다 하여 북원(北苑), 궁궐 속의 정원이기 때문에 금원(禁苑)이라고도 한다.[1] 또 비원(秘苑) 혹은 상림(上林)이라고도 했으며 『조선왕조실록』에는 '내원(內苑)' 또는 '금어(禁籞)'라고 칭한 기록도 보인다. 이곳은 '금(禁)'이라는 글자가 의미하는 바와 같이 일반인의 출입을 엄히 제한하는 금단의 공간이었다. 우리나라 궁궐과 궁원의 정수를 보여주는 이곳은 '자연과 조화를 이룬 독특한 공간 구성의 가치'를 인정받아 1997년에 유네스코(UNESCO) 세계문화유산으로 등재되었다.

창덕궁과 후원에 대해서는 『궁궐지』를 비롯해 『창덕궁 조영 의궤』, 「동궐도」 등 여러 사료가 남아 있다. 이들은 국가 차원에서 제작하였기에 체계적이며 정교하여 오늘날 궁궐과 궁원 연구에 귀중한 자료로 활용되고 있다. 다만 이러한 관찬(官撰) 사료들은 그 속성상 엄격한 형식을 따르고 있으며 그 내용도 통치 차원의 공적인 행사에 국한하여 기술하고 있다는 한계가 있다. 따라서 궁원의 실제적인 활용행태나 세부 경관 등은 역대 왕이 감흥을 읊은 시문 등을 통해 짐작하는 정도에 국한되어 왔다.

최근에 한문학 분야의 번역 성과[2]로 대중에게 공개된 표암(豹菴) 강세황(姜

1) 문화재관리국(1991). 동궐도. p. 87.

世晃, 1713～1791년)의 「호가유금원기(扈駕遊禁苑記)」는 왕의 안내를 받아 금원을 유람한 특별한 경험을 기록한 글이다. 이날 왕은 친히 신하들을 이끌고 궁원 곳곳을 구경하게 했고 직접 자세한 설명을 하기도 했다. 이 행사에 참석한 표암은 자신이 보고 듣고 느낀 감흥을 이 기문에 생생하게 기록하였다. 이러한 일은 표암이 자신의 글에서 밝혔듯이 중국에도 전례가 없으며 서양의 조경문화사에서도 찾아보기 어려운 사례이다.

본고에서는 표암의 「호가유금원기」가 전하는 궁원 유람행사의 내용과 의미를 살펴보고자 한다. 이를 통해 「호가유금원기」에 담긴 정원 문화사적 가치를 조명할 수 있을 것이다. 아울러 「호가유금원기」라는 각별한 콘텐츠는 스토리텔링 소재로서의 가치도 크며 이를 활용하여 궁궐관람 활성화에 기여할 수도 있을 것이다.

「호가유금원기」의 저자와 내용

표암은 조선 후기 예술사에 큰 족적을 남긴 인물이며, 한국미술사 분야에서는 그에 관한 많은 연구 성과를 축적하고 있다. 특히 2013년에는 강세황 탄신 300주년을 맞아 국립중앙박물관이 특별 기념전을 열었고, 그간의 연구 성과를 집대성하여 국립중앙박물관과 한국미술사학회가 주최한 학술 심포지엄이 있었다. 이러한 연구들은 그의 그림과 글씨, 시 등을 비롯해 당대의 서화에 대해 그가 남긴 평가를 주로 다루어 왔다. 이에 반해 표암의 문집은 2009년에나 완역되었고 여기에 실린 「호가유금원기」는 한문학이나 한국미술사 등의 학계에서는 크게 주목받은 바 없다. 「호가유금원기」 전문은 다음과 같다.

「어가를 따라 금원을 유람한 기문(扈駕遊禁苑記)」

신축(辛丑, 1781)년 9월 초삼일에 나는 규장각에 있는 희우정(喜雨亭)에 입시(入侍)하였으니 임금께서 다섯 빛깔 큰 비단 폭에 병풍 글씨 쓰기를 명하셨기 때문

2) 박동욱·서신혜 역주(2009). 표암 강세황 산문 전집. 姜世晃, 『豹菴遺稿』. 서울: 소명출판; 김종진·변영섭·정은진 역(2010). 표암 유고. 姜世晃, 『豹菴遺稿』. 파주: 지식산업사.

이다. 붓을 채 대기 전에 임금께서 말씀하시기를 "여기에 구경할 만한 아름다운 곳이 있는데, 먼저 글씨를 쓴 후 노닐겠소, 아니면 노닌 후에 쓰겠소?"라 하였다. 내가 우물쭈물 미처 대답을 못 하고 있는데 임금께서 "곧바로 대답을 안 하는 걸 보니 먼저 놀고 싶은 게로구먼."이라 하셨다. 내가 처음에 생각하기로는 승지를 동행시켜 그에게 길 안내를 시킬 줄 알았는데, 임금께서 갑자기 일어나 나오시는 것이었다. 처음에는 태평거(太平車)를 내오라 명하셨다가 태평거가 도착하자 그것은 그냥 내버려 두고 다시 남여(藍輿)를 대령하라 하셨다. 남여의 모양은 모두 중국의 방식을 본뜬 것으로 붉게 칠을 하고 기다란 채 안에 짧은 채가 있었으니 네 사람이 어깨에 메는 것이다.

남여에 오르자 붉은 일산이 앞에서 인도하여 영화당(映花堂) 가로 나섰다. 승지(承旨) 서유방(徐有防)과 김우진(金宇鎭), 제학(提學) 서호수(徐浩修), 직각(直閣) 김재찬(金載瓚)과 서용보(徐龍輔), 사관(士官) 김봉현(金鳳顯), 화원(畫員) 김응환(金應煥)이 따랐다. 북쪽으로 가며 이문원(摛文院)과 어수당(魚水堂)을 지나는데 수레 길이 숫돌처럼 평평한 가운데, 푸른 소나무와 붉은 단풍이 양옆으로 은은하여서 장막을 두른 듯 신선 세계에 들어선 듯도 하였다. 머리를 들고 눈을 돌려 구경하기에 매우 바빴다.

반 리쯤 가니 야트막한 고개가 있었고 고개 넘어 수백 보쯤 갔더니 숲이 트여 눈앞이 환하였다. 바위 언덕과 소나무 숲 사이에 정자가 있었는데 소요정(消遙亭)이었다. 뜰은 깨끗하고 나지막한 담장이 둘러 있었다. 정자 앞에는 기이한 바위가 가로누웠는데 여러 줄의 글씨가 새겨져 있었으나 이끼가 끼어서 자세히 볼 수는 없었다. 바위 모서리와 표면은 여러 겹으로 구멍이 뚫려 화가들의 부벽준(斧劈皴) 방식과 매우 비슷하였다. 대개 자연이 빚은 것이지 사람의 솜씨는 아니었다. 바위 아래에 평평한 반석은 둘레가 거의 20여 보인데, 이곳에 샘물을 끌어들여 유상곡수를 만들었다. 물은 정자의 북쪽을 감싸고 아래로 떨어져서는 폭포가 되었다가 정자의 뒤를 돌아서 흘러갔다. 정자의 약간 북쪽에 네모난 못이 있고 못 안에 청의정(淸漪亭)이 있었으니 짚으로 지붕을 이었다. 약간 남쪽에 또 정자 하나가 못에 임하여 있었으니 태극정(太極亭)이었다. 유상곡수는 대개 이 두 못에서 발원한 것이다. 약간 남쪽에는 자그마한 우물이 있었다. 두 승지가 물을 마셔 목을 축이므로 나도 마시게 해 달라고 하였다. 옆 사람이 은 대접 하나로 물을 길어주므로 몇 사발이나 마셨으니 멀리 걸어와서 매우 목이 말랐기 때문이다. 늙어서도 차가운 것을 꺼리지 않는다고 사람들이 입을 모아 칭찬하였다. 임금께서 향기로운 배 수십 개를 가져다 신하들에게 주라고 하셨으니 대개 그 갈증을 염려해서였다. 임금께서 신하들을 돌아보며 말씀하셨다. "만약 비 온 뒤에 왔더라면 물이 제법 불어서 매우 볼만했을 텐데 지금은 물줄기가 줄어서 약하니 유감이오." 화원(畫員) 김응환(金應煥)에게 세 정자의 경치를 그리게 하셨는데, 밑그림이 채 완성되기도 전에 임금께서 "여기 다른 곳도 볼만하오."라 하시고는 가마를 재촉하셨다. 신하들을 돌아보시며 말씀하시기를 "이 길로 가면 옆에 굴 하나가 있는데, 굴의 깊이가 몇 리나 되는지 알 수 없을 정도요. 옛날에 어떤 사람이 안에 들어갔다가 큰 뱀에게 물렸으니 경들은 굳이 들어갈 것 없소."라 하셨다. 가마를 따라 동쪽으로 꺾어 돌아 몇 리를 가자 정자가 소나무 틈으로 은은히 보였는데, 오솔길은 황량했다. 정자의 편액은 만송정(萬松亭)이라 했다. 굴이 그 옆에 있을 터인데 억지로 찾지는 않았다. 큰길로 되돌아와 또 몇 리를 가다 보니 조각한 담과 색을 칠한 누각이 길 왼편에 나왔다. 임금께서는 지나치시며 들어가지 않으셨으나 일행에게는 두루 보게 하셨다. 문에 들어서니 편액은 망춘정(望春亭)이라 되어 있었다. 육각형의 둥근 전각으로 전각 앞에 예닐곱 칸의 곁채를 두고 전각 가운데에 벽난로를 설치하였으니, 대개 중국의 방식을 모방한 것이다. 정자의 주춧돌은 모두 조각한 흰 옥이었는데 매우 정교하였다.

구경을 다 하고 나오자 어가는 이미 수백 보 밖에 있는 조그마한 전각에 머물러 있었으므로 일행은 황급히 나아갔다. 난간에 조각해 놓은 돌다리를 건넜다. 다리를 건너자마자 팔각형의 정자가 있는데, 물을 가로질러 세워서 솜씨가 매우 화려하였다. 청동을 주조하여 큰 항아리처럼 둥글게 만들어 정자 꼭대기에 덮어 두었으니 존덕정(尊德亭)이었다. 정자에서 약간 남쪽으로 있는 우뚝한 전각(殿閣)은 폄우사(貶愚榭)였다. 전각 앞의 뜰은 널찍했고 꽃담으로 둘러 있었다. 벽돌의 표면은 바둑판같이 네모난 곳에 모두 꽃과 꽃가지를 새겨 두었는데 매우 정교하였다. 그것을 담의 표면에 끼워놓으니 마치 자그마한 병풍을 펼쳐 놓은 것 같았다. 전각 앞 작은 문은 태청문(太淸門)이었다. 솜씨가 매우 예쁘고 고왔다. 옆 사람이 말하기를 "이 문이 궁궐 안에서 가장 기이하게 만들어진 것 같습니다." 하였다. 전각 옆에는 행각(行閣) 대여섯 칸이 붙어 있었다.

계속해서 어가를 따라 행각을 가로질러 동쪽으로 약 1리쯤 가고서야 비로소 궁궐 담 안쪽에 닿을 수 있었다. 담장을 돌아서 남쪽으로 가다가 높직한 고개에 이르렀다. 임금께서 어가에서 내려 소나무 아래 서시더니 신하들을 돌아보며 동쪽의 큰 원림을 가리키며 "이곳은 인평대군(麟平大君)의 옛 궁이요."라 하였다. 또 약간 북쪽에 있는 정원 하나를 가리키시더니 "이곳은 누구의 집이오?" 하고 물으시자, 서유방이 "기재(企齋) 신광한(申光漢)의 옛집인데 지금은 어떤 유생(儒生)이 살고 있습니다."라 대답했다. 유생은 곧 진사 박동현(朴東顯)이다. 김우진이 나와 말하기를 "저곳이 저의 집입니다."라 하자 임금께서 말씀하시기를 "궁궐과 이웃해 있다니 매우 기쁘오."라 하셨다.

인하여 어가에 오르셔서 방향을 바꾸어 산기슭을 내려오니 곧 규장각의 서쪽 문인 영숙문(永肅門) 안에 도착하게 되었다. 이어서 공신문(拱辰門)으로 들어가서 희우정(喜雨亭)에 돌아왔다. 궁중의 진기한 음식을 내리시어 여러 각신(閣臣)들과 먹고 마셨다. 이날은 날씨가 맑았고 미풍도 간간이 불었으며 지나온 소나무 숲은 푸르고 울창하였다. 시원한 소리와 짙은 그늘이 사람의 정신을 맑고 상쾌하게 하여 분주하게 오르내린 수고로움을 잊게 해 주었다.

내가 생각하기에, 명나라의 양사기(楊士奇), 이현(李賢), 한옹(韓雍)이 모두 「사유서원기(賜遊西苑記)」[3]를 남겨 누대와 숲의 좋은 경치를 다 기록해 놓았다. 그러나 이 기록은 내시들이 그들을 인도하여 놀게 한 것에 불과하니, 어찌 우리 임금께서 몸소 이 미천한 신하들을 데리고 다니면서 뛰어난 경치를 하나하나 일러주시고 온화한 얼굴과 따뜻한 음성으로 한 식구처럼 하신 것과 같겠는가! 이는 다만 양(楊) 씨와 이(李) 씨 등 여러 사람이 당시에 얻지 못한 것일 뿐 아니라, 지난 기록을 두루 살펴보아도 전혀 없는 일이다. 내가 어떠한 사람이건대 이와 같은 성스럽고 밝은 세상에서 다시없을 은혜를 받았단 말인가. 멍하니 하늘 상제의 세계에 오른 꿈에서 깨어났나 의심했다. 대략 적어서 우리 자손들에게 전하여 보이노라.[4]

---

3) 서원(西苑)은 북경 옛 황성 서화문(西華門) 서쪽에 있던 원림을 말한다. 박동욱・서신혜 역주(2009)의 원주.

4) 박동욱・서신혜 역주(2009). 앞의 책. pp. 52-61.

'호가유금원' 행사의 의미

주관자, 정조(正祖)

정조는 즉위년(1776년)에 원대한 포부를 담은 규장각(奎章閣)을 설치하여 국정의 핵심기구로 삼았다. 이는 송(宋) 대의 천장각(天章閣)[5] 고사를 따른 것으로 규장각은 정조의 개혁정치와 왕권 강화의 상징적 공간이며 학문의 중추기관으로 자리 잡게 된다. 규장각은 도서관, 학술연구기관, 정책연구기관, 관료 재교육기관 등 여러 역할을 하도록 하였고 정조는 이를 통해 학문정치를 실현하고자 했다.[6] 또 규장각에서는 왕의 정책을 추진할 핵심세력인 초계문신(抄啓文臣)을 양성하였다. 규장각을 설치한 정조는 김홍도로 하여금 이 모습을 그리게 했다. 백악산을 배경으로 울창한 송림에 둘러싸인 규장각의 장중한 모습을 통해 이에 대한 정조의 애착과 정치적 포부를 읽을 수 있다.

「규장각도」, 김홍도, 비단에 채색, 143.2×115.5cm, 1776년, 국립중앙박물관 소장(출처: 국립중앙박물관, http://www.museum.go.kr)

---

5) 천장각(天章閣)은 송(宋) 진종(眞宗)이 설치한 장서각이다. 인종(仁宗)이 즉위한 후에는 진종의 어제문집(御製文集)과 어서(御書)만을 보관하였는데, 천장각학사(天章閣學士), 직학사(直學士), 대제(待制) 등의 관리를 두었다.

6) 박광용(2013). 조선의 18세기, 국정 운영 틀의 혁신. (역사학회 편, "정조와 18세기." 서울: 푸른역사). pp. 54-77.

규장각과 영화당

정조는 친정체제를 구축한 후 재위 7년(1783년)에 자비대령화원(差備待令畵員) 제도를 만들었고 도화서를 국왕 중심으로 운영하도록 하였다. '자비대령화원'은 '임시로 차출하여(差備) 임금의 명령에 대기하는(待令) 화원'이란 의미로, 도화서 화원들과 달리 이들의 임무는 어진(御眞) 도사(圖寫) 등 국왕이나 왕실의 중요한 일만 맡았다.[7] 정조는 이 화원들을 재교육시키고 자신이 지향하는 정치적 이념과 회화적 이념을 직접 하달했으며 그림의 내용이나 방향까지 구체적으로 지시하거나 규장각 각신들이 채점한 점수를 직접 수정하기도 했다.[8] 「호가유금원기」에 등장하는 화원 김응환이나 이즈음에 정조의 어진을 그리고 있었던 김홍도를 비롯해 이인문, 김득신 등은 모두 자비대령화원 출신이다.

정조가 추구한 '군주'의 모습은 군주도통설(君主道統說)에 근거하는 명철(明哲)한 성인(聖人) 군주였으며 초월적 존재인 군사(君師)를 실현하는 것이었다.[9] 정조는 정치적으로나 학문적으로 지도자여야 했으므로 스스로를 '온 시내를 비추는 달의 주인'이란 의미로 '만천명월주인옹(萬川明月主人翁)'[10]을 자칭하며

7) 강관식(2011). 조선 시대 도화서 화원 제도. (삼성미술관 Leeum, "조선화원대전 도록"). p. 269.

8) 강관식(2011). 앞의 글. p. 269.

9) 오수창(2013). 18세기 조선 정치사상과 그 전후 맥락. (역사학회 편, "정조와 18세기." 서울: 푸른역사). pp. 28-53.

10) "만천명월주인옹은 말하노라. … 나는 물과 달의 모습을 관찰하면서 태극·음양·오행의 이치를 깨달았다. 달은 하나며 물은 수만이지만, 물로써 물을 담으니 앞에 흘러가는 물에도 달이요 뒤에 흘러오는 물에도 달이다. 달의 수와 개천의 수가 같으니 개천의 수가 만 개라면 달의 수도 만 개다. 이렇게 되는 것은 하늘에 있는 달이 본래 하나이기 때문이다." 『홍재전서』권 10. 「만천명월주인옹자서(萬川明月主人翁自序)」(한국고전 종합 DB).

도덕적 수양과 학문 연마에 매진했다. '만천명월주인옹'이라는 의미는 성리학의 이념에 근거한 것으로 왕과 백성의 관계를 달과 시내에 비유한 것이다. 즉 달의 본래 모습은 하나이지만 시내에 따라 다른 모습으로 비치는 것은 하나의 이치인 이(理)가 개개의 사물과 상황에 따라 다르게 나타난다는 것이다.[11)]

기록자, 표암 강세황

일반인들은 표암에 대해 '뛰어난 화가'로만 인식하고 있는 경우가 많으며, 이에 조금 더한다면 신위(申緯, 1769~1806년)와 김홍도(金弘道, 1745~1816년)의 스승이라는 정도로 알고 있다. 표암은 당대에 시·서·화 삼절(三絶)로 이름이 높았고 감식안도 뛰어나 '최고의 감식안'으로 인정받았다.[12)] 정조도 표암의 문예적 소양을 "고상한 풍류와 삼절(三絶)의 예술"[13)]이라고 평한 바 있다.

허필(許佖, 1709~1768년)은 표암이 그린 「문방구도(文房具圖)」에 제(題)하기를, "… 세상에 전하기를 '글씨는 왕희지(王羲之), 그림은 고개지(顧愷之)'라고 하는데, 광지(光之)는 두 가지를 겸하지 않았는가!"[14)]라고 썼는데 이는 표암에 대한 당대의 평가를 잘 보여주는 사례이다. 허필은 조선 시대 문인 서화를 대표하는 작가이며 그의 그림과 표암의 글씨는 쌍벽을 이룬다.

후대의 평가도 마찬가지인데, 1970년대에 고(故) 최순우, 고(故) 이동주 선생에 의해 표암은 '예원(藝苑)의 총수(總帥)'로 자리매김하게 된다.[15)] '예원의 총수'라는 말은 표암의 문화적 위상과 조선 후기 화단에 미친 영향을 압축적으로 보여준다.[16)]

강세황의 연표[17)]에 의하면 61세(영조 49년, 1773년)에 영릉참봉(英陵參奉)으

11) 김기봉(2013). 태양왕과 만천명월주인옹: 루이 14세와 정조. (역사학회 편, "정조와 18세기." 서울: 푸른역사). pp. 270-305.

12) 국립중앙박물관(2013). 표암 강세황-시대를 앞서간 예술혼. 탄신 300주년 기념 특별전 전시도록. p. 235.

13) 국립중앙박물관(2013). 앞의 책. p. 43.

14) 국립중앙박물관(2013). 앞의 책. pp. 278-279. 광지(光之)는 강세황의 자(字)이다.

15) 민길홍(2013). 18세기 화단에서 표암 강세황의 위상. 국립중앙박물관, "표암 강세황-시대를 앞서간 예술혼. 탄신 300주년 기념 특별전 전시도록." pp. 345-357.

16) 변영섭(2013). 문화의 시대에 다시 읽는 강세황. 국립중앙박물관, "표암 강세황-시대를 앞서간 예술혼. 탄신 300주년 기념 특별전 전시도록." pp. 314-325.

17) 국립중앙박물관(2013). 앞의 책. pp. 372-375.

로 첫 벼슬에 오르고, 66세(정조 2년, 1778년)에 문신정시(文臣庭試)에 수석 급제하여 한성부 우윤(漢城府右尹) 겸 부총관(副摠管)이 되었다. 69세(정조 5년, 1781년)에 호조참판(戶曹參判)에 오르고 어진감동(御眞監董)을 맡았다. 이때 제자인 김홍도가 주관화사(主管畵師)로 참여하고 있었다. 「호가유금원기」는 이즈음의 일을 기록한 것이다. 76세(정조 12년, 1788년)에는 김홍도, 김응환과 함께 금강산을 유람하고 『풍악장유첩(楓嶽壯遊帖)』, 「피금정도(披襟亭圖)」를 그렸고, 77세(정조 13년, 1789년)에 금강산 그림 초고본을 정조에게 올렸다. 이때 함께한 김응환은 「호가유금원기」에도 등장하는 화원이다.

「강세황 초상」,
이명기, 비단에 채색, 145.5×94.0cm,
국립중앙박물관 기탁
(출처: 국립중앙박물관, 2013: 10)

표암은 71세 때(정조 7년, 1783년)에 한성부판윤(漢城府判尹)으로 임명됨으로써 조부 강백년(姜栢年, 1063~1681년)과 아버지 강현(姜鋧, 1650~1733년)의 뒤를 이어 기로소에 들어가 '삼세기영지가(三世耆英之家)를 이루었다.[18] 삼세기영(三世耆英)은 한 가문에서 정이품(正二品) 이상의 관료로 영달하며 70세 이상의 장수를 누려 기로소에 드는 복을 삼대(三代)에 걸쳐 누리는 것을 말한다. 조선 시대를 통틀어 이 영예를 얻은 가문은 다섯 가문만이 있다.[19] 이를 기념하여 정조는 화원 이명기(李命基, 1756년~미상)에게 표암의 초상화를 그리게 하였다. 표암이 79세(정조 15년, 1791년)에 세상을 뜬 2년 뒤에 정조는 어사제문(禦賜祭文)[20]을 내렸고 이를 이명

18) 국립중앙박물관(2013). 앞의 책. p. 23.

19) 삼세기영지가(三世耆英之家)는 안종원(安宗源, 1325~1394년), 안경공(安景恭, 1347~1421년), 안순(安純, 1325~1394년) 3대, 정유길(鄭惟吉, 1515~1588년), 정창연(鄭昌衍, 1552~1636년), 정광성(鄭廣成, 1576~1654년), 정태화(鄭太和, 1602~1673년) 4대, 이산해(李山海, 1539~1609년), 이경전(李慶全, 1567~1664년), 이무(李袤, 1600~1684년) 3대, 이철보(李喆輔, 1691~1775년), 이복원(李福源, 1719~1792년), 이시수(李時秀, 1745~1821년) 3대, 그리고 강세황 집안이다. 국립중앙박물관, 2013. 앞의 책. pp. 268-269.

기가 그린 초상화 위에 조윤형이 옮겨 적었다.

「삼세기영지가」, 김정희, 종이에 먹, 24.0×117.5cm, 개인 소장(출처: 국립중앙박물관, 2013: 32-33)

이렇듯 표암은 시·서·화에 일가를 이루었고 감식안 역시 뛰어났으며 여기에 관운(官運)이 더해 조선 후기 문화와 예술에 전방위적인 업적을 남겼다. 따라서 표암은 심미안과 묘사력, 서술 능력을 갖춘 화가이자 문장가로서 왕을 따라 후원을 유람한 정황을 정확하게 기록할 수 있는 적임자였다. 이러한 점은 「호가유금원기」가 지니는 사료적 가치를 더해준다.

당일과 그 전후 상황

「호가유금원기」는 정조 5년(1781년) 9월 3일의 기록이다. 당시 표암은 69세였으며 벼슬은 호조 참판이었다. 이해가 갖는 각별한 의미는 정조 즉위년에 설치한 후 역점을 두어 추진해 온 규장각의 체제가 비로소 완성되었다는 점이다. 이해 『정조실록』 2월 13일 '규장각의 각규가 갖추어지다' 기사는 다음과 같다.

> 규장각(奎章閣)은 병신년 정월(初元)에 건립을 시작하였으나 규모가 초창(草創)이어서 해가 지나도 갖추어지지 못하였다. … 임금이 더욱 치도(治道)에 힘을 써서 온갖 제도가 모두 제대로 시행이 되었다. 그리하여 여러 각신(閣臣)에게 거듭 명하여 고금(古今)의 일을 참작하여 차례로 수거(修擧)하게 하니, 각규(閣規)가 비로소 환히 크게 갖추어졌다. 하교하기를, "내각(內閣)의 이름이 광묘(光廟) 병자년에 처음 생겼다가 중도에 폐기되었다. '규장각(奎章閣)'이라는 호칭은 숙묘(肅廟) 갑술년에 시작되었는데 어서(御書)의 편액(扁額)이 지금까지 종정시(宗正寺)에 있다.

20) 어사제문(禦賜祭文). 소탈한 정신, 고상한 풍류는 필묵으로 그 종적을 남겼다. 많은 종이에 글씨를 휘둘러 궁중의 병풍이며 나라의 서첩을 남겼다. 벼슬의 품계가 낮지 않았으며 삼절의 예술은 정건(鄭虔)과 같았다. 중국에 사절로 가서 나라를 빛냈고 기로회(耆老會)에는 선대의 업적을 계승하였다. 인재를 얻기 어렵다는 생각에 초라한 술잔을 베푸노라. 국립중앙박물관(2013). 앞의 책. p. 13.

나 소자가 사복(嗣服)한 뒤 그 뜻을 추술(追述)하여 규장각을 건립한 것은 참으로 우연한 일이 아니다."[21]

이어서 3월 18일에는 '규장각 설치에 공이 있는 신하들에게 전죽(箭竹)을 하사하다'라는 기사가 있다. 이날 상을 받은 사람은 김종수(金鍾秀) 등 10인의 문신(文臣)이었다. 상으로 하사한 물건은 문신에게는 어울리지 않는 화살통과 화살이었는데, 이에 대해 정조는 다음과 같이 말했다.

하교하기를, "… 궁대(弓帒)와 호괄(楛筈)은 문사들에게 맞는 물건이 아니지만, 활에는 느슨함과 팽팽함의 뜻이 있고, 화살에는 굳세고 곧은 경계가 있는 것으로 지금 이를 하사하는 것은 그 뜻이 물건에 있는 것이 아니라, 절문(節文)에 있는 것이다. 이를 겉치레로 귀결시키지 말고 각신들이 모두 직신(直臣)이 되는 것이 내가 주야로 기대하고 있는 것이다. 이런 의도를 아울러 이해(理解)하도록 하라." 하였다.[22]

「호가유금원기」에 등장하는 서호수, 김우진, 서용보도 이날 왕으로부터 전죽을 하사받았다. 즉위년으로부터 5년간에 걸쳐 완비된 규장각은 정조의 친정체제가 구축되었음을 의미한다.

이해 8, 9월경에 정조는 어진(御眞)을 제작하는 일에 힘을 기울이고 있었다. 어진은 최고 통치자인 왕의 권위를 상징하는 신성한 그림이었으므로 화가 선발로부터 봉안하기까지 모든 절차가 주도면밀하게 이루어졌다.[23] 조선 시대의 초상화는 "수염 한 올이라도 다르면 그 사람이 아니다."라고 할 정도로 사실적 묘사를 중시했다. 이 과정에서 겉모습을 사실적으로 묘사하는 것에 더해 그 인물의 정신까지 묘사하는 '전신사조(傳神寫照)'의 원칙을 따랐다. 이로 인해 왕의 어진은 단순한 초상화가 아니라 '왕의 분신' 혹은 '또 한 분의 왕'으로 여겼다. 따라서 어진을 봉안하는 행사 역시 왕의 행차를 모시는 것과 같이 엄중한 일이었다. 『정조실록』의 같은 해 8월 26일에는, '어진 1본을 규장각에 봉안하기 위해 화사 김홍도 등에게 모사를 명하다'라는 기사가 있다. 8월 27일에는 '어용을

21) 『정조실록』. 정조 5년 2월 13일 기사(한국고전 종합 DB).

22) 『정조실록』. 정조 5년 3월 18일 기사(한국고전 종합 DB).

23) 조인수(2011). 조선 왕실에서 활약한 화원들: 어진 제작을 중심으로. (삼성미술관 Leeum, "조선화원대전 도록"). p. 283.

모사할 때 부총관 강세황과 상의 주부 조윤형을 입참하게 하다'라는 기사가 있다. 또 8월 28일에는, '희우정에서 강세황을 소견하고 어용을 모사하는 일을 지휘하게 하다'라는 기사가 있다.

> 임금이 희우정(喜雨亭)에 나아가 부총관 강세황(姜世晃)을 소견하였다. 하교하기를, "내가 선조(先朝)의 고사(故事)를 따라서 바야흐로 어용(御容)을 모사하여 그리고 있다. 듣건대, 경은 평소 화격(畵格)을 익혔다고 하고, 또 숙묘조(肅廟朝) 때 김진규(金鎭圭)의 고례(古例)가 있으니, 경이 1본(本)을 모출(摹出)하라." 하니, 강세황이 대답하기를, "나이가 노쇠한 데 가까워 눈으로 바라보는 것이 흐릿하니, 천일(天日)을 그려냄에 있어 잘못되는 점이 있을까 걱정스럽습니다. 신의 생각에는 곁에서 찬조(贊助)하면서 미흡한 점을 돕게 했으면 합니다." 하자, 임금이 이르기를, "화사(畵師)들의 의장(意匠)이 미치지 못하는 부분을 곁에서 지휘(指揮)토록 하라." 하였다. ….[24]

이같이 어진을 그리라는 정조의 하교에 대해 강세황은 노쇠했음을 들어 정중히 고사하고 자신은 어진감동(御眞監董)을 맡고 그의 제자인 김홍도가 주관화사(主管畵師)를 맡았다.

표암은 김홍도의 스승이자 돈독한 후원자였다. 표암이 쓴 「단원기(檀園記)」[25]에 의하면, 자신은 김홍도가 어린아이였을 때 그림을 가르쳐 주었고 중년에는 같은 관청에 근무했으며 말년에는 함께 예술계에 있는 지기(知己)라고 하였다. 연령 차이가 32세라는 점을 감안할 때 이 두 사람의 관계는 매우 각별했음을 알 수 있다. 두 사람은 나이와 지위를 넘어 '예원의 지기(知己)'로 평생 소중한 인연을 이어갔다.[26]

표암 등이 정조의 안내를 받아 후원을 유람한 날은 9월 3일인데 『정조실록』과 『승정원일기』에는 이에 관한 기록은 없다. 다만 『정조실록』의 이날 기사에 표암과 관련하여 다음과 같은 두 개의 기사에 주목할 필요가 있다.

> '선원전에 전알하고 여러 신하에게 어용을 살피게 하다'
>
> 선원전(璿源殿)에 전알(展謁)하였다. 행례(行禮)를 끝마치고 나서 시임(時任)·원임(原任) 대신(大臣), 각신(閣臣)·승지(承旨) 및 호조 참판 강세황(姜世晃)과 화사(畵

24) 『정조실록』. 정조 5년 8월 28일 기사(한국고전 종합 DB).

25) 박동욱·서신혜 역주(2009). 앞의 책. pp. 33-38.

26) 변영섭(2013). 앞의 글. p. 323.

師) 등에게 아울러 섬돌로 올라와서 어용(御容)을 봉심(奉審)하게 하고, 이어 하교하기를, "계사년의 진본(眞本)을 이모(移摹)하려 하는데 초본(綃本)이 조금 변했으니, 이모할 때 상세히 헤아려 유의(留意)토록 하라." 하였다.

'익선관에 곤룡포를 입고 김홍도에게 어용을 그리게 하다'

희우정(喜雨亭)에 나아가 승지(承旨)·각신(閣臣)을 소견하였다. "익선관(翼善冠)에 곤룡포(袞龍袍)를 갖추고 화사(畵師) 김홍도(金弘道)에게 어용(御容)의 초본(初本)을 그리라고 명하였다."[27]

『승정원일기』에는 이를 보다 상세하게 기록하고 있는데, 희우정에서 왕이 소견한 승지, 각신 14명의 직책과 이름이 있으며 이 중에 호조참판 강세황도 있다. 이 이후에 정조는 서향각(書香閣)으로 갔고 김홍도에게 어용을 그리게 한 후 다시 희우정에 돌아왔다.[28] 따라서 「호가유금원기」의 기록과 같이 궁원 유람을 위해 출발한 곳은 희우정이었음을 확인할 수 있다. 특히 주목할 만한 것은 이 시각을 '진시(辰時)', 즉 오전 7~9시라고 밝히고 있다는 점이다. 따라서 정원을 유람한 시간은 대략 오전 9시 이후부터 점심 식사시간 이전에 이루어진 것을 알 수 있다. 또 김홍도는 어진을 그리는 막중한 일로 인해 궁원을 유람하는 것에 동참하지 못했던 것으로 보인다.

이날 이후에도 어진을 제작하는 일은 계속되었다. 『정조실록』에는 이튿날인 9월 4일 조에 '어진의 초본이 그려지자 제신들에게 보이다', 9월 16일 조에 '서향각에 나아가 어제의 표제를 쓰게 하다', 9월 18일 조에 '어용을 본각에 보관하는 법식을 이르다.' 등의 기사를 볼 수 있다.[29]

동반자

이날 정원을 함께 유람한 사람들은 호조참판 강세황을 비롯해 승지(承旨) 서유방(徐有防)과 김우진(金宇鎭), 제학(提學) 서호수(徐浩修), 직각(直閣) 김재찬(金載瓚)과 서용보(徐龍輔), 사관(士官) 김봉현(金鳳顯), 화원(畵員) 김응환(金應

27) 『정조실록』. 정조 5년 9월 3일 기사(한국고전 종합 DB).

28) 『승정원일기』. 정조 5년 9월 3일 기사(한국고전 종합 DB).

29) 『정조실록』. 정조 5년 9월 4일, 16일, 18일 기사(한국고전 종합 DB).

煥) 등 8인이다. 앞서 살펴본 『승정원일기』에 의하면 서용보와 김응환을 제외하고는 모두 희우정에 함께 입궐했던 사람들이다. 이들의 생애를 정조와 관련된 내용을 중심으로 살펴보면 다음과 같다.

서유방(1741～1798년)은 정조 즉위년에 우부승지에 임명되었고 정조 6년(1782년)에는 규장각직제학(奎章閣直提學)이 되었다. 삼사의 장(長)을 여러 차례 역임했고 이조와 병조의 판서를 거치면서 정조 치세기 초반에 권력의 중추부에 있었다. 서도에 능하여 1785년에 쓴 규장각 상량문 등의 글씨가 있다.[30]

김우진(1754년～미상)은 정조 3년(1779년)에 부수찬(副修撰)이 되어 홍문록(弘文錄)에 올랐다. 정조 4년(1780년)에 규장각직각(奎章閣直閣)을 역임하고 행수선전관(行首宣傳官), 승지를 거쳐 정조 7년(1783년)에 대사성, 이조참의, 광주유수(廣州留守) 등을 역임하였다.[31]

서호수(1736～1799년)는 정조의 즉위에 공로를 세운 서명응의 아들이다. 북학파 학자로 규장각의 각종 편찬사업에 중추적 역할을 하였다. 정조 즉위년(1776년)에 도승지(都承旨)에 임명되어 왕의 측근이 되었고 후에 대사성, 대사헌 등 청관직(淸官職)을 거쳐 규장각의 직제학이 되었다. 이후 규장각의 여러 편찬사업에 주도적 역할을 하여 정조의 문집인 『홍재전서(弘齋全書)』의 기초가 된 『어제춘저록(御製春邸錄)』의 간행을 주관하였다. 정조 14년(1790년)에 다시 진하 겸 사은부사로 두 번째 청나라에 사행(使行)하였고 이때의 일을 『연행기(燕行紀)』로 남겼다. 그의 둘째 아들인 유구(有榘, 1764～1845년) 역시 북학자로 활약하면서 많은 업적을 쌓았다.[32]

김재찬(1746～1827년)은 정조 4년(1780년)에 검열(檢閱)이 되어 『이문원 강의(摛文院講義)』를 편집했고 규장각직각(奎章閣直閣)에 임명되었다. 이어 초계문신(抄啓文臣)에 뽑혔고 검상(檢詳), 이조참의, 대사성 등을 역임하였다. 정조 13년(1789년)에는 홍문관제학(弘文館提學), 대사헌, 규장각 직제학(奎章閣提學) 등을 역임하였다. 이듬해 일시 관직을 떠났다가 정조 18년(1794년)에 규장각직

30) 한국민족문화백과사전(http://encykorea.aks.ac.kr).

31) 한국민족문화백과사전(http://encykorea.aks.ac.kr).

32) 한국민족문화백과사전(http://encykorea.aks.ac.kr).

제학으로 재임명되었고 형조판서, 이조판서, 예조판서, 한성부판윤, 병조판서, 평안도 관찰사 등을 역임하였다. 정조 20년(1796년)에 이조판서에 임명되었고 이듬해 대사헌을 겸임하였다. 정조 23년(1799년)에 병으로 이조판서를 사임하고, 좌참찬, 홍문관제학, 한성부판윤 등을 거쳐 그해 진하 겸 사은사(進賀兼謝恩使)로 청나라에 다녀왔다. 이듬해 규장각제학에 임명되었다. 1800년에 정조가 승하하자 '건릉표석음기(健陵表石陰記)'를 지었고 지실록사(知實錄事)로 임명되어 『정조실록』 편찬에 참여하였다.33)

서용보(1757~1824년)는 정조 7년(1783년)에 규장각직각(奎章閣直閣)이 되었다. 정조 16년(1792년)에 사은부사(謝恩副使)로 청나라를 다녀왔으며 경기도 관찰사, 규장각직제학, 이조・형조의 참판, 개성부유수(開城府留守), 대사헌 등을 지내고 정조 23년(1799년)에 예조판서로 승진하였다. 정조와 정순왕후(貞純王后)의 신임이 두터워 항상 측근에서 정사를 보좌하였다.34)

김응환(1742~1789년)은 도화서 화원으로 호는 복헌(復軒), 담졸당(擔拙堂)이다. 역시 도화서 화원으로 이름이 높은 이명기(李命基)와 장한종(張漢宗)의 장인이며 김득신(金得臣)과 김양신(金良臣)의 큰아버지이다. 조선 후기 도화서 화원을 다수 배출하여 화원 가문을 이루었던 개성 김씨 집안에서도 핵심적 위치를 차지하는 인물로서 이 집안 출신 화원들에게 미친 영향이 상당히 컸다. 정조 10년(1787년)에는 익선관본(翼善冠本) 정조어진(正祖御眞) 도사(圖寫)에 수종화사(隨從畵師)로 활약하였다. 정조 11년(1788년)에는 정조의 명으로 김홍도와 함께 영동 9군과 금강산을 유력(遊歷)하며 실경을 그렸고 이때 표암도 동행하였다. 대표작으로 『금강산 화첩』, 「금강전도」, 「강안청적도(江岸聽笛圖)」, 『복헌백화시화합벽첩(復軒白華詩畵合壁帖)』 등이 있다.35) 표암은 '찰방 김홍도와 찰방 김응환을 배웅하며'라는 글에 이 두 사람에 대해 다음과 같이 썼다.

> … 무신(1788)년 가을 찰방 김홍도와 찰방 김응환이 그림에 재능이 있어서 한 시대에 명성을 날렸다. 그러다가 특별히 상감의 명령을 받들어서 영동을 두루 다니

33) 한국민족문화백과사전(http://encykorea.aks.ac.kr).

34) 한국민족문화백과사전(http://encykorea.aks.ac.kr).

35) 한국민족문화백과사전(http://encykorea.aks.ac.kr).

면서 자연경관을 그림으로 그렸다. … 둘 다 우리나라에 전에 있지 않았던 신필(神筆)이라 할 만하다. ….”[36]

이 외의 동행자로 사관(士官)인 김봉현(金鳳顯)이 있으나 생애가 알려지지 않은 인물이다. 생애가 알려지지 않은 김봉현을 제외하고 이 동반자들이 갖는 공통점은 평생에 걸쳐 정조를 측근에서 보필한 사람들이라는 점이다. 표암은 선왕 때부터 학예를 인정받아 왔으며 정조로부터는 “파격적인 지우(知遇)”[37]를 얻은 노신이었다. 서유방 등은 모두 왕정의 핵심기구인 규장각의 벼슬을 하였고 특히 김재찬은 초계문신 출신이다. 화원인 김응환은 왕의 직속인 자비대령화원을 지냈으며 정조의 어진 도사에도 참여하였다. 특히 서호수(徐浩修)와 김우진(金宇鎭), 서용보(徐龍輔)는 앞서 살펴본 바와 같이 규장각의 체제를 완비한 공을 인정받아 정조의 포상을 받은 바도 있다.

유람 동선

「호가유금원기」에 의하면, 일행은 희우정(喜雨亭)에 입시하였다가 영화당(映花堂)을 출발하여 이문원(摛文院)[38]과 어수당(魚水堂)을 지났다. 이어서 후원의 소요정(逍遼亭), 유상곡수, 청의정(淸漪亭), 태극정(太極亭)을 거쳐 만송정(萬松亭), 망춘정(望春亭), 존덕정(尊德亭), 폄우사(貶愚榭), 태청문(太淸門)을 보았다. 이후 궁궐의 동쪽 담장 가로 가서 인평대군(麟平大君)의 옛 궁과 기재(企齋) 신광한(申光漢, 1484~1555년)의 옛집 등 궁궐 외부경관을 조망한 후 영숙문(永肅門) 안에 도착하여 공신문(拱宸門)을 거쳐 희우정에 돌아왔다. 기록을 토대로 유람 동선과 내용을 요약하면 다음과 같다.

36) 박동욱・서신혜 역주(2009). 앞의 책. pp. 19-20.

37) 이원복(2011). 표암 강세황의 화훼조충화. (국립중앙박물관, “표암 강세황－시대를 앞서간 예술혼. 탄신 300주년 기념 특별전 전시도록”). p. 327.

38) 규장각(奎章閣)의 별칭이다.

유람 동선과 경관장(sequence)

이동 경로	주요시설	경관 특성	현존 여부	비 고
표암 등이 '희우정'에 입시	-	-	○	-
일행이 왕과 함께 '영화당' 가로 나섬	-	-	○	-
북쪽으로 향해 '이문원'과 '어수당'을 지남	-	수레 길이 숫돌처럼 평평하고, 푸른 소나무와 붉은 단풍이 양옆으로 장막을 두른 듯하여 신선 세계에 들어선 듯함	○	-
반 리쯤 지나 야트막한 고개를 넘어 수백 보쯤 감	소요정	숲이 트여 눈앞이 환하고, 바위 언덕과 소나무 숲 사이에 정자가 있음	○	-
		뜰은 깨끗하고 나지막한 담장이 둘러 있음	×	담장은 없음
		정자 앞에는 기이한 바위가 있고, 여러 줄의 글씨가 새겨져 있었으나 이끼가 끼어서 자세히 볼 수 없음 바위 모서리와 표면은 여러 겹으로 구멍이 뚫려 화가들의 부벽준(斧劈皴) 방식과 비슷함	○	위이암 인조의 어필과 숙종의 어제시가 있음
		바위 아래에 평평한 반석이 있고, 이곳에 샘물을 끌어들여 유상곡수를 만들었음. 물은 정자의 북쪽을 감싸고 떨어지는 폭포가 되어 흘러감	○	-
'소요정'의 북쪽에,	청의정	네모난 못이 있고 그 안에 짚으로 지붕을 이은 정자가 있음		-
'청의정'의 남쪽에	태극정	정자가 못에 임하여 있음	○	태극정지는 없음
		유상곡수는 이 두 못에서 발원한 것임	○	-
		남쪽에는 자그마한 우물이 있음	×	-
동쪽으로 꺾어 돌아 몇 리를 감	만송정	소나무 틈으로 정자가 은은히 보이고, 오솔길은 황량함	×	-
		큰 뱀이 산다는 굴이 그 옆에 있을 것으로 짐작함	×	-
큰길로 되돌아와 또 몇 리를 가니 왼편에,	망춘정	조각한 담과 색을 칠한 누각	×	-
		중국의 방식을 모방한 육각형의 둥근 전각 정자의 주춧돌은 모두 조각한 흰 옥이었는데 매우 정교함 전각 앞에 예닐곱 칸의 곁채가 있음	×	-
어가가 수백 보 밖에 있는 조그마한 전각에 머물러 있었으므로 일행은 황급히 나아감				-
난간에 조각해 놓은 돌다리를 건넘	존덕정	물을 가로질러 세워서 솜씨가 매	○	-

이동 경로	주요시설	경관 특성	현존 여부	비 고
		우 화려함 청동을 주조하여 큰 항아리처럼 둥글게 만들어 정자 꼭대기에 덮어 두었음		
정자에서 약간 남쪽에,	폄우사	뜰은 널찍했고 꽃담으로 둘러 있음 벽돌의 표면은 매우 정교하여 마치 자그마한 병풍을 펼쳐 놓은 것 같음	○	-
전각 앞 작은 문이 있음	태청문	솜씨가 매우 예쁘고 고왔음 옆 사람이 말하기를 "이 문이 궁궐 안에서 가장 기이하게 만들어진 것 같습니다." 하였음	×	-
전각 옆에,	행각	전각 옆에는 행각(行閣) 대여섯 칸이 붙어 있음	×	-
행각을 가로질러 동쪽으로 약 1리쯤 가서 궁궐 담 안쪽에 닿음	-	-	-	-
담장을 돌아서 남쪽으로 가다가 높직한 고개에 이르러 임금께서 어가에서 내림 동쪽의 큰 원림을 가리킴	인평대군의 옛 궁	궁궐 외부경관 조망	×	현. 이화장 일대
인평대군의 옛 궁 약간 북쪽에,	신광한의 옛집	궁궐 외부경관 조망	×	현. 이화장 일대
궁궐 인근에 위치	김우진의 집	궁궐 외부경관 조망	-	-
산기슭을 내려와 규장각의 서쪽 문인 '영숙문' 안에 도착함	-	-	-	-
'공신문'으로 들어가서 '희우정'에 돌아옴	-	-	-	-
궁중의 진기한 음식을 내리시어 여러 각신(閣臣)들과 먹고 마심	-	-	-	-

「동궐도」는 창덕궁과 창경궁 및 후원 등 궁궐의 전체적인 모습을 조감도 형식으로 표현한 중요한 사료이다. 「동궐도」의 제작 시기는 대체로 순조(純祖) 치세 연간인 1828년에서 1830년 사이에 제작되었다는 견해가 지배적이다.[39] 따라서 '호가유금원' 행사가 있던 해와는 약 50년의 시차가 있다. 이로 인해 일부 정자와 행각, 담장 등 세부 시설에서는 정조 재위 시의 금원과 「동궐도」에 표현된 금원의 모습의 차이가 있다. 그러나 자연지형과 주요 전각 등의 원형은 큰 변화가 없음을 감안하여 '호가유금원' 행사의 동선을 표시하면 다음의 그림과 같다.

39) 문화재관리국(1991). 앞의 책. p. 43.

「호가유금원기」 유람동선. 「동궐도(東闕圖)」(부분)에 필자 편집.
출처: 문화재관리국, 1991: 별지 부록.

궁궐 외부 경관 조망
- 인평대군의 옛 궁
- 기재 신광한의 옛 집

영화당

청의정과 태극정. 정조는 이곳에서 화원 김응환에게 소요정을 비롯한 세 정자를 그리도록 하였다.

존덕정

소요정과 유상곡수, 위이암. 위이암에는 인조가 쓴 '옥류천(玉流川)' 글씨와 숙종의 시가 음각되어 있다.

존덕정

위이암과 유상곡수

「호가유금원기」에는 현존하지 않는 건물을 비롯해 지당, 담장, 우물 등에 대한 묘사가 있다. 창덕궁 후원의 원형 경관을 밝히기 위한 정우진 등의 연구에서는 이 기록을 바탕으로 소요정 주변의 담장, 태극정지, 폄우사에 부속된 행각, 태청문과 주변 담장 등을 「동궐도」 상에서 확인한 바 있다. 그러나 만송정과 그 인근에 위치한 굴, 태극정 남측의 우물 등은 「동궐도」에도 표시되지 않았으며 현시점에서 그 위치를 추정할 수 있는 사료도 없다. 정우진 등은 「동궐도」의 존덕정 북쪽에 그려진 이름이 없는 건물을 천향각과 망춘정이 있었던 기단으로 추정하였다.[40] 진상철은 이 건물을 신당과 같은 용도로 쓰인 것으로 추정했으며 건물 기단 앞에 육각형의 월대와 그 위에 설치된 육각형 초석을 어막(御幕)을 칠 때 필요한 초석으로 보았다.[41] 이 두 견해에 관해서는 추후의 연구가 필요한 것으로 보인다.

---

40) 정우진 · 오이천 · 심우경(2013). 강세황의 「호가유금원기」로 살펴본 창덕궁 후원의 원형 경관 탐색. 한국전통조경학회지. 31(1): 87-97.

41) 진상철(2012). 「동궐도」에 담겨 있는 우리나라의 조경. (고려대학교박물관, "동궐"). pp. 302-330.

「동궐도(東闕圖)」(부분) 중 망춘정 추정지(출처: 문화재관리국, 1991: 별지 부록).

행사의 성격과 특징

표암 등이 금원을 유람한 날은 중추절이 지난 음력 9월 3일로 가을 풍경이 완연했을 것이다. 이해 2월에는 정조의 숙원이던 규장각이 5년 만에 완비되었다. 또 8월과 9월에 걸쳐 정조는 왕실의 위엄을 보이기 위한 어진 제작에 진력하고 있었다. 이날은 어진의 초본이 완성되기 하루 전이었다. 이러한 일련의 사안들은 정조 즉위 후 5년간에 걸쳐 왕권을 강화하여 친정체제를 갖추어 그 위엄을 드러내는 역점적인 일이었다.

정조는 즉위 초반 자신의 정치 구상을 실현하는 데 기여한 근신들에게 보은을 베풀 필요가 있었던 것으로 보인다. 정조가 선택한 특별한 은전은 근신들에게 궁궐 중에서도 금단의 구역인 금원을 유람하게 하는 것이었다. 정조는 가을 정취가 무르익은 금원을 근신들에게 친히 안내하고 설명함으로써 그간의 노고를 치하한 것으로 짐작할 수 있다.

이날의 행사는 형식과 틀을 갖춘 궁중의 연회(宴會)라기보다 '유(遊)'라는 글자가 의미하는 것처럼 즉흥적 놀이에 가까워 보인다. 표암은 「호가유금원기」에 정조가 유람을 제안한 상황을 다음과 같이 묘사했다.

> … 임금께서 말씀하시기를 "여기에 구경할 만한 아름다운 곳이 있는데, 먼저 글씨를 쓴 후 노닐겠소, 아니면 노닌 후에 쓰겠소?"라 하였다. 내가 우물쭈물 미처 대답을 못 하고 있는데 임금께서 "곧바로 대답을 안 하는 걸 보니 먼저 놀고 싶은 게로구먼."이라 하셨다. ….[42]

정조의 제안은 격식이 없고 인간적인 모습으로 마치 필부(匹夫) 간 농담을 주고받는 듯하다. 이러한 파격은 표암을 비롯한 이날의 참석자에 대한 신뢰와 친근감에서 비롯한 것으로 보인다. 이날의 행사가 즉흥적이었다는 또 다른 근거는, 왕이 베푸는 공식적인 연회인 '상화조어연(賞花釣魚宴)' 등에 대해서는 『정조실록』이나 『승정원일기』에 상세히 기록하였으나 '호가유금원'에 대한 기록은 없다는 점이다. 이날 유람에 참여한 신하들은 왕이 베푼 은전에 크게 감격하였을 것이다. 표암은 이 영광스러운 일을 다음과 같이 기록했다.

> … 어찌 우리 임금께서 몸소 이 미천한 신하들을 데리고 다니면서 뛰어난 경치를 하나하나 일러주시고 온화한 얼굴과 따뜻한 음성으로 한 식구처럼 하신 것과 같겠는가! … 내가 어떠한 사람이건대 이와 같은 성스럽고 밝은 세상에서 다시없을 은혜를 받았단 말인가. 멍하니 하늘 상제의 세계에 오른 꿈에서 깨어났나 의심했다. 대략 적어서 우리 자손들에게 전하여 보이노라.[43]

정조는 즉위 초반 기간에 자신의 정치 구상을 실현하는 데 기여한 근신들의 노고를 위로하기 위해 궁중 내 금단의 공간인 금원을 유람하게 하였다. 이를 위해 왕은 친히 금원의 곳곳을 안내하고 설명하였다. 이러한 일은 표암이 원문에서도 밝혔듯이 중국은 물론 조선 시대에도 전무후무한 일이다.

---

42) … 敎曰: "此有佳處, 可以遊賞, 欲先書而後遊乎, 欲先遊而後書乎." 臣逡巡未及對, 上曰: "不卽對者, 其必欲先遊也." …. 박동욱 · 서신혜 역주(2009). 앞의 책. p. 42, 59.

43) …豈有如我聖上躬率螻蟻之賤, 指敎絶景勝地, 和色溫言, 無異家人也哉! … 臣是何人, 及能得此曠絶之渥於聖明之世也? 惝恍然疑如覺勻天地夢, 畧記而傳示我子孫云爾. 박동욱 · 서신혜 역주(2009). 앞의 책. p. 59, pp. 60-61.

마무리 말

「호가유금원기」는 왕이 친히 신하들을 이끌며 궁원을 안내하고 설명한 일을 기록한 특별한 글이다. 이러한 일은 중국은 물론 조선 시대에도 전무후무한 일이기에 한국의 조경문화사에 있어 매우 귀한 사료이다. 특히 이 일을 기록한 사람이 당대에는 시·서·화 삼절로 이름이 높았고 후대에는 '예원의 총수'로 평가받는 표암 강세황이라는 점은 이 사료의 가치를 더한다.

이 유람행사의 성격은 정조의 집권 초반기에 친정체제를 구축하기 위한 규장각의 완비와 왕의 위엄을 나타내는 어진 도사 등에 기여한 근신의 노고를 치하하는 자리였다. 이 행사에 참여한 사람들은 오랜 기간에 걸쳐 정조를 측근에서 보필한 사람들이었다. 정조는 자신의 정치 이념을 실현하는 데 공이 큰 근신들에 대한 은전을 베풀기 위해 궁중 내에 금단의 공간인 후원을 활용하였다. 이날 후원을 유람한 경로는 가을 정취를 즐기기 위해 정조가 의도적으로 선택한 최상의 유람 동선이었을 것이다.

이 행사의 특징은 격식이 없고 다소 즉흥적인 '유람'이었다. 정조 치세 중반 이후에 신하들에게 베푼 '상화어조연'은 꽃구경과 낚시, 시 짓기 등 행사의 개최 시기와 형식, 참가자격 등의 틀을 갖춘 궁중 '연회'였음에 비해 이날의 행사는 비교적 사적이고 자유로운 '놀이(遊)' 성격을 갖는다. 따라서 『실록』이나 『승정원일기』 등의 사서에는 이와 관련된 기록이 전혀 없다.

「호가유금원기」에는 후원 곳곳을 안내하는 정조의 생생한 음성과 표암의 감흥이 담겨 있다. 관람자들은 후원을 구경하는 도중에 시원한 샘물을 마시거나 잘 익은 배를 먹기도 했고 정자의 경치를 그리기도 했다. 정조는 유람을 마치고 진기한 궁중의 음식을 내렸다. 「호가유금원기」는 우리나라 궁궐 정원과 관련해 귀중한 문화콘텐츠로서 추후 궁원 관람에 있어 스토리텔링 자원으로 활용 가능성이 크다. 이에 대한 활용 방안을 모색할 필요가 있다고 생각된다.

덧붙이는 말

조선의 정조와 프랑스의 루이 14세(Louis XIV, 1638~1715년)는 여러 면에서 유사한 점이 있고 또 한편으로 차이점도 있어서 비교 대상이 되기도 한다.[44] 이 두 사람은 모두 자신의 국가 역사에서 위대한 왕으로 꼽힌다. 또 두 사람 모두 어린 나이에 생존을 위해 권력의 필요성을 절실히 경험했으며 재위 기간에 강력한 왕권을 추구했다. 한 사람은 자신을 '동서남북의 주인'이자 '태양왕(Sun King)'이라 칭했고 다른 한 사람은 '온 시내를 비추는 밝은 달의 주인(萬川明月主人翁)'이라 했다.

루이 14세는 '지상 최대의 정형식 정원'이라 일컫는 베르사유(Versailles)를 소유했다. 거대한 베르사유 정원은 신이 부여한 절대 왕권을 표상하는 공간이었다. 정원의 기본 도상은 태양을 상징하는 방사형 축을 기본으로 하며 태양의 신 아폴로(Apollo)와 그 어머니인 라토나(Latone)의 조각상을 배치했다. 루이 14세는 베르사유에 초대받은 귀족이나 외국 사절에게 자신의 정원을 소개하는 것을 즐겼다. 그 스스로 『정원을 관람하는 방법(The Way to Present the Gardens of Versailles)』이라는 베르사유 관람 안내서를 쓰기도 했다. 이 모든 것들은 자신만이 소유한 남다른 권위를 과시하기 위함이었다.

루이 14세에게 베르사유 정원이 있었다면 정조에게는 창덕궁 후원이 있었다. 루이 14세는 자신의 절대 권위를 과시하기 위해 베르사유 정원 안내서를 직접 썼으나 이에 비교되는 글이 표암의 「호가유금원기」이다. 다음 꼭지의 글에서 후술하겠으나 정조는 이 후원에서 군신동락(君臣同樂)의 자리를 여러 차례 마련했다.

44) 정조와 루이 14세 유사점에 착안한 일부 한국학 연구자들의 견해는, 두 왕의 치세기를 통해 자국이 근대국가로 발전할 수 있는 토대를 마련했다는 입장도 있다. 이에 대해 김기봉은 문체반정 등 정조의 문화정책을 근거로 그의 역할에 부정적인 견해를 밝히기도 했다. 김기봉(2013). 앞의 글. pp. 270-305.

THE WAY TO PRESENT
THE GARDENS
OF VERSAILLES
BY LOUIS XIV

『정원을 관람하는 방법』 표지
(출처: Editions de la Réunion des Musées Nationaux, 1992)

루이 14세의 친필 원고
(출처: Editions de la Réunion des Musées Nationaux, 1992)

XIII

GO DOWN AS FAR AS APOLLO
AND PAUSE TO LOOK AT THE SCULPTURES,
THE VASES ON THE ROYAL AVENUE,
LATONA AND THE CHÂTEAU; YOU WILL ALSO SEE THE CANAL.
IF ONE WISHES TO SEE THE MENAGERIE AND TRIANON
ON THE SAME DAY,
PROCEED AHEAD, RATHER THAN LOOKING
AT THE OTHER FOUNTAINS.

『정원을 관람하는 방법』
(출처: Editions de la Réunion des Musées Nationaux, 1992: 38-39)

제8장

정조(正祖)의 궁원(宮苑) 유락(遊樂)

들어가는 말

앞의 글에서 표암의 「호가유금원기」에 담긴 내용과 의미를 살펴보았으나 이후에 후속되는 여러 의문점이 남는다. '호가유금원'과 같은 행사가 더 이상은 없었는가? 약 25년간의 재위 기간 동안 정조는 궁궐 후원에서 무엇을 어떻게 이용하였는가? 즉 정조는 궁원을 '언제', '어디서', '누구와', '어떻게' 이용하였고 그 '이유'는 무엇인지 등에 대해 구체적으로 밝혀진 바가 거의 없다. 본고에서는 이러한 의문점을 살펴보고자 한다.

정조는 1776년 3월 10일 숭정문에서 즉위하여 정조 24년(1800년) 6월 28일 영춘헌에서 서거하였다. 영조의 치세기와 함께 이 시기를 '조선의 문예 부흥기'라 칭한다.

조선 시대에 왕은 엄격한 법도에 따라 빠듯한 일과를 보냈다. 하루에 조강(朝講)과 주강(晝講), 석강(夕講) 등 세 차례의 경연(經筵)에 참석해야 했으며, 매일 아침에 조회인 조참(朝參) 혹은 상참(常參)이 열렸으며, 수많은 국사를 처리해야 했다.

정조는 유난히 바쁘고 부지런한 왕으로 알려져 있으며 그는 눈코 뜰 새 없이 바쁜 생활을 보냈다고 한다. 정조 스스로도 "나는 바빠서 눈코 뜰 새 없으니 괴롭고 괴로운 일이라!"[1]고 하였다. 이런 일상이 계속되는 정조에게 궁궐의 정원은 어떤 의미가 있었는지 또 이를 제대로 즐기는 것이 가능했는지 알 수 없다.

지금까지 궁원에 관한 연구는 경관 특성과 맥락을 해석[2]하거나 경관의 변천

1) 此中役役 眼鼻莫開 苦事苦事. 안대회(2009). 어찰첩으로 본 정조의 인간적 면모. 대동문화연구. 제66집. p. 155에서 재인용.

2) 이수학(2000). 창덕궁 후원의 경관에 관한 소고. 한국조경학회지. 28(1): 92-108.

과정[3])을 중심으로 연구 성과가 축적되어 왔다. 또 궁원에서 왕이 주관하는 의례(儀禮)와 시사(試射), 습진(習陣) 등 정기적인 공적 행사에 관한 연구 성과도 있다.[4]) 이 외에도 왕과 신하들의 관경, 친잠과 친경, 기우제 등을 비롯해 망배례와 연회 등 왕실행사, 문과와 무과의 과거시험, 활쏘기와 무예 조련 등 궁원의 이용행태에 주목한 연구도 있다.[5]) 이러한 선행 연구 성과들은 대부분 의례와 제례, 과거시험 등 왕의 공적인 통치 행위와 관련된 이용행태에 한정되어 있다. 역대 왕들이 자신의 주거지이자 생활공간인 궁원에서 유락(遊樂)을 즐긴 사례에 주목한 연구는 없었다.

본고에서는 이러한 의례적이고 공식적인 행사는 논외로 하며 통치권자인 왕의 생활공간으로서의 궁원에 주목하고자 한다. 즉 왕이 단독으로 혹은 신하와 더불어 즐긴 '열락정원(悅樂庭園, pleasure garden)'으로서의 궁원 기능에 한정하였다. 본고에서 다루는 공간적 범위는 궁원이다. 그러나 정조는 궁궐과 인접한 승경지인 세심대(洗心臺)에 나가 신하들과 꽃구경 등을 한 기록이 여러 차례 있다. 이 행사는 봄철 개화기에 행하도록 정례화되어 '세심대 놀이'로 정착하였으며, 따라서 본고에서는 이 행사도 함께 살펴보았다.

이상과 같은 의문점을 해소하기 위해 고찰한 1차 사료는 『정조실록』, 『일성록』 등 편년체 사서이다. 특히 『일성록』은 정조가 세손 시절부터 자신을 반성하기 위해 쓰기 시작한 『존현각 일기』로부터, 즉위 후에는 국정과 정치에 참고하는 나라의 일기로 발전하였다.[6]) 따라서 『일성록』은 실록에 기록하지 않은 미시적인 사실들을 확인할 수 있는 유용한 사료이다.

편년체 사서만으로는 정조의 여가 활동 등 개인적 성향을 파악하는 데 한계가 있으므로 이를 보완하기 위한 2차 사료로 『홍재전서』 등에 실린 시문 등을 고찰

---

3) 정우진 · 오이천 · 심우경(2013). 강세황의 「호가유금원기」로 살펴본 창덕궁 후원의 원형 경관 탐색. 한국전통조경학회지. 31(1): 87-97.

4) 김현욱 · 김용기 · 최종희(2000). 조선왕조실록 분석을 통한 경복궁과 창덕궁 후원의 공간이용행위에 관한 연구. 한국정원학회지. 18(3): 41-50; 김현욱(2007). 조선왕조실록에 나타난 창덕궁의 공간이용행위에 관한 연구. 한국전통조경학회지. 25(3): 40-52. 이러한 연구는 『조선왕조실록』의 관련 기사를 토대로 수행하였으며 왕의 공식적 행위에만 국한하여 연구가 진행되었다는 한계가 있다.

5) 정우진 · 심우경(2011). 창경궁 후원 이용의 역사적 고찰. 한국전통조경학회지. 29(1): 71-89.

6) 최승희(1988). 해제. (민족문화추진회 역, 『일성록』). pp. 1-20.

하였다. 『홍재전서』는 정조의 글들을 종류별로 분류하여 정리한 것으로 정조를 중심으로 한 당대의 정치, 사회, 문화를 이해하는 데 필수자료이기 때문이다.[7] 특히 여기에 포함된 『일득록』은 정조의 말과 행동을 신하들이 기록한 것으로 그의 성격과 학문을 이해하는 데 큰 도움이 된다. 이와 함께 정약용(丁若鏞, 1762～1836년)의 『다산 시문집』, 이덕무(李德懋, 1741～1793년)의 『청장관전서』 등 정조의 행적을 찾아볼 수 있는 동시대의 일반 문집도 함께 고찰하였다.

상화조어연(賞花釣魚宴)

의의와 성격

정조 이전의 역대 왕들도 궁원에서 신하들에게 '어연(御宴)'을 베풀어 왔다. 『동각잡기』에는 중종 35년(1540년) 3월에 '상화연'을 열어 경회루에서 신하들과 무예 연습을 관람하고 시 짓기와 후원에서 꽃 구경을 했으며 술을 하사하여 모두 취하여 나왔다는 기록이 있다.[8] 같은 기록에 명종(재위 1545년～1567년)도 후원에 거동하여 신하에게 술을 주었다는 기록이 있다. 또 영조 5년(1729년) 정월에도 대궐 뜰에서 잔치를 차려 술과 음악을 내리고 참여한 사람에게 각각 납촉(蠟燭) 한 자루씩을 주고 밤이 깊도록 놀다가 파하게 하였다. 이 밖에도 숙종과 영종 재위 기간에 여러 차례의 상화연이 있었으며 정조 치세기 이후 순조, 헌종, 철종, 고종 대에도 이러한 어연이 관례적으로 이어졌음을 『실록』을 통해 확인할 수 있다.

역대 왕들의 '상화연'과 달리 정조 재위 기간의 '상화연'은 규례를 정하고 정례화했다는 차이점이 있다. 정조는 즉위년(1776년)에 규장각을 설치하여 왕정의 핵심기구로 삼았다. 이는 송 대의 천장각을 전범으로 했는데 규장각은 정조의 개혁정치와 왕권 강화의 상징적 공간이며 학문의 중추기관으로서 역할을 하

7) 김문식(2000). 정조 어제집 『홍재전서』의 서지적 특징. 한국학중앙연구원 장서각. 제3집: p. 31.

8) 『동각잡기(東閣雜記)』 하. 「본조선원보록(本朝璿源寶錄)」 2. (한국고전 종합 DB).

도록 했다. 즉위 초에는 규장각의 관원이나 제도 등이 미비한 상태였으나 이후 정조 5년(1781년) 2월 13일에야 비로소 규장각의 제반 규율과 의례(儀禮)가 완비되었다.[9] 이날 규장각에서 정조에게 고사절목(故事節目)을 써서 올렸으며 여기에는 다음과 같은 내용도 있다.

> "송 태조(太祖)가 포연(酺宴)을 내린 고사를 인용하여 …. '이제 내각(內閣)을 새로 창건한 때를 당하였으니 의당 고사를 수거(修擧)하여야 한다. 해마다 3월과 9월에는 반드시 한가한 날을 선택하여 봄, 가을로 유락하되 기일에 앞서 초기(草記)를 올려 취품(取稟)하여 유지(有旨)를 얻은 연후에 유하정(流霞亭)으로 나아간다.' …."[10]

이에 의하면 성 밖의 유하정을 규장각에 귀속시켜 독서당(讀書堂)으로 사용하게 했으며 봄, 가을의 영절(令節)에 한 차례씩 규장각의 각신(閣臣)은 유하정에 나가 유락하는 것을 규정으로 정한 것이다. 그러나 각신들이 성 밖에 나가 연회를 갖는 것에는 여러 제약이 있었으며 국가적 우환 등으로 인해 실제로 정조 연간에 유하정에 나가 유락한 기록은 찾아볼 수 없다.[11] 후에 이 행사는 봄철에 내원에서 꽃구경과 낚시를 즐기는 '상화조어연'으로 정착된 것으로 보인다. 후에 이 행사는 상화연, 상화조어연 혹은 내각상조회 등 여러 명칭으로 나타난다.

정조는 각신들을 위해 상화연을 베푸는 이유와 그 의의를 여러 차례 밝혔다. 이에 의하면, 정조 즉위 이전에는 궁궐의 후원에서 왕이 베푸는 연회에 외척이 아니면 참여할 수 없었던 전례에 비해, 자신은 정치에 간여하는 외척의 폐단을 경계하고 어진 사대부를 우대함으로써 바른 정치를 드러내 보이고자 한다는 것이다. 후술하겠으나, 세손 시절의 정조는 외척과 권신의 세도와 그 폐단을 절실하게 경험했으며 이로 인한 당쟁으로 부친의 비극적 죽음을 겪은 바 있다.

> … 궁궐 안 동산에서 명승지를 찾아 베푸는 연회에 외척이 아니면 참여할 수 없게 되었으니, 이것도 한 번의 세도이다. 나는 동궁 시절부터 성품상 사대부 접견하기를 좋아하였고, 또 외척이 정치에 간여하는 걱정을 깊이 징계하여 반드시 한

9) 『정조실록』. 정조 5년(1781) 2월 13일, '규장각의 각규가 갖추어지다'(한국고전 종합 DB).

10) 『정조실록』. 정조 5년(1781) 2월 13일, '규장각에서 고사 절목을 올리다'(한국고전 종합 DB).

11) 『일성록』. 정조 5년(1781) 9월 18일 기사에도 남쪽 지방과 북쪽 지방 백성들이 우환이 심하여 연회를 취소한 기록이 있다(한국고전 종합 DB).

세상을 크게 새롭게 하려고 하였으니, 규장각을 만들고 각신을 둔 것은 이 때문이다. 해마다 늦은 봄이면 상화연을 베풀어서 상하가 함께 기뻐하고 젊은이와 어른이 모두 모이며, 예는 간략하나 뜻은 진실하고 취하지 않으면 돌아가는 이가 없었으니, 이 얼마나 성대하며 아름다운 거사인가. … 여러 각신은 각자 이 하교를 잊지 말고 마음에 새기고 띠에 쓰도록 하라.[12]

정조 19년(1795년)의 상화연에서도 "예로부터 내원의 놀이에는 척리(戚里)가 아니고서는 들어와 참여할 수가 없었으니 외신(外臣)을 내연(內宴)에 참여시킨 것은 특별한 은전이라 하겠다."[13]라고 거듭 강조하고 있다. 이 규례에 의하면 군신이 함께 꽃 구경을 하고 물고기를 낚는 상화조어연은 규장각이 주관할 뿐만 아니라 오로지 규장각을 위한 연회이다. 이는 정조의 국정 운영에 있어서 규장각의 역할과 그에 대한 기대를 잘 보여준다. 이러한 점에서 상화조어연은 후술할 여타의 궁중 연회와 차별성이 있다.

개최한 해와 행사 개요

상화조어연이 처음 열린 것은 정조 12년(1788년) 봄이다. 『정조실록』이나 『일성록』에는 이에 관한 기록이 전혀 없다. 다만 『홍재전서』에는 첫 번째 상화조어연에 대해 다음과 같은 기록이 있다.

규장각을 설치한 것은 천장각의 고사를 본뜬 것이다. 봄마다 각신과 내원에서 꽃구경하고 낚시질하는 것을 정례화하였는데, 이것 또한 고사를 따른 것이다. 이 모임은 각신이 주관하고, 각신이 아닌 사람은 참여하지 못한다. 이 또한 이 모임의 규례이다. 이 놀이는 무신년(1788년)에 시작하였는데 참여한 이는 9명이었다.[14]

이후 두 번째 상화조어연은 4년 후인 정조 16년(1792년) 3월 21일에 있었다. 실록에 의하면, 정조는 이날 규장각 신하들에게 '집안사람을 대하는 예(禮)'로 대한다고 했다. 이 말은 세도로 정치에 관여하여 분란을 일으키던 외척을 배제하였고 그 자리를 규장각 신하로 대신하겠다는 것이다. 이날 행사에는 각신의

---

12) 『홍재전서』 제177권. 『일득록(日得錄)』 17, 훈어(訓語) 4(한국고전 종합 DB).

13) 『정조실록』. 정조 19년(1795) 3월 10일 '내원에서 꽃 구경을 하고 낚시질을 하다'(한국고전 종합 DB).

14) 『홍재전서』 제182권. 「군서표기(羣書標記)」 4, 어정(御定) 4, 갱재축(賡載軸) 48권. 내원상화 갱재축(內苑賞花賡載軸) 간본(한국고전 종합 DB).

자제와 아우까지 29명이 참석했다.

> 내가 각신들에게 이르기를, "요사이 날씨가 따뜻하고 화창하여 내원의 꽃 소식이 특히 이르니, 경들과 더불어 꽃구경을 해야겠다. 내가 내각을 설치한 이래로 이 직임에 있는 모든 사람을 한집안 사람처럼 보고 있으니 오늘의 모임도 집안사람을 대하는 예(禮)를 쓰겠다." ….[15]

『일성록』을 토대로 이날의 행사를 살펴보면, 정조는 참석자들에게 음식을 내리는 선반(宣飯)을 한 후 모두 말을 타고 성도문, 연생문, 명광문, 청양문, 농산정을 거쳐 존덕정에서 쉬었다. 기록에는 옥류천의 물이 소리를 내며 흘렀고 산두견화와 백목련이 아름다웠다고 한다. 다시 말을 타고 영숙문, 영화당을 지나 수택재[16]로 갔다. 모두 연못가에 둘러앉아 낚시했는데 한 마리를 낚을 때마다 깃발을 들고 풍악을 연주하게 하였다. 배를 대고 참석자들은 번갈아 배를 탔으며 생(笙), 적(笛), 부(缶), 소(簫) 등의 악기를 배에 싣고 노래를 잘 부르는 자로 하여금 어부사(漁父詞)를 부르게 했다. 시를 지은 후에는 걸어서 의춘문을 거쳐 춘당대로 가서 꽃 떡을 부쳐서 나누어 먹였다. 동쪽 언덕에 사후(射侯)를 설치하고 활을 잘 쏘는 사람들과 짝을 지어 활을 쏘았다.

세 번째 상화조어연은 이듬해인 정조 17년(1793년) 3월 20일에 있었다. 이해는 계축년(癸丑年)이었으므로 난정수계(蘭亭修禊)[17]의 고사를 따라 각신과 그 자제와 승지나 사관을 지낸 약간 명을 특별히 추가해 39명의 인원이 참석했다. 『정조실록』의 기록에는, 내원의 여러 경치를 둘러보고 옥류천 가에서 술과 음식을 내리고 물가에 앉아 시를 지었다. 신하들과 물고기를 낚은 후 방생하였는데, 기록에는 이날 정조가 한 말을 다음과 같이 기록했다.

---

15) 『일성록』. 정조 16년 3월 21일. '편전(便殿)에서 각신들을 소견하고, 이어 내원(內苑)에서 함께 꽃과 물고기를 구경하였다.'(한국고전 종합 DB).

16) 부용지에 있는 정자로 숙종 대에 세운 택수재(澤水齋)가 있었다. 수택재(水澤齋)란 명칭이 혼재한다. 정조 16년(1792년)에 낡은 택수재를 개축한 후 부용정(芙蓉亭)이란 명칭으로 정착되었다.

17) 난정수계(蘭亭修禊)는 중국 진(晋)나라 영화(永和) 9년(계축년, 353년)에 왕희지(王羲之)를 비롯한 42인의 문사가 아회(雅會)를 가진 것을 말한다. 이 고사는 문인들의 아회, 시사(詩社)의 전범이 되었고 우리나라에도 다양하게 수용되었다.

> 내원(內苑)에 거둥하여 근시(近侍)와 꽃을 감상하고 물고기를 낚았는데, 상이 낚은 것과 여러 신하가 낚은 것을 모두 방생(放生)하라고 명하고, 하교하기를, "옛 사람의 시에 이르기를, '자적(自適)함을 취하는 것이지 물고기를 취하는 것은 아니다(取適非取魚).' 하였으니, 또한 이런 뜻이다." 하였다.[18]

이해 3월에는 숙선옹주(淑善翁主)가 태어났다. 『실록』과 「정조대왕 행장」에는 이날의 행사를 기록하며 "태평 시대의 훌륭한 일"[19]이었으며 "… 그때는 경사가 거듭 겹치고 조야(朝野)가 안정된 시기였다. …."[20]라고 하였다.

네 번째 상화조어연은 정조 18년(1794년) 3월 15일에 있었고 54명이 참석했다. 『일성록』에 의하면 이날 연회는 부용정을 출발하여 농산정, 의춘문을 지나 소요정에 이르러 경치를 두루 구경하게 한 후에 유상곡수(流觴曲水)를 즐겼다. 청의정을 지나 농산정에서 시를 지은 후 구운 떡과 법주를 내렸다. 이날의 일을 기록한 『일성록』에서 정조가 한 이야기 중 몇 대목을 인용하면 다음과 같다.

> "금원(禁苑)의 수풀이 봄을 맞아 한창 절정이므로 오늘 노닐 때 경들과 함께하고 싶었으며, 영의정과의 오랜 약속도 실천하려고 한다."
>
> "상원(上苑)은 꽃이 더욱 아름다우니, 이어 경들과 옥류천(玉流泉)의 수석(水石)을 함께 감상하는 것이 좋겠다. 경들이 걸음을 걷기가 어려울 듯하니, 편리한 대로 먼저 나아가라."
>
> "이 안에 처음 들어오는 조관(朝官)과 유생(儒生)에게는 그대가 길을 가르쳐주어 경치 좋은 곳들을 두루 구경하게 하라."
>
> 시 한 수를 지을 때마다 술 한 병을 마시는 놀이를 이번 자리에서 빼놓을 수가 없다. 그대들이 술 마시는 것을 감독하여 한 사람도 마시지 않는 사람이 없게 하라.[21]

일행은 영화당으로 가 활쏘기를 한 후 의춘문을 거쳐 부용정에서 낚시질했으며 옥적(玉笛)을 불며 뱃놀이를 했다. 달이 뜨자 뱃머리에 홍사롱(紅絲籠)과 청사롱(靑紗籠) 2쌍을 걸고 홍사롱 30대를 못가에 벌여 세웠다. 왕은 배에 술

18) 『홍재전서』 제176권. 『일득록』 16, 훈어(訓語) 3(한국고전 종합 DB).

19) 『정조실록』. 정조 17년 3월 20일. '여러 신하와 내원에서 꽃 구경을 하면서 시를 읊게 하다'(한국고전 종합 DB).

20) 『정조실록』 부록. 「정조대왕 행장(行狀)」⑦(한국고전 종합 DB).

21) 『일성록』. 정조 18년 3월 15일. '내원(內苑)에 나아가 꽃을 감상하고 낚시질을 하였다.'(한국고전 종합 DB).

과 안주를 주도록 하여 배에 탄 사람들이 시를 짓게 했다. 이후에 의춘문, 청양문, 연생문을 거쳐 영춘헌으로 갔으며 원자(元子)가 신하와 자제들에게 부채와 향, 채대(彩帶)를 나누어 주었다.

부용지와 부용정

다섯 번째 상화조어연은 정조 19년(1795년) 3월 10일에 있었다. 이해는 을묘년으로 정조에게는 각별한 의미가 있는 해이다. 을묘년은 정조의 선친인 사도세자가 태어난 해이자 남편과 동갑인 혜경궁 홍씨가 회갑이 되는 해였다. 더구나 정조 자신은 즉위 20년을 맞는 해였다. 따라서 정조는 이해 봄에 정순대비, 경모궁, 혜경궁의 존호를 더 올렸고 즉위 20주년 하례를 받았다. 이날의 심정을 정조는 다음과 같이 피력하였다.

> 올해야말로 천 년에 한 번 있을까 말까 한 경사스러운 해이다. 그러니 이런 기쁜 경사를 빛내고 기념하는 일을 나의 심정상 어찌 그만둘 수 있겠는가. …[22]

이전 연회의 참석 범위는 각신의 자제와 아우 혹은 조카로 한정했으나 이날

22) 『정조실록』. 정조 19년 3월 10일, '내원에서 꽃 구경을 하고 낚시질하다'(한국고전 종합 DB).

은 재종(再從)과 삼종(三從)까지로 확대하고 영의정 홍낙성(洪樂性)의 아들과 손자, 각 판서 등을 추가하여 98인이 참석했다.[23] 이날의 행사는, 참석자 모두가 말을 타고 어수당으로 가 천향각에 어좌(御座)를 설치하고 왕이 술과 안주를 하사했으며 각자 경치 좋은 곳에서 놀며 쉬게 했다. 이후 존덕정, 태청문을 거쳐 춘당대에서 활쏘기하고 부용정과 태액지[24]에서 낚시질했다. 참석자들이 물고기를 낚아 올릴 때마다 음악을 연주하였고 연회는 밤이 되어서야 파했다고 한다.

정조 21년(1797년) 2월에는 이조판서와 우의정을 지낸 윤시동(尹蓍東, 1729~1797년)이 사망하였다. 노신 죽음을 애도하는 분위기 속에서 정조는 상화조어연을 열 수 없었기에 다음과 같이 하교하였다.

> 매년 상화연을 폐한 적이 없었으나, 금년에는 고(故) 우상(右相)이 원임 제학으로서 막 운명하였다. 어찌 시 짓고 술 마시며 잔치 베풀고 즐기어 옛사람들이 받았던 두거(杜擧)의 나무람을 불러들일 것인가. 장차 내년을 기다리리라.[25]

노신의 죽음으로 연기된 이해 이후 상화조어연은 다시 열리지 못했다.

참석자의 기록

정약용(丁若鏞, 1762~1836년)은 정조 13년(1789년)에 벼슬을 시작하여 초계문신이 되었고 이후 10년간 여러 직책을 역임하며 정조의 총애를 받았다. 벼슬을 시작한 해에 한강 주교(舟橋)를 만드는 데 공을 세웠고 정조 16년(1792년)에는 「기중가도설(起重架圖說)」을 지어 수원성을 축조하는 데 경비를 절감하게 하였다.

---

23) 『정조실록』과 『일성록』의 기사에는 54인이라고 기록하고 있으나 착오인 것으로 보인다. 정조 18년(1794)에 있었던 행사에 54인이 참여하였다. 『홍재전서』 제182권 군서표기(羣書標記) 4. 갱재축(賡載軸) 48권에 의하면, "을묘년(1795, 정조 19)에는 참여한 이가 특별히 많았다. 이전에는 본인의 형제와 자질(子姪)까지만 참여하던 것을, 이번에는 종형제(從兄弟)와 재종형제(再從兄弟)까지 확대한 데다가 나는 그렇게 하고도 적다고 생각되어 『정리의궤(整理儀軌)』를 편찬한 문신을 다 부르고 또 각(閣)의 속관(屬官)까지 불러, 모두 98명이 참여하였다. 이렇게 한 것은 이해의 경사를 기록하고 아름다운 모습을 드러내기 위해서이다."라고 했다(한국고전 종합 DB).

24) 태액지(太液池)는 한 무제(漢武帝)의 건장궁(建章宮)에 있는 연못으로 여기에서는 부용지(芙蓉池)를 의미한다.

25) 『홍재전서』 제177권. 『일득록(日得錄)』 17, 훈어(訓語) 4(한국고전 종합 DB).

다산은 가장 성대했던 정조 19년(1795년)의 연회에 참석했는데 당시 그의 품계는 통정대부에 병조참의였다. 『다산 시문집』에 실린 시에는 이해의 연회의 모습을 다음과 같이 기록했다.

> 대가(大駕)가 화성(華城)에서 돌아온 뒤 3월까지 신은 규영부(奎瀛府)에 있으면서 『정리통고(整理通攷)』를 저술하였다. 임금께서 춘당대(春塘臺)에 거둥하시어 각신(閣臣) 10여 인 -채제공(蔡濟恭)·서유린(徐有隣)·이만수(李晩秀)·윤행임(尹行恁) 등이다.- 과 책을 저술한 제신(諸臣) -이익운(李益運)·홍인호(洪仁浩)이다.- 등을 불러들여 모두 내구마(內廏馬)를 타고 호종하였다. 석거문(石渠門)에 이르러 말에서 내려 꽃구경을 한 뒤에 또 부용정(芙蓉亭)에 이르러 고기를 낚았다. 시를 지은 것은 또한 그 기쁨을 기술하기 위해서였다.
>
> 선경의 꽃나무 속에 못과 누대 트였는데 / 上淸花木闢池臺
> 비단 자리 금 접시로 궁중 잔치 열리었네 / 綺席金盤曲宴開
> 다행할 사 한미한 신 고관들과 함께 마셔 / 微臣幸與長纓飮
> 작은 재주 무슨 수로 이 술잔을 보답할꼬 / 塵刹何由報此杯[26]

인용문의 규영부(奎瀛府)는 규장각의 별칭이다. 또 제4권에 있는 '부용정 노래(芙蓉亭歌)'는 서거한 정조와 성대했던 연회 모습을 회상하며 훗날에 쓴 시이다.

> 을묘년(정조 19, 1795년) 늦은 봄에 신(臣)이 감인소(監印所)에서 직숙(直宿) 하며 글을 쓰고 있었는데, 하루는 상께서 춘당대(春塘臺)에 납시어 상화조어(賞花釣魚)의 잔치를 여셨다. 신도 외람되이 남다른 사랑을 받고 그 성대한 잔치에 참여했었는데, 지금은 상께서 영원한 곳으로 가신 지 이미 오래고, 신 역시 막다른 황원에 떠돌이 신세가 되었다. 지금 계절이 마침 늦은 봄이라서 보이는 것마다 슬픔을 자아내기에 삼가 이 시를 써서 오희불망(於戱不忘)의 감정을 여기에 쏟아보았다.
>
> …
>
> 때는 그때 삼 월 상순으로 접어들어 / 是時三月屬上旬
> 백화가 춘당지를 곱게 곱게 물들였고 / 百花照耀龍池春
> 성모의 나이가 회갑을 맞았기에 / 聖母年周花甲子
> 문신들과 금원에서 함께 놀며 즐겼는데 / 禁林游賞同詞臣
> 내구에 있는 말들 총마며 유마 낙마 / 內廏物馬驄騮駱
> 가슴걸이 뱃대끈이 번쩍번쩍 빛이 났지 / 繁纓七就光灼爍
> 임 타신 말 앞에 서고 신의 말은 뒤따를 제 / 御乘在前臣馬後
> 말들끼리 주고받아 깜짝깜짝 놀랐다네 / 馬鳴相答中心愯
> 궁중 길 구불구불 내원을 감아돌 때 / 輦路逶迤繞內苑

26) 『다산 시문집』 제2권. 시, '삼가 어제 내원 상화시를 화답하다(奉和聖製內苑賞花)'(한국고전 종합 DB).

온갖 나무 꿰뚫고서 봄바람 불어오고 / 雜樹穿出春風遠
꽃 속에서 노는 벌들 앵앵 소리 요란했으며 / 花底游蜂聲正沸
새끼사슴은 풀밭에서 깊은 잠에 빠져 있네 / 草間穉鹿眠方穩
석거문 아래서 일제히 안장 푸니 / 石渠門下齊卸鞍
모직물 비단 자리에 술자리 차려 놓고 / 氍毹綉席陳杯盤
계주에다 자면에다 옥액이 흘렀으며 / 桂酒茈麪流玉液
조고에 귤병에 금환까지 쌓여 있었네 / 棗糕橘餠疊金丸
못 마신다 사양해도 억지로 다 마시라며 / 臣辭不飮强之釂
예의도 상관없이 술잔 건네고 안주 권해 / 折俎媵爵刪禮貌
석 잔 마시고 취하여 토하고 쓰러지니 / 三杯酩酊吐且顚
동료들은 빈정대고 임께서는 웃으셨네 / 同列嘲訕至尊笑….[27]

여기에는 춘당지, 농산정, 옥류천 등에 대한 경관과 춘당대에서의 활쏘기 모습 등이 묘사되어 있다. 이 시에 의하면, 이날 정약용은 술을 잘 못 마시기에 왕이 내린 술을 사양했으나 억지로 석 잔을 마시고 취하여 토하고 쓰러지기까지 하여 동료들의 놀림을 받기도 했으며 임금은 이를 보고 웃었다고 한다. 또 부용지에서 낚시질할 때는 고기를 낚지 못한 사람도 벌주를 마셨다고 한다.

정약용은 '상화조어연'에 대해 「부용정시연기(芙蓉亭侍宴記)」라는 기문(記文)을 따로 남겼다. 여기에는 이날 정조가 한 말과 군신이 함께 술을 마시는 모습, 부용정에서의 낚시, 시 짓기와 벌칙 등 여흥을 즐기는 상황을 상세히 적었다.

> 금상께서 등극한 지 19년째 되는 해 봄에 상께서 상화조어연(賞花釣魚宴)을 베풀었다. 그때 나는 규영부(奎瀛府) 찬서(撰書)로 있었는데, 글을 짓느라 수고했다 하여 상께서 특별히 연회에 참석할 것을 명하였다. 그때 대신(大臣)과 각신(閣臣)으로서 연회에 참석한 사람이 모두 10여 인이나 되었다. 상께서는 단풍정(丹楓亭)에서 말을 타시고, 여러 신하에게도 말을 타고 따라오게 하였다. 어가(御駕)는 유근문(逌勤門)에서부터 북쪽으로 대궐 담장을 따라 집춘문(集春門) 안으로 들어섰다가 다시 꾸불꾸불 돌아서 석거각(石渠閣) 아래에 이르러 상림(上林)에서 말을 내렸다. 그때는 온갖 꽃이 활짝 피어 있었고, 봄빛이 매우 화창하였다. 상께서 여러 신하를 둘러보시며, 말씀하시기를, "내가 이곳에 온 것은 유희 삼아 즐겁게 놀려는 것이 아니다. 다만 경들과 함께 즐기면서 마음을 서로 통하게 하여 천지의 조화(調和)에 응하려는 것이다." 하였다. 그러자 여러 신하가 모두 머리를 조아리며 성은에 감사했다. 술을 마시자 상의 얼굴은 희색이 넘쳤고, 목소리도 온화하고 부드러웠다.
>
> 술상을 물리치고 상께서는 여러 신하와 자리를 옮겨 원(苑) 가운데 있는 여러 정사(亭榭)에 도착했는데, 이때는 해가 저물녘이었다. 부용정(芙蓉亭)에 이르러 상께서는 물가의 난간에 임하여 낚싯대를 드리웠다. 여러 신하도 연못 주위에 앉아

27) 『다산 시문집』 제4권. 시, 부용정 노래(芙蓉亭歌)(한국고전 종합 DB).

낚싯대를 드리우고 고기를 낚아서 통(桶) 안에 넣었다가는 모두 다시 놓아주었다. 상께서는 또 여러 신하에게 배를 띄우라고 명하고 배 안에서 시를 지었는데, 정해진 시간 안에 시를 지어 올리지 못하는 자가 있으면, 연못 가운데 있는 조그만 섬에 안치(安置)시키기로 하였다. 몇 사람이 과연 섬 가운데로 귀양을 갔는데, 곧 풀어주었다. 또 음식을 올리게 하여 취하고 배가 부르도록 먹었다. 상께서 어전(御前)의 홍사촉(紅紗燭)을 내려주셨으므로, 그것으로 길을 밝히며 원(院)으로 돌아왔다.

…. 옛날에 호방형(胡邦衡)이 명원정(明遠亭)에서 왕을 모시고 연회를 하고 물러나와 『옥음문답(玉音問答)』을 지어서 군신이 서로 함께하는 성사(盛事)를 서술하였다. 나도 지금 연회에 참석하였으니, 어찌 이 성사를 기록하여 성덕(聖德)을 드날리지 않겠는가. 이 때문에 기(記)를 쓴다.[28]

다산은 자신의 묘지명(墓誌銘)을 직접 지었다. 이 묘지명은 무덤에 넣도록 소략하게 쓴 광중본(壙中本)과 문집에 싣도록 상세하게 기술한 집중본(集中本)을 따로 지었다. 다산은 이 집중본에 자신이 참여했던 이 연회를 자세히 기록하여 자신의 생애에 있어 중요한 사건 중 하나로 추억하였다.[29]

세심대(洗心臺) 놀이

의의와 성격

정조는 일곱 살 때(영조 35년, 1759년) 세손에 책봉되었다. 열 살 때(영조 38년, 1762년)에는 부친인 사도세자의 비극적 죽음을 경험했다. 임오화변(壬午禍變)이라 일컫는 이 사건은 정조의 생애 전반에 큰 영향을 미쳤다. 정조의 성품을 비롯해 정조 재위기의 여러 치적은 이 사건과 어떤 형태로든지 관련된 것들이 많다고 한다.[30]

이후 정조는 이십오 세 때(1776년) 즉위하기까지 긴 기간을 당쟁으로 인한 불안한 정치 상황 속에서 외롭고 힘겨운 세손 시절을 보냈다. 외척은 물론 권력을 장악하고 있던 노론 세력은 사도세자의 아들이란 이유만으로도 어린 세손을 멸시하고 배척하였다. 자신의 안위마저 위협받는 이 시기에 정조는 각별히

28) 『다산 시문집』 제14권. 기(記), '부용정시연기(芙蓉亭侍宴記)'(한국고전 종합 DB).

29) 『다산 시문집』 제16권. 자찬묘지명(自撰墓誌銘)(한국고전 종합 DB).

30) 정옥자(2012). 지식기반 문화 대국 조선. 파주: 돌베개. p. 184.

조심하고 학문에 정진하는 자세로 일관할 수밖에 없었다. 그는 스스로 노력하고 강해져야 했고 이러한 '자강불식(自强不息)'의 의지는 그가 세손 시절에 쓴 '섬돌의 파초'라는 시와 '파초도'를 통해서도 확인할 수 있다.31)

이러한 일련의 과정에서 정조는 권신들의 당쟁과 그 폐해를 적나라하게 겪었다. 심지어 요절한 부친에 대한 사모의 정을 표현할 수조차 없었다. 정조 즉위년(1776년) 3월 10일 숭정문에서 즉위한 후에야 비로소 "아! 과인은 사도세자(思悼世子)의 아들이다."32)라고 선언할 수 있었다. 세심대 놀이는 이와 같이 비극적인 정조의 개인사를 바탕으로 한다.

세심대는 필운대(弼雲臺)와 서로 마주 보이는 곳으로 정조에게는 매우 의미 있는 장소였다. 영조 11년(1735년)에 사도세자가 태어나자 여러 대신이 필운대에 모여 기뻐했는데 이때 박문수(朴文秀, 1691~1756년)가 지은 시가 전해지며 정조도 이 일을 자주 언급하곤 했다. 더구나 이 인근에는 사도세자의 생모인 영빈 이씨(暎嬪李氏)의 신주를 봉안한 선희궁과 사도세자, 즉 장조(莊祖)의 사당인 경모궁이 있었다. 따라서 정조는 왕이 친히 지내는 봄철의 작헌례(酌獻禮)를 지낸 후 세심대를 자주 찾았다. 이곳은 정조에게 각별한 의미가 있는 장소로서 그 스스로 밝힌 이유는 다음과 같다.

> 세심대를 설치한 것은 내가 나름대로 깊은 뜻이 있어서이다. 작년 묘당(廟堂)을 세울 때 처음에는 여기에 터를 봐 두었는데, 마침 다른 의견이 있어 다른 곳으로 옮겨 정했으니 바로 지금의 경모궁이다. 지금 살펴보건대, 국세(局勢)가 천연적으로 이루어지고 밝게 툭 트여 길하고 복 받은 터임을 알 수 있으니, 어찌 하늘의 뜻이 아니겠는가. 그러나 내가 세심대에 관하여 처음에 헤아리고 의논한 것이 있었던 까닭으로 차마 등한히 여겨 포기할 수 없었다. 그래서 매년 한 번씩 가서 내가 땅을 따라 사모함을 일으키는 뜻을 부치기로 기약하였다.33)

상화조어연과 세심대 놀이의 공통점은 정례화한 궁원 행사라는 점이다. 두 행사의 차이점은 명칭에서 찾을 수 있는데, 상화어조연은 송 대의 고사를 따른 '잔치', 즉 '연(宴)'임에 비해 세심대 놀이는 '놀이', 즉 '유(遊)'라는 점이다. 따

---

31) 홍형순(2011). 고전 시문을 통해 본 파초(Musa basjoo)의 식재 의미와 설계용도(Design Use). 한국전통조경학회지. 29(2). pp. 56-57.

32) "嗚呼! 寡人思悼世子之子也. …." 『정조실록』. 정조 즉위년(1776년) 3월 10일 기사(한국고전 종합 DB).

33) 『홍재전서』 제176권. 『일득록』 16, 훈어(訓語) 3(한국고전 종합 DB).

라서 이 행사는 상화조어연과 같은 규례가 없었으며 참석자도 정해지지 않았다. 세심대 놀이에는 노신과 그 자제, 규장각의 각신을 비롯해 무신(武臣)도 참여하였다.

개최한 해와 행사 개요

첫 번째 세심대 놀이는 정조 15년(1791) 3월 17일에 있었다. 『정조실록』의 이날의 기록은 다음과 같다.

> 육상궁(毓祥宮)을 참배하고 봉안각(奉安閣)을 봉심(奉審)하였으며, 선희궁(宣禧宮)·연호궁(延祜宮)·의소묘(懿昭廟)에 작헌례(酌獻禮)를 거행하고, 장보각(藏譜閣)을 살펴보았다. …. 상이 근신들과 함께 세심대(洗心臺)에 올라 잠시 쉬면서 술과 음식을 내렸다. 상이 오언근체시(五言近體詩) 1수를 짓고 여러 신하에게 화답하는 시를 짓도록 하였다. …. "내가 선희궁을 배알할 때마다 늘 이 누대에 오르는데, 이는 아버지를 여읜 나의 애통한 마음을 달래기 위해서이다." 하였다. 누대는 선희궁 북쪽 동산 뒤 1백여 보가량 되는 곳에 있다.[34]

정조가 부친을 사별한 것은 열 살 때의 일이다. 정조가 세심대를 찾는 이유는 어린 나이에 "아버지를 여읜 애통한 마음"을 달래기 위한 것이었다. 『일성록』의 같은 날 기사에도 정조는 "오늘 날씨가 매우 좋으니 경들과 함께 높은 데 올라 꽃을 구경할 것이다. 각신, 승지, 사관 및 별운검은 모두 수가(隨駕)하라." 했고 또 "눈앞이 광활하고 꽃이 난만하여 참으로 장관이다."[35]라고 기록했다. 세심대 갱재축(洗心臺賡載軸)[36] 간본에 의하면 "해마다 한 번씩 이곳에 오는 것을 정례로 삼고, 그때마다 시를 지어 이 일을 기록하였다."[37]라고 하며 이날 갱재한 사람은 16명이다.

두 번째 세심대 놀이는 정조 16년(1792년) 3월 20일에 있었다. 『정조실록』

34) 『정조실록』. 정조 15년(1794년) 3월 17일. '육상궁을 참배하고 봉안각을 봉심하다.'(한국고전 종합 DB).

35) 『일성록』. 정조 15년(1791) 3월 17일. 기사(한국고전 종합 DB).

36) 특정인이 지은 시의 원운(原韻)이나 제의(題意)를 살려 화답하는 시를 갱재시(賡載詩)라고 하며, 이들을 모아 권축(卷軸)으로 만든 것을 갱재시축(賡載詩軸) 혹은 갱재축(賡載軸)이라고 한다(한국고전 종합 DB).

37) 『홍재전서』 제182권. 「군서표기(羣書標記)」 4, 어정(御定) 4, 세심대 갱재축(洗心臺賡載軸) 간본(한국고전 종합 DB).

의 이날 기사는, '각궁에 배알 후 동행한 신하들과 세심대에 오르다.'라고 소략하게 적었다. 반면에 『일성록』에는 이날의 행사를 더욱 상세히 기록하였다.

> …. 신하들 가운데 연로한 사람들에게는 각각 구장(鳩杖)을 내려주어 오르내리기 편하게 하라고 명하였다. 드디어 옥류천(玉流泉)을 따라 구불구불 서쪽으로 올랐다. 세심대를 지나 수십 무(武)를 가서 상화대(賞花臺)에 이르렀다. 장막을 치고 어좌에 올라 여러 신하와 더불어 어좌에 기대어 바라보니, 왼쪽으로 필운대(弼雲臺)를 안고 앞으로 종남산(終南山)을 바라보며 지세가 평탄하고 시야가 밝게 트여 온 성안의 꽃과 버들을 한눈에 바라볼 수 있으니 참으로 도성 안의 승구(勝區)였다. 내가 이민보가 지어 올린 시의 운에 맞추어 즉석에서 율시 한 수를 지어 읊었다. ….[38]

상화대에 올라 봄날의 경치를 즐기며 왕이 시를 짓고 신하들이 화답하였다. 이날 갱재한 사람은 25명이다. 신하들은 왕에게 이날의 은혜와 영광을 기념하기 위해 시축(試軸)을 만들어 하나씩 나누어 줄 것을 청했고 왕은 나중에 권축(卷軸)으로 꾸며서 화답시를 지은 신하들에게 내려 줄 것을 약속했다.

세 번째 세심대 놀이는 정조 18년(1794년) 3월 13일에 있었다. 『정조실록』의 이날 기사에는 "육상궁, 연호궁, 선희궁을 참배하고 세심대에 올라 시신(侍臣)들에게 밥을 내려주고 여러 신하와 활쏘기를 하였다. 선희궁의 소원(小園)에 도로 와서 화전(花煎)놀이를 하면서 상이 칠언 절구로 시를 짓고는 군신들에게 화답하여 바치도록 하였다."[39]라고 했다. 『일성록』의 같은 날 기록에도, 소포(小布)를 설치하고 활쏘기를 하고, 궁원으로 돌아와 화고(花餻)를 구워 신하들에게 나누어 주었으며 왕이 시를 짓고 신하들에게 화답하도록 했다고 한다. 이날 갱재한 사람은 30명이다.

네 번째 세심대 놀이는 정조 19년(1795년) 3월 7일에 있었다. 이날도 정조는 세심대에 깃든 장소의 의미와 이날 놀이의 의의를 재차 피력하였다.

---

38) 『일성록』. 정조 16년 3월 20일 기사(한국고전 종합 DB).

39) 『정조실록』. 정조 18년(1794년) 3월 13일 기사(한국고전 종합 DB).

이 세심대의 터는 곧 선희궁의 담장 밖이므로 일찍이 경모궁을 처음 세울 때 땅을 골라 터를 열었고 정초(定礎)할 때에는 내가 선희궁에 전배할 때마다 그 터를 두루 둘러보면서 번번이 한참 동안 흐느끼곤 하였다. 근년 이래로 매번 이곳에 행차할 때마다 번번이 이 세심대에 한 번 오른 것도 그리움에 의탁하여 옛일을 기념하려는 뜻에서 나온 일이다. 내가 어찌 한가하게 놀려고 그랬겠는가?[40]

『정조실록』에 의하면, 이날도 꽃구경과 활쏘기를 하였으며 왕과 신하들이 시를 지었다. 이날 갱재한 사람은 55명으로, 앞서 기술한 바와 같이 이 해는 각별한 의미가 있는 해였으므로 더욱 성대한 행사로 치러졌다. 『일성록』에 의하면 이날 행사에는 세심대 밑 동네에 사는 신하들과 유생들도 초대되었다. 정오가 되자 화고(花餻)를 부쳐 여러 신하에게 나누어 주었다. 또 동네의 여러 사람에게도 술과 음식을 내렸고 아이들에게 종이와 붓과 먹을 것을 나누어 주었으며 구경 나온 사람들에게도 떡과 먹을거리를 나누어 주었다고 한다.

다음 사진은 경주 양동마을 소재 서백당(書百堂)[41] 종가의 화전이다. 이 댁의 화전은 진달래꽃을 따서 찹쌀가루에 버무려 모양을 만들고 고명으로 진달래 통꽃을 놓고 기름에 지져낸다. 이날 세심대에서 신하들에게 나누어 준 화고도 이와 별반 다르지 않았을 것이다.

경주 양동마을 서백당(書百堂) 종가의 화전(출처: 서백당, 2009: 74)

40) 『일성록』, 정조 19년(1795) 3월 7일 기사(한국고전 종합 DB).

41) 조선 시대 가옥으로 송첨 종택(松簷 宗宅)이라고도 한다. 국가민속 문화재 제23호이다.

참석자의 기록

정약용은 정조 19년(1795년) 3월 7일에 있었던 행사에 참석하였는데 이날 정조의 시에 화답하여 지은 시가 문집에 실려 있다.

삼가 어제 세심대 상화시를 화답하다(奉和聖製洗心臺賞花)

무수한 꽃나무 속에 백 척 높은 세심대 / 千樹花中百尺臺
예순한 번째 돌아온 봄바람에 트이었네 / 春風六十一回開
눈에 가득 저 붉은 노을 조각 가져다가 / 願將滿眼紅霞片
용루라 헌수 술잔에 가득가득 띄우고파 / 盡汎龍樓獻壽杯[42]

정약용의 '자찬 묘지명 집중본'에도 이날의 행사를 다음과 같이 적었다.

… 술이 한 순배 돈 뒤에 주상이 시를 읊고 여러 학사로 하여금 갱화(賡和)하게 하니, 내시(內侍)가 채전(彩牋) 1축(軸)을 올렸다. 주상이 용[정약용]에게 어막(御幕) 안으로 들어와서 시를 쓰도록 명하였다. 용이 탑전(榻前)에서 붓을 뽑으니 주상은 지세가 고르지 못하다 하여 어탑(御榻) 위에 시축(詩軸)을 올려놓고 쓰도록 명하였다. 용이 머리를 조아리며 감히 나아가지 못하니, 주상이 여러 번 나오도록 명하였다. 용이 부득이 명대로 어탑에 나아가 붓을 휘둘러 써 내려가니, 주상이 가까이 다가와서 보고 잘 쓴다고 칭찬하였다.[43]

폭포 구경 [觀瀑]

의의와 성격

'상화조어연'과 '세심대 놀이'가 봄철의 행사인 데 반해 '폭포 구경'은 여름철에 궁궐 후원을 이용한 사례이다. 이 '폭포 구경'이란 여름날 많은 비가 내린 직후에 맑은 물이 시원하게 흘러넘치는 옥류천을 감상한 것을 말한다. 강세황의 「호가유금원기」에도 정조가 신하들을 옥류천에 안내하면서 다음과 같이 말한 것을 기록하였다.

42) 『다산 시문집』 제2권. 시, 삼가 어제 세심대 상화시를 화답하다(奉和聖製洗心臺賞花)(한국고전 종합 DB).
43) 『다산 시문집』 제16권. 자찬 묘지명(自撰墓誌銘) 집중본(集中本)(한국고전 종합 DB).

…. 만약 비 온 뒤에 왔더라면 물이 제법 불어서 매우 볼만했을 텐데 지금은 물줄기가 줄어서 약하니 유감이오.[44]

이를 볼 때 정조는 갈수기와 우기의 유량 변화에 따른 옥류천의 경관 변화를 잘 알고 있었던 것으로 보인다. 많은 비가 내린 날에는 옥류천이라는 명칭에 걸맞게 맑은 물이 흘러넘쳤을 것이다. 정조는 이미 여러 차례 이런 경관을 보았을 것이다.

'폭포 구경'은 옥류천 일대의 일상적인 경관이 아니라 많은 비가 내린 직후에만 볼 수 있는 '일시적 경관(ephemeral landscape)'을 즐겼다는 점에서 특기할 만하다. 다음 사진은 유량에 따른 옥류천과 소요정 일대의 경관의 변화를 시뮬레이션(simulation)한 그래픽이다.[45]

소요정과 옥류천, 갈수기의 경관(2015. 8. 26. 촬영)

44) 박동욱 · 서신혜 역주(2009). 표암 강세황 산문 전집. 姜世晃, 『豹菴遺稿』. 서울: 소명출판. pp. 55-56.

45) 필자는 많은 비가 온 후에 물이 불어 넘치는 옥류천 사진을 촬영하기 위해 여러 차례 방문했으나 원하는 사진을 얻지 못했다. 당시 만나 뵌 후원 해설사의 증언에 의하면, "몇 해 전에 많은 비가 내린 후에 많은 물이 흘러 넘치는 소리 때문에 옆 사람과 대화가 어려울 정도였다."라고 한다. 2018년 8월 29일 밤에도 서울 지역에 호우 특보가 있었고 밤새 많은 비가 내렸다. 이튿날 일찍 옥류천을 답사했는데 관람로 곳곳이 빗물에 파이고 물골이 생기는 등 피해가 있었으나 아쉽게도 옥류천의 수량이 크게 늘지는 않았다.

유량에 따른 옥류천의 경관 변화(2015. 8. 26. 촬영 파일에 컴퓨터 그래픽 편집)

개최한 해와 행사 개요

폭포 구경에 대한 기록은 『홍재전서』에 있는데, “신축년(정조 5년, 1781년) 여름에 내가 각신, 승지, 사관과 함께 폭포를 구경하고 소요정에서 거문고 연주를 들으면서 벽상(壁上)의 시운을 차운하였다. 갱재한 이는 5명이다.”[46]라고 했다.

『정조실록』의 정조 5년(1781년) 윤5월 23일에, ‘비가 계속 내리자 기청제(祈晴祭)를 지내게 하다’라는 기사가 있는데, 그즈음에 장마가 한 달이 넘도록 계속되다 26일에야 날씨가 개었다고 한다. 정조가 소요정에서 옥류천의 폭포를 구경한 날은 이 무렵일 것으로 추정된다.

정조는 “나는 음악을 즐기지는 않지만 청아한 거문고 소리만큼은 좋아한다. … 그래서 옆에 항상 거문고 1장(張)을 놓아둔다.”[47]라고 했다. 또 정조는 일찍이 세손 시절에 「소요정기」를 지은 바 있다. 정조는 기문에서 소요정의 경치를 다음과 같이 묘사했다.

> … 정자가 동산(苑)의 한가운데 있어 동산의 좋은 경치가 모두 이 정자에 모이어,

46) 『홍재전서』 제182권. 「군서표기(羣書標記)」 4, 어정(御定) 4, 소요정 갱재축(逍遙亭賡載軸) 사본(한국고전 종합 DB).

47) 『홍재전서』 제175권. 『일득록』 15, 훈어(訓語) 2(한국고전 종합 DB).

… 사람으로 하여금 세속을 벗어난 맑고 깨끗한 생각을 하게 하니, 땅의 소요할 만한 경치가 바로 그러한 것이다. ….[48]

폭포 구경은 소요정의 승경에 더해 많은 비가 내린 후 불어난 물이 폭포를 이뤄 소리를 내며 흐를 때만 가능한 행사이다. 이러한 적기에 맞춰 평소 즐기는 거문고 소리를 들으며 시를 짓는 운치 있는 자리였다. 이날 정조가 폭포를 구경하며 지은 시는 다음과 같다.

'소요정(逍遙亭)에 이르러 폭포를 구경하고, 거문고 소리를 들으면서 벽상(壁上)의 시운에 차하다'

숲 끝의 튀는 물방울은 명금에 뿌리는데 / 林端飛沫濺鳴琴
울창한 숲 어두한 속에 작은 누각 그윽하여라 / 空翠濛濛小閣深
우연히 제군과 이 자리를 함께했으니 / 偶與諸君同此席
도는 바로 무심한 가운데 유심한 것이로다 / 道是無心却有心[49]

정조 9년(1785년) 여름에도 폭포를 구경한 기록이 『홍재전서』에 있다. 이에 의하면 "여름에 비가 걷히고 날이 맑았으므로, 신하들과 옥류천에 가서 폭포를 구경하며 시를 지었다. 이 시에 갱재한 이는 6명이다. 같은 해 6월에 단풍정에 임어하여 무신을 시강하고, 강석에 참여한 신하들과 다시 옥류천에 가서 폭포를 구경하였는데, 이때 갱재한 이는 9명이다."[50]라고 한다. 이해 여름에 정조는 두 차례에 걸쳐 폭포 구경을 한 것이다.

『일성록』에 의하면 이해 5월 24일과 25일에 비가 내렸고 다시 27일부터 6월 1일까지, 또 4일부터 6일까지 비가 계속되었다. 이때 강우량은 측우기 수심으로 5월 27일에 1치 3푼, 28일에 3치, 29일에 1치, 6월 1일에 1치 5푼, 4일에 1치 7푼, 5일에 2푼, 6일에 1치 7푼이었다고 기록하였다. 이후 6월 7일부터 19일까지는 비가 오지 않았다. 이해 정조가 옥류천에서 첫 번째 폭포 구경을 한 것은 이 무렵의 일로 추정할 수 있다.

---

48) 『홍재전서』 제4권. 「춘저록(春邸錄)」 4, '소요정기(逍遙亭記)'(한국고전 종합 DB).

49) 『홍재전서』 제5권. 시(詩) 1(한국고전 종합 DB).

50) 『홍재전서』 제182권. 「군서표기」 4, 어정(御定) 4, 내원관폭 갱재축(內苑觀瀑賡載軸) 사본(한국고전 종합 DB).

같은 해에 두 번째 폭포 구경은 정조 9년(1785년) 6월 15일에 있었다. 『정조실록』의 이날 기사는 '춘당대에서 선전관의 시강을 행하다'이며, 『일성록』에는 '단풍정에 나아가 선전관의 시강을 행하고, 서울과 지방에서 올린 전최(殿最)를 개탁(開坼)하였다'라는 기사가 있다. 이 두 기록에는 폭포를 구경했다는 언급은 없다. 이날 폭포 구경에 대한 정황도 『홍재전서』에 실린 정조의 시를 통해서 짐작해 볼 수 있다.

'비 온 뒤에 옥류천(玉流川)에서 폭포를 구경하며 읊다'

장맛비가 막 걷히고 저녁 햇살 고울 제 / 積雨初收晩日姸
높은 누각에 앉아서 샘물 소리를 듣노라니 / 坐來高閣聽新泉
샘물 소리가 마음과 더불어 온통 맑아라 / 泉聲渾與心俱淨
먼지 하난들 이 자리에 이르길 형용할쏘냐 / 耐許纖塵到此筵[51]

'단풍정(丹楓亭)에 임어하여 무신(武臣)들에게 시강(試講)시키고, 인하여 경외(京外)의 전최(殿最)에 관한 문서를 뜯어 본 다음, 자리에 오른 여러 신하와 함께 옥류천에 이르러 폭포를 구경하다.'

수많은 갈래로 맑은 샘물 흘러나오니 / 百道淸泉出
무더운 구름이 감히 날지 못하네 / 蒸雲不敢飛
우연히도 작은 모임을 이루어 / 偶然成小集
서늘한 저녁 기운 나누어 돌아가누나 / 分與晩凉歸[52]

설중용호회(雪中龍虎會)

행사의 의의와 성격

정조는 개인적으로도 '문무(文武)'를 겸비했거니와 국왕으로서도 '문(文)과 무(武)의 조화'는 국정의 주요 현안이었다. 정조는 "문(文)과 무(武)를 병용하는 것이 국운을 장구하게 하는 계책이다."[53]라고 했으며, "문강(文講), 무강(武講), 문제(文製), 무사(武射)는 바로 수레의 바퀴와 새의 날개 같은 것이어서 한쪽만

51) 『홍재전서』 제5권. 시(詩) 1(한국고전 종합 DB).

52) 『홍재전서』 제5권. 시(詩) 1(한국고전 종합 DB).

53) 『홍재전서』 제48권. 「책문」 1, 문(文)과 무(武)(한국고전 종합 DB).

을 버릴 수가 없는 것이다."[54]라고 했다.

정조는 자신의 정치적 이상을 안정적으로 실천하기 위해 친위군영이 필요했다. 이에 정조는 즉위 직후 규장각과 함께 장용위(壯勇衛)를 설치했다. 이후 정조 17년(1793년)에 장용위는 장용영(壯勇營)으로 편제를 확대하여 내영은 도성 중심에 두고 외영은 화성에 두었다. 정조는 문(文)은 규장각, 무(武)는 장용영을 중심으로 조화를 이루어 발전시키고자 하였고 이를 '문치규장 무설장용(文置奎章 武設壯勇)'으로 천명하였다.[55] 이 두 기구는 정조의 입지를 다지고 왕권을 강화하기 위한 친위 조직이었다. 정조는 장용영에 대한 애정이 각별하여 여기에 소속된 무신들은 국왕의 지우를 받는 특별한 위치에 있었고 이들에 대한 정조의 총애와 대우는 규장각 학사에 필적하였다.[56]

앞서 살펴본 상화조어연은 오직 규장각의 각신을 위한 궁원의 연회였다. 세심대 놀이에는 무신도 참여했으나 역시 승정원 등 문신이 주가 되는 행사였다. 정조는 해마다 겨울철에 장용영을 비롯해 삼군문(三軍門[57])의 각 대장, 별군직(別軍職[58])과 선전관(宣傳官[59]) 등 무신들을 위한 궁원 행사를 열었다. 이 행사는 무신의 사강(射講)이나 시사(試射), 시강(試講) 등 행사의 '뒤풀이' 격으로 치러졌고 왕이 군사들에게 음식을 내려 위로하는 '호궤(犒饋)'의 형식을 따랐다.

『정조실록』과 『일성록』 등의 문헌에는 이 행사를 지칭하는 별도의 명칭이 나타나지는 않는다. 다만 장용영의 내영과 외영의 별칭이 용대장(龍大將)과 호대장(虎大將[60])이며, 정조 16년(1792)에 이 행사에서 왕이 시를 짓고 신하들이

---

54) 『정조실록』. 정조 5년(1781) 2월 18일, '무신(武臣)의 강시(講試)에 친림하는 의절(儀節)을 정하다'(한국고전 종합 DB).

55) 『武藝圖譜通志』卷首. 兵技總敍: 今我聖上 撫熙運而御至治 文置奎章 武設壯勇. 김준혁, 2008. 정조대 정치체제운영과 개혁정책. 동양 정치사상사. 7(2). p. 79에서 재인용.

56) 김준혁(2008). 앞의 글. p. 80.

57) 국왕의 호위체제인 훈련도감, 금위영, 어영청이다.

58) 효종 때 설치한 국왕의 소수 정예 친위 조직으로 왕의 신변 보호를 위한 입직(入直), 시위(侍衛), 적간(摘奸)의 임무를 수행한 무반 요직(武班要職)이다.

59) 어가(御駕)의 행차 시 선도하며 훈도(訓導)하는 무관이다. 이들은 평소 무예와 병법을 연마하여 장차 무반의 중추를 이루게 하는 인적 자원이었다.

60) 『정조실록』. 정조 17년(1793년) 1월 25일 기사, '장용영이 내영과 외영의 새로 정한 절목을 올리다'(한국고전 종합 DB).

갱재한 갱재축의 제목이 '설중용호회 연운축(雪中龍虎會聯韻軸)'이다.[61] 따라서 편의상 본고에서는 이 행사를 '설중용호회'로 칭한다.

『정조실록』에 의하면 정조는 매년 정월 초에 군사들에게 음식을 내려 위로하는 '호궤'를 거행하였다. 이를 '연두(年頭)의 호궤' 혹은 '세수(歲首)의 호궤'라 하며 이 행사는 대궐 안에 근무하는 모든 장졸(將卒)들을 위로하는 자리였다. 이와 달리 '설중용호회'는 무반 요직(武班要職)에 있는 무관들을 위한 행사라는 점에서 차이가 있다. 이 행사의 유래와 성격은 『홍재전서』 제6권에 실린 다음의 글에 잘 나타나 있다.

> 이날 춘당대에 임어하여 문신에게는 제술(製述)을, 무신에게는 진법(陣法)을 시험하여 고과(考課)해서 등차(等次)를 획정하였다. 이때 겨울 기후가 몹시 춥고 눈발이 약간 날리므로, 응시한 무신에게 명하여 창(槍)을 잡고 앞에서 꿩을 굽게 하였다. 대체로 열조(列朝)에서 매양 섣달마다 반드시 한 번씩 이 일을 거행하였으므로, 지금도 이것을 상례로 삼고 있다.[62]

이 행사에 대해 『일성록』은 보다 상세하게 기록하였는데 그 내용은 다음과 같다.

> … 이어서 선전관에게 꿩구이를 내렸다. 땅에 숯불을 피우게 하고 한 사람에게 꿩 한 마리와 쇠 꼬치 하나씩을 주고 각자 꼬치에 꿩을 꿰어서 구워 먹게 하였다. 또 술을 내리고 이병모 등에게 이르기를, '선전관을 호궤하는 데 꿩구이를 쓰는 것은 효묘(孝廟) 때부터 시작되었다. 성조(聖祖)께서는 매년 연말이면 반드시 이런 행사를 하셨었다.' ….[63]

북벌을 추진했던 효종(孝宗) 때부터 겨울철이 되면 궁원 뜰에 숯불을 피우고 꿩을 내려 무신들을 위로하는 것이 상례가 되었다. 영조는 물론 정조도 이를 따라 정례적으로 시행한 것이다. 참석한 선전관들은 각자 꼬치에 꿩을 꿰어서 숯불에 구워 먹게 함으로써 무인의 기상과 야전성(野戰性)을 고무하기 위한 것으로 보인다.

---

61) 『홍재전서』 제182권. 「군서표기(羣書標記)」 4, 어정(御定) 4, 설중용호회 연운축(雪中龍虎會聯韻軸)(한국고전 종합 DB).

62) 『홍재전서』 제6권. 시(詩) 2, '내원에서 연구를 짓다, 소서를 아울러 쓰다.'(한국고전 종합 DB).

63) 『일성록』. 정조 16년(1792년) 11월 26일 기사, '영화당(暎花堂)에 나아가 … 고풍(古風)을 내렸다.'(한국고전 종합 DB).

창덕궁 설경
(출처: 문화재청 궁능유적본부 덕궁관리소, http://www.cdg.go.kr)
한겨울 이런 풍경 속에서 설중용호회가 열렸을 것이다.

개최한 해와 행사 개요

정조 2년(1778년) 11월 3일에 춘당대에서 내시사(內試射)를 하였고 참여한 사람들에게 술과 안주를 내렸다.[64] 이날은 호위군관(扈衛軍官) 및 금군(禁軍)이 참석했다고 한다. 정조 5년(1781년) 12월 21일에도 정조는 춘당대에서 선전관과 선천 금군을 불러 시강한 후 다음과 같이 하교하였다.

> …. 임금이 훈련 대장 구선복(具善復)을 돌아보고 이르기를, "금년이 저물었는데 설경(雪景)이 아름다우니 삼군문으로 하여금 장전(仗前)에서 꿩을 굽게 하고 연신(筵臣)과 위사(衛士)에게 찬물(饌物)을 나누어 주어서 고락을 함께한다는 뜻을 붙이도록 하라." 하였다. 조금 있다가 강(講)을 마치고 나니, 눈이 개었다. 뜰에다 숯을 피우라고 명하고 가까이는 시위 무사(侍衛武士)와 금군(禁軍)에서부터 무예 교졸(武藝校卒)·내취 분대(內吹分隊)에 이르기까지 열(列)을 지어 앉게 한 다음, 꿩을 지급하는 것을 각각 차등 있게 하여 스스로 구워 먹게 하였으며, 술도 한 순배 하사하였다. ….[65]

이 기록에 의하면 뜰에 숯불을 피우고 참석한 군사들이 열(列)을 지어 앉아 꿩을 스스로 구워 먹게 하였으며, 술도 하사하였다. 또 참석한 여러 신하에게는 큰 소반에 술과 고기를 내렸다. 또 이날은 호궤하는 예(例)에 의거해 음악을 연

64) 『일성록』. 정조 2년(1778) 11월 3일 기사, '춘당대(春塘臺)에 나아가 내시사(內試射)를 행하였다.'(한국고전 종합 DB).

65) 『정조실록』. 정조 5년(1781) 12월 21일 기사, '춘당대에 나아가 선전관과 선천 금군을 시강하다'(한국고전 종합 DB).

주하여 음식을 권하였다고 한다. 이날은 눈꽃이 뜰에 가득 피어 경치가 아름다웠으며, 삼군문과 병조가 각각 50마리의 생치(生雉)를 마련해 숯불에 구워서 상하가 고락(苦樂)을 함께 나누었다고 기록했다.

정조 9년(1785년) 11월 18일에도 춘당대에서 무신들에게 시강과 시사를 하였다. 결과에 따라 시상한 후 정조는 다음과 같이 하교하였다.

> …. "늘 날씨가 추울 때는 번번이 꿩을 구워 별군직(別軍職)과 선전관(宣傳官)에게 호궤(犒饋)한 것은 대체로 초(楚)나라 장왕(莊王)이 군사를 위로하니 군사가 솜(纊)을 입은 듯하고, 송(宋)나라 태종(太宗)이 초구(貂裘)를 내린 뜻과 같다. 오늘 눈이 내렸고 마침 시사(試射)를 행하게 되었으므로 이미 내주(內廚)에 명하여 꿩과 술을 조금 갖추게 하였다. 시사에 응한 장사(將士)들 또한 어찌 그냥 헤쳐 보낼 수 있겠는가? 경(卿) 등은 각자 영문(營門)에서 술과 안주를 갖추어 오라." 하고, 이어 장전(帳前)에서 꿩을 굽고 금위대장(禁衛大將)에서부터 별군직 선전관에 이르기까지 각자가 첨창(尖鎗)을 갖고 구운 고기를 꿰어서 혹은 잘라서 먹기도 하고 혹은 술을 따라서 마시도록 하라고 명하였다. 이어 각영(各營)의 장사(將士)들을 대전(臺前)으로 불러와서 각 영의 술과 안주를 각각 먹으라 명하고 말하기를, "이는 한 병의 술을 하수(河水)에 던진 격(格)이니 어찌 두루 미칠 수 있겠는가? 이는 곧 사졸(士卒)들과 감고(甘苦)를 같이 하는 뜻이니 너희들은 이 뜻을 알라." 하였다.66)

이 인용문의 "한 병의 술을 하수(河水)에 던진 격(格)"은, 월왕(越王) 구천(勾踐)이 회계산(會稽山)의 치욕을 씻기 위해 음식이 부족하면 먹지 않았고 술이 있으면 강물에 부어서 병사들과 함께 마셨다는 고사로 왕이 군사들과 고락을 함께한다는 것을 의미한다.

정조 14년(1790년) 10월 27일에도 춘당대에서 무신과 문신들의 활쏘기를 시험하였다. 문신들에게 '용문에서 눈을 구경한다(龍門賞雪)'를 제목으로 시를 짓게 하였다. 또 불에 구운 고기와 큰 술잔을 내려 저마다 모두 취하게 마시고 배불리 먹어 태평 시대의 성대함을 즐겼다고 한다.67) 『일성록』의 같은 날 기록은 다음과 같다.

---

66) 『정조실록』. 정조 9년(1785) 11월 18일 기사, '선전관의 시강과 관궁의 시사를 행하고 시상하다'(한국고전 종합 DB).

67) 『정조실록』. 정조 14년(1790) 10월 27일 기사, '춘당대에 나가 별군직과 선전관에게 활쏘기 시험을 보다.'(한국고전 종합 DB).

…. 삼영(三營)의 장신은 각각 술과 불고기를 준비하라고 명하였다. 이윽고 각 영이 장전(帳前)에 음식을 올릴 자리를 준비하고 구운 소고기, 저민 돼지고기, 불에 사른 꿩고기를 계속해서 반(盤)에 올렸다. 반 하나는 진어(進御)하게 하고, 반 하나는 각신, 병조판서, 수어사, 승지, 사관과 초계문신에게 내리고, 반 하나는 장신, 장용영 병방, 별군직 및 선전관, 복명(復命)한 무겸(武兼), 훈련원 관원으로 시사에 대령한 자에게 내렸다. 병조판서, 수어사, 훈련대장, 금위대장, 어영대장, 총융사 네 장신이 대동한 장교와 군졸, 정원과 병조의 이례(吏隷)에게 차례로 고깃점과 막걸리를 내리니, 열을 나누어 차례로 부복하여 마시고 먹었는데, 몸을 수그린 채 기뻐하면서 모두 배불리 먹었으며, 소매에다 남은 고기를 담아 돌아간 자도 있었다. 궤식(饋食)이 끝나자 해도 졌다.
이에 어주(御廚)에서 특별히 따뜻한 화로와 뜨거운 노구솥을 준비하였다. 문신과 무신들이 차례로 앉아 시식(侍食)하였는데 동자악(童子樂)을 연주하여 음식을 들도록 권하였다. 술이 몇 순배 돌자 술을 잘하는 자에게는 큰 술잔에 한 잔씩 따라 취하도록 마시게 하였다. 또 뜰에 숯불을 피우고 한 꿰미 고기를 가져오자 장용영의 장관 및 이졸(吏卒), 내각의 이례, 무예청(武藝廳)에게 주니, 번갈아 가며 차례로 다시 나아와 모두 고르게 먹었다. 이날은 위아래가 즐거움을 함께하며 화기가 가득하여 한겨울이지만 따뜻한 봄 같았고 같은 자리에서 태평을 즐겼다. 비록 장대하지는 않았으나 또한 드물게 있는 성대한 일이라고 할 만하였다. ….[68]

정조 15년(1791) 12월 20일에도 춘당대에서 선전관의 사강(射講)을 한 후 꿩을 구워 여러 신하에게 먹였다.[69] 『일성록』의 같은 날 기록에도 훈련대장, 금위대장, 어영대장과 선전관에게는 꿩을 내렸고 입시한 여러 신하에게는 음식을 나누어 주었다고 한다.

이듬해인 정조 16년(1792년) 11월 26일에도 같은 행사가 있었다. 『일성록』의 이날 기록은 다음과 같다.

…. 이어서 선전관에게 꿩구이를 내렸다. 땅에 숯불을 피우게 하고 한 사람에게 꿩 한 마리와 쇠 꼬치 하나씩을 주고 각자 꼬치에 꿩을 꿰어서 구워 먹게 하였다. 또 술을 내리고 이병모 등에게 이르기를, "선전관을 호궤하는 데 꿩구이를 쓰는 것은 효묘(孝廟) 때부터 시작되었다. 성조(聖祖)께서는 매년 연말이면 반드시 이런 행사를 하셨었다. 응사(鷹師)를 경공(京貢)으로 만든 것은 대개 꿩을 바치게 하여 이런 용도에 쓰기 위해서였다. 그때부터 그대로 고사(故事)가 되었고, 내가 즉위한 이후로는 해마다 으레 행하였다." 하였다. 또 난로를 피우고 각신, 승지, 사관, 초계문신, 본영(本營)의 장관(將官)과 별군직(別軍職)에게 음식을 내렸다. 또 본영의 장교와 군병 및 내각의 이속(吏屬)들에게 골고루 술과 고기를 내렸다. ….[70]

---

68) 『일성록』. 정조 14년(1790) 10월 27일 기사, '춘당대(春塘臺)에 나아가 별군직(別軍職)과 선전관(宣傳官)의 시사(試射)를 설행하였다.'(한국고전 종합 DB).

69) 『정조실록』. 정조 15년(1791) 12월 20일 기사, '춘당대에 나아가 선전관의 사강을 거행하다.'(한국고전 종합 DB).

이날 정조는 "문신과 무신이 모두 법대로 활을 쏘고 임금과 신하가 함께 술을 마시네(文武皆吾彀 君臣共一巵)"[71]라고 첫 구절을 짓고 신하들이 화답하는 시를 지었다. 『홍재전서』에는 이날 갱한 사람이 28명이라고 하며 이 시들을 모아 「설중용호회 연운축(雪中龍虎會聯韻軸)」[72]을 만들었다.

정조 21년(1797년) 11월 18일에도 춘당대에서 각신, 승지, 사관, 장신(將臣)들이 짝을 지어 활쏘기를 하였다. 이후에 장막에 나아가 고기를 삶고 꿩을 구워 제신(諸臣)들에게 나누어 먹였다.[73] 이날 행사에 대해 「정조대왕 행장(行狀)」에는 다음과 같이 기록했다.

> … 겨울이 되어 눈이 내리면 꿩고기 굽고 탁주를 두루 하사하여 장사들을 먹이면서 소무(昭武)의 악(樂)으로 여흥을 돋우기도 했는데 그건 바로 영릉(寧陵)의 철장(鐵杖) 목마(木馬)와도 같은 뜻이었다. ….[74]

이 글에 나오는 '철장'과 '목마'는 중국 송(宋) 효종(孝宗)이 궁궐 뜰에 목마를 설치하고 기사(騎射)를 익히고 철장으로 힘을 기르면서 나라의 부흥을 이루고자 했던 고사를 말한다. 정조는 무신들에게도 규장각 각신 못지않은 배려와 관심을 보였다. 특히 무신들에게는 춥고 눈 내리는 겨울철에 정례적으로 동락의 자리를 마련해 위무하였다.

---

70) 『일성록』. 정조 16년(1792) 11월 26일 기사(한국고전 종합 DB).

71) 『일성록』. 정조 16년(1792) 11월 26일 기사(한국고전 종합 DB).

72) 『홍재전서』 제182권. 「군서표기」 4, 어정(御定) 4, '설중용호회 연운축(雪中龍虎會聯韻軸)'(한국고전 종합 DB).

73) 『정조실록』. 정조 21년(1797) 11월 18일 기사, '춘당대에 나아가 대신들과 활을 쏘고, 고기와 꿩을 제신들에게 먹이다.'(한국고전 종합 DB).

74) 『정조실록』 부록. 정조대왕 행장(行狀)⑩(한국고전 종합 DB).

난로회(煖爐會)

의의와 성격

난로회는 원래 중국의 풍속으로 음력 10월 초하룻날 난롯가에 둘러앉아 먹는 주연(酒宴)의 모임을 말한다. 『동국세시기』에는 서울 풍속에 화로에 숯불을 피워 번철(燔鐵)을 올려놓고 쇠고기에 갖은 양념을 하여 구우면서 둘러앉아 먹는 것을 '난로회'라 한다고 했다.[75] 연암(燕巖) 박지원(朴趾源, 1737~1805년)이 쓴 '만휴당기'에도 눈 내리는 날 열린 '난로회'의 모습을 자세히 기록하고 있는데 이러한 모임을 난회(煖會) 혹은 철립위(鐵笠圍)라고도 한다고 했다.[76] 난로회는 앞의 설중용호회와 달리 규장각, 홍문관, 승정원 등 문신과 함께한 소규모의 자리였다.

개최한 해와 행사 개요

정조 재위 기간에 난로회에 관한 기록은 많지 않다. 소규모 인원이 참여하고 실내에서 행해지는 사사로운 모임으로 일일이 기록하지 않은 것으로 보인다.

정조는 많은 책을 편찬하고 간행하느라 밤낮없이 수고한 규장각과 홍문관, 승정원의 여러 신하에게 난로회의 고사를 따라 어제(御製) 시와 함께 좋은 술과 안주를 내렸다는 기록이 있다. 이 어제 시에 다산 등 50여 명이 화답한 시가 『홍재전서』에 실려 있다.[77] 이 일은 난로회의 고사를 따르긴 했으나 50여 명의 문신에게 술과 안주를 보내 위로한 것으로 실제적인 난로회 모습과는 거리가 있다.

정조가 실제로 난로회 모임을 한 해는 정조 5년(1781년)이다. 『홍재전서』에 실린 「매각 갱재축(梅閣賡載軸)」 사본에는 다음과 같이 기록하였다.

---

75) 『연암집(燕巖集)』 제3권. 「공작관문고(孔雀館文稿)」 '만휴당기(晩休堂記)'의 주석 참고(한국고전 종합 DB).

76) 『연암집』 제3권. 「공작관문고」 '만휴당기(晩休堂記)'(한국고전 종합 DB).

77) 『홍재전서』 제7권. 시(詩) 3(한국고전 종합 DB).

신축년 겨울에 내가 각신, 승지, 사관과 함께 매각(梅閣)에서 난로회(煖爐會)를 열었다. 매(梅)자를 뽑아 칠언 절구(七言絶句)를 짓고, 꽃이 핀 뒤에 다시 모이기로 약속하였다. 갱재한 이는 5명이다. 꽃이 피자 처음의 약속대로 불러서 다시 꽃나무 아래에서 연회를 열고 처음처럼 갱재하였다.[78]

이날 정조가 지은 시와 약속대로 훗날 매화꽃이 피는 철에 다시 모여 지은 시가 『홍재전서』 제5권에 실려 있다. 또 정조 6년(1782) 10월 3일에 "춘당대에 나아가 초계문신의 과강(課講)과 선전관의 시강(試講)을 행하였으며 '난로회'로 칠언사운율(七言四韻律)의 제목으로 삼았다."[79]라는 기록도 있다.

이러한 기록들을 볼 때, 정조는 세간에 널리 퍼져 있는 난로회라는 유락 행위를 잘 알고 있었으며 실제로 이런 모임을 하기도 한 것으로 보인다. 다만 지극히 사적이고 소규모의 모임이었기에 이에 대해 더 이상의 기록은 없다. 다음 그림은 야외에서 숯불을 피우고 번철에 고기를 굽고 술을 마시는 모습을 그린 그림으로 난로회의 모습을 짐작할 수 있게 한다.

「야연(野宴)」, 성협, 18세기, 지본담채, 28.3×20.8cm, 국립중앙박물관 소장 (출처: 김상보, 2015: 118)

78) 『홍재전서』 제182권. 「군서표기」 4, 어정(御定) 4, 매각 갱재축(梅閣賡載軸) 사본(한국고전 종합 DB).

79) 『일성록』. 정조 6년(1782) 10월 3일 기사(한국고전 종합 DB).

활쏘기

의의와 성격

주(周) 대에 확립된 예(禮), 악(樂), 사(射), 어(御), 서(書), 수(數)의 육예(六藝)는 군자가 두루 갖추어야 할 덕목이었다. 이 중에 활쏘기에 대해서 『논어』 「팔일(八佾)」 편에, "군자는 다투는 일이 없으나, 꼭 하나 있다면 그것은 활쏘기로다! 그러나 절하고 사양하며 활 쏘는 자리에 오르고, 내려와서는 벌주를 마시니 그 다투는 모습도 군자답다."80)라고 하였다. 또 같은 「팔일」 편에, "활쏘기할 때 과녁의 가죽을 꿰뚫는 데에 주력하지 않는 것은 힘씀이 다 다르기 때문이니, 이것이 옛날의 도리이다."81)라고 하였다. 공자는 활쏘기의 의미는 힘자랑이 아니라 집중을 통한 수양에 있다고 강조한 것이다. 따라서 활쏘기는 선비가 갖추어야 할 기본 소양으로 단순한 유희가 아닌 예의 실천이자 자기 수양을 위한 방편 중 하나였다.

『대사례도(大射禮圖)』 중 「어사도(御射圖)」, 1743년, 비단에 채색, 60.0×28.2cm, 연세대학교박물관 소장 (출처: http://archive.hansik.org)

궁중에서의 활쏘기는 엄격한 형식과 예를 갖춘 의례(儀禮) 중 하나였다. 예를 들어 '대사례(大射禮)'는 임금이 성균관에 나아가 석전례(釋奠禮)를 지낸 뒤 신하들과 함께 활쏘기하는 의식인데 임진왜란 이후 폐지되었다가 영조가 시의에 맞게 의문(儀文)을 정비하여 부활시켰다.82) 다음 그림은 영조 19년(1743년)에 있었던 대사례를 그린 화권(畵卷) 중 왕이 활을 쏘는 모습을 그린 「어사도」이다.

---

80) 君子無所爭 必也射乎 揖讓而升 下而飮 其爭也君子. 김형찬 역, 2013. 『논어』. 孔子, 『論語』. 서울: 홍익출판사. p. 48.

81) 子曰 射不主皮 爲力不同科 古之道也. 김형찬 역, 2013. 앞의 책. p. 51.

82) 한국민족문화대백과사전(http://encykorea.aks.ac.kr).

연사(燕射)의 사전적 의미는 '활쏘기하는 잔치'이다. 정조는 규장각으로 하여금 주(周) 대의 제도를 고증하여 제후가 연침에서 활쏘기하는 연사례(燕射禮)의 의식과 절차를 복원하고자 했다. 실제로 정조 3년(1779년) 9월 25일과 7년(1783년) 12월 10일 등 두 차례에 연사례를 시행하였다. 특히 정조 7년에 열린 연사례에서는 왕이 지은 시에 13명의 신하가 갱재하였고, 이들을 시축으로 만든 연사 갱재축(燕射賡載軸)이 있다.[83] 활쏘기 후에는 왕과 신하들이 연음(燕飮)하면서 함께 즐겼다. 이런 행사는 규모가 크고 엄격한 의례를 따른다는 점에서 오늘날 유락의 개념과는 다소 거리가 있어 보인다.

정조의 활 솜씨는 선조인 태조(太祖)에 비견될 정도로 뛰어난 기량을 보였다. 「정조대왕 행장」에도, "활 쏘는 것이라면 하늘에서 타고난 재주였다. 그러나 50발을 쏠 경우에 항상 그 하나는 남겨두고 있었는데 모든 것이 가득 차면 안 되기 때문이었다."[84]라고 하였다. 정조는 활쏘기에 몰두하는 이유에 대해, "사예(射藝)는 곧 우리 집안의 법도이니, 다만 내가 천성으로 활쏘기를 좋아할 뿐 아니라 …."[85]라고 했다. 또 정조는 "활쏘기의 묘미는 정신을 집중하는 데 있다."[86]라고 하며, 활쏘기는 육예 중 하나로 자기를 바로잡기 위해 마음(心)을 다스리는 공부라는 점을 강조하였다.

앞서 살펴본 바와 같이 상화조어연, 세심대 놀이 등에 시 짓기와 활쏘기가 빠지지 않았다. 이렇듯 큰 행사에 수반된 활쏘기 외에도 정조는 신하들과 함께 빈번하게 궁원에서 활쏘기를 했다. 이렇듯 정조가 활쏘기에 몰두하는 것에 대해 일부 신하는 그 정도가 지나쳐 폐단에 이른다고 상소하기도 했다. 다음은 정조 4년(1780년) 5월 22일에 교리(校理) 강침(姜忱)이, 왕이 후원에서 자주 사예(射藝)를 겨루는 폐단에 대한 상소문 중 일부이다.

---

83) 『홍재전서』 제182권. 「군서표기」 4, 어정(御定) 4, 연사 갱재축(燕射賡載軸) 사본(한국고전 종합 DB).

84) 『정조실록』 부록. 「정조대왕 행장(行狀)」⑩(한국고전 종합 DB).

85) 『홍재전서』 제176권. 『일득록』 16, 훈어 3(한국고전 종합 DB).

86) 『홍재전서』 제176권. 『일득록』 16, 훈어 3(한국고전 종합 DB).

… 춥건 덥건 물론이고 바람이나 안개를 피하지 않으며 자주 옥지(玉趾)를 힘들여 친히 확포(矍圃)에 납시는데, 미천한 무신과 쇠뇌를 당기는 군졸까지도 그사이에 끼고 분수에 맞지 않는 자급(資級)과 공로가 없는 상이 또 따라서 나가니 ….[87]

이런 기록을 볼 때 정조는 날씨를 가리지 않을 정도로 활쏘기를 즐겼고 참여하는 사람의 직위도 다양했으며 활쏘기 후에는 후한 상을 내리기도 했던 것으로 보인다. 『정조실록』 등 사서에는 왕이 공적으로 '시사(試射)'[88]를 주관한 기록이 빈번하게 나타나는 것에 비해 왕의 사적인 여가 활동으로 활쏘기를 한 기록은 많지 않다. 『정조실록』에 의하면 정조 16년(1792년) 3월 18일, 춘당대에 나아가 각신(閣臣)과 승지와 사관 등과 활쏘기를 한 후 참석자들에게 과일을 하사하여 먹게 했다고 한다. 또 같은 해 4월 8일에 연등절을 맞아 활쏘기를 하였다. 정조 17년(1793년) 2월 28일 여러 신료와 활쏘기를 한 후 술과 음식을 내리고 내원의 여러 경치를 두루 구경하게 했다고 한다. 정조 20년(1796년) 봄에도 내원에서 활을 쏘았는데 많은 점수가 나왔으며 왕이 각신(閣臣)들에게 고풍(古風)을 바치게 하고, 이어서 각자에게 받고 싶은 물건을 물어서 하사했다고 한다.[89] 이렇듯 정조는 단순히 활쏘기만 한 것이 아니라 참여한 신하들에게 과일이나 술과 음식, 물품 등을 하사하거나 내원의 경치를 구경하게 한 점이 특기할 만하다.

참석자의 기록

이덕무(李德懋, 1741~1793년)는 정조 3년(1779년) 9월에 있었던 연사례에 참석하였다. 그가 이날 지은 '연사례의 노래'라는 시가 『청장관전서』에 실려 있어 그 모습을 짐작할 수 있게 한다. 이에 의하면 이날 활쏘기 후 왕이 음식을

87) 『정조실록』. 정조 4년(1780) 5월 22일 기사, '교리(校理) 강침(姜忱)이 왕이 자주 후원(後苑)에서 사예(射藝)를 겨루는 폐단을 상소하다.'(한국고전 종합 DB).

88) 『정조실록』이나 『일성록』에 활쏘기 시험인 시사(試射)에 관한 기록은 무수히 많다. 시사는 매달 치르는 삭시사(朔試射), 큰 경사가 있을 때 치르는 별시사(別試射), 녹봉(祿俸)을 주기 위해 치르는 녹시사(祿試射), 시상을 위한 상시사(賞試射) 등이 있었다. 이러한 여러 시사를 무예청(武藝廳), 별군직(別軍職), 선전관(宣傳官), 금군(禁軍), 장용영(壯勇營), 내금위(內禁衛), 초계문신(抄啓文臣) 등 각 기관이나 조직별로 시행하기도 했으니 그 횟수가 많은 것이 당연하다. 또 경모궁(景慕宮)이나 화성(華城) 등에 왕이 행차했을 때마다 수행한 장신(將臣)과 무사 등의 시사(試射)를 행하였다. 이러한 시사는 공식적인 행사로 궁원에서의 '유락(遊樂)활동'과는 무관하다.

89) 『홍재전서』 제182권. 「군서표기」 4, 어정 4, 목극명 갱재축(木屐銘賡載軸) 사본(한국고전 종합 DB).

내렸고 시 짓기, 연음(燕飮) 등이 있었다.

…
넷씩 짝을 지어 주선하며 큰 과녁을 쏘니 / 四耦周旋抗大帿
호랑이 · 곰 · 꿩 · 원숭이의 깃발이 펄럭이네 / 虎熊雉猿幡幡垂
맞추지 못하면 벌주 마시고 맞추면 축하하니 / 不中有飮中有祝
군자의 다툼은 예양으로써 한다네 / 君子之爭以禮讓
나라에서 내린 술 향기로워 / 黃封內酒旨且芳
오늘 저녁이 무슨 때인가 한 당을 즐긴다 / 今夕何辰樂一堂….90)

정약용은 '홍 절도사(洪 節度使)에게 임금이 하사한 각궁(角弓)의 기(記)'를 썼는데, 여기에는 활쏘기와 관련하여 영조와 정조, 장인인 홍화보(洪和輔)와 자신에게 얽힌 이야기를 적었다. 이 기록은 영조와 정조는 모두 활쏘기에 깊은 조예가 있었음을 증언하고 있다. 또 활쏘기에 대한 정조의 태도를 엿볼 수 있으며 근신들과 수시로 활쏘기를 즐겼다는 것을 알 수 있다.

나의 장인 홍 절도사(洪節度使)는 비록 무과(武科)로 조정에 나아갔으나, 영조(英朝) 말년에 총애를 받은 신하였다. 주상께서 일찍이 내원(內苑)에서 공(公)에게 명하여 활을 쏘게 한 적이 있었는데, 열 발을 쏘았으나 하나도 맞지 않았다. 주상은 그 활을 달라고 하여 보시고 말씀하시기를, "그대가 활을 쏠 줄 모르는 것이 아니라, 죄는 활에 있다. 각궁(角弓)이라는 것은 강하면 튕기고 늘어지면 활 끝이 뒤집히게 되는데, 지금 이 활은 늘어졌으니 명중할 턱이 있느냐. 내 활을 볼 것 같으면, 나는 비록 늙었지만, 오히려 잘 맞는다." 하시고, 이에 수염을 제치고 소매를 걷어붙이시더니 공에게 화살을 먹이라고 한 뒤에 하늘을 우러러 활을 당기고 가던 말(馬)을 멈추어 쏘니 표적에 정확하게 맞았다. 주상께서 한 번 웃으시고 활을 공에게 던져 주시면서, "나는 한 번만 맞히면 족하다. 활을 그대가 받아 잘 간직하라."라고 하였다. 공이 몸을 굽혀 받고 인사를 한 뒤에 집으로 돌아와 그것을 간직하였다. 그러고는 때때로 활을 쏘았는데, 한 번 맞힌 뒤에 그만두었으니 이것은 옛일을 잊지 않음을 보인 것이다.
나는 규장각(奎章閣)에 소속이 되어 내원(內苑)에서 활쏘기를 시험할 때마다 늘 맞추지 못하여 벌을 받았다. 공이 말하기를, "나는 하사받은 이 활을 우리 집안 대대로 전하려고 하였으나, 우리 집 아이는 병이 들었으니, 자네가 가져가게." 하였다. 그러면서 말씀하기를, "태조(太祖) 강헌대왕(康憲大王)은 신묘한 활 솜씨가 뛰어나셨고, 영조도 활을 잘 쏘았으니 그 비법이 대대로 전해온 것이었다. 다만 한 번 명중시키고 던져 버리는 것은 그 능력을 남에게 보이려고 하지 않는 것이니, 이것은 성인(聖人)의 일이다. 옛날에 당 태종(唐太宗)은 활 만드는 자[弓工]를 불러 그들과 함께 이야기하고는 활의 이치는 깨닫지 못할 것이 있다는 것을 알았지만, 영조는 한 번 보고 각궁(角弓)이 명중될 수 없다는 것을 알았으니, 이는 영

90) 『청장관전서(青莊館全書)』 제20권. 아정유고 12(雅亭遺稿十二)(한국고전 종합 DB).

조의 지혜가 당 태종보다 훨씬 뛰어나다는 것이다. 그대는 이 사실을 알라." 하였다.
내가 이 활을 얻은 뒤로는 활쏘기할 때마다 화살 몇 개씩을 맞추어, 전후에 걸쳐 받은 상이 많았다. 이리하여 이것을 소중히 간직하고, 아울러 이것을 얻게 된 전말을 기록하여, 장인과 사위가 양조(兩朝)에 걸쳐 받은 은혜가 이와 같이 융숭하였음을 기록한다.[91]

사적인 휴식

앞서 살펴본 궁원 활용 사례들은 모두 정조와 신하들이 함께했던 것이다. 『실록』과 『일성록』 등 편년체 사서에는 정조가 개인적으로 궁원에서 유락을 즐긴 것에 대한 기록이 전혀 없다. 이는 당대의 관례나 사관의 입장에서는 왕의 사적인 일상의 여가에 대해 기록할 필요가 없었을 것이다. 이에 반해 『홍재전서』의 『일득록』에 정조의 어록인 '훈어'에는 정조가 궁원을 이용하며 느낀 소회를 기록한 내용이 있다. 이를 통해 한 인간으로서 정조의 궁원에 대한 태도를 일부나마 짐작할 수 있다. 다음은 정조 12년(1788년) 윤행임의 기록이다. 정조가 자연과 정원을 대하는 태도를 보여준다.

연침(燕寢)의 정원을 다듬기를 청한 자가 있자 하교하기를, "옛날 송(宋)나라 학자 순필(舜弼)이 병산(屛山)을 둘러본 뒤, 동산이 매우 아름답다고 하자, 주자(朱子)가 '동산은 비록 아름답지만, 사람의 마음은 거칠다.'라고 하였다. 이제 이 정원도 그 자체로 가지런히 정돈되어 있는데 어찌 굳이 다듬을 필요가 있겠는가." 하였다.[92]

다음은 정조 13년(1789년) 김재찬(金載瓚)의 기록이다.

상이 작은 수레를 타고 6, 7명의 시자와 함께 북원 깊숙한 곳으로 가 작은 정자 위에 올랐는데, 때마침 봄비가 촉촉이 내리고 돌 틈을 흐르는 물소리가 들을 만하였으며, 꽃과 소나무가 어우러져 그늘진 가운데 노니는 새들만이 보였다. 상이 이를 둘러보고 기뻐하며 하교하기를, "마음에 맞는 경치 좋은 곳을 얻어 세속의 일이 닿지 않게 하여 잡다한 생각을 말끔히 씻어 버리고, 방 하나를 깨끗이 정돈하여 자유로이 생각하며 마음 내키는 대로 경사(經史) 등의 서적을 읽는다면 참으로 즐거움의 하나일 것이다. 그러나 이제 나는 십수 년간 번잡한 사무만 가득 쌓여 그렇게 하고 싶어도 그렇게 할 수가 없다." 하였다.[93]

---

91) 『다산 시문집』 제14권. 기(記), '홍 절도사(洪節度使)에게 임금이 하사한 각궁(角弓)의 기'(한국고전 종합 DB).
92) 『홍재전서』 제175권. 『일득록』 15, 훈어(訓語) 2(한국고전 종합 DB).

여기서 언급한 '북원 깊숙한 곳'이란 옥류천 주변을 의미하는 것으로 짐작된다. 또 이날도 비가 내린 후라 많은 물이 소리를 내며 흘렀던 것으로 보인다. 정조의 한가함과 독서를 즐기고 싶은 마음과 바쁜 일상에서 벗어나지 못하는 현실과의 괴리를 후원에서 달랬던 것으로 보인다. 다음은 정조 21년(1797년) 다시 김재찬의 기록이다.

> 춘당대에 나아갔는데, 마침 봄비가 처음 내려 못물이 새로 불고 오리와 갈매기와 비오리가 물 위에 떠서 푸드덕푸드덕 마주 보며 씻고 있었다. 연신(筵臣)을 돌아보고 이르기를, "제때로다. 봄기운이 한창 생겨날 때 저들이 스스로 그 기운을 얻어서 각각 그 즐거움을 즐기는 것이다. 사람이 만약 득과 실이 앞에 있고 기름과 불이 교차하는 가운데 한 조각 좋은 전지(田地)가 다른 사람에 의해 망가져 남은 것이 없다면, 비록 이 즐거움을 즐기고자 하더라도 할 수가 없다." 하였다.[94]

정조는 만백성과 백관(百官)의 스승인 군사(君師)를 자처하여 정치와 학문을 주도했다. 그는 평생에 걸쳐 학문과 독서에 매진했다. 정조는 소박하고 검소한 생활에 익숙했고 이를 일관되게 실행했다. 한 인간으로서 정조는 성리학의 이념을 충실하게 실천하는 삶을 살았다.

선비의 생활공간은 '장수(藏修)'와 '유식(遊息)'의 두 단어로 정의되는데, '장수'는 학문을 통한 수양을 의미하며 '유식'은 즐기며 휴식하는 것이다. '유식'을 통해 다시 '장수'할 수 있는 에너지를 보충하는 것은 선비로서 갖추어야 할 고도의 인격 완성을 위한 과정이라 할 수 있다.[95] 정조에게 있어서도 궁원은 바쁘고 번잡한 일상에서 잠시 벗어나는 '유식'의 공간이기도 했다.

마무리 말

이상과 같이 정조의 재위 연간에 궁원에서 이루어진 유락 활동을 살펴보았으며 그 결과를 요약하면 다음과 같다.

---

93) 『홍재전서』 제175권. 『일득록』 15, 훈어 2(한국고전 종합 DB).

94) 『홍재전서』 제177권. 『일득록』 17, 훈어 4(한국고전 종합 DB).

95) 김동욱(2001). 조선 시대 건축의 이해. 서울대학교출판부. p. 126.

정조 재위기의 '상화조어연'은 규례를 정하고 정례화한 어연(御宴)으로서의 차별성이 있다. 이 연회는 규장각이 주관하고 규장각의 각신을 위한 자리였다. 정조는 이를 통해 정치에 간여하는 외척의 폐단을 경계하고 어진 사대부를 우대함으로써 바른 정치를 하려는 것을 드러내고자 했다. 정조 재위기에 다섯 차례에 걸쳐 행사가 있었다.

세심대 놀이는 요절한 부친을 사모하는 정조의 비극적 개인사를 바탕으로 한다. 이 놀이 역시 정례화했으나 참석 범위를 별도로 정하진 않았다. 정조 재위기에 네 차례에 걸쳐 행사가 있었다.

정조는 여름날 많은 비가 내린 직후에 맑은 물이 시원하게 흘러넘치는 옥류천의 '폭포 구경'을 즐겼다. 이는 옥류천 일대의 일상적인 경관이 아니라 많은 비가 내린 직후에만 볼 수 있는 '일시적 경관(ephemeral landscape)'을 즐겼다는 점에서 특기할 만하다.

'설중용호회'는 장용영을 비롯해 삼군문의 각 대장, 별군직과 선전관 등 무반 요직에 있는 무신들을 위한 행사이다. 이 행사는 한겨울에 열렸고 무신들을 시험한 후 뜰에 숯불을 피우고 각자 쇠 꼬치에 꿩을 꿰어 구워 먹게 했다. 술을 내리고 음악을 연주하여 상하가 고락을 함께 나누는 것을 강조했다. 정조 재위기에 일곱 차례에 걸쳐 행사가 있었다.

정조는 겨울철에 난로회를 갖기도 했다. 정조는 당시 세간에 널리 퍼져 있는 난로회라는 세시풍속을 잘 알고 있었던 것으로 보인다.

정조는 활쏘기에 능했으며 이를 매우 즐겼다. 정조는 주(周)대의 제도를 고증하여 연사례의 의식과 절차를 복원하고자 했으며 재위 기간에 두 차례의 연사례를 열었다. 이 밖에 정조는 사적인 여가 활동으로 활쏘기를 매우 즐겼던 것으로 보이나 이와 관련된 기록은 많지 않다. 정조는 바쁜 일상에서 벗어나 독서와 한가함을 즐기고 싶은 마음과 현실과의 괴리를 후원에서 달랬던 것으로 보인다.

이상을 종합해 볼 때, 정조는 궁원에서 '군신동락(君臣同樂)의 자리를 적극적으로 마련했다. 각 붕당과 시파와 벽파가 대립하던 당시의 상황을 감안하면 정조는 자신의 정치적 이상을 실현하기 위해 측근 신료들의 지원이 필수적이었기 때문으로 판단된다.

이상과 같이 조선의 문예 부흥을 주도한 정조가 궁궐 후원을 이용한 실제 모습을 살펴보았다. 역대 왕의 후원 활용과 관련한 이러한 이용 실태를 통해 세계문화유산으로 등재된 우리 궁궐에 담긴 조경문화사적 가치를 재조명하는 일을 할 수 있을 것이다. 아울러 궁궐 관람 활성화에 기여할 수 있는 스토리텔링 구성을 위한 콘텐츠 개발에도 기여할 수 있을 것이다.

덧붙이는 말

정조는 부친의 요절 등 비극적 상황을 겪었고 심한 정치적 갈등 속에 즉위하였다. 즉위 후에는 이러한 부조리한 상황을 타파하기 위해 왕권 강화와 개혁을 추진했으며 개인적인 비원(悲願)도 이뤄야 했다. 노론과 소론, 남인 등 붕당에 더해 시파와 벽파의 갈등 속에서 정조의 정치적 이상을 실현하기 위해서는 신료들의 지원이 필수적이었다. 따라서 정조는 자신과 신료들의 관계를 '물과 물고기'에 비유하여 규장각 입구의 문을 어수문(魚水門)이라 할 정도로 측근 신료들과 일체감을 강조하였다.

규장각과 어수문(魚水門)

부용지 호안 석축의 잉어문 부조(출처: 문화콘텐츠닷컴 www.culturecontent.com)

정조 스스로도 "군신(君臣) 관계이면서도 가정의 부자(父子)와 같은 의리를 겸해야만 정과 뜻이 서로 통할 수 있는 법이다."[96] 하였다. 이러한 배경을 토대로 정조는 상화조어연, 세심대 놀이, 설중용호회 등 군신동락(君臣同樂)의 자리를 적극적으로 마련한 것으로 보인다. 이러한 '군신동락'의 자리에 여러 차례 참여했던 정약용은 정조가 주관한 궁궐 행사를 다음과 같이 기록했다.

> 우리 성상(聖上)께서는 뜻이 본디 공검(恭儉)함 때문에 말을 달려 사냥하는 것을 즐기지 않으며, 성색(聲色)과 진기한 노리개를 가까이하지 않으며, 환관(宦官)과 궁첩(宮妾)이라고 봐 주지 않는다. 다만 진신대부(搢紳大夫) 중에 문학(文學)과 경술(經術)이 있는 자를 좋아하여 그들과 함께 즐긴다. 비록 온갖 악기를 베풀어 놓고 노닌 적은 없으나, 음식을 내려주고 즐거운 낯빛으로 대해 주어서 그 친근함이 마치 한 집안의 부자 사이와 같았으며, 엄하고 강한 위풍을 짓지 않았다. 그러므로 여러 신하가 각기 말하고자 하는 것을 숨김없이 모두 아뢰니, 혹 백성들의 고통과 답답한 사정이 있어도 모두 환하게 들을 수 있으며, 경(經)을 말하고 시(詩)를 이야기하는 자도 의구(疑懼)하는 마음이 없어 그 질정하고 변석하는 데에 성실을 다할 수 있었다. 아, 이것이 이른바 군자의 도가 생장하고 소인의 도가 소멸하는 것이 아니겠는가.[97]

이러한 군신동락의 자리에는 시 짓기와 활쏘기가 빠지지 않았으며 그 결과에 따라 시상도 했다. 상화조어연에서는 '벌주 마시기', 부용지 내 섬으로 '귀양 보내기' 등과 같은 오락(game)적 요소도 있었다. 또 행사의 규모나 성격에 따라 거문고 등 음악과 술도 곁들여졌다.

다음 기록은 정조가 희정당에서 과거에 합격한 유생들에게 술을 내리는 모습을 적은 기록이다. 여기에는 술자리를 주관하는 상정(觴政)과 술을 마시도록 권하고 감독하는 역할을 맡은 사람을 두어 참석한 이들이 모두 취하게 하여 심지어 어전에 쓰러져 있던 사람도 있었다. 이처럼 정조는 신하와 격의 없는 유대를 도모하고자 노력했던 것으로 보인다.

> … 내가 이르기를, "술로 취하게 하고 그 덕을 살펴본다고 옛사람이 말하지 않았던가. 오늘의 일은 덕을 살펴보는 모임이다. 그대들은 모름지기 취하지 않으면 돌아가지 않겠다는 마음으로 각자 양껏 마시되 얼굴에 홍조가 오를 때까지를 한도로 하라." 하고, 또 이르기를, "우부승지 신기가 틀림없이 상정(觴政)에 익숙할 것이니, 술잔 돌리는 일은 우부승지가 주관하라. 주량의 대소를 살펴보아서 마시게 하되 각자 만취하게 하라. 만약 고르지 않거나 알맞지 않으면 우부승지에게는 벌이 있을 것이다. 술로써 벌을 주는 것은 그의 바람에 맞추어 주는 것이니 냉수를 써서 벌할 것이다." 하였다. 신기가 명을 받들고 나가 여러 유생을 인도하여 뜰에 열을 지어 앉게 하고 차례로 술잔을 돌려 세 순배에 이르렀을 때, 내가 이르기를, "유생 중에 취하지 않은 사람이 많으니 아직 잔을 멈출 수 없다. 내각과 정원, 호조로 하여금 술을 더 많이 가져오게 하여 다시 술잔을 돌리라. 늙은이에게는 작은 잔을 써서 따르고 젊은이에게는 큰 잔을 써서 따르되 큰 잔은 내각의 팔환은배(八環銀杯)를 쓰라. …." 또 이르기를, "여러 유생이 과연 모두 만취했는가?" 하니, 이만수가 아뢰기를, "오태증은 고 대제학 오도일(吳道一)의 후손으로서 집안이 대대로 술을 잘 마십니다. 지금도 이미 다섯 잔이나 마셨는데 아직도 취하지 않았습니다." 하여, 내가 이르기를, "이 당(堂)이 바로 오도일이 취하여 쓰러진 곳이다. 그가 만약 그의 고조를 생각한다면 어찌 감히 술잔을 사양하겠는가. 다시 큰 잔으로 다섯 순배를 먹이라." 하니, 오태증이 명을 받들고 마시기를 마쳤다. 서영보가 아뢰기를, "오태증이 술을 이기지 못하여 사방을 분간하지 못하고 쓰러졌습니다. 보기에 매우 미안하니 우선 물러가게 하는 것이 좋을 듯합니다." 하여, 내가 이르기를, "취하여 누워 있은들 무슨 상관이 있겠는가. 그대로 내버려 두라. 옛날 숙묘조(肅廟朝) 때 고 판서 오도일이 경악(經幄)의 신하로서 권우(眷遇)를 받아 어전(御前)에서 내린 술을 다 마시고 취하여 쓰러져 누워 일어나지 못하기까지 한 것이 지금까지 미담으로 전해지고 있는데, 지금 그의 후손이 또 이 당에서 취하여 누웠으니 참으로 우연한 일이 아니다. ….[98]

인용문에 등장하는 오도일(吳道一, 1645~1703년)은 숙종 연간에 도승지를 비롯해 이조, 예조, 공조, 호조 참판을 두루 역임했으며 한성판윤, 병조판서를 지냈다. 그는 당대의 문장가로 이름이 높았고 애주가로도 유명했다. 숙종 23년(1697년)에는 임금이 기우제를 지낼 때 술에 취해 넘어져 음복주(飮福酒)를 엎질러[99] 추고(推考)를 받기도 하는 등 술로 인한 사달도 여러 차례 있었다. 이날 정조는 오태증에게 선조의 미담을 들며 술을 내렸고 그 후손 역시 만취해 쓰러졌다.

96) 『국조보감(國朝寶鑑)』 제73권. 정조 조 5, 16년(1792년)(한국고전 종합 DB).

97) 『다산 시문집』 제14권. 기(記), 「부용정 시연기(芙蓉亭侍宴記)」(한국고전 종합 DB).

98) 『일성록』. 정조 16년(1792) 3월 2일 기사, '희정당(熙政堂)에서 반제(泮製)에 입격한 유생들을 소견하여 선온(宣醞)과 사찬(賜饌)을 하고, 이어서 연구(聯句)로 기쁨을 표시하라고 명하였다.'(한국고전 종합 DB).

99) 『숙종실록』. 숙종 23년(1697) 4월 22일 기사, '직접 사단에 기도하다.'(한국고전 종합 DB).

제9장

정조(正祖)의 화훼(花卉) 애호 태도와 의미

들어가는 말

정조(正祖, 1752년~1800년)는 세종(世宗, 1397~1450년)과 함께 우리나라에서 가장 사랑받는 왕이다.[1] 그는 백성과 신하들의 임금이자 스승인 군사(君師)임을 자처하여 정치와 학문을 주도했다. 그는 성리학적 이상에 부합하는 군주가 되고자 노력했으며 이러한 뜻을 담아 자신을 '만천명월주인옹(萬川明月主人翁)'이라 칭했다.

정조는 조선의 문예 부흥을 주도한 왕이다. 그의 치세 기간에 자신을 비롯한 걸출한 학자와 예술가들이 활약했다. 정치 면에서 정조는 당쟁의 폐해를 극복하고자 탕평을 통해 안정된 정치구조와 왕권 강화를 추구했다. 정조는 규장각과 장용위를 설치하여 정치와 학문을 통합하고 '문(文)'과 '무(武)'의 조화를 이루고자 했다.

정조는 문화·예술 부문에도 깊은 조예와 높은 심미안을 갖추었으며, 자비대령화원(差備待令畵員) 제도를 통해 국가 차원의 미술 정책을 주도했다. 또 경제적으로는 신해통공으로 자유 상업을 통한 경제부흥을 이루고자 했다. 사회적으로는 노비제도 혁파를 통해 평등 사회를 구현하고자 했다. 따라서 정조에게는 호학(好學)의 군주, 유교적 계몽 군주, 절대군주, 개혁 군주, 문예 군주, 문무겸전(文武兼全)의 군주라는 여러 이미지가 중첩된다. 이러한 점은 우리 역사를 통틀어 어느 왕과도 비교할 수 없는 정조만의 정체성이다.

이에 더해 정조의 개인사는 드라마(drama)적 요소도 갖추었다. 그는 일곱 살 때(영조 35년, 1759년) 세손(世孫)에 책봉되었고, 열 살 때(영조 39년, 1762년)

1) 안대회(2011). 정조 치세어록. 서울: 도서출판 푸르메. p. 8-9.

부친인 사도세자의 비극적인 죽음을 경험했다. 이십오 세 때(1776년) 즉위하기까지 오랜 기간을 당쟁으로 인한 불안한 정치 상황 속에서 인내하며 생존을 모색해야만 했다. 사도세자의 아들이자 세손이라는 다소 모순된 정체성으로 집권세력인 노론과 외척의 견제와 배척을 받았기에 외롭고 괴로운 세손 시절을 보냈다. 즉위 후에는 자신의 꿈을 채 펼치지 못하고 49세에 갑작스럽게 죽음을 맞은 '비운의 왕'이다.

정조는 조선 시대 역대 왕 중 유일하게 문집인 『홍재전서』를 남겼다. 이는 180권 100책에 달하는 방대한 분량으로 정조의 학문은 경학, 사학, 문학, 경제, 군사, 지리, 법전 등 실로 폭넓은 분야에 해박한 지식을 갖추었음을 보여준다. 정조는 뛰어난 학자이자 당대의 정국을 주도한 노회한 정치가인 동시에 우리 주변에서 흔히 볼 수 있는 '보통사람'이기도 했다. 자연인으로서 정조는 희로애락을 절절히 느끼며 살았던 평민과 다름이 없었다고 한다.[2)]

정조의 업적과 학문 세계는 깊이와 폭이 광대하여 단편적인 시각으로 그 전모를 살피는 것은 불가능하다. 따라서 이른바 '정조학(正祖學)'이라 할 만큼 정조와 그 시대를 바라보는 다양한 스펙트럼(spectrum)이 있다.

조선 시대 선비들의 화훼에 대한 태도는 성리학의 입장, 즉 사물에 철리를 투영한 관물론(觀物論)적 자세를 견지해 왔으나 18, 19세기에 이르러서는 꽃에 대한 탐닉이 마니아(mania)적 수준에 이르러 그 자체의 아름다움에 집중되기도 했다.[3)] 이러한 시기를 살았던 정조는 어떤 꽃을 어떻게 애호했으며 그 이유와 그에 반영된 의미를 살펴보고자 한다. 이를 통해 정조에 대한 이해를 넓히며 그의 치세기의 화훼 애호 태도 등 조경사의 한 단면을 살펴볼 수 있을 것이다.

2) 김문식(2014). 정조의 생각. 파주: 글항아리. p. 5.

3) 정민(2005). 18, 19세기 문인 지식층의 원예 취미. 한국한문학연구. 제35집: p. 2.

‘정조’를 보는 다양한 시각

1990년대 이후 우리 사회에 번진 정조와 그 시대에 대한 새로운 평가가 급격한 확산을 이룬 현상을 ‘정조 신드롬(syndrome)’으로 진단하기도 한다.[4] 이 과정에서 정조와 관련된 역사, 한문학, 미술사 등 여러 전문 분야의 연구 성과가 발표되었다. 또 일반인들은 영화와 드라마, 역사 다큐멘터리, 소설 등 다양한 대중 매체들을 통해 정조에 관한 이해의 폭을 넓힐 수 있었다.

전술했듯이 호학, 계몽, 개혁, 문무겸전 등등 정조를 보는 관점이 다양하기에 정조를 전반적으로 조망하기 위해서는 다양한 전문 분야의 연구 성과들에 대한 이해가 필요하다. 정조에 대해서는 서지학, 정치학, 사상사, 미술사, 교육학 등을 비롯해 정조 개인의 인간적 풍모에 관한 연구에 이르기까지 많은 연구가 축적되어 왔다.

서지학 분야에서는 『홍재전서』의 서지(書誌) 특징을 분석하여 정조의 사상과 학문을 파악하거나,[5] 『홍재전서』의 인용 문헌 분석을 통해 정조의 독서 행태를 연구하였다.[6] 이러한 연구에 의하면 정조는 유교 경전을 비롯한 성리학 서적으로부터 천문, 의학, 병술, 도가 등 제자백가서 등을 폭넓게 섭렵했으며 실용적이고 실천적인 독서 성향을 지녔다고 밝혔다.

정조의 군주관은 자신이 군사(君師)를 자임함으로써 대동 사회를 이루는 왕도정치를 실현하고자 했다.[7] 정조의 폭넓은 학문에 대해서는 「책문(策問)」을 통해 그의 학문관을 살펴본 연구가 있으며,[8] 경학(經學)인 의리학(義理學)과 명물도수학(名物度數學)인 실학(實學)의 두 관점에서 정조의 학문관을 고찰한 연구도 있다.[9] 이 외에도 정조의 『경사강의(經史講義)』를 통해 그의 학문관과 경전 공부법, 학문하는 자세 등을 고찰한 연구도 있다.[10] 정조는 경학 중 『주역』

4) 김백철(2011). 1990년대 한국사회의 ‘정조 신드롬’ 대두와 배경. 국학연구. 제18집: 187-230.

5) 김문식(2000). 정조 어제집 『홍재전서』의 서지적 특징. 한국학중앙연구원 장서각. 제3집: 7-33.

6) 김효진 · 리상용(2012). 『홍재전서』의 인용 문헌 분석을 통한 정조의 독서 행태 연구. 서지학연구 제53집: 295-324.

7) 한상권(2007). 정조의 군주관. 조선 시대 사학보. 제41집: 141-177.

8) 김현옥(2010). 『책문』에 나타난 정조의 학문관. 한문 고전 연구. 제21집: 155-176.

9) 김인규(2009). 弘齋 正祖의 學問觀. 溫知論叢. 제23집: 293-320.

10) 백민정(2010). 정조의 학문관과 공부 방법론. 동양철학. 제34집: 467-524.

에 최고의 지위를 부여했으며, 따라서 『주역』은 정조를 읽는 키워드의 하나라고 했다.[11] 즉 정조는 모든 경전의 가르침을 '태극'으로 귀결시킬 수 있다고 보았다고 한다.

정조의 교육 제도에 관한 연구로, 그의 치세기에 초계문신 교육 제도 고찰을 통해 교육사적 의의와 시사점을 고찰하거나,[12] 정조의 미술교육과 미술 정책에 관한 연구도 있다.[13]

'시(詩)'에 대한 태도를 통해 정조의 문학관을 살펴보면, 그의 시관은 형식적 기교보다는 도덕적 가치에 중점을 두어 인간의 성정을 바르게 하고 세상을 교화시키고자 하는 교화론(敎化論)에 근본을 두었고 당시(唐詩)를 모범으로 삼았다고 한다.[14]

정조의 성격, 대인관계, 기호, 효성, 건강, 여성 등 개인에 초점을 둔 연구도 있는데,[15] 이에 의하면 정조는 석류를 좋아했고 식목에서는 유실수와 과실수 등 실용성을 중시했다고 한다. 정조의 인간적 면모를 살펴본 또 다른 연구로, 정조가 심환지(沈煥之, 1730~1802)에게 4년 동안 보낸 297점의 편지를 분석함으로써 공식기록에 잘 나타나지 않는 인간 정조의 적나라한 성격, 유머(humor) 감각, 글쓰기 등 인간적 풍모를 밝힌 연구도 있다.[16] 이에 의하면 정조의 인간적 면모를 '눈코 뜰 새 없이 바쁜 생활', '다혈질적 성격과 거친 의사표현', '유머 감각과 인정(人情)' 등으로 요약하였다.

정조에게 있어서는 공부가 곧 휴식이었다는 점에 주목한 연구도 있다.[17] 이 연구에서는 정조가 직접 발췌한 문장을 모아 편찬한 『팔자백선(八子百選)』, 『팔가수권(八家手圈)』을 통해 한 인간으로서 정조가 바라던 마음의 안식은 어떠했는가를 살펴보았다. 이에 의하면 정조는 유종원(柳宗元, 773~819년)과 함께 유

11) 신원봉(2009). 정조의 주역관. 동양문화연구. 제3집: 98-127.

12) 최두진(2009). 정조대의 초계문신 교육 제도 연구. 교육 사상연구. 23(1): 229-248.

13) 김량회 · 김향미(2013). 조선 시대 정조의 미술교육 진흥정책과 자비대령화원 제도에 관한 연구. 조형 교육. 제48집: 107-127.

14) 최성엽(2007). 정조의 시관(詩觀)에 대한 고찰. 한문학보. 제17집: 391-411.

15) 신양선(1993). 조선 후기 정조 연구. 실학사상연구. 제4집: 89-136.

16) 안대회(2009). 어찰첩으로 본 정조의 인간적 면모. 대동문화연구. 제66집: 145-174.

17) 민선영(2013). 마음의 휴식을 위한 공부. 중국 산문 연구집간. 제3집: 114-126.

람했고 구양수(歐陽脩, 1007~1072년)와 함께 취했으며 소식(蘇軾, 1037~1101년)과 함께 자유로운 탐구를 하는 등과 같은 연상을 통해 휴식했다고 한다.

건축사 분야의 연구로, 정조 치세기에 조성한 규장각, 중희당, 수강재 등을 고찰하여 이 건물들은 전반적으로 높은 기단에 당당하고 바른 외관을 강조했으며, 창덕궁의 긴 역사에서 이 시기를 하나의 중흥기로 평가하기도 한다.[18] 또 정조는 현륭원의 입지선정과 봉분의 좌향 결정, 석물 조성과 정자각, 수라간, 수복방 배치 등 능침 조영의 전 과정에 주도적으로 참여하고 자신이 최종 결정을 내림으로써 특징적인 능원 영역을 조성하기도 했다.[19]

조경사 분야의 연구로, 정조가 손수 신하들에게 창덕궁 후원을 안내하고 설명한 일을 기록한 「호가유금원기」에 담긴 내용과 의미를 고찰하거나, 정조가 궁원에서 신하들과 함께 즐긴 유락의 실태와 의미를 살펴본 연구가 있다.[20]

이상과 같이 군주이자 학자이며 한 자연인으로서의 정조에 대한 다양한 분야에서의 연구가 축적되어 왔다. 그러나 정조는 어떤 꽃을 애호했으며 그 이유와 의미, 행태를 규명한 연구 성과는 없었다.

정조의 인간적 면모

정조의 성품

세손 시절에 정조는 자신의 연침(燕寢) 당호를 '홍재(弘齋)'라 했다. 이는 "군자는 포부를 크게 지니고 의지를 굳게 가져야 한다(君子弘毅)."[21]라는 의미를 취한 것이다. 어린 시절의 정조가 처했던 각박한 상황은 그로 하여금 매사에 신중하게끔 했으며 굳센 의지로 이를 감내해야만 했다. 어린 세손의 이러한 태도에 대해 영조는 다음과 같이 평한 바 있다.

---

18) 김동욱(1996). 조선 정조 조의 창덕궁 건물구성의 변화. 대한건축학회 논문집. 12(11): 83-93.

19) 김동욱・우희중(2008). 현륭원의 입지선정과 원침 계획에서 정조의 역할. 건축역사연구. 17(5): 23-37.

20) 홍형순(2014). 표암의 「호가유금원기」에 나타난 궁원 유람행사의 내용과 의미. 한국전통조경학회지. 32(2): 1-11; 홍형순(2015). 정조의 궁원 유락. 한국전통조경학회지. 33(4): 10-25.

21) 『홍재전서』 제178권. 『일득록』 18. 훈어 5(한국고전 종합 DB).

세손의 성품이 보통과는 아주 달라 털끝만큼도 법도를 이탈하려는 생각이 없는 사람이다. 금원(禁苑)에 꽃이 필 때도 나를 따라서가 아니고는 한 번도 구경 나가는 일이 없고 날마다 독서가 일인데 그렇게 하려고 노력해서 그러는 것이 아니다.[22]

정조 서거 후 혜경궁 홍씨가 쓴 행록에도 어린 시절의 정조를 다음과 같이 회상한다.

…. 천성이 검박하여 어려서부터 화사한 것을 좋아하지 않았고 입은 옷이 더러워지고 해져도 싫어하지 않았으며, 놀이할 때도 가지고 놀기 좋은 물건을 취하지 않고 오직 질박한 것을 좋아하여 버리지 않고 오래 가지고 놀았다. 어려서부터 학문을 좋아하여 날이 밝기도 전에 일어나 재촉하여 세수하고 머리 빗고는 독서를 시작했는데, 나로서는 어린 나이에 혹 손상이라도 받을까 싶어 일찍 일어나지 말라고 경계하면 그는 등잔 그림자를 가리고서 세수하고 빗질을 하곤 하였다. 효성 또한 대단해서 영종 대왕·경모궁 그리고 나를 섬기면서 상대의 얼굴빛을 살펴 가며 미리 마음을 알아차려 뜻을 받들고 털끝만큼도 교훈을 어기는 일이 없었다. ….[23]

정조는 초년 시절부터 검소하고 소박한 생활에 익숙했다. 그는 궁중에서 고립무원의 처지에 있었기에 매사에 신중을 기했고 대부분 시간을 독서로 보낼 수밖에 없었다. 이러한 태도는 세손 시절 이래 즉위 이후 말년에 이르기까지 일관하였다. 정조의 성격과 학문적 기반을 잘 보여주는 『일득록(日得錄)』 중 '훈어(訓語)'에는 정조의 평상시 의복과 음식, 기호에 대해 다음과 같이 기록하고 있다.

나는 곤룡포(袞龍袍)와 면류관(冕旒冠)과 융복(戎服) 이외의 비단옷은 일찍이 입지 않았으며 아침저녁의 수라도 궁중의 전례에 비추어 반을 줄였다. 평소 나 자신이 지나치게 화려한 것을 좋아하지 않은 이유에서 이렇게 한 것만은 아니다. 대개 지극한 통한이 마음에 있어 그칠 때도 없고 벗어나려야 벗어날 수도 없거니와 왕위에 있으면서 감히 일 없는 사람에게 견줄 수도 없기 때문에 그런 것이다.[24]

나는 비록 한겨울에도 두꺼운 솜옷이나 무거운 갖옷을 입은 적이 없으며, 올해도 추위가 매서우나 지금의 의복은 늦가을에 입던 것에 불과하다. ….[25]

나는 매일 아침에 저잣거리의 떡 몇 조각을 먹는데, 날이 저물 때까지 일을 보아도 배고프지 않다. 다른 사람이 보기에는 지나치게 검약한 것 같으나, 선조(先朝)

22) 『정조실록』. 「정조대왕 행장」(한국고전 종합 DB).
23) 『정조실록 부록』. '혜경궁이 내린 행록(行錄)'(한국고전 종합 DB).
24) 『홍재전서』 제175권. 『일득록』 15. 훈어(訓語) 2(한국고전 종합 DB).
25) 『홍재전서』 제177권. 『일득록』 17. 훈어 4(한국고전 종합 DB).

께서 50년간 검약을 숭상하신 덕을 보아 왔으니, 나는 감히 만분의 일도 바랄 수가 없다.[26]

나의 아침상이나 저녁상의 반찬이 네댓 가지에 불과하므로 연신(筵臣)이 간혹 너무 간소하다고 말하는데, 나는 의복과 음식에 대해 본래 신경을 쓰지 않았으므로 반드시 몸을 편안히 하고 입맛을 맞추려는 마음을 가진 적이 없었거니와 ….[27]

나는 쌍륙(雙六)이나 바둑 등 잡기(雜技)는 어느 것도 좋아하지 않는다. 이 역시 성품의 치우친 점이라 하겠으나, 학문에 이만큼이나마 소략하고 지리멸렬하지 않은 것은 뜻을 여러 갈래로 나누어 쓰지 않은 데 힘입은 바가 많다.[28]

내가 왕위에 오른 뒤로 양견(良犬), 준마, 음악, 여색(女色)을 즐긴 적이 없었다. 비록 궁성(宮省) 사이의 은미한 일이라도 남과 마주하여 말하지 못할 것은 없다고 자신 있게 말할 수 있다.[29]

정조의 의복과 음식이 검소했던 것과 마찬가지로 거처 역시 협소하고 낡아 여름에는 더위를 피하기 어려웠고 비가 새기까지 했다. 다음은 『일득록』 중 정조 7년(1783년), 8년(1784년), 11년(1787년), 20년(1796년)의 기록이다. 이를 볼 때 정조의 검소함은 전체 재위 기간에 일관하여 실천한 것을 알 수 있다.

하루는 날씨가 매우 더웠다. 상께서 침실 남쪽 건물에 계셨는데, 처마가 매우 짧아 한낮의 해가 뜨겁게 내리쬐었다. 신이 아뢰기를, "이 방은 협소하여 한여름이면 더욱 불편합니다. 별도로 짓자는 유사(有司)의 청은 비록 윤허를 얻지 못하였으나 서늘한 곳을 가려서 여름을 보낸다면 안 될 것이 없을 듯합니다." ….[30]

상이 계시던 관물헌(觀物軒)은 매우 협소한 데다 좌우의 담장이 바짝 붙어서 언제나 더운 여름이 되면 뜨거운 햇볕이 사방에서 들어온다. 그래서 연신(筵臣)이 별전(別殿)으로 옮겨서 더위를 피할 것을 주청하자, 상이 이르기를, "마음이 안정되면 기운이 정해지고 기운이 정해지면 몸이 편안해진다. 나는 어릴 때부터 고요한 곳에 안정하는 것이 이미 습성이 되어서 비록 이처럼 작은 방에서라도 더운 줄을 모른다." 하였다.[31]

거처하는 영춘헌(迎春軒)이 낮고 좁아서 매년 여름철이 되면 더위를 받는 것이 곱절이나 심하고, 또 그 들보와 서까래가 낮아서 장맛비를 한번 치르게 되면 방 구석 사방이 새니, 기와 동이와 구리 주전자를 좌우로 늘어놓고 빗물을 받았다.

---

26) 『홍재전서』 제177권. 『일득록』 17. 훈어 4(한국고전 종합 DB).

27) 『홍재전서』 제177권. 『일득록』 17. 훈어 4(한국고전 종합 DB).

28) 『홍재전서』 제163권. 『일득록』 3. 훈어 3(한국고전 종합 DB).

29) 『홍재전서』 제176권. 『일득록』 16. 훈어 3(한국고전 종합 DB).

30) 『홍재전서』 제161권. 『일득록』 1. 문학 1(한국고전 종합 DB).

31) 『홍재전서』 제161권. 『일득록』 1. 문학 1(한국고전 종합 DB).

연신(筵臣) 중에 빨리 수리하는 것이 마땅하다고 말하는 이가 있었는데, 하교하기를, "한번 새롭게 수리하려고 하면 공사가 매우 커지니, 새는 곳을 따라 보완하는 것이 좋겠다." 하였다.32)

평소 지내는 거처가 벽지를 바른 지 오래되어 검게 변하였고 기둥과 서까래가 비온 뒤 썩었다. 경연 신하가 유사(有司)로 하여금 고치게 하기를 청하니, 하교하기를, "어찌 서둘러서 할 것이 있겠는가. 계속된 비가 20일째 이어져 각도에서 재해를 보고하고 있다. 민간의 누추한 집들이 크게는 무너져 깔리고 작게는 틈이 갈라져 비가 샐 것을 생각할 때마다 일찍이 측은한 마음이 들지 않은 적이 없었다. 그 일은 그만두라." 하였다.33)

이러한 기록을 보면 오늘날 현대인의 상상 속에 있는 왕의 생활 모습과는 거리가 매우 멀다. 우리는 통념적으로 일국의 국왕은 일반인과 달리 호의호식하며 호화로운 삶을 누렸을 것으로 생각한다. 과연 이런 기록과 같이 정조의 평소 생활은 정말 소박했을까?라는 의구심이 들 수도 있다. 이런 의문에 대한 답을 보여주는 기록이 『일득록』에 있는데 그 내용은 다음과 같다.

연침에 까는 자리가 해져 기워 붙인다 해도 쓸 수가 없자 신료들이 여러 번 교체할 것을 청하였다. 각료들이 이 일을 일득록(日得錄)에 기입하였는데, 하교하기를, "빨리 그것을 삭제하라. 내가 각신들의 입을 빌려 나의 검소한 실상을 자랑하고 싶겠는가." 하였다.34)

이는 정조 12년(1788년)에 윤행임이 기록한 내용이다. 이에 의하면, 평소 정조의 검소한 생활 태도는 남에게 드러내 이를 칭송받고자 한 것이 아니라 몸에 밴 습관이었다는 것을 보여준다.

자연을 대하는 태도

정조가 평소 자연을 대하는 태도는 그의 소소한 일상을 기록한 내용을 통해 짐작할 수 있다. 다음은 정조가 벌레나 새싹, 새와 같은 미물에 이르기까지 그 각각의 존재 가치와 생명을 소중히 여겼음을 보여주는 일화를 기록한 내용이다.

---

32) 『홍재전서』 제177권. 『일득록』 17. 훈어 4(한국고전 종합 DB).

33) 『홍재전서』 제167권. 『일득록』 7. 정사(政事) 2(한국고전 종합 DB).

34) 『홍재전서』 제175권. 『일득록』 15. 훈어 2(한국고전 종합 DB).

침원(寢園) 나무에 벌레가 생겨 잡으려고 할 때 그전에는 벌레를 모두 구덩이를 파고 불에 태워 묻었었는데, 왕이 이르기를, "벌레도 그것이 살아 움직이는 물건이니, 몰아 쫓아버리는 것이 불에 태우는 것보다 낫지 않겠는가."라고 하거나, "언젠가는 부용정(赴蓉亭)에서 연회를 하는데 들보 위에 둥지를 튼 제비가 새끼에게 먹이를 먹이기 위해 날아 들어오려다가 들어오지 못하고 돌고만 있는 것을 보고 왕은 그를 가엾게 여겨 즉시 자리에서 일어나 그곳을 떠난 일도 있었는데 이는 또 새나 벌레 같은 미물들까지도 다 왕의 지극한 은택 속에서 살고 있었던 한 단면인 것이다. 전(傳)에 이르기를, "어버이를 사랑하고, 그리고 백성을 사랑하고, 백성을 사랑하고, 그리고 모든 물건까지 사랑한다." 했는데, 그것이 왕을 두고 한 말인 것이다.…."[35]

후원에서 꽃을 감상할 때 선인(膳人)이 숯불을 뜰 위의 잡풀이 더부룩한 곳에 놓자 하교하기를, "빨리 그것을 옮기라. 새싹이 이제 막 푸릇푸릇 올라오는데 어떻게 차마 불꽃 속에 사라지게 할 수 있겠는가." 하였다.[36]

정조는 자연 그 자체의 본성과 원리에 대해 깊은 관물론(觀物論)적 태도를 가졌었다. 다음은 정조 17년(1793년) 김조순(金祖淳)의 기록이다.

"만물이 가지런하지 않은 것은 만물의 실정이다. 솔개는 날고 물고기는 물속을 뛰며, 소는 무거운 짐을 지고 말은 먼 길을 달리니, 이것은 각각 그 본성에 따라서 그 쓰임을 다한 것이다. 이것이 가지런하지 않은 가운데 가지런함이다."[37]

다음은 정조 21년(1797년) 서용보(徐龍輔)의 기록이다.

동산의 꽃과 섬돌의 풀, 숲속의 새와 못 속의 물고기를 도를 모르는 사람의 관점으로 보면 비록 완상에 빠져 본심을 상실한다고 말하더라도 괜찮으나, 도를 아는 사람의 관점으로 보면 이보다 더 즐거운 것이 없으니, 본 것은 같지만 그것을 보는 사람이 같지 않기 때문이다.[38]

"정조는 경학 중 주역에 최고의 지위를 부여했으며 주역은 정조를 읽는 키워드의 하나이다."[39]라는 관점에서 본다면 정조의 이러한 태도를 이해할 수 있다. 우주 만물의 생성 원리와 변화의 질서를 설명하는 『주역』은 자연과의 합일을

---

35) 『정조실록』. 정조 부록 속편, 「정조대왕 천릉지문(遷陵誌文)」(한국고전 종합 DB).

36) 『홍재전서』 제175권. 『일득록』 15, 훈어 2(한국고전 종합 DB).

37) 『홍재전서』 제176권. 『일득록』 16, 훈어 3(한국고전 종합 DB).

38) 『홍재전서』 제177권. 『일득록』 17, 훈어 4(한국고전 종합 DB).

39) 신원봉(2009). 앞의 글. p. 99.

추구하는 일원론적 자연관을 토대로 한다. 정조는 후원의 계절 변화와 뭇 생명체들이 발하는 생동감을 통해 생명의 본성, 변화와 질서 등 주역의 의미를 일깨우고 있다.

이러한 성리학의 관물적 태도는 궁원을 가꾸는 데도 영향을 미쳤을 것이다. 다음은 정조 12년(1788년)에 윤행임이 기록한 것이다.

> 연침(燕寢)의 정원을 다듬기를 청한 자가 있자 하교하기를, "… 이 정원도 그 자체로 가지런히 정돈되어 있는데 어찌 굳이 다듬을 필요가 있겠는가." 하였다.[40]

정조는 기화요초(琪花瑤草)에 관심을 두지 않았다. 그에게는 동산에 자연스레 핀 꽃이나 화분에 가꾸어진 꽃이나 모두 그 자체의 본성을 가진 자연물의 하나였을 것이다. 이러한 정조의 태도로 인해 특정 화훼에 대한 자신의 취향을 드러낸 일이 많지 않다.

정조의 화훼 시와 그림

유학의 기본 경전 중 하나인 『서경(書經)』은 요(堯) 임금으로부터 진(秦) 목공(穆公)까지 천하를 다스리는 근본 지혜를 공자가 집대성한 책이다. 『서경』의 「주서(周書)」 편 '여오(旅獒)'에, 서여(西旅)라는 나라에서 큰 개를 선물로 바치자 소공(召公)이 무왕에게 이를 받으면 안 된다고 훈계한 글이 있다. 이 글의 핵심은 '완인상덕(玩人喪德) 완물상지(玩物喪志)', 즉 사람을 가볍게 여겨 희롱하면 덕을 잃고 물건에 마음을 빼겨서 놀면 뜻을 잃는다는 것이다.[41] 이후 유학의 이상적 인간형인 성인군자를 따르는 이들은 '완물'에 빠져 본연의 의지를 잃는 것을 늘 경계해 왔다.

성리학자들은 '완물'을 경계하는 한편, 주변의 가까운 사물을 자세히 관찰함으로써 그에 내재한 이치를 깨우치고자 하는 근사(近思)와 관물(觀物)이라는 학문적 태도가 기본이었다. 즉 하찮은 사물일지라도 그 속에 무궁한 이치가 담겨

40) 『홍재전서』 제175권. 『일득록』 15, 훈어 2(한국고전 종합 DB).

41) 이기동(2012). 서경 강설. 서울: 성균관대학교출판부. p. 429.

있으므로 '들고도 못 듣고 보고도 못 보는' 뜻을 잘 살펴야 한다는 것이다.[42] 관물을 통해 물리(物理)를 터득하여 천리(天理)에 이르는 것은 성리학적 학문 태도이며 자기 수양의 한 방편이었다. 정조는 학문에 대한 자신의 생각을 다음과 같이 밝힌 바 있다.

> 상이 이르기를, "…. 또 내가 장획(長畫)으로 활을 쏠 때의 일을 가지고 증험하건대, 마음이 정일해야만 쏘는 대로 명중시키게 되는 것이다. 활쏘기도 그러한데 더구나 이 학문 공부야 더 말할 나위가 있겠는가. 학문은 별다른 일이 아니고 일상생활이 모두 이 학문 공부여서, 옷을 입을 때와 밥을 먹을 때도 모두가 이 학문인 것이다. 그런데 지금 사람들은 학문이라는 말만 나오면 아득히 멀어서 행하기 어려운 일로 보아, 걸핏하면 '학문 공부는 어떻게 착수해야 하는가'라고 말들을 하니, 참으로 이상한 일이다." 하였다.[43]

정조는 불우했던 세손 시절 이래 말년에 이르기까지 이러한 태도로 일관했던 것으로 보인다. 이러한 관점에서 본다면, 꽃을 애호하고 즐기는 것, 즉 오늘날 통념상 화훼에 대한 애호 방식과 태도를 정조에게도 적용할 수 있느냐는 점에서는 의문의 여지도 있다.

문예 군주라는 별칭에 걸맞게 정조는 시・서・화에 두루 능했다. 정조는 "… 내가 즉위한 이후로 연사(燕射)・시예(試藝)와 상화(賞花)・조어(釣魚)에서부터 경사(慶事)가 있을 때나 출행(出行) 중에 잠시 머물러 쉴 때 이르기까지 그때마다 시(詩)를 짓고 신하들에게 화답(和答)하게 하였다. …"[44]라고 했듯이 시 짓기를 즐겼다. 이 중에는 꽃 구경을 하며 읊은 시를 비롯해 매화, 국화, 연꽃, 옥잠화, 살구꽃, 복사꽃, 전추라(剪秋羅), 엄나무 꽃 등 특정 꽃을 제재로 삼기도 했다. 또 시의 형식도 차운시(次韻詩), 연구(聯句), 영물(詠物), 영사(詠史), 제영(題詠), 전별시(餞別詩) 등 다양하다. 다음은 세손 시절에 지은 '옥잠화(玉簪花)'라는 시인데 옥비녀를 닮은 꽃의 형태와 색상, 의미를 생생하게 묘사하고 있다.

---

42) 정민(1995). 관물정신의 미학 의의. 동아시아문화연구. 제27집: 225-247.

43) 『홍재전서』 제163권. 『일득록』 3, 문학 3(한국고전 종합 DB).

44) 『홍재전서』 제182권. 「군서표기」 4, 어정 4, 갱재축(賡載軸) 48권(한국고전 종합 DB).

잠화는 마치 백옥과도 같아서 / 簪花如白玉
사람에 비추면 찬란한 빛을 내기에 / 照人生輝光
내가 이것을 미인에게 주려고 / 我欲贈美人
아득히 먼 서방을 바라보노라 / 迢迢望西方[45]

시적 표현뿐 아니라 그림에도 능했던 정조는 파초, 국화, 매화, 사군자 등 여러 화초를 그린 그림도 남겼다. 시와 마찬가지로 그림의 제재가 된 각각의 화훼들 역시 작자의 내면을 표현하기 위한 수단이었다. 일례로 세손 시절에 그린 '파초도'와 '섬돌의 파초' 시는, 불안한 정치적 상황으로 인해 각별히 조심하고 학문에 정진하는 자세로 일관할 수밖에 없는 현실 속에서 스스로 노력하고 강해져야 했던 '자강불식(自强不息)'의 의지를 담고 있다.[46]

「파초도(芭蕉圖)」, 종이에 먹, 84.2×51.3cm, 보물 743호, 동국대학교 박물관 소장 (출처: 수원화성박물관, 2009b: 111)

「국화도(菊花圖)」, 종이에 먹, 84.6×51.3cm, 보물 744호, 동국대학교 박물관 소장 (출처: 수원화성박물관, 2009b: 111)

45) 『홍재전서』 제1권. 「춘저록」 1, 시(詩)(한국고전 종합 DB).

46) 홍형순(2011). 고전 시문을 통해 본 파초(*Musa basjoo*)의 식재 의미와 설계용도(Design Use). 한국전통조경학회지. 29(2). p. 57.

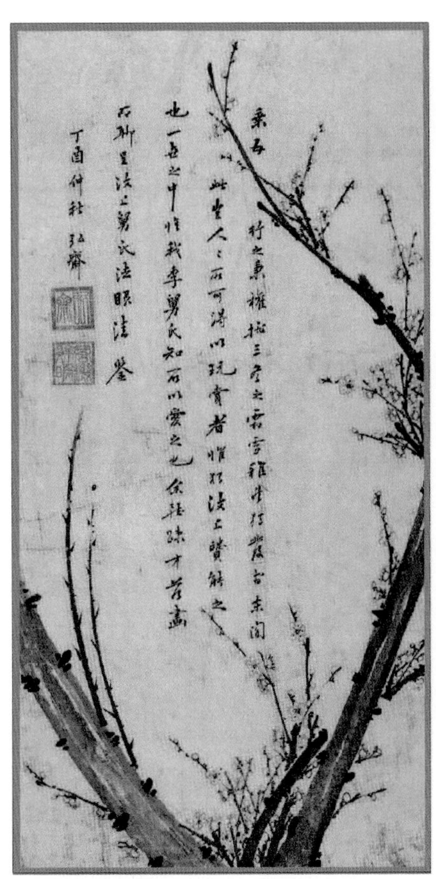

「묵매도(墨梅圖)」, 종이에 먹, 123.5×62.5cm,
서울대학교 박물관 소장
(출처: 수원화성박물관, 2009a: 115)

「추풍명안도(秋風鳴雁圖)」, 종이에 먹,
53.0×30.0cm, 서울대학교 박물관 소장
(출처: 수원화성박물관, 2009b: 115)

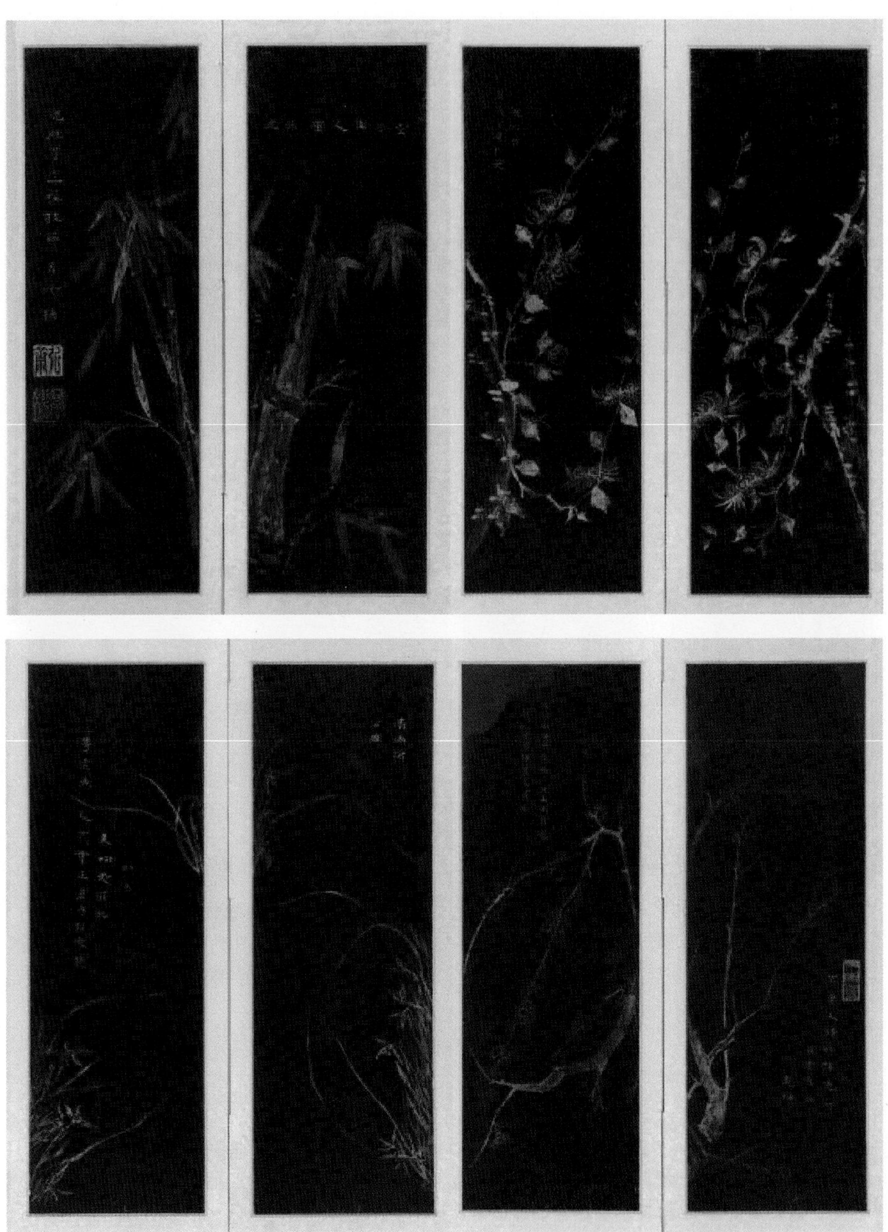

「사군자도(四君子圖)」, 비단에 금니, 75.5×25.1cm×8폭, 국립중앙박물관 소장
(출처: 수원화성박물관, 2009b: 113)

정조의 시와 그림을 통해 볼 때, 정조는 여러 종류 꽃들의 성상(性狀)과 그 특성 등을 잘 알고 있던 것으로 보인다. 또 이런 꽃들을 소재로 문학 혹은 회화 등 예술적 표현에도 막힘이 없는 경지에 있었다.

정조가 애호한 화훼, 석류(石榴)

화훼에 대한 정조의 언급

『홍재전서』는 정조의 일상사로부터 국정 운영에 이르는 폭넓은 정보를 담고 있다. 세손 시절까지를 포함하고 있는 이 방대한 기록 중 정조가 자신이 좋아하는 꽃을 밝힌 유일한 기록이 있는데 그 전문은 다음과 같다. 이는 『일득록』에 실려 있는데 서영보가 정조 18년(1794년)에 기록한 것이다.

> 나는 본래 화훼(花卉)를 그다지 좋아하지 않는다. 오직 석류만이 잎이 돋아나고 꽃이 필 때부터 열매를 맺어 익을 때까지 그 절후의 이르고 늦음이 벼와 하나하나 부합된다. 그러므로 매우 기뻐하여 뜰 앞 계단 아래에 항상 석류 몇 그루를 남겨 두었다.47)

정조는 화훼에 대해 특별한 관심이 없음을 밝히고 있다. 오로지 석류만은 가까이 두고 자주 볼 수 있도록 하는데 그 이유도 단지 벼농사의 절기를 가늠할 수 있기 때문이라는 것이다. 다음은 서용보가 정조 20년(1796년)에 기록한 글이다.

> 상이 이르기를, "예전에는 궁중의 화훼(花卉)가 매우 많아, 이른바 동산별감(東山別監)이라는 것이 있어서 선혜청에서 공가(貢價)를 받아 화훼를 진배(進排)하기를 각종 공인(貢人)의 예처럼 하였다. 그런데 이를 빙자하여 일으키는 폐단이 끝이 없어서 사대부의 집이나 여염집을 막론하고 꽃 한 가지 나무 하나라도 조금 볼만한 것이 있으면 멋대로 빼앗아 가면서 거리끼는 바가 없었다. 내가 왕위에 오른 뒤로 일찍이 화훼에 뜻을 둔 적이 없어서 그 공물(貢物)을 없애고자 하긴 하였다. 그러나 그들의 삶 또한 매우 불쌍히 여길 만하기 때문에 형식만은 남겨 둔다는 뜻으로 가을 국화와 여름 석류 약간 분(盆)을 그들로 하여금 사두도록 하면서 여염에서 빼앗아 오는 폐단을 일체 금하여 끊도록 하였으니, 이른바 동산별감은 이름만 남아 있

47) 『홍재전서』 제176권. 『일득록』 16, 훈어 3(한국고전 종합 DB).

을 뿐이다." 하였다.[48]

이 글에도 역시 정조의 화훼에 대한 무관심한 태도를 거듭 밝히고 있다. 철에 따라 형식적으로 약간의 국화와 석류 화분을 구입하는데 그 이유 역시 단지 공인들의 생업을 유지하기 위해서라는 것이다. 정조의 이러한 태도에 대비되는 극단적인 사례가 있는데 다음은 『조선왕조실록』의 연산군 대의 기록이다.

> 전교하기를, "장원서(掌苑署) 및 팔도에 영하여 왜척촉(倭躑蠋)을 많이 찾아내어 흙을 붙인 채 바치되 상하지 않도록 하라." 하였다. 이로부터 치자(梔子), 유자(柚子), 석류(石榴), 동백(冬栢), 장미(薔薇)에서 여느 화초에 이르기까지 모두 흙을 붙여서 바치게 하매, 당시 감사(監司)들이 견책(譴責)당할 것을 두려워하여, 종류마다 혹 수십 주(株)를 바치되 계속 날라 옮기니, 백성이 지쳐서 길에서 죽는 자가 있기까지 하였다.[49]

앞의 예는 왕이 백성의 생업을 고려해 궁궐에 약간의 화분을 사들인 반면 후자는 화훼에 대한 호사 취미로 인해 백성들이 고통을 받는 상황을 보여준다. 앞의 두 인용문 이외에 정조가 특정 화훼에 관해 관심을 나타낸 기록은 없다.

정조의 석류 애호 의미

『산림경제』에는 석류에 대해, "석류화는 안석국(安石國)으로부터 왔기 때문에 안석류(安石榴)라는 이름이 붙었는데, 신라(新羅) 때 바다 밖(海外)에서 들여온 것은 해류(海榴)라고 한다."[50]라고 하듯이 석류는 중국을 통해 도입되었다. 한반도 남부지방 기후에 잘 생육하므로 서울 지역에서는 주로 화분에 심어 가꾸어졌다.

석류가 도입된 이래, 오랜 기간에 걸쳐 많은 이들이 석류를 애호해 왔다. 유박(柳璞, 1730~1787년)의 『화암수록(花菴隨錄)』 중 「화목구등품제(花木九等品第)」에 석류를 오등의 등급으로 '번화함을 취하는 꽃'으로 기록하였다. 또 그의 「화품평론(花品評論)」에는 해류(海榴)와 석류(石榴)에 대해 "서시가 살포시 찌푸리자 사

48) 『홍재전서』 제169권. 『일득록』 9, 정사 4(한국고전 종합 DB).

49) 『연산군일기』. 연산군 11년(1505년) 4월 9일 기사. '장원서 등에 명하여 철쭉을 많이 바치게 하다.'(한국고전 종합 DB).

50) 『산림경제』 2. 「양화(養花)」(한국고전 종합 DB).

람들 애가 끊어지네(西子含嚬 令人斷腸)", "조비연과 양귀비가 총애로 육궁을 기울게 했네(飛燕玉眞 寵傾六宮)"[51]라고 비유하여 석류의 아름다움을 묘사하였다.

조선 후기에는 지식인층의 꽃에 대한 탐닉이 마니아(mania)적 수준에 이르기도 했는데,[52] 석류도 수요가 많아 특이한 수형으로 가꾼 석류 화분이 거래되기도 했으며[53] 개인의 정원을 묘사한 기문에도 석류가 자주 등장한다.[54] 또 이유원(李裕元, 1814~1888년)은 '5대를 전해 온 석류'에 대해 기록을 남겼는데, "임씨(林氏) 성을 가진 자가 인왕산 아래에 사는데, 집안에 5대를 전해 온 석류 한 그루가 있었다. 늘 날씨가 추워지면 실내에 보관하여 수백 년을 전해지게 한 것이다. 사람들은 그것이 무익한데도 보호하기를 더욱 힘쓴다고 비난하였다."[55]라고도 하였다.

석류(출처: 김태정, 1996: 153)

석류(출처: 국립산림품종관리센터, 2015: 307)

---

51) 정민(2003). 「화암구곡」의 작가 유박(1730~1787)과 『화암수록』. 한국시가연구. 제14집. pp. 113-114.

52) 정민(2005). 앞의 글. p. 37.

53) 강이천(姜彝天, 1768~1801년)의 「한경사(漢京詞)」에는 조운선을 통해 호남지방의 석류가 서울로 거래되는 모습을 읊었고 이옥(李鈺, 1760~1815)의 「백운필(白雲筆)」에는 서울에 꽃을 재배하여 파는 사람들과 특이한 수형으로 가꾼 석류 화분에 대한 기록이 있다. 정민(2005). 앞의 글. pp. 11-12.

54) 유박(柳璞, 1730~1787년)의 정원인 백화암(百花菴), 이이엄(而已广) 장혼(張混, 1759~1828년)이 정원을 묘사한 「평생지(平生志)」, 정약용(丁若鏞, 1762~1836년)의 명례방(明禮坊) 집 정원을 기록한 「죽란화목기(竹欄花木記)」 등에 석류에 대한 기록이 있다. 정민(2005). 앞의 글. pp. 8-10.

55) 『임하필기(林下筆記)』 29. 「춘명일사(春明逸史)」, '5대를 전해 온 석류(石榴)'(한국고전 종합 DB).

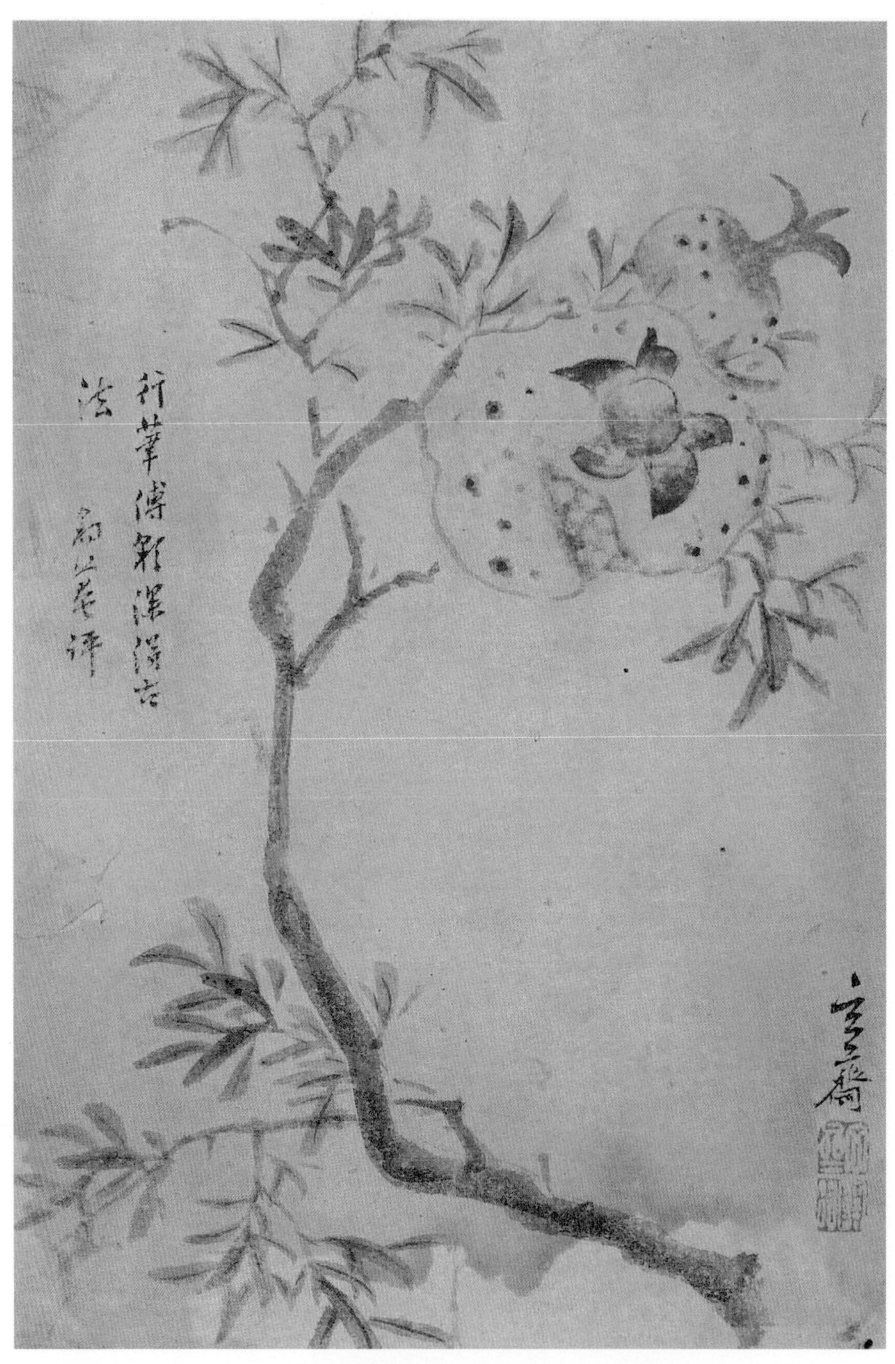

「석류」, 심사정, 24.2×16.1cm, 국립중앙박물관 소장(출처: 국립전주박물관, 2012: 103)

여러 시인은 석류꽃과 열매를 미인, 빨간 치마, 붉은 해, 붉은 구슬, 주사(朱砂), 불꽃, 비단 주머니 등에 비유하여 그 아름다움을 표현해 왔다. 또 옛사람들은 5월을 유월(榴月) 혹은 유화월(榴花月)이라는 운치 있는 이름으로 칭했다. 이런 명칭은 5월경에 꽃이 피는 석류로부터 유래한다.

이에 반해 정조는 석류의 꽃이나 열매, 수형 등 관상 가치에 큰 의미를 두지 않았다. 정조는 석류가 개화하고 결실하는 것이 벼 이삭이 패고 영그는 시기와 일치한다는 점을 강조했다. 정조는 단지 이 이유로 석류의 가치를 인정하고 늘 가까이 두었는데 이러한 점은 여느 왕이나 사대부, 문인의 석류 애호 태도와 차별화된다.

조선 시대에 농업은 국가경영의 근간을 이루는 산업이었다. 정조 역시 역대 왕들과 마찬가지로 가뭄이 들면 기우제(祈雨祭)를 지냈고 오랜 비가 그치지 않으면 기청제(祈晴祭)를 지냈다. 또 가을에는 선농단(先農壇)에 나아가 친히 관예(觀刈)를 했다. 정조는 농사에 대한 걱정을 다음과 같이 토로하기도 했다.

> 나는 일 년 내내 한 번도 마음을 편히 놓지 못한다. 봄이 되면서부터 곧 장포(場圃)에 수확을 거둘 때까지 한 번 비 오고 한 번 햇볕 나는 데 마음을 쓰지 않음이 없어 밤낮없이 걱정하며 감히 스스로 편안하게 지내지 못한다. 초겨울 폐색(閉塞)의 계절이 오면 또 우레의 변이 있을까 두려워하다가 11월, 12월이 지나면서 비로소 마음을 느긋하게 가질 수 있다.56)

고대 이래 농업을 근간으로 하는 나라에서 왕의 중요한 책무 중 하나는 백성에게 절기, 즉 파종하고 수확의 적기를 알리고 농사를 장려하는 것이었다. 정조 역시 매년 정월이면 농사를 권장하는 윤음(綸音), 즉 '세수권농윤음(歲首勸農綸音)'이나 '세수권농교(歲首勸農教)'를 반포하여 신하와 백성에게 권농(勸農)과 근면(勤勉)을 당부하였다. 정조 22년(1798년)에 발표한 『권농정구농서윤음(勸農政求農書綸音)』에서 정조는, 나라의 근본은 백성(民)이며 백성의 하늘은 농(農)으로 백성들이 농사를 제대로 짓기 위해서는 천시에 근거하여[因天時] 지리를 다해야 함[資地利]과 더불어 인사를 잘 닦아야 한다[修人事]고 했다.57)

---

56) 『홍재전서』 제169권. 『일득록』 9, 정사 4(한국고전 종합 DB).

57) 염정섭(2006). 18세기 후반 정조대 농정책의 시행과 의의. 농업사 연구. 5(1). p. 56.

정조에게 있어서 석류는 단순한 완상의 대상이 아니었다. 석류는 벼농사의 절기, 즉 '천시(天時)'를 알려주는 '지표 식물(indicator plant)'로서의 의미를 갖는다. 따라서 이를 편전 가까이 두고 수시로 접함으로써 농사의 절기를 일깨우고 백성의 수고에 동참하는 매체가 되도록 했는데 그 수량도 단지 몇 그루였다. 이는 후술할 연침(燕寢)의 뜰에 있던 석류 5, 6백 분(盆)과는 전혀 다른 용도와 의미가 있다.

석류 화분에 대한 정조의 또 다른 의미

다음은 정조가 석류 화분에 대해 말한 것을 검교직각 윤행임(尹行恁)이 정조 14년(1790년)에 기록한 것이다. 이 문장에서 '예전에', '연침의 뜰'과 '팔진법', '깊은 뜻'이란 단어에 주목할 필요가 있다.

> **예전에** 궁중에 석류화(石榴花) 5, 6백 분(盆)이 있었는데, **연침(燕寢)의 뜰** 가운데에 배치하되 **팔진법(八陣法)**을 써서 석퇴(石堆)를 벌여 놓은 형세와 다름없게 하라고 명한 것은 **깊은 뜻**이 담겨 있다.[58)]

'예전에'에 대하여

이 텍스트는 정조 14년의 기록이고 여기에서 이야기하는 '예전'은 정조의 즉위 초반기를 말한다. 정조는 부친인 사도세자의 죽음에 영향을 미친 노론 벽파로 인해 세손 시절부터 즉위 전반에 이르기까지 여러 번 위험한 고비를 넘겼다. 세손 시절의 정조는 "암살의 위험을 피하기 위해 새벽까지 잠을 줄여 가며 독서"[59)]를 하거나, "밤새워 독서를 하고 새벽 인기척이 시작된 후에야 잠을 청하는 방법"[60)]으로 자신을 지키기도 했다. 정조는 즉위년 6월에, 윤약연(尹若淵)과 홍지해(洪趾海) 등을 국문(鞫問)하며 내린 전교(傳敎)에는 당시의 상황을 다음과 같이 적었다.

---

58) 『홍재전서』 제175권. 『일득록』 15, 훈어 2(한국고전 종합 DB).

59) 정옥자(2003). 우리 선비. 서울: 현암사. p. 74

60) 정옥자(2012). 지식기반 문화 대국 조선. 파주: 돌베개. p. 184.

> … 이때를 당하여 국가에서 옷을 벗지 못하고 자는 수가 또한 몇 달인지를 알 수 없었으니, 저궁의 고립과 위태함이 어떠했고 국가 사세의 간난(艱難)함이 어떠했겠는가? 급급(岌岌)하여 위태하다고 하게 되지 않았겠는가? 특별히 궁료(宮僚) 하나가 저궁을 보호함을 힘입어 국가가 오늘날이 있게 된 것인데, ….[61]

이 인용문의 저궁(儲宮)은 왕위를 계승할 세손을 말한다. 또 이 글에서 언급한 '궁료'는 서명선(徐命善, 1728~1791년)으로, 그는 세손의 대리청정을 반대하는 홍인한(洪麟漢) 일파를 탄핵함으로써 정조가 즉위할 수 있게 도운 공을 세운 바 있다. 이 글은 세손 시절 정조가 겪은 외롭고 괴로웠던 처지를 잘 보여준다.

정조는 즉위 후에도 암살 위험에 시달렸다. 정조 1년(1777년) 7월 28일 밤에 흉얼(凶孼)들이 궁궐 담장을 넘어 정조의 처소인 경희궁의 존현각(尊賢閣) 지붕에 침입하였다.[62] 이날도 정조는 독서를 하고 있었으므로 즉위 후 첫 번째 암살 기도를 모면할 수 있었다. 이 사건으로 같은 해 8월 6일, 정조는 창덕궁으로 이어(移御)하였음에도 같은 달 11일에 반정을 꾀하려던 일당이 다시 경추문(景秋門) 담장을 넘다가 체포되었다.[63] 이들에 대한 국문(鞫問)을 통해 무녀(巫女)의 부적(符籍)과 저주(詛呪)를 비롯해 나인과 궁녀, 군관까지 연루된 조직적인 암살 시도가 있었음이 밝혀지기도 했다. 이러한 사건으로 정조는 같은 해 11월에 왕의 호위를 담당할 숙위소(宿衛所)를 설치하였다.[64] 이후 정조 9년(1785년)에는 친위군영인 장용위(壯勇衛)를 설치했고[65] 정조 12년(1788년)에는 장용영(壯勇營)으로 확대한 후[66] 정조 17년(1793년)에는 규모를 더욱 확대하여 내영과 외영을 각각 도성과 화성에 두었다.[67]

이러한 상황들을 종합해 볼 때 여기서 언급하고 있는 '예전'은 정조의 즉위 초반기를 말한다. 즉 정조는 10여 년 전 자신이 처했던 고립무원의 상황을 회

61) 『정조실록』. 즉위년 6월 23일 기사(한국고전 종합 DB).
62) 『정조실록』. 정조 1년 7월 28일 기사(한국고전 종합 DB).
63) 『정조실록』. 정조 1년 8월 11일 기사(한국고전 종합 DB).
64) 『정조실록』. 정조 1년 11월 15일 기사(한국고전 종합 DB).
65) 『정조실록』. 정조 9년 7월 2일 기사(한국고전 종합 DB).
66) 『정조실록』. 정조 12년 1월 22일 기사(한국고전 종합 DB).
67) 『정조실록』. 정조 17년 1월 22일 기사(한국고전 종합 DB).

상한 것이다. 그는 암살 시도 등 자신의 안위가 위태로웠음에도 불구하고 호위는 허술하고 친위군영도 갖추지 못했던 때의 어려움을 토로하고 있는 것이다.

'연침(燕寢)의 뜰'과 '팔진법(八陣法)'에 대하여

『삼국지연의(三國志演義)』에 의하면, 촉(蜀)의 유비(劉備)가 이릉(夷陵) 전투에서 대패하자 제갈량(諸葛亮, 181~234년)은 오(吳)의 육손(陸遜)의 추격을 대비하여 어복포(魚腹浦)에 돌무더기를 쌓아 팔진도(八陣圖)를 만들어 두고 후퇴하였다. 육손이 이 사지(死地)에 갇혀 길을 잃고 혼란에 빠져 있을 때 제갈량의 장인인 황승언(黃承彦)이 구해주었다고 한다. 후에 제갈량은 죽음에 이르자 강유(姜維, 202~264년)에게 자신의 모든 지혜를 전수했고, 강유는 공명의 팔진도를 이용해 위(魏)의 등애(鄧艾)와의 전투에서 승리했다. 이러한 이야기들은 허구와 과장을 포함하고 있기는 하나 고대 전투에서 팔진의 활용과 효용성을 보여준다.

제갈량 이전에도 팔진(八陣)의 진법이 사용되어 왔는데 제갈량이 이를 혁신하여 팔진도를 만들었다고 한다. 팔진법은 촉나라 멸망 후에는 위(魏)를 거쳐 서진(西晉)의 마륭(馬隆)에 전해졌고, 마륭은 팔진도를 써서 서량(西凉)을 평정하기도 했다.[68] 제갈량의 팔진도 전법은 당(唐) 이후 실전된 것으로 전해진다.

이러한 고대의 진법은 변형과 발전을 거듭하며 후대로 전해졌다. 조선 역시 전기부터 훈련원을 중심으로 진법 훈련을 위해 '마아(麽兒)'라는 도상훈련용 도구를 사용해 형명(形名)과 진퇴를 익혀왔다.[69] 인조(仁祖) 7년(1629년)에는 진(陣)의 형세를 익히게 하고 시험하는 능마아청(能麽兒廳)을 두기도 했다.[70] 능마아청은 영·정조 대를 거쳐 순조 대까지 존속되었는데 정조는 세손 시절과 즉위 후에도 여러 차례 능마아청의 무관들에 대한 고사(考査)를 주관하였다.

정조는 9년(1785년)에 세조 대에 간행된 『병장도설(兵將圖說)』과 영조 대에 간행된 『속병장도설(續兵將圖說)』을 집대성하여 『병학통(兵學通)』을 편찬하였고 이를 통해 각 군영의 훈련방식을 통일하고자 하였다.[71] 『병학통』에는 99가

68) 홍을표(2013). 西晉 馬隆의 西征으로 본 八陣圖. 중국사연구. 제83집. pp. 1-3.

69) 윤무학(2013). 조선 후기의 병서 편찬과 병학 사상. 한국철학 논집. 제36집. p. 114.

70) 『인조실록』 인조 7년 을축 1월 9일 기사. '이귀·이서가 건의로 능마아청을 개설하고, 총융부 등의 군관을 훈련하다.'(한국고전 종합 DB).

지의 진도(陣圖)를 수록하고 있는데 훈련도감과 용호영의 군제(軍制)가 각기 다른 점을 감안하여 별도의 진도를 작성하여 싣고 있다. 「정조대왕 행장(行狀)」에는 정조가 이러한 진법에 두루 능통했었음을 기록하고 있다.

… 『병학통(兵學通)』을 편찬해서 척계광의 병법을 통달하려고도 했다. 황제(黃帝), 위료자(尉繚子)의 저술이나 팔진(八陣), 육화(六花)의 진법도 성명의 눈앞에서는 파죽지세여서 비록 전쟁 속에서 늙은 숙장(宿將)이라도 왕이 가끔 고문을 구하면 대답을 못 했다. ….[72]

이렇듯 정조는 여러 진법에 능통했고 직접 진도를 설명하거나 시험을 주관한 기록이 여럿 있다. 다음은 『일득록』의 기록이다.

팔진(八陣)의 형세를 알고자 하면 먼저 팔일(八佾)의 제도를 알아야 하고, 팔일의 제도를 알고자 하면 먼저 팔괘(八卦)의 수리(數理)를 궁구해야 한다. 앞도 8이요 뒤도 8이며, 왼쪽도 8이요 오른쪽도 8이어서, 가로 열(列)과 세로 열이 각각 8대(八隊)가 되니, 나누어서 8진(八陣)이 되고 합해서 64대(隊)가 된다. …. 대저 낙서(洛書)가 나오자 구궁(九宮)이 나누어졌고, 구궁이 나누어지자 후천(後天) 팔괘(八卦)가 확립되었으며, 후천 팔괘가 확립되자 12간지(干支)가 제자리를 정했다. 이에 선천(先天) 하도(河圖)의 기운이 그 가운데를 유행(流行)하니, 갑(甲)·경(庚)·병(丙)·임(壬)·을(乙)·신(辛)·정(丁)·계(癸)는 8간(干)의 정기(正氣)가 되고, 무(戊)·기(己)의 2간(干)은 정위(定位)가 없다. 그리고 악기(握奇)의 법은 그 요체를 말하자면, 정신(精神)이 나뉘면 여덟 장수(中將)가 각각 담당 부(部)를 분장(分掌)하며, 팔곡(八曲)이 합해지면 한 장수(大將)가 8부(部)의 장수(中將)를 거느려서 대성(大成)을 이룬다. 이상이 그 대략이다. …. 팔진의 방위는 하도(河圖)와 낙서(洛書)를 살펴보면 알 수 있거니와, 석진루도(石陣壘圖)와 광도(廣圖)는 어복포(魚復浦)와 면양(沔陽)에 가면 있다. 그런데 면양의 석루(石壘)는 더욱 신기하다고 한다. 팔문금쇄진도(八門金鎖陣圖)에 석루의 제도가 상세히 실려 있으니, 상고하여 알아낼 수 있다. 팔진도(八陣圖)의 이치를 잘 이해할 수 있으면, 오늘날의 『병학지남(兵學指南)』 가운데서 말하는 오영오사(五營五司)와 삼부육사(三部六司)도 모두 무적(無敵)의 군사가 될 수 있다. ….[73]

다음의 그림은 편자 미상의 『제갈량어복강팔진도(諸葛亮魚腹江八陣圖)』와 『병학통』에 실린 팔진도 중 일부이다.

---

71) 노영구(2016). 조선 후기의 전술. 서울: 그물. p. 160.

72) 『정조실록』 부록. 「정조대왕 행장」(한국고전 종합 DB).

73) 『홍재전서』 제178권. 『일득록』 18, 훈어 5(한국고전 종합 DB).

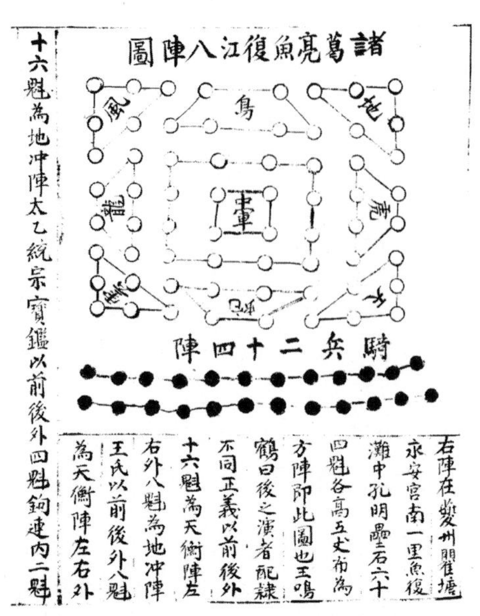

「제갈량어복강팔진도(諸葛亮魚腹江八陣圖)」
(출처: 한국학전자도서관, http://lib.aks.ac.kr)

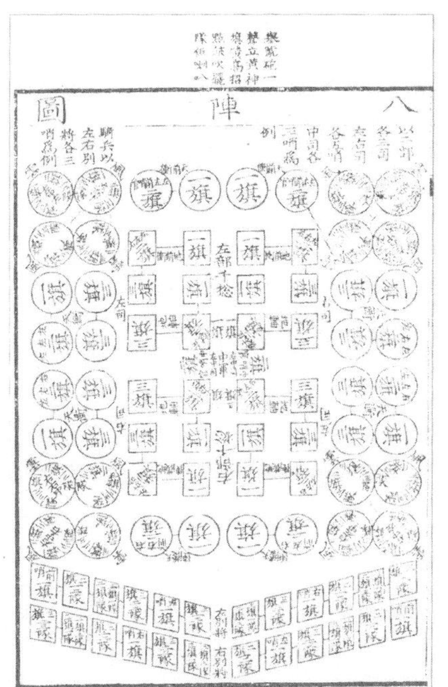

『병학통』 훈련도감 팔진도
(출처: 노영구, 2016: 342)

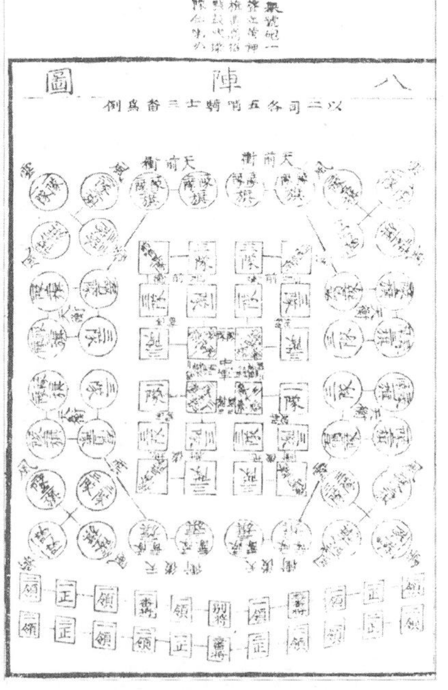

『병학통』 어영청·금위영 팔진도
(출처: 노영구, 2016: 406)

훈련도감과 장용영 등 궁궐 군문의 습진(習陣)과 조련(調練), 시사(試射) 등은 주로 후원의 춘당대에서 행해졌다. 따라서 왕의 거처인 '연침'과 전투와 행군, 숙영 등 군대의 대형을 의미하는 '진(陣)'은 쉽게 연결되지 않는다. 정조는 즉위 초반에 암살 기도 등 신변 위협이 반복되는 상황 속에서 석류 화분 5, 6백 개를 팔진도의 돌무더기 형태로 배열하여 자신의 처소에 대한 방호책(barricade)으로 활용한 것이다.

천(天, 乾)·지(地, 坤)·풍(風, 巽)·운(雲, 艮)·용(龍, 辰)·호(虎, 兌)·조(鳥, 離)·사(蛇, 坎) 등 팔진의 원리에 따랐다고 하나 석류 화분이 실제로 어떻게 배치되었는가는 알 수 없다. 또 이러한 석류 화분이 정조의 신변 보호에 실질적인 도움이 되었는가도 판단할 수 없다. 다만 정조 즉위 초반기에 왕이 처했던 상황은 신변의 안위를 석류 화분 무더기에 의지해야 할 정도로 어려웠다는 것을 알 수 있다. 정조의 이와 같은 석류 화분 활용은 관상 등 미적 활용이나 완호(玩好) 행태와는 전혀 무관한 것으로 매우 독특한 사례라고 할 수 있다.

정조에게 석류라는 식물이 지닌 각별한 의미를 보여주는 정약용(丁若鏞, 1762~1836)의 기록도 있다. 이에 의하면 문신인 규장각 각신으로 정조의 총애를 받았던 다산에게 진도(陣圖)를 익히게 했다는 내용인데 여기에도 석류가 언급되어 있다.

중희당에서 임금을 뵙고 물러 나와 짓다(重熙堂上謁 退而有作). 6월이었다. 이때 임금께서 술 한 사발을 하사하고 또 병서를 하사하여 진도(陣圖)를 익히게 하였다.

구중궁궐 깊은 곳에 어좌를 활짝 열고 / 九門深處御筵開
편복으로 온화하게 초야의 몸 인대했네 / 便服雍容引草萊
작약이라 난간 끝에 신발 소리 들리더니 / 紅藥欄頭初曳履
석류꽃 아래에서 다시 술잔 돌리었네 / 石榴花下更傳杯
주량대로 다 마셔라, 재촉이 내리었고 / 要看酒戶催鯨飮
병서 하사 명하시어 큰 재목 기대하셨네 / 勑賜兵書獎駿材
이필이 산중으로 돌아갈 날 언제런고 / 李泌歸山知幾日
임금 은총 크고 넓어 내 마음 가눌 수 없구나 / 君恩浩蕩意難裁[74]

이 시에 언급한 중희당(重熙堂)은 정조 6년(1782년)에 문효세자를 위해 지은

74) 『다산 시문집』 1. 시(詩)(한국고전 종합 DB).

건물이다. 정조 10년(1786년)에 세자가 요절한 후에는 정조가 말년까지 편전으로 사용하였다. 이 건물은 현재 남아 있지 않아 동궐도를 통해 그림으로만 볼 수 있다. 그림 속의 중희당은 높은 기단 위에 있고 인접한 육모정인 삼삼와(三三窩), 소주합루(小宙合樓)와 월랑으로 연결된다. 기단 아래 마당에는 측우기, 혼천의, 풍기 등 천문관측 기구가 배치되어 있다.

편전인 중희당에서 정조는 다산에게 진도를 익히게끔 병서를 하사했는데 이곳에도 석류 화분이 있었다는 점이 흥미롭다. 중희당의 석류 화분은 방호책으로써의 용도라기보다 앞서 살펴본 벼농사의 절기를 보여주는 용도였던 것으로 추정된다.

「동궐도」 중 중희당 부분(출처: 문화재관리국, 1991: 85)

'깊은 뜻'에 대하여

짧은 글의 행간에 담긴 정조의 '깊은 뜻'을 완벽하게 읽어내는 것은 불가능할 수도 있다. 이는 지난했던 즉위 과정과 자신의 안위조차 불안했던 즉위 초 상황을 극복하고 즉위 15년을 맞이한 감회를 표현한 것으로 보인다. 또 5, 6백여 개의 석류 화분은 자신의 단순한 호사물이 아니었음을 이야기하고 있다. 정조는 자신이 겪어온 어려운 일을 일일이 말로 드러내어 표현하기 어려웠을 것이며 이러한 모든 것을 '깊은 뜻'이라는 단어에 함축하여 표현한 것으로 보인다.

여기서 이야기하고 있는 '깊은 뜻'과 맥락이 유사한 정조의 심정을 기록한 다른 글도 있다. 다음은 정조 20년(1796년)에 김조순(金祖淳)이 기록한 글이다.

> 임금의 자리에 즐거움이 없으니, 지금의 정신(廷臣)들도 반드시 나의 마음을 알 것이다. 내가 즉위한 처음부터 하루를 보내고 나면 마음속으로 스스로 말하기를, "하루를 잘 넘겼구나." 하고, 이틀을 보내고 나면 또 그러하였다. 하루 이틀 보내어 마침내 지금 20여 년에 이르렀거니와, ….[75]

정조 자신은 왕 노릇을 즐기지 않았으며, 하루하루가 긴장의 연속으로 재위 이래 20여 년을 살얼음 밟듯이 살았다고 술회하고 있다. 이러한 나날 속에서 석류 화분은 정조에게 물리적 혹은 심리적으로 안정감을 주는 요소였다. 석류 화분을 이렇듯 가까이 둔 것은 즉위 초부터 후반에 이르기까지 일관했다. 다음은 『승정원일기(承政院日記)』의 정조 20년 6월 6일 기사이다.

> 내가 거처하는 궁 앞에는 석류 화분이 거의 백 개가 넘지만, 열매가 얼마나 많이 열렸는지는 모르겠다. … 지금 이 석류 화분도 공물 구입을 중단한 당시에 남는 재물이 있어 되는대로 사다가 놓은 것이다. 겨울에 보관했다가 봄에 꽃을 피웠다. 묵은 뿌리가 해를 넘기면서 수백 개이던 화분이 해마다 줄어들어 지금은 겨우 백여 개만 남았다.[76]

이러한 기록들을 통해 볼 때 석류는 재위 기간 전반에 걸쳐 정조와 함께한 꽃이라는 점을 확인할 수 있다. 즉위 초반에는 5, 6백여 개가 되기도 했던 석류 화분은 즉위 후반에 이르러는 백여 개로 줄었지만 20년이 넘도록 그의 거처를 지키고 있었다. 정조가 이렇듯 장기간에 걸쳐 석류를 가까이한 이유가 통념적인 미적 취향이나 완호(玩好) 행태와 차별성이 있다는 점에 주목할 필요가 있다.

75) 『홍재전서』 제177권. 『일득록』 17, 훈어 4(한국고전 종합 DB).

76) 『승정원일기』. 정조 20년 6월 6일자 기사. 안대회(2011). 앞의 책. p. 191에서 재인용.

마무리 말

본고를 통해 정조가 애호한 화훼는 무엇이며 그 태도와 그 이유, 여기에 반영된 의미를 밝히고자 하였다. 이를 위해 정조의 성품과 자연을 대하는 태도를 파악하는 것으로부터 출발하였다. 정조의 생활과 화훼에 대한 애호와 활용을 종합하면 다음과 같다.

정조는 평생토록 매우 절제된 생활 태도로 일관했음을 알 수 있었다. 그의 의식주는 소박했으며 음악, 잡기, 여색 등에도 관심을 보이지 않았다. 정조는 기화요초(琪花瑤草)에 관심을 두지 않았다. 정조의 이러한 태도로 인해 특정 화훼에 대한 자신의 취향을 드러낸 일이 많지 않다.

시・서・화에 두루 능했던 정조는 꽃을 제재로 한 여러 수의 시와 그림을 남겼다. 이를 통해 볼 때, 정조는 여러 종류 꽃들의 성상(性狀)과 특성 등을 잘 알고 있었으며 이들을 소재로 문학 혹은 회화 등 예술적 표현에서도 막힘이 없는 경지에 있었다.

정조 스스로 자신이 좋아하는 꽃이라고 밝힌 것은 석류가 유일하다. 그러나 정조에게 있어서 석류는 단순한 완상의 대상물로서의 화훼가 아니었다. 석류는 벼농사의 절기를 알려주는 '지표 식물(indicator plant)'로서의 의미를 갖는다. 정조의 이러한 석류 활용은 편전 가까이에 두고 수시로 볼 수 있도록 했으며 그 수량도 단지 몇 그루였다.

정조는 즉위 초반에 자신에 대한 암살 기도 등 신변 위협이 반복되는 상황 속에서 석류 화분 5, 6백 개를 팔진도의 돌무더기 형태로 배열하여 처소에 대한 방호물(barricade)로 활용하였다. 이들의 실제적인 효용성은 확인하기 어려우나 정조의 연침에 이와 같이 많은 석류 화분을 둔 것은 단순한 호사 취향이나 관상 등 시각적 활용과는 전혀 무관한 것으로 매우 독특한 사례라고 할 수 있다.

여러 기록을 통해 석류는 재위 기간 전반에 걸쳐 정조와 함께한 꽃이라는 점을 확인할 수 있다. 정조가 이렇듯 장기간에 걸쳐 석류를 가까이한 이유는 완물 취미나 미적 향유(享有) 등 통상적인 화훼에 대한 완상(玩賞) 행태와 차별성이 있다는 점이 주목된다. 정조에게 있어서 석류 화분은 백성의 벼농사를 살피려는 마음과 자신의 안위에 대한 절박함 등 중층의 의미를 지닌다.

제10장

환경사 관점에서 본 조선 시대 궁궐에 범과 표범의 출몰

들어가는 말

조선의 왕도(王都)인 한양은 내사산(內四山)[1]이 감싼 분지에 명당수(明堂水)와 객수(客水)[2]가 흐르고 이를 다시 외사산(外四山)[3]이 두르고 있는 형국(形局)이다. 도읍의 내외를 경계 짓는 도성은 내사산의 자연 지세에 의지하여 성곽을 쌓았으며 그 안에 자연스럽게 시가지를 형성하였다.[4] 이러한 점은 평지에 조성한 대부분의 중국 도성에서 볼 수 있는 기하학적이고 정형적인 배치형태와 한양도성과의 차별성이다.[5]

도성 내 궁궐은 『주례고공기』의 배치원리를 토대로 성리학적 천명사상, 풍수이론, 음양오행 사상 등을 반영하였다. 그러나 동일한 배치원리와 사상이 반영된 중국의 궁궐들과 달리 조선의 궁궐은 '한국적 자연에 동화',[6] '자연 지형의 활용'[7] 등의 특징이 두드러진다. 정도 이후 600여 년이 지난 한양은 오늘날 거대도시 서울로 확장되고 변모했으나 과거 원형의 골격은 그대로 유지하고 있다. 이러한 이유로 많은 사람이 도시 내의 산과 하천 등 자연환경과 궁궐과 도성 등 역사문화자원이 어우러진 모습에 감탄한다.

서울의 도시경관을 처음 접하는 외국인들은 더욱 극적인 반응을 보이기도 한

---

1) 내사산은 백악산(342m), 낙타산(125m), 목멱산(265m), 인왕산(338m)이다.

2) 청계천과 한강을 말한다.

3) 외사산은 북한산(836m), 용마산(348m), 관악산(829m), 덕양산(125m)이다.

4) 주남철(2006). 한국건축사. 서울: 고려대학교출판부. p. 6.

5) 서울특별시(1992). 서울의 조경. p. 60.

6) 한국조경학회 편(2011). 동양조경사. 서울: 문운당. p. 175; 한국전통조경학회 편(2011). 동양조경문화사. 서울: 도서출판 대가. p. 141.

7) 김정미・경세진・조재모(2015). 경사 지형 활용의 관점에서 살펴본 경희궁의 배치에 관한 연구. 대한건축학회 논문집(계획계). 31(1): 75-86.

다. 프리츠커 상(Pritzker Architecture Prize) 수상자인 건축가 프랭크 게리(Frank O. Gehry)는 2012년 한국을 방문하면서 종묘를 단독으로 참관할 수 있도록 문화재청에 요청한 바 있다. 15년 만에 두 번째 방문하게 된 그는 첫 방문 때 경험한 종묘에서의 감동을 공유하기 위해 부인과 두 아들 내외를 동반했다. 그에 의하면 종묘는 세계 최고 건물의 하나로 그 장엄한 공간은 파르테논(Parthenon) 신전에 비견되며, "한국 사람들은 이런 건물이 있다는 것을 감사해야 한다."[8)]고 했다. 또 노벨문학상 수상자인 프랑스 소설가 르 클레지오(Le Clézio)는, "창덕궁에 올 때마다 대도심 한가운데 이렇듯 고요한 곳이 존재하는 것이 경이롭다."라고 했다. 그는 이런 경험이 "바깥과는 다른 세계, 다른 시간대에 도착한 듯하다."[9)]라고 하면서 가끔 너구리를 마주치는 것도 놀랍고 재미있다고 한다.

종묘에서의 프랭크 게리(출처: 중앙일보, 2012. 9. 16. 10면)

종묘에 출몰하는 너구리(출처: 조선일보, 2018. 7. 25. 27면)

8) 중앙 SUNDAY. 2012. 9. 16. 288호 10면.

9) 조선일보. 2018. 3. 12. 27면.

궁궐은 거대도시 서울을 대표하는 역사문화자원이며 중요한 오픈 스페이스(open space)이다. 매년 궁궐과 종묘에서 궁중문화축전이 열리며 달빛 기행, 작은 음악회 등 여러 프로그램에 대한 시민의 반응도 매우 긍정적이다. 그러나 현시대에 우리가 보고 느끼는 궁궐은 왕조 시대 궁궐의 실체와 얼마나 부합하는가? 또 산업화와 도시화 과정에서 사라진 것은 없는가? 본 연구는 이러한 의문점에서 시작되었다. 한양의 궁궐은 긴 시간적 추이를 통해 조영되어 왔으며 여러 차례의 화재나 전란으로 소실되거나 중건되기도 했다. 본고에서는 궁궐의 건조물이나 후원 등에 관한 문화사가 아닌 환경사 관점에서 한양의 궁궐을 고찰하고자 한다.

생물학적 다양성과 풍부한 역사 기록을 보유한 한반도의 생태환경사 연구는 역사학을 더욱 역사학답게 만든다고 한다.[10] 또 15~19세기 한반도는 '범과 표범의 땅'이었다고 한다.[11] 그렇다면 '자연에 동화', '지형에 순응' 등의 특징이 부각되는 조선의 궁궐 역시 이러한 최상위 포식동물의 활동 영역이었을 가능성이 크다.

본 연구의 목적은 조선 시대 한양 궁궐에 범과 표범의 출몰 기록을 환경사 관점에서 고찰함으로써 왕조 시대 궁궐 실체의 한 단면을 규명하는 것이다. 이를 통해 궁궐의 입지 환경의 맥락, 인간이 환경에 미친 영향 등 당대 궁궐의 실체에 다가갈 수 있을 것이다. 본 연구의 기대 효과는 궁궐 조영의 사상적 배경 혹은 지형에 적응했다는 점 등을 들어 다소 피상적으로 언급되어 온 조선 궁궐의 '친자연성' 혹은 '친환경성'에 대한 또 다른 근거를 도출할 수도 있을 것이다.

선행 연구

한민족에게 범과 표범은 각별한 존재이기에 한국학, 민속학, 한국문학사, 한국미술사 등 분야에서 많은 연구가 축적되었다. 이들은 한국인들의 관념 속에 존재하는 범과 표범을 표상한 설화와 문학, 문양과 공예, 회화와 조각 등에 담긴

10) 김동진(2017). 조선의 생태환경사. 서울: 도서출판 푸른역사. p. 14.

11) 범과 표범은 과거 한반도의 최상위 포식자로서 깃대종(flagship species)의 하나였다. 깃대종은 특정 지역의 생태계를 대표하는 주요 동물이나 식물로서 반드시 보호해야 하는 생물종을 말한다. 김동진(2017). 앞의 책. p. 26.

의미와 상징성 등에 관한 연구가 주류를 이룬다. 본 연구와 관련성이 큰 생태환경사 연구는 비교적 새롭게 대두된 분야이며 선행 연구 성과는 다음과 같다.

조선 전기에 시행한 포호 정책이 농본주의 이념에 뿌리를 두고 국가정책으로 시행하였음을 고찰한 연구가 있다.[12] 이 연구에 의하면 국가주도의 개간정책 추진이 범의 서식 환경에 영향을 미쳤다고 한다. 이 외에도 조선 전기의 강무제(講武制) 운영과 포호 정책이 상호작용하며 시행된 추이를 고찰하였는데, 강무를 통한 포호 활동은 범의 개체 수를 감소시키는 데 중요한 역할을 했다고 한다.[13]

한국사에서 전개된 인간과 범의 관계 변화를 고찰하고 한국 범의 멸종 원인을 살펴본 연구도 있다.[14] 이 연구에서, 조선왕조는 농지개간에 주력했고 이는 생태환경의 변화로 범의 서식지 감소를 초래했으며 호환의 원인을 제공했다고 한다. 호환에 대처하기 위해 조선은 국가 차원의 포호 정책을 시행했으며 이를 위한 중앙과 지방의 시행 절목 등을 고찰한 연구도 있다.[15]

환경사 분야의 연구에 의하면, 한반도에 살았던 동물 관련 기록의 맥락을 살피고 수량의 변화를 확인하면 생태환경의 변화를 그려낼 수도 있다고 한다. 이 연구에 의하면 한반도의 최상위 포식자였던 범과 표범은 4,000~6,000여 마리가량이 살았으며 17세기 초까지 적어도 매년 1,000마리 이상 사냥 될 정도로 개체 수가 많았고, 이들은 한양과 경기도 일원을 비롯한 한반도 대부분 지역에 균등하게 살았을 가능성이 크다고 한다.[16] 이 외에도 조선왕조의 사냥에 관한 정책사적 추이와 특성을 살펴본 연구도 있다.[17]

일본의 동물문학자 엔도 키미오(遠藤公男)는 1911년 전라남도 목포 소재 불갑산과 1922년 경상북도 경주군 소재 대덕산 등 한반도 남부에서 마지막으로 포획된 호랑이 2마리에 대한 기록과 증언을 찾아 서울, 목포, 경주 등을 수년간

12) 김동진(2005). 조선 전기 농본주의와 포호 정책. 역사와 담론. 제41권: 71-116.

13) 김동진(2007). 조선 전기 강무의 실행과 포호 정책. 조선 시대 사학보. 제40권: 93-131.

14) 김동진・이항(2011). 조선 시기 한국인과 한국 범의 관계 변화. 역사와 담론. 제58권: 155-185.

15) 조계영(2008). 조선 시대 호환과 국가의 대책. 사학연구. 제91권: 189-223.

16) 김동진(2017). 앞의 책. p. 43.

17) 심승구(2007). 조선 시대 사냥의 추이와 특성. 역사 민속학. 제24호: 164-197.

취재했다. 이 결과로 출간한 르포(reportage)는 당시 우리나라에서 아무도 관심을 두지 않았던 한국 호랑이 멸절사를 일본인이 밝혔다는 점에서 의의가 있다.[18] 그는 이 이후에도 1962년 2월 경상남도 합천군 소재 오도산에서 생포한 표범과 1963년 3월 경상남도 거창군 소재 가야산에서 포획한 표범에 대해 당시의 상황과 자료를 수집하여 르포를 출간했다.[19] 오도산에서 생포된 표범은 창경원 동물원에서 이후 12년간 사육하였고, 이 두 개체 이후에 한반도 남부에서 더 이상 야생표범이 발견되지 않았다.

조경사 분야에서 한양의 궁궐과 후원에 관한 연구는 다양한 관점에서 그 성과가 축적되어 있다. 관심 분야에 따라 궁궐 정원의 조경 특성 및 조영 수법,[20] 궁궐의 전각 배치와 주산과의 관계에 투영된 풍수개념과 계획원리,[21] 궁궐의 변천과 원형,[22] 궁궐의 원형 복원,[23] 궁궐 내에 조성된 농경지 양상,[24] 창경궁 후원에서의 과거와 관경(觀耕) 등 행사,[25] 궁원의 행사와 유락[26] 등 다방면의 연구가 이루어졌다. 그러나 이러한 문화사 관점의 연구 성과에 비해 한양의 궁궐과 당대의 최상위 포식자로 군림한 범과 표범의 환경사적 맥락에 관심을 둔 연구는 없었다.

---

18) 이은옥 역(2009). 한국 호랑이는 왜 사라졌는가? 遠藤公男(1986). 파주: 이담 Books.

19) 이은옥・정유진 역(2014). 한국의 마지막 표범. 遠藤公男(2013). 파주: 이담 Books.

20) 진상철(2015). 동궐도에 보이는 궁궐 정원의 조영 수법. 한국전통조경학회지. 33(4): 26-37.

21) 정우진・고제희(2016). 조선 시대 궁궐 정전(正殿)의 배치형식에 투영된 풍수 구조. 한국전통조경학회지. 34(1): 18-39.

22) 정우진・송석호・심우경(2013). 창덕궁 후원 존덕정 일원 지당의 변형과 조영 경위에 관한 고찰. 한국전통조경학회지. 31(1): 71-86; 정우진・심우경(2012). 창덕궁 태액지의 조영사적 특징. 한국전통조경학회지. 30(2): 46-63; 정우진・오이천・심우경(2013). 강세황의 「호가유금원기(扈駕遊禁苑記)」로 살펴본 창덕궁 후원의 원형 경관 탐색. 한국전통조경학회지. 31(1): 88-97.

23) 안계복・이원호(2014). 조선 시대 궁궐 정원의 원형 경관 복원을 위한 제안. 한국전통조경학회지. 32(3): 10-20.

24) 정우진・심우경(2012). 조선 시대 궁궐 후원 농경지 조영의 특성. 한국조경학회지. 30(4): 62-77.

25) 정우진・심우경(2011). 창덕궁 후원 이용의 역사적 고찰. 한국전통조경학회지. 29(1): 71-89.

26) 홍형순(2014). 표암의 「호가유금원기(扈駕遊禁苑記)」에 나타난 궁원 유람행사의 내용과 의미. 한국전통조경학회지. 32(2): 1-11; 홍형순(2015). 정조의 궁원 유락. 한국전통조경학회지. 33(4): 10-25.

연구의 범위 및 방법

연구 내용 및 방법

환경사는 21세기에 들어 주목하게 된 비교적 새로운 전문 분야로, 연구자에 따라 조금씩 다른 관심 분야와 관점의 차이로 실체가 모호하기도 하다.[27] 여러 견해를 종합하여 환경사를 "인류 문명사를 인간과 자연 간 상호작용의 역사로 재인식하려는 역사서술"[28]이라고 정의하기도 한다. 또 미국의 환경사학회 설립을 주도한 휴즈(D. J. Hughes)는 환경사 연구의 관심 주제를 첫째, 인류 역사에 영향을 미친 환경 요인, 둘째, 인간에 의한 환경의 변화, 셋째, 환경에 대한 인간의 인식과 태도라고 했다.[29]

"과거의 한반도는 '범과 표범의 땅'이었다."[30]는 견해를 전제로 한다면 "자연에 동화, 지형에 순응 등의 특징이 부각되는 조선 시대 한양의 궁궐 역시 범과 표범의 활동 영역 안에 있었다."라는 가설의 설정도 가능할 것이다. 이를 확인하기 위한 1차 사료는 『조선왕조실록』, 『승정원일기』, 『일성록』, 『비변사등록』 등 관찬 사서이다.

본고에서는 사서를 통한 궁궐에 범과 표범의 출몰 기록을 토대로 환경사의 세 가지 관심 주제에 관한 고찰을 하고자 한다. 즉 첫째는 궁궐의 '입지 환경'과 관련한 사항으로 기존의 문화사적 관점에 더해 범과 표범의 서식 환경으로서의 조건을 함께 고찰해 보도록 한다. 둘째는 '인간에 의한 환경의 변화'와 관련된 문제로 금산과 금송 등 관련 정책이 범과 표범의 활동에 미친 영향에 관한 사항이다. 셋째는 환경에 대한 '인간의 의식과 태도'에 관한 사항으로 역대 왕의 범

27) 환경사의 실체는 모호하여 '환경사에 대한 정의는 죽음에 도전하는 시도'라고도 한다. 인간과 환경의 상호작용을 연구하는 관점에 따라 환경사(environmental history)와 생태사(ecological history)가 있으며 이 둘이 접목하여 역사생태학(historical ecology)이 생겨났다. 이들을 간략히 요약하면, 생태사는 생물과 환경의 상호작용을 연구하는 생태학에 기반을 둔 역사서술이다. 환경사는 공간과 인간을 환경으로 접합하여 시간의 흐름 속에서 그 둘의 상호연관성을 고찰하는 학문이다(김기봉. 2009. 환경사란 무엇인가. 서양사론. 제100호: 5-37). 생태환경사는 '환경사'에 생태학적 전환이라는 의미를 부여한 개념으로서 인간은 자연의 정복자가 아닌 생태계의 한 고리로서 이해하여야 한다는 점을 명확히 한다(고태우, 2016. 한국 근대 생태환경사 연구 동향. 2016년 생태환경사 학술대회 초록집: 5-17.).

28) 김기봉(2009). 앞의 글. p. 10.

29) Hughes, J. D.(2015). 환경사의 세 차원, 생태환경과 역사. 창간호: 13-28.

30) 김동진(2017). 앞의 책. pp. 24-49.

과 표범 출몰에 대한 인식과 대처 방식을 살펴보고자 한다.

연구의 범위

본 연구의 시간적 범위는 한양이 조선의 왕도로 자리매김했던 약 500여 년간이다. 즉 개경의 수창궁에서 즉위한 태조(1335~1408년)가 3년(1394년) 10월 한양으로 천도한 이후부터 대한제국(1894. 7~1910. 8) 말까지이다.

본 연구의 공간 범위는 종묘와 사직을 포함하는 한양의 궁궐이다. 한양의 실질적 핵심은 궁궐이었으나 관념적으로 가장 중요한 요소는 종묘와 사직이었으며,[31] 입지적 측면에서도 『주례고공기』의 '좌묘우사(左廟右社)'[32] 배치원칙에 따라 궁궐과 일체화된 공간이었기에 이 모두를 연구의 범위에 포함하였다. 그러나 이 공간의 범위는 범과 표범의 활동반경과 비교해 보면 규모 면에서 엄청난 차이가 있다는 문제가 있다. 즉 범 한 마리의 영토는 사방 100km에 이르고[33] 사냥감을 찾기 위해 하루에 80~100km를 이동한다.[34] 또 표범의 행동반경 역시 암컷이 80km^{2}이며 수컷은 200km^{2}에 이른다.[35] 이렇듯 넓은 서식영역을 이동하며 사는 범과 표범을 포착하는 것은 항상적일 수 없다고 한다.[36] 따라서 궁궐과 범과 표범 간의 환경적 맥락을 파악하기 위해 한양도성[37]과 이를 둘러싼 외사산 일대까지 확장하여 범과 표범의 출몰 기록을 참고하였다. 다음 그림은 조선 시대 한양의 도성과 행정 범위를 보여주는 「경조오부도」와 현재 서울의 경계에 내사산과 외사산 위치를 표시한 항공사진이다.

---

31) 홍순민(2016). 한양도성. p. 14.

32) 원전의 표기는 '좌조우사(左祖右社)'이다. 현재는 같은 의미인 좌묘우사(左廟右社)라는 말도 널리 사용한다.

33) 최종욱(2013). 우리나라 호랑이들의 멸종사. 대한수의사회지. 49(5): 275-276.

34) 정호권(2016). 과연 우리나라에 야생호랑이와 야생표범은 존재하는가? MICE 관광연구. 제16권 제4호: 77-95.

35) 환경부 보도자료(2016. 11. 2). 세계 최초 한국 표범 게놈 지도 완성.

36) 김동진(2005). 앞의 글. pp. 71-116.

37) 도성의 좁은 의미는 내사산(內四山)을 따라 쌓은 성곽으로 둘러싸인 '성안'을 지칭하며 넓은 의미로는 성 밖으로 약 10리(里) 지역까지를 포괄하는 성저십리(城底十里), 즉 남과 서로는 한강 변까지, 북으로는 북한산 자락까지, 동으로 짧게는 중랑천 변까지 멀게는 아차산 자락까지 포함한다(홍순민, 2016. 앞의 책. 15-16). 구체적인 경계는 북쪽으로 북한산, 동쪽으로는 양주 송계원과 대현, 중랑포, 장한평, 남쪽으로는 한강의 노도, 서쪽으로는 양화진, 고양의 덕수원, 난지도 인근을 잇는 지역이었다.

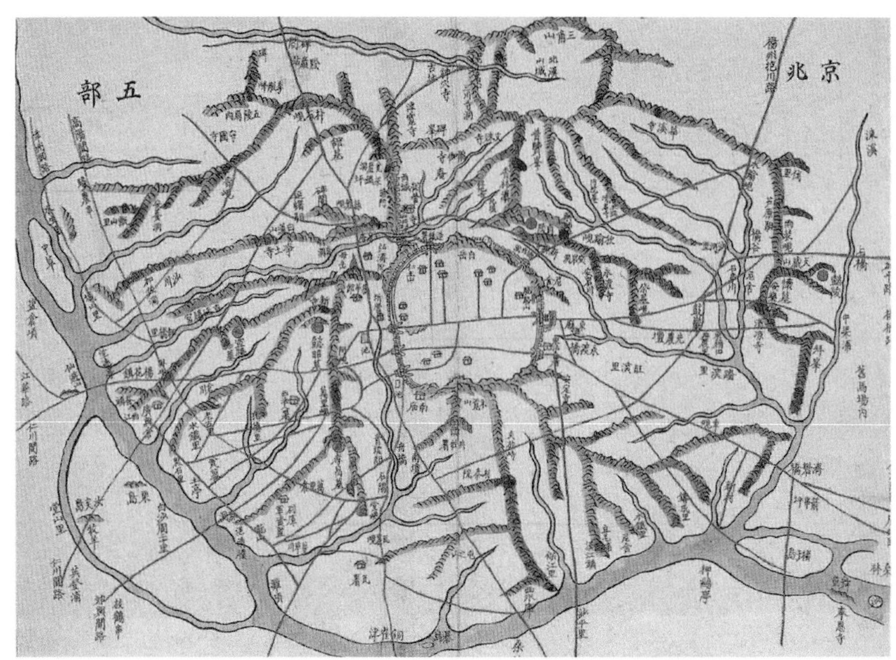

「경조오부도(京兆五部圖)」(출처: 홍순민, 2016: 16)

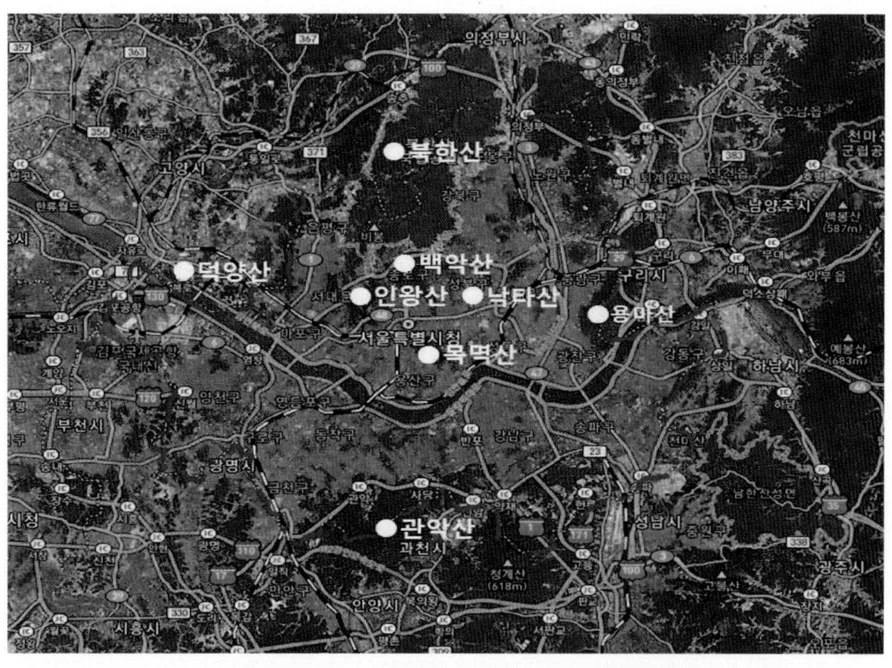

현대 서울과 내・외사산(출처: 다음 지도 위 필자 편집)

범과 호랑이, 표와 표범

범(*Panthera tigris altaica*)과 표범(*Panthera pardus orientalis*)의 일반적인 한자 표기는 호(虎)와 표(豹)이다. 이 중에서 '호(虎)'에 상응하는 현대어는 '범' 혹은 '호랑이'를 혼용하기에 약간 혼란스럽기도 하다. 한국고전 종합 데이터베이스에 탑재된 『조선왕조실록』에도 번역자에 따라 범 또는 호랑이라고 표기하였다. 또 『실록』에는 없으나 『일성록』과 『승정원일기』에는 '표(豹)' 외에 '표호(豹虎)'라는 표기도 드물게 있다. 이는 일반적인 범[虎]과 다른 종으로서 표호(豹虎), 즉 '표범'을 명확히 구별하기 위한 것으로 보인다. 같은 맥락에서 고양잇과의 또 다른 종인 스라소니는 한자로 '토표(土豹)'로 표기하기도 했다.

한자 표기에서 '호(虎)'는 '호환(虎患)', '포호(捕虎)' 등의 용례와 같이 범과 표범을 모두 아우르는 중의(重義)적 의미를 갖는 경우가 많다. 또 과거 민간에서는 '표범이 다 자라면 호랑이로 변한다.'라거나 표범은 '암 호랑이' 혹은 '범 마누라'라고 하여 범과 표범을 부부로 여기는 등[38] 두 종을 구분하지 않고 뭉뚱그려 인식하기도 했다.

원전에 '호표(虎豹)'라는 표기도 많은데 이는 범과 표범을 통칭하는 의미로, 『실록』에는 '호표(虎豹)의 해(害)', '호표피(虎豹皮)' 또는 사나운 짐승을 총칭하는 웅랑호표(熊狼虎豹) 등의 의미로 쓰인 경우가 많다. 이 밖에 호랑(虎狼)이라는 표기도 있는데 자의(字意)는 '호랑이와 이리'를 뜻하지만 '호랑(虎狼)의 아가리', '호랑(虎狼) 같은 오랑캐', '호랑지혈(虎狼之穴)' 등과 같이 몹시 위험한 상태를 나타내는 의미로 쓴 경우가 주를 이룬다.

이러한 내용을 종합하여 본고에서는 '범'과 '표범'으로 표기하는 것을 원칙으로 하였다. 다만 선행 연구 성과물이나 번역문 등에 '호랑이'로 표기한 경우는 그대로 따랐다. 또 한자 호(虎)의 용례에서 보듯이 '범'은 호랑이를 뜻하기도 하지만 '범의 출몰' 등과 같은 경우는 호랑이와 표범을 통칭하는 의미로도 사용하였다.

---

38) 이은옥 · 정유진 역(2014). 앞의 책. pp. 54-55.

궁궐에 범과 표범의 출몰

고려를 비롯한 이전 시대에도 도성과 궁궐에 범과 표범이 들어온 일은 있었다. 신라 문무왕 13년(673년) "6월에 호랑이가 대궁(大宮)의 뜰에 들어왔다."[39]고 하며 고려 고종 7년(1220년)에도 "호랑이가 수창궁의 침전(寢殿)에 들어왔다."[40]고 한다. 조선 개국 초에는, 태조 1년(1392년) 윤12월에 "호랑이가 성에 들어오니, 흥국리의 사람이 이를 쏘아 죽였다."[41]고 한다. 이 일은 개경의 수창궁에서 즉위한 태조가 한양으로 천도하기 이전의 일이다.

한양의 궁궐에 범이 출몰한 첫 기록은 태종 5년(1405년) 7월 25일 기사로, "밤에 호랑이가 한경 근정전 뜰에 들어왔다."[42]이다. 이 일은 정종 1년(1399년)에 개경으로 환도한 이래 태종 5년 10월에 다시 한양으로 천도하기 이전의 일이며 당시 왕은 개경에 있었다. 『실록』에 세종 연간에 범이 궁궐에 들어온 기록은 없다. 다만 17년(1435년) 4월에 표범이 개천(開川)에, 18년(1436년) 8월에 표범이 성안에 들어온 일이 있다.[43] 이후 문종과 단종 재위 기간에는 궁궐과 도성에 범과 표범의 출몰 기록이 전혀 없다.

약 14년간 재위한 세조 대 『실록』에는 한양도성 내외에 범과 표범이 출몰한 30여 건의 기사가 있다. 그 장소도 인왕산, 백악산, 수락산, 아차산 등 산지와 인왕동, 봉현, 동교, 서교 등 각지에서 출몰하였다. 특히 세조 9년(1463년) 12월에는 경복궁 후원의 "취로정 연못가에 호랑이 발자취가 있었다."[44]고 하며 세조 11년(1465년) 9월에 "범이 창덕궁 후원에 들어왔다."[45]고 했다.

이후 예종은 재위 기간이 14개월에 불과한데, 궁궐에 범의 출몰 기록은 없으나 1년(1469년) 4월에 호랑이가 청량동에 들어와 사람을 해쳤다.[46] 약 26년간

---

39) 『증보문헌비고』 제12권. 「상위고」 12(한국고전 종합 DB).
40) 『고려사절요』 제15권. 「고종 안효대왕」 2(한국고전 종합 DB).
41) 『태조실록』. 태조 1년 윤12월 20일 기사(한국고전 종합 DB).
42) 『태종실록』. 태종 5년 7월 25일 기사(한국고전 종합 DB).
43) 『세종실록』. 세종 17년 4월 12일, 18년 8월 6일 기사(한국고전 종합 DB).
44) 『세조실록』. 세조 9년 12월 9일 기사(한국고전 종합 DB).
45) 『세조실록』. 세조 11년 9월 14일 기사(한국고전 종합 DB).
46) 『예종실록』. 예종 1년 4월 16일 기사(한국고전 종합 DB).

재위한 9대 성종 대에는 궁궐에 범이 출몰한 기록은 없다. 그러나 실록에 의하면 이 기간에도 창경릉(昌敬陵), 남산, 인왕산 등에 여러 차례 범이 출몰하였다.

10대 연산군은 약 12년간 재위했는데, 3년(1497년) 1월에 "겸사복(兼司僕) 이담손(李聃孫)이 표범을 잡아 바치니 활 하나를 하사하였다."[47]고 했다. 이 기사에는 장소를 명시하지 않았으나 '겸사복'은 왕과 궁궐을 호위하는 친위군이라는 점에서 궁궐 내 혹은 인근 장소일 수 있다고 짐작된다. 또 11년(1505년) 5월에는 "범이 종묘 담 안에 들어왔다."[48]고 했다.

약 39년간 재위한 11대 중종 대에는 범이 궁궐에 출몰한 기록은 없으나, 실록에는 도성 내외에 출몰 기록이 25차례 이상 있다. 출몰 장소도 동대문 밖, 묵사동, 소격서동, 헌릉 집사청, 살곶이 목장, 남산, 북정문의 서쪽 옹성, 인왕산, 백악산, 건원릉 등 도성 내외 전역에서 나타난다.

9개월 남짓 재위한 12대 인종과 약 23년간 재위한 13대 명종 대『실록』에 범이나 표범이 궁궐에 들어왔다는 기사는 전혀 없다. 그러나 명종 11년(1556년) 7월 21일 기사에 실린 차자(箚子)에, "… 호랑이가 도성에 들어오며 …."[49]라고 했고, 19년(1564년) 2월 10일 기사에 실린 상소에도, "이때 호랑이와 이리가 도성에 멋대로 다녔다."[50]라고 했다. 이런 점을 볼 때『실록』에 기록하지 않은 범과 표범의 출몰 사례도 많았을 것으로 짐작된다.

14대 선조는 약 41년간 재위했는데 선조 36년(1603년) 2월에, "창덕궁의 소나무 숲속에서 호랑이가 사람을 물었다."[51]고 했으며 같은 해 3월에, "창덕궁의 후원과 함춘원 등지에 호표(虎豹)가 출입하는데 여염의 개를 물어가는 일이 많다고 합니다."[52]라고 했다. 특히 선조 40년(1607년) 7월에는, "창덕궁 안에서 어미 호랑이가 새끼를 쳤는데 그 새끼가 한두 마리가 아니라고 한다."[53]라는

47)『연산군일기』. 연산군 3년 1월 10일 기사(한국고전 종합 DB).

48)『연산군일기.』연산군 11년 5월 25일 기사(한국고전 종합 DB).

49)『명종실록』. 명종 11년 7월 21일 기사. '대사간 박민헌 등이 차자를 올려 경연에 나아가길 아뢰다'(한국고전 종합 DB).

50)『명종실록』. 명종 19년 2월 10일 기사. '기강・궁금・인재 등용・학교・부역 등에 관한 대사헌 김귀영 등의 구언 상소'(한국고전 종합 DB).

51)『선조실록』. 선조 36년 2월 13일 기사(한국고전 종합 DB).

52)『선조실록』. 선조 36년 3월 18일 기사(한국고전 종합 DB).

53)『선조실록』. 선조 40년 7월 18일 기사(한국고전 종합 DB).

기사도 있다.

15대 광해군 14년(1622년) 11월에도, "표범이 창덕궁 후원에 들어왔다."[54]고 했다. 이로 인해 왕은, "도성 안팎 산의 맹수들을 잡게 하였다."라고 명한 것으로 보아 한양 인근에 범과 표범의 출몰이 잦았다는 것을 알 수 있다.

이전의 왕대와 달리 16대 인조 연간의 범과 표범의 출몰 기록은 『실록』에 더해 『승정원일기』에도 있다. 인조 4년(1626년) 12월에, "인왕산 곡성 밖에서 호랑이가 나무꾼을 잡아먹고 이어 인경궁 후원으로 넘어 들어왔는데 …."[55]라고 했다. 또 인조 10년(1632년) 6월에 호랑이가 금원에 들어왔으며, 16년(1638년) 6월에도 인경궁 남쪽 성문 밖에 호랑이가 들어왔다고 한다.[56]

약 10년간 재위한 17대 효종 연간에, 『실록』에는 강원도 춘천, 횡성, 홍천, 원주 등지에 사나운 호랑이가 횡행하였다는 기록이 많은 것에 반해 궁궐이나 도성 인근에 출몰한 기록은 전혀 없다. 18대 현종 대에는 12년(1671년) 8월에, "이달에 서울 안에서 굶고 병을 앓아 죽은 자가 2백 50여 인이었고, 각도에서 죽은 수에 대해 보고한 것이 모두 1만 5천8백30여 인이었는데, 그중에 범에게 물리거나 물에 빠지거나 도둑에게 살해된 자들도 많았다."[57]고 한다. 이에 반해 궁궐이나 도성에 범이 들어왔다는 기사가 전혀 없다는 점은 기록의 신빙성에 의문을 갖게 한다.

약 46년간 재위한 19대 숙종 연간에도 한양을 비롯한 전국에 호환이 많았으나 궁궐에 범이 들어왔다는 기록은 없다. 한양에서는 동문 밖 제기리, 서쪽 교외, 홍제원, 안현, 아현, 한양 근교 등에 범이 출몰하였다.[58]

20대 경종은 4년 남짓 재위했으며 이 기간에 도성과 궁궐에 범과 표범의 출몰 기록은 없다. 21대 영조는 약 53년간 재위했으며 도성을 비롯해 팔도에 호환이 끊이지 않았다. 더구나 여타의 왕대와 달리 『실록』뿐만 아니라 『승정원일기』, 『비변사등록』에서도 별건의 기사들을 여럿 볼 수 있다. 즉 앞의 왕대에 비

54) 『광해군일기』. 광해군 14년 11월 13일 기사(한국고전 종합 DB).

55) 『인조실록』. 인조 4년 12월 17일 기사(한국고전 종합 DB).

56) 『승정원일기』. 인조 10년 6월 10일, 16년 6월 2일 기사(한국고전 종합 DB).

57) 『현종실록』. 현종 12년 8월 30일 기사(한국고전 종합 DB).

58) 『숙종실록』. (한국고전 종합 DB); 『승정원일기』(국사편찬위원회 한국사 DB).

해 기록의 충실함이 두드러진다. 궁궐에 출몰한 기록은 영조 20년(1744년) 1월에, "사직의 서쪽 담장 밖에 호랑이 발자국이 낭자했으므로 …."[59]라고 했고 27년(1751년) 6월에도, "호랑이가 구궐(舊闕)에 들어왔다."[60]고 한다. 여기에서 구궐은 경복궁을 지칭한다. 또 영조 28년(1752년) 1월에는, "호랑이가 경복궁 후원으로 들어왔다."[61]고 소략히 기술한 데 반해 같은 날의 『비변사등록』에는, "경복궁 성 담 밑에 사는 박진성(朴震成)의 집에서 지난달 26일 개 한 마리를 잃었습니다. 며칠 그 자취를 찾아 경복궁 후원 안에 이르니 눈 위에 호랑이 발자국이 있고, 언덕 위에 개의 가죽과 털이 어지러이 널려 있어서 호랑이가 잡아먹은 것임이 뚜렷하였습니다."[62]라고 상세히 기록하였다. 또 영조 29년(1753년) 11월에는, "경복궁 안 접송정(接松亭) 뒤에서 호랑이가 강아지 하나를 잡아먹었는데, …."[63]라고 했고, 영조 30년(1754년) 5월에는 호랑이가 경덕궁에 들어왔으며[64] 같은 해 12월에도 호랑이가 국사(國社)에 들어왔다고 한다.[65] 영조 31년(1755년) 1월에는 호랑이가 큰 돼지 한 마리를 우사단(雩祠壇) 근처에 가서 잡아먹었다.[66]

약 25년간 재위한 22대 정조 대에도 도성 내외에 범과 표범의 출몰에 관해 50여 차례의 기록이 있다. 여타의 왕대에 비해 『일성록』에 관련 기록이 많이 있다. 특히 『일성록』에는 사건에 대한 해당 기관의 보고와 왕의 비답을 상세히 기록하고 있어 당시 정황을 생생하게 전한다. 즉위년(1776년) 9월에는 창덕궁에 호랑이 흔적이 있었고,[67] 정조 1년(1777년) 9월에도 "호랑이가 궁궐 담장 밖 군보(軍堡)의 병졸을 물어갔다."[68]고 한다. 정조 2년(1778년) 9월에는 후원에서 범을 잡았으며,[69] 정조 3년(1779년) 10월에는 후원에 호랑이 발자국이 있

---

59) 『영조실록』. 영조 20년 1월 9일 기사(한국고전 종합 DB).

60) 『영조실록』. 영조 27년 6월 9일 기사(한국고전 종합 DB).

61) 『영조실록』. 영조 28년 1월 2일 기사(한국고전 종합 DB).

62) 『비변사등록』. 영조 28년 1월 2일 기사(국사편찬위원회 한국사 DB).

63) 『비변사등록』. 영조 29년 11월에는 15일 기사(국사편찬위원회 한국사 DB).

64) 『영조실록』. 영조 30년 5월 10일 기사(한국고전 종합 DB).

65) 『영조실록』. 영조 30년 12월 25일 기사(한국고전 종합 DB).

66) 『비변사등록』. 영조 31년 1월 25일 기사(국사편찬위원회 한국사 DB).

67) 『승정원일기』. 정조 즉위년 9월 20일 기사(국사편찬위원회 한국사 DB).

68) 『정조실록』. 정조 1년 9월 19일 기사(한국고전 종합 DB).

었다.[70] 즉위년 이래 4년간 연속해서 9, 10월에 범이 궁궐에 들어온 것이다. 더구나 이해 11월에 범이 또다시 성안에 들어왔다.[71] 이런 상황에 이르자 훈련대장 구선복(具善復, 1718~1786년)은 "근래에 호환이 민망스럽습니다. 후원의 궁궐 담장이 낮은 곳에는 혹 뛰어넘어 들어올 염려가 있으니, 호랑이 그물을 설치하는 것이 좋을 듯합니다."[72]라고 하였다. 정조 5년(1781년) 7월에는 후원에서 범이 송아지를 물어 죽인 일도 있다.[73]

23대 순조는 약 35년간 재위했는데 『실록』에는 순조 24년(1824년) 6월 9일에 함경도에 있었던 호환이 유일한 기록이다.[74] 이에 반해 『승정원일기』에는 순조 11년(1811년) 12월에 후원에서 표범 두 마리를 잡은 후 궁장 밖에 호랑이 흔적을 추적하여 삼청동 근처에서 표범 한 마리를 잡았다고 한다.[75] 이전과 이후 왕대에 비해 관련 기사가 이처럼 적다는 점 역시 기록의 신빙성에 의문을 갖게 한다.

약 16년간 재위한 24대 헌종 대에는 9년(1843년) 9월에 범이 경모궁 후원에 들어왔다.[76] 같은 해 9월 13일에도 경모궁 후원을 비롯해 도성 내에 호환이 있었다.[77] 약 15년간 재위한 25대 철종 연간의 『실록』에 한양은 물론 전국에 범이나 표범 출몰과 관련한 기록이 전혀 없다. 이 점 역시 여타의 왕대와 비교할 때 이해가 가지 않는 부분이다.

철종 연간과 달리 26대 고종 대에는 한양도성 내외에 범과 표범의 출몰이 빈번했다. 철종 8년(1871년) 11월 25일에 창덕궁과 창경궁에 호랑이가 들어와 같은 달 27일 창덕궁에서 잡았다.[78] 또 철종 30년(1893년) 12월에도 경복궁 후원에 호랑이 자취가 있어 사냥했으나, 16일에 여우 한 마리를 잡았다고 했다.[79]

69) 『일성록』. 정조 2년 9월 5일 기사(한국고전 종합 DB).
70) 『일성록』. 정조 3년 10월 27일 기사(한국고전 종합 DB).
71) 『정조실록』. 정조 3년 11월 3일 기사(한국고전 종합 DB).
72) 『일성록』. 정조 3년 11월 4일 기사(한국고전 종합 DB).
73) 『일성록』. 정조 5년 7월 16일 기사(한국고전 종합 DB).
74) 『순조실록』. 순조 24년 6월 9일 기사(한국고전 종합 DB).
75) 『승정원일기』. 순조 11년 12월 17일 기사(국사편찬위원회 한국사 DB).
76) 『헌종실록』. 헌종 9년 9월 8일 기사(한국고전 종합 DB); 『승정원일기』 헌종 9년 9월 8일 기사(국사편찬위원회 한국사 DB).
77) 『승정원일기』. 헌종 9년 9월 13일 기사(국사편찬위원회 한국사 DB).
78) 『승정원일기』. 철종 8년 11월 25일 기사(한국고전 종합 DB).
79) 『승정원일기』. 철종 30년 12월 12일 기사(한국고전 종합 DB).

이후 약 4년간 재위한 순종 대의 『승정원일기』에 범과 표범에 대한 기록이 전혀 없다.

이상과 같은 출몰 기록은 왕대별 사료가 『실록』만 남아 있거나 『승정원일기』, 『비변사등록』, 『일성록』이 모두 있는 경우가 있으며, 기록의 충실함 정도에도 차이가 있음을 감안할 필요가 있다. 이에 더해 범과 표범의 행동 특성도 감안할 필요가 있다. 즉 범은 은밀히 이동하며 행동이 민첩하여 바위나 급경사지를 자유롭게 이동한다. 범이 사냥할 때는 5~6m를 뛰어오르고 10m를 뛰어내린다.[80] 더구나 표범은 나무도 잘 오른다. 이런 점을 감안하면 범과 표범의 출몰 기록은 극히 일부 드러난 사례로 볼 수도 있다. 역대 왕대에 범과 표범의 궁궐 출몰 기록을 요약하면 다음과 같다.

○ 태종 5년(1405) 7월 25일	밤에 호랑이가 한경(漢京) 근정전(勤政殿) 뜰에 들어왔다. (『태종실록』)
○ 세조 9년(1463) 12월 9일	취로정(翠露亭) 연못가에 호랑이 발자취가 있었으므로, 밤에 입직(入直)한 여러 장수를 불러서 말하기를, "좌상(左廂)·우상(右廂)은 백악산(白岳山)·인왕산(仁王山) 등지를 몰이하라. 만약 살펴서 호랑이가 있는 곳을 알게 되면 내가 마땅히 친히 가겠다." 하였다. (『세조실록』)
○ 세조 11년(1465) 9월 14일	임금이 범이 창덕궁(昌德宮) 후원(後苑)에 들어왔다는 말을 듣고 드디어 북악(北岳)에 가서 표범을 잡고 돌아왔다. (『세조실록』)
○ 연산군 11년(1505) 5월 25일	범이 종묘 담 안에 들어왔다. (『연산군일기』)
○ 선조 36년(1603) 2월 13일	창덕궁(昌德宮)의 소나무 숲속에서 호랑이가 사람을 물었다. 좌우 포도장(左右捕盜將)에게 수색해 잡도록 명하였다. (『선조실록』)
○ 선조 36년(1603) 3월 18일	원유사(苑囿司)가 아뢰기를, "창덕궁(昌德宮)의 후원과 함춘원(含春苑) 등지에 호표(虎豹)가 출입하는데 여염의 개를 물어가는 일이 많다고 합니다. 난 후에는 그물이 없어져 군사를 모아도 도움이 없으니, 훈련도감으로 하여금 수포(手砲)를 잘 쓰는 사람을 시켜 발자국을 찾아 기필코 잡게 하소서." 하니, 윤허한다고 전교하였다. (『선조실록』)
○ 선조 40년(1607) 7월 18일	내가 듣건대, 창덕궁(昌德宮) 안에서 어미 호랑이가 새끼를 쳤는데 그 새끼가 한두 마리가 아니라고 한다. 발자국을 찾아 잡도록 이미 전교를 내렸으니 지금처럼 초목이 무성한 때에는 군대를 풀어 잡기는 어렵다고 하더라도 발자국을 찾아내어 제거하는 방법이야 어찌 없겠는가. .... (『선조실록』)
○ 광해군 14년(1622) 11월 13일	표범이 창덕궁(昌德宮) 후원에 들어왔는데 왕이 훈련도감에 명하여 군사를 풀어 잡도록 하고, 이어 원포사(苑圃司)에 칙명 하여 도성 안팎의 산의 맹수들을 잡게 하였다. (『광해군일기』)
○ 광해군 14년(1622) 12월 26일	승정원이 아뢰기를, "표범이 후원에 들어오자 속히 잡으라고 명하셨는데, 도감의 천총(千摠)들이 한 사람도 대궐 문 근처에서 명을 받지 않았으니 매우 놀라운 일

80) 김호근·윤열수 엮음(1986). 한국 호랑이. 서울: 열화당. p. 142.

입니다. 담당 천총을 중벌로 추고하도록 하소서. ….” (『광해군일기』)

○ 인조 4년(1626) 12월 17일	인왕산(仁王山) 곡성(曲城) 밖에서 호랑이가 나무꾼을 잡아먹고 이어 인경궁(仁慶宮) 후원으로 넘어 들어왔는데 원유사 제조(苑囿司提調)와 도감 대장(都監大將)·총융 대장(摠戎大將)이 두 영(營)의 군병을 거느리고 뒤쫓아 잡았다. (『인조실록』)
○ 인조 10년(1632) 6월 10일	정지우가 훈련도감의 말로 아뢰기를, “병조의 계사에, 지난밤 4경 순라할 때 남소부장(南所部將)이 서소(西所)의 근처에서 호랑이를 만나 오랫동안 싸움을 벌였다고 하였습니다. 포악한 짐승이 금원(禁苑)의 안으로 넘어 들어왔으니 매우 놀라운 일입니다. ….” (『인조실록』)
○ 인조 16년(1638) 6월 2일	한성부가 아뢰기를, “방금 서부(西部)의 관원이 본부에 이첩하기를, ‘인경궁(仁慶宮) 남쪽 성문 밖에 호랑이가 들어왔는데, 지난달 29일과 이달 1일 밤중에 계속 횡행하여 형조판서 이명(李溟)의 집에서 기르는 개를 물어갔으니 매우 놀랍습니다. 6개월 전에 원유사(苑囿司)에서 추적하여 체포해 근래에는 이런 일이 전혀 없었는데 도성 안에서 이런 걱정거리가 생기게 되었으니 매우 온편치 못합니다. 훈련도감으로 하여금 함정을 설치하여 몰아 잡도록 하는 것이 마땅합니다. 감히 아룁니다.” (『인조실록』)
○ 영조 20년(1744) 1월 9일	사직의 서쪽 담장 밖에 호랑이 발자국이 낭자했으므로 비국(備局)에서 삼군문(三軍門)으로 하여금 쫓아서 잡게 할 것을 청하니, 임금이 허락하였다. (『영조실록』, 『승정원일기』)
○ 영조 27년(1751) 6월 9일	호랑이가 구궐(舊闕)에 들어왔다. (『영조실록』)
○ 영조 28년(1752) 1월 2일	호랑이가 경복궁(景福宮) 후원(後苑)으로 들어왔다. (『영조실록』) 비변사의 계사에, “… ‘경복궁(景福宮) 성 담 밑에 사는 박진성(朴震成)의 집에서 지난달 26일 개 한 마리를 잃었습니다. 며칠 그 자취를 찾아 경복궁 후원 안에 이르니 눈 위에 호랑이 발자국이 있고, 언덕 위에 개의 가죽과 털이 어지러이 널려 있어서 호랑이가 잡아먹은 것임이 뚜렷하였습니다.’라고 하였기에 부관(部官)이 직접 가서 조사해 보니 호랑이의 발자국과 호랑이가 잡아먹은 흔적이 과연 분명하였다’라고 하였습니다…..” (『비변사등록』)
○ 영조 29년(1753) 11월 15일	비변사에서 아뢰기를, “한성부에서 북부(北部)의 첩정(牒呈)을 낱낱이 들어 본사에 보고하기를 ‘경복궁(景福宮) 안 접송정(接松亭) 뒤에서 호랑이가 강아지 하나를 잡아먹었는데 머리·발·가죽만 있고, 또 핏자국이 있다 하였으나 눈이 녹아 비록 종적(蹤跡)은 찾지 못했지만 부관(部官)과 위장(衛將)이 합동으로 적간하니 과연 적실하다.’ 하였습니다. 요사이 호환(虎患)이 없는 곳이 없으나 심지어 빈궐(闕) 안까지 들어오게 되니 몹시 놀랍고 염려됩니다. (『비변사등록』)
○ 영조 30년(1754) 5월 10일	호랑이가 경덕궁(慶德宮)에 들어왔다. 임금이 말하기를, “고려 공민왕(恭愍王) 때에 호랑이가 성안으로 들어온 변이 있었다. 이제 사씨(史氏)가 이것을 쓰면 반드시 ‘호랑이가 대궐 안에 들어왔으니, 이것은 음(陰)이 성(盛)할 조짐이다.’ 할 것이다. ….” 하였다. (『영조실록』)
○ 영조 30년(1754) 12월 25일	호랑이가 국사(國社)에 들어갔다. (『영조실록』)
○ 영조 30년(1754) 12월 26일	사직서(社稷署) 관원이 도제조의 뜻으로 아뢰기를, “지난 24일 밤, 눈 위에 호랑이 발자국이 있었습니다. 본서의 북쪽 담장을 넘어 들어와 낭자하게 이어져 남쪽 담장 안까지 이르렀는데 덕흥대군방(德興大君房)에서 기르는 거위 한 마리를 담장 안 언덕 위에서 잡아먹고 목과 다리만 남긴 종적이 분명하고 이어 서쪽 담장을 넘어갔으니 일이 매우 놀랍습니다. 빨리 3군문에서 곧 잡도록 기한을 정하도록 하는 것이 어떻겠습니까?” (『비변사등록』)
○ 정조 즉위년(1776)	내가 도감의 교련관(敎鍊官)을 불러들이라고 명하자, 계단 아래에 섰다. 내가 이

9월 23일	르기를, "창덕궁에 호랑이의 발자국이 확실하니, 그대가 잘 쏘는 포수 수십 명을 거느리고 후원(後園)으로 들어가서 수색하여 잡는 것이 좋겠다." 하였다. (『일성록』)
○ 정조 1년(1777) 9월 19일	호랑이가 궁궐 담장 밖 군보(軍堡)의 병졸을 물어갔다. (『정조실록』, 『승정원일기』)
○ 정조 2년(1778) 9월 5일	"…. 오늘 후원(後苑)에서 범을 잡고 나서부터는 더욱 잡고 쫓아낼 수 있을 것이니, 구선복의 소홀히 대처한 죄에 대해서는 우선 묻지 말고 곧바로 북영(北營)에 대령하여 여러 방법을 동원하여 범을 잡게 하라. 출몰하는 범의 자취로 볼 때 어찌 한 마리뿐이겠는가. 기필코 화근을 영원히 제거해야 염려를 놓을 수 있을 것이다. 이러한 내용으로 분부하라." 하였다. (『일성록』)
○ 정조 3년(1779) 10월 27일	내가 이르기를, "옛날부터 후원(後苑)에 범과 표범이 넘어 들어오는 일이 많이 있어서 매번 잡도록 하였다. 이번에도 호랑이의 발자국이 있기에 함정을 설치해서 잡도록 했는데 아직 잡지 못했다고 하니, 군문(軍門)의 거행이 놀랍다고 하겠다." 하였다. (『일성록』)
○ 정조 5년(1781) 7월 16일	훈국(訓局)이 아뢰기를, "광지영의 입직 초관(入直哨官) 정의복(鄭義福)의 수본(手本)에, 후원(後苑)의 담장 안에서 어떤 사람이 큰 소리로 광지영 군사를 불렀기 때문에 입직한 군졸이 응답하니, 물려 죽은 검정 송아지를 담장 너머로 던지면서, 이 물건은 먹을 수 없으니 묻어 버리라고 하였습니다. …." 하여, 하교하기를, …. (『일성록』)
○ 순조 11년(1811) 12월 17일	尹鼎烈, 以訓鍊都監言啓曰, 昨日後苑, 豹虎二頭獵捉, 而又有虎跡, 跟尋於宮墻外, 仍爲行獵, 今日午時量, 本局牙兵等, 捉得豹虎一頭於三淸洞近處, 故謹此封進, 而捉虎將卒, 自臣營, 考例施賞之意, 敢啓。 傳曰, 知道。(『승정원일기』)
○ 헌종 9년(1843) 9월 8일	범이 경모궁(景慕宮)의 후원(後苑)에 들어왔는데, 해당 영문(營門)에 사냥하여 잡으라고 명하였다. (『헌종실록』)
○ 고종 8년(1871) 11월 25일	병조가 아뢰기를, "창덕궁과 창경궁의 호랑이를 잡으라고 명하셨습니다. 용호영의 아병(牙兵) 60명·별아병(別牙兵) 59명, 훈련도감, 금위영, 어영청, 총융청, 네 군영의 군병이 힘을 합하여 사냥하겠습니다. 감히 아룁니다." (『승정원일기』)
○ 고종 30년(1893) 12월 12일	정규섭이 호위청(扈衛廳)의 말로 아뢰기를, "삼가 하교대로 후원(後苑) 안 호랑이의 자취가 있는 곳에 난후군(攔後軍) 30명을 보내어 차지외군관(次知外軍官)이 거느리고 사냥하도록 하겠습니다. 감히 아룁니다." (『승정원일기』)

궁궐의 입지와 범과 표범의 활동

한양이라는 도읍지가 지니는 고유의 자연환경과 도성 조영의 특유한 해결방식 등에 관해서는 이미 많은 연구 성과물이 있다.81) 널리 알려진 바와 같이 한양도성 내의 핵심 시설인 궁궐은 지형에 유기적으로 적응하여 조영되었다.82)

81) 주남철(2006). 앞의 책; 서울특별시(1992). 앞의 책; 홍순민(2016). 앞의 책; 김영수(2013). 서울 한양도성의 보존현황과 주변부 관리. 도시인문학연구. 5(1): 66-96. 참조.

82) 한국조경학회 편(2007). 앞의 책. pp. 175-176; 한국전통조경학회 편(2011). 앞의 책. p. 141; 김정미·경세진·조재모(2015). 앞의 글. pp. 75-86.

이에 더해 궁궐 조영에서는 주요 전각과 주산과의 관계, 내맥에 대응, 명당 정혈 등 풍수 이론도 적용하였다.[83] 문화사의 관점에서 한 나라의 궁궐은 가장 좋은 터를 잡아 여기에 당대 최고 문화 예술과 기술, 재정과 자재가 집약된 결정체이다. 한양의 궁궐 역시 조선왕조의 정체성과 자부심을 구현한 최고의 문화유산으로 남아 있다. 태조 3년(1394년) 9월의 기록에는 정도전 등에게 한양의 종묘와 사직, 궁궐터를 정하게 한 다음과 같은 기록이 있다.

> 판문하부사 권중화(權仲和), 판삼사사 정도전, 청성백 심덕부, 참찬문하부사 김주, 좌복야 남은, 중추원 학사 이직 등을 한양에 보내서 종묘·사직·궁궐·시장·도로의 터를 정하게 하였다. 권중화 등은 전조 숙왕(肅王) 시대에 경영했던 궁궐 옛터가 너무 좁다 하고, 다시 그 남쪽에 해방(亥方)의 산을 주맥으로 하고 임좌병향(壬座丙向)이 평탄하고 넓으며, 여러 산맥이 굽어 들어와서 지세가 좋으므로 여기를 궁궐터로 정하고, 또 그 동편 2리쯤 되는 곳에 감방(坎方)의 산을 주맥으로 하고 임좌병향에 종묘의 터를 정하고서 도면을 그려서 바치었다.[84]

이런 기록을 통해 궁궐 조영을 위한 빼어난 명당·길지를 찾고자 한 노력을 짐작할 수 있다. 다음은 궁궐을 낙성한 후 태조 7년(1398년) 4월에 정도전(鄭道傳, 1342~1398년)이 지은 신도(新都) 팔경시(八景詩) 중 두 번째 수(首)로 '도성과 궁궐'을 묘사한 것이다.

> 둘째는 도성(都城)과 궁원(宮苑)이었다.
>
> 성(城)은 철옹성(鐵甕城) 천 길(千尋)이나 높고,
> 구름은 봉래(蓬萊)의 오색(五色)으로 둘렸도다.
> 연년(年年)이 상원(上苑)의 꾀꼬리와 꽃,
> 세세(歲歲)에 도성(都城) 사람들이 유락(遊樂)하도다.[85]

이 시에 묘사한 궁궐의 대표 경관 역시 백악산과 후원이다. 궁궐의 입지 환경은 인근의 산맥과 연결되었으며 여러 계곡에는 물이 풍부했다. 이러한 환경은 인간의 입장뿐만 아니라 범과 표범 등 동물의 서식 환경에서도 유리한 조건

83) 정우진·고제희(2016). 앞의 글. p. 35.

84) 『태조실록』. 태조 3년 9월 9일. '정도전 등에게 한양의 종묘·사직·궁궐·시장 등의 터를 정하게 하다'(한국고전 종합 DB).

85) 『태조실록』. 태조 7년 4월 26일. '좌·우 정승 조준과 김사형에게 신도 팔경 병풍 한 면씩을 주다. 정도전의 팔경시'(한국고전 종합 DB).

을 제공했을 것이다. 일반적으로 호랑이는 멧돼지 등 동물을 잡아먹지만, 여름과 가을에는 풀이나 도토리 등 열매도 먹고 냇가의 물고기를 잡아먹기도 한다. 궁궐 주변을 둘러싼 여러 산과 능선은 길게 연결되어 있어 활동반경이 넓은 범과 표범의 서식과 이동에도 유리했을 것이다. 범과 표범은 생물학적으로 별개의 종이나 유전적, 생태적으로 매우 가깝고 서로 배타적이지 않아 서식공간을 공유하며,[86] 먹이사슬의 정점에 있는 이들이 서식한다는 것은 건강한 생태계가 제대로 기능하고 있다는 것을 의미한다.

영조 11년(1735년) 11월 기사에, "호랑이가 북부의 삼청동 굴속에 들어가서 살았는데, 떼를 지어 다니면서 개와 돼지를 남김없이 물어갔고, …."[87]라고 했다. 이런 기록에 의하면 궁궐 주변 산에는 호랑이가 무리를 이룰 정도로 온전한 서식처였음을 보여준다. 또 영조 23년(1747년) 1월 9일 기사에, "동대문 밖에 큰 호랑이 한 마리와 새끼 호랑이 한 마리가 수일 숭신방(崇信坊)에 왕래하며 …."[88]라고도 했다. 영조 28년(1752년) 1월에는, "부아현(負兒峴)에도 4마리의 호랑이가 있는 것을 많은 사람이 보았다고 합니다."[89]라고 했다.

정조 2년(1778년) 5월 17일에는 창의문 밖에서 새끼를 세 마리나 밴 중간 크기 호랑이 한 마리를 잡았고, 14년(1790년) 3월 30일에는 응암동 근처에서 호랑이 한 마리와 새끼 호랑이 네 마리를 잡기도 했다.[90] 이런 기록을 볼 때 궁궐과 도성 주변 산지는 범이 무리를 이루어 서식할 수 있는 환경이었다는 것을 보여준다.

주변뿐 아니라 궁궐 내에서도 범이 활발하게 활동을 했는데, 영조 28년(1752년) 1월과 29년(1753년) 11월에 경복궁 후원에서 호랑이가 개를 잡아먹었다.[91] 정조 2년(1778년) 9월에는, "후원에서 범을 잡은 일은 매우 놀랍다. 이것으로

86) 국립생물자원관(2013). '한국의 호랑이 문화와 복원 가능성 기초 연구' 보고서. p. 3.

87) 『영조실록』. 영조 11년 11월 27일. '태백성이 낮에 나타나다. 호환이 심하였다.'(한국고전 종합 DB).

88) 『비변사등록』. 영조 23년 1월 9일. '동대문 밖에서 호랑이가 우환을 일으키므로 3군문으로 하여금 포수를 보내라 분부할 것을 청하는 비변사의 계'(국사편찬위원회 한국사 DB).

89) 『비변사등록』. 영조 28년 1월 11일. '호환이 빈번하니 다시 삼군문에 명해 뛰어난 포수를 별정하여 호랑이를 포획할 것을 청하는 비변사의 계'(국사편찬위원회 한국사 DB).

90) 『정조실록』. 정조 2년 5월 17일 기사(한국고전 종합 DB), 『일성록』 정조 14년 3월 30일 기사(한국고전 종합 DB).

91) 『비변사등록』. 영조 28년(1752년) 1월 2일, 29년 11월 15일 기사(국사편찬위원회 한국사 DB).

보면 평상시 살고 있던 범이 한 마리만이 아니었으리라는 추측을 할 수 있으니, …."[92]라는 기록도 있어 여러 개체의 범이 서식했을 수도 있다. 정조 5년(1781년) 7월에는 호랑이가 후원에서 송아지를 잡아먹기도 했다.[93]

특히 전란 등으로 인해 궁궐이 황폐화되고 인위적인 간섭이 배제된 상태에서는 궁궐 지역에 범과 표범의 활동이 더욱 활발했음을 보여주는 사례도 있다. 선조 25년(1592년)에 발발한 임진왜란이 대표적이다. 이해 5월 3일에 한양이 함락되었는데 고니시 유키나가(小西行長) 휘하의 오제키 사다스케(大關定祐)의 『조선정벌기』에는 궁궐의 모습을 다음과 같이 기록했다.

> …. 내리(內裏) 안으로 들어가 보니 궁전은 텅 비었고 사대문은 제멋대로 열려 있었다. 그제야 전각(殿閣)을 자세히 살펴보니 궁궐은 구름 위에 솟아 있고 누대는 찬란한 빛을 발하여 그 아름다운 모습은 진궁(秦宮)의 장려함을 방불케 하더라. … 후궁(後宮)에는 화장품 향기가 감돌고 산호의 대상(臺上)에는 화려한 거울이 덧없이 남아 있었다. 난 향기는 전각 밖까지 풍기고 사람 살던 자취도 그렇거니와 하염없는 구슬로 장식한 침상들이 고스란히 남아 있었다.[94]

장엄하고 아름다웠던 궁궐은 곧 폐허가 되었고 전란 후까지 이 상태가 오랜 기간 지속되었다. 앞서 살펴본 바와 같이 궁궐 인근에 범과 표범의 활발한 활동을 감안하면 폐허로 방치되어 인간의 간섭이 배제된 궁터가 범과 표범의 활동 영역으로 변하는 것은 당연한 일이라고 볼 수 있다.[95] 선조 36년(1603년) 2월에는, "창덕궁의 소나무 숲속에서 호랑이가 사람을 물었다."[96]고 했으며 같은 해 3월의 기록에도, "창덕궁의 후원과 함춘원 등지에 호표가 출입하는데 여염의 개를 물어가는 일이 많다고 합니다."[97]라고 했다. 특히 선조 40년(1607년) 7월에는, "창덕궁 안에서 어미 호랑이가 새끼를 쳤는데 그 새끼가 한두 마리가 아니라고 한다."[98]라는 기록도 있다.

---

92) 『일성록』. 정조 2년 9월 6일 기사(한국고전 종합 DB).

93) 『일성록』. 정조 5년 7월 16일 기사(한국고전 종합 DB).

94) 홍순민(2016). 앞의 책. p. 86.

95) 당시 왕의 거처는 정릉동행궁(貞陵洞行宮)이었다.

96) 『선조실록』. 선조 36년 2월 13일 기사(한국고전 종합 DB).

97) 『선조실록』. 선조 36년 3월 18일 기사(한국고전 종합 DB).

98) 『선조실록』. 선조 40년 7월 18일. '창덕궁에 출몰하는 호랑이를 꼭 잡도록 전교하다'(한국고전 종합 DB).

황폐화된 궁궐이 맹수의 차지가 된 사례는 대한제국 말에도 있었다. 1888년 의료 선교사로 조선에 온 언더우드(Underwood, L. H) 부인은 명성황후의 부탁으로 주치의를 맡았고 이후에는 우정과 신뢰를 쌓으며 존경을 포함한 친분 관계를 맺었다.[99] 그는 황후의 진료를 비롯해 황실 가족과의 친분으로 궁에 자주 출입했고 당시 궁궐의 분위기와 모습을 잘 알고 있었다. 그가 남긴 견문록에 의하면, "나는 조선에 온 뒤 서울에서만도 호랑이를 적어도 한 번 이상 보았고, 또 서울에 온 지 몇 달 뒤에는 우리 집 옆에 있는 러시아 공사관에 표범이 나타난 것을 본 적도 있다."[100]고 했다. 당시 러시아 공사관은 덕수궁과 경희궁에 접하고 있었다. 그의 견문록에는 갑신정변을 겪은 1894년 무렵의 창덕궁에 대해 다음과 같이 기록했다.

> 빼어나게 아름다운 정원으로 둘러싸인 대궐은 다시는 왕비의 차지가 되지 않았다. … 한때 연꽃이 아름다웠던 연못에는 시퍼런 이끼가 두껍게 자라고 있으며, 멋진 정자는 퇴락하여 뱀과 도마뱀들이 돌의자 주위를 맴돌고 있다. 넓게 펼쳐진 잔디밭은 잡초가 무성하게 자랐고, 호랑이와 표범들이 그 아늑한 숲을 잠자리로 삼는다고 한다.[101]

궁궐은 당연히 국가의 권위와 통치자의 위엄에 걸맞은 가장 좋은 터를 선택하여 조영하였다. 그러나 이렇듯 양호한 입지 조건은 인간에게뿐만 아니라 당대 최상위 포식자인 범과 표범의 서식과 활동에 유리한 곳이었음에 주목할 필요가 있다.

궁궐과 도성 인근에 대한 환경 관리

한양은 내・외 두 겹의 사산으로 둘러싸여 있으며 이 산지의 대부분은 금산(禁山), 금송(禁松), 금장(禁葬), 봉산(封山)으로 관리하였다. 조선은 개국 초부

99) 언더우드 부인은, "그는 유럽과 미국 여자들과 공식 접견을 여러 차례 했고, 왕비를 만난 사람들은 모두 왕비에게서 엄청난 위엄과 매력을 느꼈으며, 금세 그의 친구가 되고 지지자가 되었다."라고 썼다. 김철 역(2016). 언더우드 부인의 조선 견문록. 서울: 이숲. p. 150.

100) 김철 역(2016). 앞의 책. pp. 81-82.

101) 김철 역(2016). 앞의 책. pp. 156-157.

터 국가가 주관하는 산림정책을 전국에 시행했는데, 특히 한양의 사산은 지맥(地脈)을 보호하고 비보(裨補)해야 했으며 군사의 훈련과 왕의 수렵을 위한 강무장(講武場)과 마정(馬政)을 위한 목장도 필요했다. 이를 위해 일반인의 이용을 제한하는 금산을 설정하거나 소나무 벌채를 금하는 금송을 제도화했다. 또 능묘와 태실 등을 보호하기 위해 봉산도 지정해 관리했다. 여기에 더해 도성 인근에 묘(墓)를 조성하지 못하는 금장 제도도 엄격했다.

조선 개국 후 도성 주변 사산에 대해 공조(工曹)에 산택사(山澤司)를 두어 재식(栽植)과 이용 등 산림 관리를 담당하게 했고 보호 관리는 병조(兵曹), 직접적인 관리는 한성부(漢城府)가 담당하게 하였다.[102] 문종 1년(1451년) 4월에, "경복궁 북쪽 산에 표를 세워 소나무를 심어서 산맥을 비보하게 하다."[103]라고 했다. 또 성종 3년(1472년) 5월에는, "내외(內外)의 사산에 경작(耕作)을 금해야 할 땅을 본부(本府)와 관상감제조(觀象監提調)가 풍수학(風水學)을 거느리고 살펴 정해서 표(標)를 세우도록 하라."[104]고 하였다. 이러한 사산 관리 체계는 조선 후기까지 이어졌는데 아래의 그림은 영조 41년(1765년)에 제작하고 일제강점기에 영인한 「사산금표도」이다. 이 지도는 한양의 금송과 금장의 경계를 표시한 것으로 상단에는 동서남북 방향의 경계를 명기하였다.

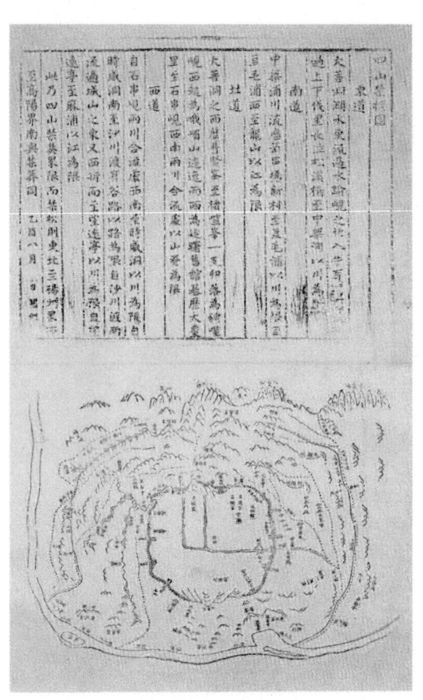
「사산금표도(四山禁標圖)」
(출처: 국립고궁박물관, 2016: 82)

사산에 대한 관리와 재식은 금송과 밀접한 연관을 갖고 시행하였다. 태종 8

102) 김무진(2010). 조선전기 도성 사산의 관리에 관한 연구. 한국학 논집. 40: 453-485.

103) 『문종실록』. 문종 1년 4월 18일 기사(한국고전 종합 DB).

104) 『성종실록』. 성종 3년 5월 5일 기사(한국고전 종합 DB).

년(1408년)에, "능침에 소나무와 잣나무가 없는 것은 예전 법이 아니다. 하물며 전혀 나무가 없는 것이겠는가? 잡풀을 베어버리고 소나무와 잣나무를 두루 심어라."[105]라고 했고, 태종 10년(1410년) 1월에도, "창덕궁과 건원릉에 소나무를 심으라고 명하였다."[106]고 했다. 특히 태종 11년(1411년) 1월에는, "공조판서 박자청(朴子青, 1357~1423)을 한경에 보내어 각령의 대장(隊長)·대부(隊副) 5백 명씩과 경기(京畿)의 정부(丁夫) 3천 명을 데리고 남산과 태평관(太平館)의 북쪽에 무릇 20일 동안 소나무를 심게 하였다."[107]라고 했다. 도성 내에 소나무를 심기 위해 20일에 걸쳐 8만 명을 동원한 것이다.

세종 15년(1433년) 7월에 임금은 "… 청파역(青坡驛)에서부터 남산에까지 잇닿은 산맥의 여러 산봉우리와 흥천사(興天寺) 북쪽 봉우리 등지에 소나무를 심어 가꿔서 무성하게 우거지도록 하는 것이 어떻겠는가?"[108] 하니 모두가 좋다고 했다는 기록도 있다. 이렇듯 도성 내외의 주요 능선과 봉우리, 숲에 대한 관리와 보완은 조선 후기까지 지속하였다.

환경적 측면에서 보면, 이상과 같은 인간의 환경 관리는 궁궐에 범과 표범의 출몰을 촉진하는 역할을 한 것으로 판단된다. 정조 3년(1779년) 3월에 왕이 후원에 범이 들어오는 것에 대해 근심을 토로하자 영의정 김상철(金尙喆, 1712~1791년)이, "도성에서 아주 가까운 땅은 나무를 베지 못하도록 금하는 곳이 많이 있고, 산과 언덕이 죽 이어지고 나무가 길게 자라나 범과 표범의 숲이 되었으니, 때때로 궁궐 후원에 불쑥 들어오는 것은 필연적인 형세입니다."[109]라고 하였다. 같은 달에 영의정 김상철은 의열묘와 의소묘[110]의 경계가 너무 넓고 수목이 울창하여 호랑이와 표범이 많아 걱정이니 해자(垓子)의 안팎에 있는 수목들을 조금 베어낼 것을 주청하였고 왕은 이를 따랐다고 한다.[111] 정조 5년(1781년) 윤

105) 『태종실록』. 태종 8년 11월 26일 기사(한국고전 종합 DB).

106) 『태종실록』. 태종 10년 1월 3일 기사(한국고전 종합 DB).

107) 『태종실록』. 태종 11년 1월 7일 기사(한국고전 종합 DB).

108) 『세종실록』. 세종 15년 7월 21일 기사(한국고전 종합 DB).

109) 『정조실록』. 정조 3년 3월 15일 기사(한국고전 종합 DB).

110) 의열묘는 사도세자의 생모 영빈 이씨의 사묘(祠廟)로 정조 즉위 후 선희궁으로 개칭하였다. 현재의 종로구 신교동에 위치했었다. 의소묘는 영조의 손자인 의소세손(懿昭世孫)의 묘이다. 당초에는 현재의 이화여대와 중앙여고 부근에 있었으나 일제강점기에 서삼릉 경내로 옮겼다.

111) 『정조실록』. 정조 3년 3월 24일 기사(한국고전 종합 DB).

5월에도, "서쪽 성 밖에 호랑이가 사람을 물자 근처의 나무를 쳐내게 하다."[112] 라고 하였다. 정조 3년에 영의정 김상철의 언급과 같이 '산과 언덕이 죽 이어져 있고, 수목이 무성함'으로 인해 '범과 표범의 근거지'가 되었고 따라서 수시로 궁궐에 범이 들어오는 것이 '필연적'이라는 것은 범의 서식 환경 관리의 관점에서 중요한 지적이라고 볼 수 있다.

사산 보호는 풍수 사상으로부터 출발하여 도성을 보호하는 군사적 목적이 부가되었고 점차 사산과 연결된 산맥들을 같은 차원에서 보호하였다.[113] 이러한 문화사 관점의 역사 인식도 의미가 있으나 이와 달리 환경사적 관점에서, 사산 재식과 금송 등 양림 정책으로 도성 부근은 소나무가 늘 울창했고 이로 인해 호표의 번식에 상당한 영향을 주었으며 잦은 호환의 배경이 되었다는 해석도 중요한 함의를 갖는다.[114] 이 외에도 원래 범과 표범은 평지나 구릉지에 주로 서식했으나 국가주도의 개간정책 추진으로 서식지가 파괴되어 산으로 이동했다고도 한다. 특히 16세기 후반에는 범과 표범의 서식지는 능침과 큰 산맥에 의지하여야 할 정도로 위축되었다고 한다.[115]

앞 절에서 살펴본 바와 같이 지형 등 환경 조건에 유기적으로 적응하여 조영된 궁궐은 범과 표범의 활동 영역 안에 있었다. 여기에 더해 농지개간 사업은 범과 표범의 서식지를 위협했고 또 한편에서 진행된 사산 재식 등 환경 관리는 범과 표범의 활동에 대안적 공간을 제공했을 수도 있다. 산과 산이 이어진 능선과 여기에 우거진 숲은 범과 표범의 은신처이자 이동 통로의 역할을 한 것으로 판단된다.

---

112) 『정조실록』. 정조 5년 윤5월 4일 기사(한국고전 종합 DB).

113) 김무진(2010). 앞의 글. p. 483.

114) 심승구(2007). 앞의 글. pp. 164-197.

115) 김동진(2005). 앞의 글. pp. 71-116.

왕의 인식과 대처

한민족의 관념 속 범은 산신(山神), 산군(山君), 산령(山靈), 산중영웅(山中英雄) 등 신령스러운 존재로 받들어진다. 그러나 조선 시대 현실에서의 범은 사람과 가축에게 피해를 주는 두려운 존재로 『실록』 등에는 악수(惡獸) 혹은 야수(野獸)로 칭하고 있다. 조선은 건국과 함께 농본주의를 표방하였고 이를 뒷받침하기 위해 조선 전기부터 일관되게 포호 정책을 시행하였다.116) 조선 후기의 정약용(丁若鏞, 1762~1836년)도 『목민심서』 「형전(刑典)」 '제해(除害)' 조에, "백성을 위하여 피해를 제거하는 일은 목민관의 임무이니 그 첫째는 도적이요, 둘째는 귀신붙이요, 셋째는 호랑이다. 이 세 가지가 없어야 백성의 걱정이 제거될 것이다."117)라고 하였다. 역대 왕들은 예외 없이 포호 정책을 시행하였으나 궁궐이나 도성 안팎에 출몰하는 범과 표범에 대한 대처 방식에서는 다소 차이를 보이기도 한다. 역대 왕의 대처 방식 중 특징적인 경우를 살펴보면 다음과 같다.

세종

『실록』에는 세종 연간에 범이 궁궐에 들어온 기록은 없다. 다만 세종 17년(1435년) 4월에, "한낮에 표범이 도성에 들어와 개천(開川)으로부터 달아나 안국방(安國坊)의 평양군 조대림(趙大臨)의 집 원림(園林)에 이르렀다. 원금(元金) 등 네 사람이 잡아 바치니 물건을 차등 있게 주고, 인하여 유사(有司)에게 명하여 해괴제(解怪祭)를 행하였다."118)라는 기록이 있다. 조선 시대에는 지진이나 혜성(彗星)이 나타나는 등 변고나 상서롭지 않은 일이 발생하면 '해괴제'119)를 지냈다.

---

116) 김동진(2005). 앞의 글. pp. 71-116; 조계영(2008). 앞의 글. pp. 189-223.

117) "평상시 사람들이 모여서 한담할 때에 무서운 것 셋 중에 무엇이 제일 무서우냐고 물으면 그 소견이 각각 달라서 혹은 도적을 무섭다 하고, 혹은 귀신을 무섭다 하고, 혹은 범을 무섭다 하니, 이 세 가지가 백성의 해가 되는 것을 알 수 있다. 귀신으로 인한 걱정은 반드시 사람이 만드는 데서 오는 것으로서 음란한 사당집과 요사한 무당이 곧 귀신이 의지하는 곳이 된다. 때문에, 귀신의 환을 없애는 일은 요사한 것을 제거하는 것으로 근본을 삼는다." 『목민심서(牧民心書)』 「형전(刑典)」 6조. 제해(除害)(한국고전 종합 DB).

118) 『세종실록』. 세종 17년 4월 12일 기사(한국고전 종합 DB).

119) 숙종 19년(1693년) 9월에 함경도의 지진으로 해괴제를 지냈고 이후에는 경종, 영조, 정조 대에는 해괴제가 없었다. 순조 10년(1810년) 2월에 함경도 지역의 지진으로 해괴제를 지낸 것이 마지막이다. 『조선왕조실록』(한국

『실록』에 세종 연간에만 30여 차례의 해괴제를 지낸 기록이 있는데, 그 이유가 "부엉이가 근정전에서 울었다." 등 현대인의 관점에서 보면 사소한 것일 수도 있다. 대낮에 한양 복판 청계천 일대에 표범이 들어와 활개 친 것은 변고이며 상서롭지 못한 일로 인식한 것이다. 이러한 조치와 대처 방식은 세종 연간을 비롯해 조선 전기에 환경을 인식하는 수준과 방편을 보여준다. 이후 후기 왕대의 대처 방식과는 많은 차이를 보여주는 사례이다.

세조

반정(反正)을 통해 집권한 세조의 남다른 인간적 면모는 '무인(武人) 기질'이 뛰어났다는 점이다. 그는 말타기와 활쏘기에 능했으며 『실록』에는 후원이나 도성 인근에서 매사냥을 즐긴 기록이 많이 있다.

궁궐이나 한양 인근에 범이 나타난 경우, 세조의 특징적 대처 방식은 '직접 주관'하고 '즉각적'으로 처리했다는 것이다. 예를 들어 세조 10년(1464년) 12월에, 녹양 목장에 호랑이가 들어와 말을 상하게 하자 세조는 신하들과 마정(馬政)을 논하면서, "만약 호랑이의 걱정이 있다면 내가 마땅히 이를 잡겠으니, 걱정하지 말라."[120]고 장담했다. 이 말은 세조가 보인 범에 대한 대처 방식을 단적으로 보여준다. 또 세조 6년(1460년) 12월에, 어떤 사람이 인왕산에 표범이 있다고 아뢰자, "만일 병조(兵曹)로 하여금 표범을 잡을 꾀를 의논하게 한다면 비록 2, 3일이 되어도 결정하지 못할 것이다."[121]라고 하며 즉시 군사를 동원할 것을 지시하였다.

그는 친히 그리고 빈번하게 범 포획에 나섰는데 세조 6년(1460년) 12월에, 인왕산에서 표범을 몰이할 때 세조는 창의문 서쪽 고개에 거둥하여 행군하는 모양을 보았으며, 8년(1462년) 1월에도 백악산에 표범이 나타나자 왕은 광화문 앞에 나와서 여러 군사를 지휘했다.[122] 이틀 후인 1월 24일에는 범을 잡기 위

고전 종합 DB).

120) 『세조실록』. 세조 10년 12월 13일 기사(한국고전 종합 DB).

121) 『세조실록』. 세조 6년 12월 5일 기사(한국고전 종합 DB).

122) 『세조실록』. 세조 8년 1월 22일 기사(한국고전 종합 DB).

해, “임금이 제장(諸將)을 거느리고 연굴암(衍屈庵) 동쪽 고개에 행차하였다.”[123] 고 하며 이날 임영대군(臨瀛大君)이 표범을 잡았다고 한다.

세조 9년(1463년) 3월에는, “임금이 친히 제장을 거느리고 인왕동 등지에 거둥하여 명하여 몰이하게 하였는데 ….”[124]라고 하며 이튿날에, “… 오봉·수락산을 합해 몰이해서 범을 잡고, 날이 저물어서 환궁하였다.”[125]고 한다. 또 같은 해 8월에 녹양 목장의 말을 물었다는 소문을 듣고 즉시 동교에 거둥하여 오봉산·수락산 두 산에 몰이하게 하였다.[126] 이후 10월에는 미륵동에서 임금이 말을 몰고 군사들로 하여금 포위망을 좁혀서 범을 잡았다.[127] 또 12월에는 취로정 연못가에 호랑이 흔적을 발견하자, “… 백악산·인왕산 등지를 몰이하라. 만약 살펴서 호랑이가 있는 곳을 알게 되면 내가 마땅히 친히 가겠다.”[128]고 했다. 세조는 이해에만 다섯 차례 이상 범 사냥에 친히 나섰고 최소 두 마리 이상을 잡았다. 또 세조 11년(1465년) 9월에 범이 창덕궁 후원에 들어오자 북악에 가서 표범을 잡았다.[129] 이런 일이 계속되자 세조 11년(1465년) 11월에 대사헌(大司憲) 양성지(梁誠之, 1415~1482년)가 간언하기를, “범은 악한 짐승인데, 전하께서 친히 사냥하여 잡으려 하시니 신은 위험하게 생각합니다. 빌건대 모름지기 파하소서.”[130]라고 하였고 임금이 옳게 여기어서 정지하였다고 한다. 그러나 같은 해 12월에 임금은 다시 친히 제장을 거느리고 백악산 꼭대기에 올라 표범을 잡았다.[131]

세조 13년(1467년) 11월에도 임금이 경복궁 북쪽에 거둥하여 백악산에서 호랑이를 잡았으며, 심지어 같은 해 12월에 왕은 군사를 이끌고 백악산에서 호랑이를 사로잡기까지 했다.[132] 범을 잡는 것은 백성을 위하는 일이기도 하지만

123) 『세조실록』. 세조 8년 1월 24일 기사(한국고전 종합 DB).
124) 『세조실록』. 세조 9년 3월 12일 기사(한국고전 종합 DB).
125) 『세조실록』. 세조 9년 3월 13일 기사(한국고전 종합 DB).
126) 『세조실록』. 세조 9년 8월 24일 기사(한국고전 종합 DB).
127) 『세조실록』. 세조 9년 10월 7 기사(한국고전 종합 DB).
128) 『세조실록』. 세조 9년 12월 9일 기사(한국고전 종합 DB).
129) 『세조실록』. 세조 11년 9월 14일 기사(한국고전 종합 DB).
130) 『세조실록』. 세조 11년 11월 28일 기사(한국고전 종합 DB).
131) 『세조실록』. 세조 11년 12월 22일 기사(한국고전 종합 DB).
132) 『세조실록』. 세조 13년 11월 19일, 12월 5일 기사(한국고전 종합 DB).

무인 기질이 뛰어나고 사냥을 즐긴 세조에게 범과 표범은 남에게 미룰 수 없는 사냥감이었던 것으로 보인다.

다음 그림은 고구려 고분 벽화의 「수렵도」와 조선 후기에 활동한 이인문(李寅文, 1745~1821년)이 가을 들판에서 호랑이를 사냥하는 모습을 그린 「추원호렵(秋原虎獵)」이다. 시대를 초월했음에도 불구하고 두 그림에 보이는 호랑이 사냥하는 방식에는 큰 변화가 없음을 보여준다.

고구려 고분 벽화, 「수렵도(狩獵圖)」

「추원호렵(秋原虎獵)」, 이인문, 38.1×59.1cm,
국립중앙박물관 소장(출처: 오주석, 2006: 190)

연산군

연산군 재위 연간 역시 포호 정책은 일관되게 시행하였다. 그러나 방탕한 호사 취미[133]에 빠져 있던 연산군은 범과 표범에 대해 여타의 왕과 다른 대처 방식을 보인다. 『실록』에 연산군 10년(1504년) 11월에는 다음과 같은 기사가 있다.

> 왕의 미치광이 같은 방탕이 이미 극도에 달하여 모든 진기한 새와 기이한 짐승을 사방에 잡아 바치도록 독촉하고, 사신을 보내어 공헌(貢獻)하도록 하기에 이르렀다. 이에 산이나 바다의 기괴한 족속을 새장이나 우리에 메고 길을 이었으며, 무사(武士)들을 파견하여 범·표범·곰·말곰(羆) 등속을 산 채로 잡아 다 후원에 가두어 놓고, 혹은 고기를 먹이며 구경하기도 하고 혹은 친히 쏘아 죽이는 것을 낙으로 삼았으며, ….[134]

연산군 11년(1505년) 3월 기사에는, "… 왕이 사냥터에서 나무 위에 시렁을 매고 몸소 올라가 나뭇가지로 몸을 가리고서 짐승이 지나는 것을 엿보아 쏘고, 또 곰·범을 사로잡아다가 금원에 풀어놓게 하고서 친히 쏘아서 즐거움으로 삼고, …."[135]라고 했다. 이렇듯 연산군은 산 채로 잡은 맹수를 볼거리 삼아 즐겼는데, 12년(1506년)에는 평산부(平山府)에서 잡아 올린 범이 우리가 좁아서 죽자 책임자를 국문(鞫問)하기도 했다.[136]

심지어 연산군은 공자(孔子)의 위판(位板)을 봉안한 대성전(大成殿)마저 왕의 오락을 위한 장소로 전락하게 했다. 왕은 공자의 위판을 태평관으로 옮기게 했고 대성전을 호랑이와 곰의 우리로 삼았다. 『실록』에는, "… 호랑이를 대성전 안에 가둬놓고 벽에 구멍을 뚫어 활을 쏘기도 하였다."[137]고 한다. 이런 와중에 중국에서 사신이 오게 되자 연산군은 신하에게 다음과 같이 거짓말을 하도록 지시하기까지 했다.

---

133) 연산군은 팔도에 명하여 각종 화초를 흙을 붙인 채 바치라고 했고 이로 인해 백성이 지쳐서 길에서 죽는 자가 있기도 했다고 한다. 『연산군일기』. 연산군 11년 4월 9일 기사(한국고전 종합 DB).

134) 『연산군일기』. 연산군 10년 11월 11일 기사(한국고전 종합 DB).

135) 『연산군일기』. 연산군 11년 3월 17일 기사(한국고전 종합 DB).

136) 『연산군일기』. 연산군 12년 7월 1일 기사(한국고전 종합 DB).

137) 『연산군일기』. 연산군 12년 2월 13일 기사(한국고전 종합 DB).

… 중국 사신이 선성(先聖)을 배알(拜謁)하고자 하거든, 학궁(學宮)을 지은 지 해가 오래되어 기둥 · 주추가 기울고 망가져서 이제 바야흐로 고쳐 꾸미기 위해, 선성 · 선사(先師)의 위판(位板)을 다른 곳에 옮겨 모셨다고 답하여야 한다. ….[138]

이런 일에 대해 후대의 『실록』 기사에, "폐주가 성균관으로써 호랑이와 표범의 우리로 삼았었기 때문에, 명륜당(明倫堂)과 동서의 재실(齋室)이 모두 다 파괴되어 …."[139]라고 비난했다. 다음은 연산군의 방탕과 호사 취미를 보여주는 또 다른 기록이다.

선전관(宣傳官)과 군기시(軍器寺)의 관원을 시켜 화포(火砲) · 기계(機械)를 가지고 겸사복(兼司僕) 이담손(李聃孫)과 함께 금표(禁標) 안에 들어가서 곰[雄] · 범[虎]을 사로잡아 오라 하고, 이어 전교하기를, "옛사람이 '물(物)을 완호(玩好) 하면 지(志)를 상한다.' 하였는데, 이 말은 그르거니와, 이 일은 삼가 밖에 퍼뜨리지 말라." 하고, 또 선전관 최수천(崔守川)에게 명하여 강원도 군사를 거느리게 하니, 대호(大虎) 15여 구(口)를 사로잡고 곰 · 돼지 · 노루 · 사슴이 매우 많았는데, 궤속에 넣어 군인을 시켜 대내(大內)로 메고 들어오매 왕이 크게 칭찬하였으며, 이로부터 수천(守川)에게는 총애와 하사하는 것이 자못 많았다.[140]

인용문의 '완인상덕(玩人喪德) 완물상지(玩物喪志)'는 『서경』 「여오(旅獒)」 편에 있는 말로 유가의 기본 경구 중 하나이다.[141] 왕은 성인의 가르침까지 부정하며 자신의 오락을 합리화하려 했다. 그러나 한편으로는 스스로 가책을 느껴 자신이 이런 이야기를 했다는 것을 남에게는 전하지 말라고 지시했다. 그러나 사관은 오히려 왕이 "삼가 밖에 퍼뜨리지 말라."는 말까지 빠짐없이 기록했다. 왕은 오락에 빠져 상지(喪志), 즉 본심을 잃었을 뿐만 아니라 허튼 변명으로 사관을 희롱함으로써 상덕(喪德)까지 하였다. 연산군에게 있어서 범을 잡는 것은 백성의 근심을 덜기 위함이 아니라 오로지 자신의 향락을 위한 것이었다.

---

138) 『연산군일기』. 연산군 11년 7월 11일 '중국 사신에게 대답할 국내의 일에 대하여 선위사 등에게 전교하다'(한국고전 종합 DB).

139) 『중종실록』. 중종 1년 10월 5일 기사(한국고전 종합 DB).

140) 『연산군일기』. 연산군 11년 2월 8일 기사(한국고전 종합 DB).

141) '완인상덕(玩人喪德) 완물상지(玩物喪志)'는 『서경(書經)』의 「여오(旅獒)」 편에 실려 있는 고사이다. 주(周)의 발(發)이 포악하고 방탕한 은(殷)나라의 주(紂)를 물리치고 무왕(武王)으로 등극하자 여(旅) 나라의 사신이 큰 개를 바쳤다. 왕이 기뻐하자 태보(太保) 소공(召公)이 간언하기를 '완인상덕(玩人喪德) 완물상지(玩物喪志)', 즉 '사람을 가지고 놀면 덕을 잃으며 진귀한 물건에 빠지면 본래의 뜻을 잃는다.'라고 하였다. 이에 깨우친 무왕은 공물을 제후와 공신에게 나누어주고 정사에만 전념했다고 한다.

영조

영조의 재위 기간에도 팔도에 호환이 끊이지 않았고 궁궐과 도성에도 범과 표범의 출몰이 잦았다. 영조 10년(1734년) 9월의 기록에 의하면, "이때 사나운 호랑이가 횡행(橫行)하여 사람과 가축을 상하게 하였으므로 팔도(八道)의 정계가 거의 없는 날이 없었으니, 여름부터 가을에 이르기까지 죽은 자의 총계가 1백40 인이었다."[142)]라고 한다. 『실록』에 의하면 이런 호환이 재위 말까지 반복되었고 이로 인해 휼전(恤典)을 베푼 기록도 많다. 영조 역시 군사를 동원하여 범을 잡기도 했으나 기본적인 대처 방식에 있어서 여타의 왕과는 차별화되는 태도를 보이기도 한다.

영조 12년(1736년) 3월 기사에, 도성 인근에 호랑이 자취가 있자 김재로(金在魯, 1682~1759년)가 성첩을 수축하여 범을 막을 것을 건의하였다.[143)] 이에 왕은 중국 후한(後漢) 때 유곤(劉琨)의 고사[144)]를 언급하며, "지금의 이 호환은 바로 위에 있는 자가 덕(德)이 적어서 그런 것이니, 덕을 닦는 것이 근본이 되고 성을 수축하는 것은 말절(末節)이 될 뿐이다."라고 하였다. 영조는 덕을 닦음으로써 범을 막고자 한 것이다. 성리학을 이념으로 하는 조선의 이상적 통치 모습은 '덕치(德治)'와 '예치(禮治)'였다. 여기서 다스림(治)은 물리력을 수반하는 개념이 아니며 덕으로 감화시키고 예로 교화하여 백성 스스로 따르게 하는 것이다. 영조는 자신의 부덕을 탓하며 덕을 닦는 것이 근본이며 이로써 야수도 감화시킬 수 있다고 했다.

영조 28년(1752년) 1월 기사에도, 도성 안팎에 호환이 계속되자 왕은 『고려사』에 호랑이가 도성에 들어온 일을 거론하며 "… 음(陰)이 성대하여지고 양(陽)이 쇠미하여지는 단서를 알 수 있다."[145)]라고 했다. 영조 30년(1754년)에도 호랑이가 경덕궁에 들어오자 영조는 다시 고려 공민왕 때 일을 거론하며 "옛사람이 이르기를, '그 형상을 보지 않고 그 그림자를 살피기를 바란다.' 하였으니,

---

142) 『영조실록』. 영조 10년 9월 30일 기사(한국고전 종합 DB).

143) 『영조실록』. 영조 12년 3월 7일 기사(한국고전 종합 DB).

144) 한(漢)나라 때 효면역도(殽黽驛道)에 호환이 심했는데 홍농태수(弘農太守) 유곤(劉琨)이 인덕(仁德)으로 다스리자 이에 감화한 호랑이가 새끼를 데리고 하수(河水)를 건너감으로써 근심이 없어졌다는 고사이다.

145) 『영조실록』. 영조 28년 1월 12일 기사(한국고전 종합 DB).

이것은 어찌 그림자를 살필 방도가 없겠는가?"[146] 하였다. 영조 45년(1769년) 10월에도 호랑이가 도성에 들어오자, "… 매우 아름다운 징조가 아니다. 무릇 재이(災異)가 응하는 것이 눈앞에 있지는 않지만, 크게 근심하고 두려워할 만하다."[147]고 하였다.

영조는 미천한 신분의 소생이라는 콤플렉스(complex)가 있었으며 즉위 과정에서는 정통성으로 인한 시비가 있었다. 즉위 초에는 이런 문제를 빌미로 왕을 부정하는 이인좌(李麟佐, 1694~1728년)의 난을 겪기도 했다. 또 당쟁의 회오리 속에서 친아들인 사도세자를 죽음에 이르게 한 참변도 있었다. 반면에 개인적으로 영조는 평생 학문을 가까이한 호학의 군주로서 군사(君師)를 자임했으며 성리학의 이상적 군주론에 입각한 덕치를 실현하고자 했다. 영조의 학문과 인간적 성향, 정치적 고난과 좌절 등 여러 요인이 복합되어 영조는 범의 출몰에 대해 국운의 기미(幾微)와 조짐(兆朕)을 읽거나 덕으로 다스릴 것 등과 같은 관념적인 대처 방식을 보인 것으로 판단된다.

정조

앞서 살펴본 바와 같이 정조 즉위년(1776년) 이래 4년간 연속해서 범이 궁궐에 들어왔다. 더구나 3년(1779년)에는 두 차례나 범이 궁궐에 들어왔고 5년(1781년)에는 후원에서 범이 송아지를 물어 죽인 일도 있었다. 이러한 상황에서 정조 7년(1783년)은 범과 표범의 포획과 관련하여 주목되는 해이다. 이해의 1월 26일에, '훈련도감'은 대사동 근처에서 중호(中虎) 한 마리, 28일에는 인왕산 밖에서 중호 한 마리와 한북문 밖에서 소호(小虎) 한 마리를 잡아 사흘 동안 연달아 세 마리를 잡았다.[148] 훈련대장 구선복이 이를 보고하자 정조는 다음과 같이 답했다.

146) 『영조실록』. 영조 30년 5월 10일 기사(한국고전 종합 DB).
147) 『영조실록』. 영조 45년 10월 6일 기사(한국고전 종합 DB).
148) 『일성록』. 정조 7년 1월 26일, 28일 기사(한국고전 종합 DB).

"사홀 안에 3두의 호랑이를 잡은 것은 이전에 별로 듣지 못한 일이다. 경의 위령(威令)이 사졸들에게 행해져서 그런 것인가, 사졸의 기능(技能)이 다른 영(營)보다 나아서 그런 것인가. 어느 모로 보나 매우 가상하다. 경에게는 내하어후궁(內下御帿弓) 1장을 사급할 것이니 경은 수령하고, 장교와 군병에게는 갑절로 시상하겠다."[149]

왕은 구선복과 휘하의 훈련도감을 극찬하고 후하게 상을 내려 격려했으며 어영청과 금위영의 분발을 촉구한 것이다. 이후 삼군영(三軍營)은 경쟁적으로 범과 표범을 포획하게 된다. 2월 4일에는, '어영청'이 혜화문 밖에서 표범 한 마리를 잡았고 이튿날 표범 두 마리를 잡았다.[150] 또 2월 17일에는, '금위영'이 한북문 밖에서 소호(小虎) 한 마리, 외남산 중턱에서 대호(大虎) 한 마리를 잡았다.[151] 이날 금위영의 성과에 대해 정조는 다음과 같이 격려했다.

"이틀 사이에 연달아 호랑이 두 마리를 잡았으니, 본영의 일이 매우 가상하다. 이제는 잡은 호랑이의 수가 훈국보다는 적어도 어영청과는 맞먹는다고 할 수 있다. 이전의 수치를 씻을 만하니 경을 위해서 매우 다행스럽게 생각한다. 다시 더 잡아서 바친다면 본영의 공이 도리어 삼영(三營) 중에서 으뜸이 될 것이니, 이를 잘 알아서 절대로 나태해지거나 소홀히 하지 말고 더욱 독려하고 신칙하도록 하라."[152]

이후 금위영은 2월 21일에 호랑이 한 마리를 잡았고, 훈련도감은 2월 21일과 23일에 걸쳐 호랑이 네 마리를 잡았다.[153] 또 4월 14일에는 훈련도감이 한꺼번에 호랑이 세 마리를 잡았고, 5월 22일에는 외남산 근처에서 표범 한 마리를 잡았다.[154] 삼군영은 이해 5개월 동안 도성 내외에서만 최소 17마리 이상의 범과 표범을 경쟁하듯 잡은 것이다. 이후 도성 내외에서 범과 표범의 포획은 정조 재위 말까지 지속해서 이루어졌다. 특히 정조 14년(1790년) 3월에는 응암동 근처에서 중호 한 마리와 새끼 호랑이 네 마리를 잡았고,[155] 정조 20년

149) 『일성록』. 정조 7년 1월 28일 기사(한국고전 종합 DB).

150) 『일성록』. 정조 7년 2월 4일, 5일 기사(한국고전 종합 DB).

151) 『일성록』. 정조 7년 2월 17일 기사(한국고전 종합 DB).

152) 『일성록』. 정조 7년 2월 17일 기사(한국고전 종합 DB).

153) 『일성록』. 정조 7년 2월 21일, 23일 기사(한국고전 종합 DB).

154) 『일성록』. 정조 7년 4월 14일, 5월 22일 기사(한국고전 종합 DB).

155) 『일성록』. 정조 14년 3월 30일 기사(한국고전 종합 DB).

(1796년) 11월에는 응봉에서 백액호(白額虎)[156]를 잡기도 했다.[157] 이렇듯 적극적인 포호 활동으로 인해 재위 초와는 달리 정조 5년 이후부터 재위 말까지 궁궐에 범이 출몰한 기록은 전혀 없다는 점은 주목할 만하다.

또 정조는 범을 포획하는 것에 그치지 않고 궁궐과 도성 주변에 끊임없이 출몰하는 근본적이고 실제적인 원인을 찾고 그 해결 방안을 모색했다는 점에서 여타의 왕 대와 차별성을 보인다. 궁궐에 범과 표범이 자주 출몰하는 원인에 대한 영의정 김상철의 의견에 따라 숲이 지나치게 울창한 곳에 나무를 베어내는 등의 조치는 앞에서 살펴보았다. 정조 2년(1778년) 10월 4일 기사에도, 성 밖의 호환이 발생하자 홍국영(洪國榮, 1748~1781년)은, “성 밖의 아주 가까운 지역에 수목이 울창한 곳이 많기 때문에 빈번히 이런 일이 있으니 참으로 걱정스럽습니다.”[158]라고 했다. 또 정조 8년(1784년) 6월 기사에도 범의 출몰을 막기 위해 외궁장(外宮墻)을 개축할 것과 궁장 안팎의 나무를 벌목하는 것에 대해 논의하기도 했다.[159]

정조는 문무겸전의 왕으로 특히 활쏘기에 특출한 기량을 지녔다. 그러나 그는 세조와 같이 직접 범 사냥에 나서지 않았으며 영조와 같이 관념적인 해결책을 강구하지도 않았다. 정조는 범을 포획하는 데 있어 친위군영 간 경쟁을 유도하는 등 적극적인 방법으로 성과를 올렸다. 여기에 더해 범과 표범의 출몰 원인과 근본적인 해결책을 모색한 점이 돋보인다.

---

156) 백액대호(白額大虎) 혹은 백액후(白額侯), 백액장군(白額將軍)이라고도 하며 이마와 눈썹 털이 희게 센 늙은 호랑이를 말한다. 선조 대에는 백액호(白額虎)가 공순릉(恭順陵)의 산림(山林)과 고양(高陽) 등지에 출몰하여 사람과 가축 4백여 두(頭)를 죽였다는 기록이 있다 『선조실록』 4년(1571년) 10월 27일 기사(한국고전 종합 DB).

157) 『일성록』. 정조 20년 11월 13일 기사(한국고전 종합 DB).

158) 『정조실록』. 정조 2년 10월 4일 기사(한국고전 종합 DB).

159) 『정조실록』. 정조 8년 6월 20일 기사(한국고전 종합 DB).

마무리 말

본고는 과거의 한반도가 '범과 표범의 땅'[160]이었다는 것을 전제로 한다면, '자연에 동화', '지형에 순응' 등의 특징이 부각되는 조선의 궁궐 역시 이러한 최상위 포식동물의 활동 영역이었을 것이라는 가설에서 출발했다. 『실록』 등 사서의 관련 기록을 토대로 환경사적 관점에서 고찰한 연구 결과를 요약하면 다음과 같다.

조선 시대에 궁궐은 물론 한양도성 내외에도 수시로 범과 표범이 출몰했음을 확인할 수 있었다. '수선(首善)'은 모범이 되는 으뜸가는 곳이라는 뜻으로 '한양'을 지칭한다. 또 '궁궐'은 구중궁궐(九重宮闕) 혹은 구중심처(九重深處)라고 하듯이 겹겹의 문과 담으로 둘러싸인 깊은 곳이다. 그러나 적어도 범과 표범에 있어서는 한양도 수선의 지역은 아니었다. 또 겹겹의 담으로 둘러싼 깊은 궁궐에도 여러 차례 범과 표범이 출몰했었다. 심지어는 후원에서 호랑이가 새끼를 치거나 짐승을 잡아먹기도 했고 궁궐 내외에서 인명 피해도 있었음을 확인할 수 있었다.

이러한 상황은 한양 궁궐이 지닌 입지 특성, 조영 철학과 기법 등 태생적 요인에 기인한다고 볼 수 있다. 즉 궁궐은 풍수설 등과 연계하여 산과 하천 등 자연환경에 유기적으로 적응하여 조영하였다. 이렇듯 '좋은 터'는 인간에게만 유용했던 것이 아니라 범과 표범의 활동에도 긍정적으로 작용했음을 알 수 있었다. 특히 궁궐 영역이 전란 등으로 황폐화하여 인간의 간섭이 배제된 경우에는 범과 표범의 서식과 활동의 공간으로 빠르게 바뀌었다는 점도 주목할 필요가 있다.

우수한 입지 환경에 더해 궁궐과 도성 주변에 대한 산림정책은 범과 표범의 출몰을 촉진했을 수도 있다. 즉 금송과 금장, 금산, 봉산 등의 산지 관리 정책은 산과 산이 이어진 지형에 숲을 우거지게 했고 이는 범과 표범의 은신처이자 이동 통로의 역할을 한 것으로 판단된다.

선행 연구 결과에서도 확인했듯이, 조선 시대의 범과 표범은 대표적인 악수

160) 김동진(2017). 앞의 책. pp. 24-49.

(惡獸)였으므로 포호 정책을 일관되게 시행하였다. 반면에 궁궐을 비롯해 한양 도성 내외에 범이 출몰하는 것에 대한 대처 방식은 역대 왕마다 조금씩 차이가 있었다. 이 중에서도 특히 정조는 도성과 궁궐에 출몰하는 범과 표범에 대한 실제적인 현상 파악과 현실적인 대처 방법을 강구했다는 점이 두드러진다.

이들을 종합해볼 때, 궁궐과 도성에 범과 표범의 출몰은 역설적이지만 피상적으로 언급되어온 조선 궁궐의 '친자연성' 혹은 '친환경성'을 보여주는 실증적 증거의 하나로 볼 수도 있다. 즉 궁궐에 범과 표범이 지속해서 출몰한 것은 우수한 입지 특성이 1차적으로 그 개연성을 제공했고 2차적으로는 궁궐과 도성 인근의 사산 관리 정책 등이 그 활동을 촉진한 것으로 보인다.

덧붙이는 말

아래 그림은 국보 제285호인 울주 대곡리 반구대 암각화의 3차원 스캔 형상 이미지의 일부이다. 울산광역시 울주군의 대곡천 변 큰 바위에 새긴 이 그림은 신석기 시대 후기부터 청동기 시대에 제작된 것이다. 여기에는 호랑이, 표범, 산양, 사슴, 멧돼지 등 여러 동물 모습이 생생하게 새겨져 있다. 이 그림은 지금으로부터 약 7,000~8,000년 전 것으로, 이 오랜 기간에 걸쳐 이 땅을 사람과 여러 동물이 공유해 왔다는 것을 증언하고 있다.

반구대 암각화 3D 스캔 형상이미지 중 호랑이와 표범(출처: 국립문화재연구소, 2011)

이 연구를 진행하던 2018년에 있었던 몇몇 사건들을 되돌아본다. 2018년 여름은 유난히 무덥기도 했으나 그 외에도 이해에는 기억할 만한 일들이 있었다.

산림청은 호랑이를 체계적으로 보존하고 전시하는 사업을 추진하고 있다. 이 사업의 일환으로 2018년 2월에는 국립백두대간수목원 내에 조성한 4.8ha 규모의 '호랑이 숲'에 두 마리를 방사했는데 그중 한 마리가 9일 만에 폐사한 사고가 있었다.

2018년 5월에는 지리산에 서식하던 반달가슴곰 'KM-53'이 화제가 되었다. 'K'는 한국, 'M'은 수컷을 의미하며 '53'은 태어난 순서에 따라 부여한 일련번호이다. 이 곰은 원래 2015년 10월에 지리산에 방사했었는데 2017년 6월에 90km 이상 떨어진 경상북도 김천의 수도산에서 잡혔다. 지리산으로 옮겨 다시 방사한 곰은 또 탈출했고 2017년 7월에 역시 수도산에서 잡혔다. 다시 지리산으로 옮겨 방사했는데 이 곰은 세 번째 탈출하여 수도산으로 가던 중 2018년 5월 5일 고속버스에 부딪혀 복합골절로 수술을 받았다. 이 곰은 'KM-53'이란 이름 대신 '콜럼버스 곰' 혹은 '오삼이'라는 멋진 별명을 얻었다. 콜럼버스 곰이 지리산을 벗어나 그토록 무모하게 수도산으로 가려고 한 이유는 확실하지 않다. 많은 사람이 이 곰의 도전을 지지하고 응원한다는 반응을 보였다. 2018년 12월 현재 이 곰은 수도산에서 겨울잠을 준비하고 있다고 한다.

2018년 6월에는 서울대공원에서 순수 혈통의 백두산 호랑이 4마리가 태어났다. 공원 측은 호랑이 번식에 성공한 것과 한꺼번에 4마리 새끼를 얻은 것은 큰 경사라고 했다. 그러나 앞으로 이 새끼들은 평생 우리 속에 갇혀 살아가야만 한다.

서울대공원의 호랑이와 새끼
(출처: 조선일보, 2018. 6. 9.)

2018년 7월에는 천연기념물이자 멸종위기 야생동물 1급인 산양이 서울 용마폭포공원에서 발견되었다. 환경부는 이 산양을 조사하는 과정에서 암컷 1마리를 추가로 확인하였고 용마산이 산양의 지속적인 서식지가 될 가능성이 크다고 했다. 이에 따른 추가 조사결과, 용마산에서 약 30km 이

서울 중랑구 용마폭포공원의 산양
(출처: 조선일보, 2018. 7. 23.)

상 떨어져 있는 경기도 포천에서도 산양을 발견했다. 이전까지는 우리나라에서 산양은 설악산, 비무장지대(DMZ), 경북 울진군, 강원도 양구군 등에만 서식하는 것으로 알고 있었다.

9월에는 대전 보문산에 위치한 한 동물원에서 사육하던 퓨마가 탈출했다. 당국은 인근 지역에 긴급재난문자를 발송하여 위험성을 경고하기도 했는데, 퓨마는 동물원 구역을 벗어나지도 못하고 4시간여 만에 사살되었다. 이 일로 동물원 당국은 시민들의 많은 비난을 받았다.

이러한 사건들은 이 논문에 몰두하고 있던 2018년 한 해에 있던 일이다. 앞으로 인간과 동물, 인간과 자연환경과의 관계는 어떻게 진행될 것인가? 우리가 했던 현명하지 못한 판단은 무엇이며 앞으로는 어떻게 문제를 풀어나가야 할지 많은 숙제가 남겨져 있다.

제11장

현대 라이프스타일(Lifestyle) 관점에서 본 허균(許筠)의 『한정록(閒情錄)』

들어가는 말

교산(蛟山) 허균(許筠, 1569~1618년)은 양천(陽川) 허씨 명문가 출신이다. 그의 부친은 동인(東人)의 영수였으며 경상도 관찰사를 지내기도 했다. 그러나 허균은 굴곡으로 점철된 파란만장한 삶을 살았다. 그의 생애기에 사화와 당쟁이 끊이지 않았고 7년간의 임진왜란으로 피난 생활도 했다. 허균의 연보[1]를 통해 그의 개인사를 살펴보면, 12세에 부친 별세, 20세에 스승처럼 따르던 형 하곡(荷谷) 사망, 22세에 누이 난설헌(蘭雪軒) 사망, 24세에 피난길에서 부인과 갓 난 아들 사망, 26세에 모친상, 29세에 재혼 등 아픔을 겪었다. 또 27세의 젊은 나이에 소갈증(消渴症)으로 낙산사에서 요양하기도 했다. 반면에 21세에 생원시 합격, 26세에 정시문과(庭試文科) 급제, 29세에 문과중시(文科中試)에 장원급제함으로써 학문적 성취를 이루고 입신양명(立身揚名)하기도 했다. 그의 벼슬은 병조판서에까지 오르기도 했으나 그 과정에서 선조 32년(1599년) 황해도사 파직, 선조 38년(1605년) 수안 군수 파직, 선조 40년(1607년) 삼척 부사 파직, 같은 해 공주 목사 파직 등 그의 벼슬길은 탄핵과 파직이 끊이지 않았으며 옥사와 유배 생활도 겪었다. 이러한 파란은 "부처를 섬긴다", "기생을 너무 많이 데리고 다닌다." 등 당대 사회 규범에 비추어 파격적인 허균의 언행에 기인한다. 그는 결국 반역을 모의한 괴수로 체포되어 저잣거리에서 참형됨으로써 50세에 생을 마감했다.

그에 대한 평가는 당대는 물론이거니와 오늘날에도 찬사와 비난이 교차한다. 그는 사신으로 두 차례 명나라를 다녀왔고[2] 사신을 영접하는 역할을 여러 차

1) 허경진(2013). 허균 연보. 서울: 보고사. pp. 24-61.

례 수행한 외교가이기도 하다. 이러한 과정에서 누이인 난설헌의 시를 중국에 소개했으며 자신 역시 중국에까지 문명을 떨친 문장가이자 비평가였다.

한편으로 그는 '재승박덕'하고 '경박한 사람'이라고 백안시되기도 했는데, 『실록』에는 "행실도 수치도 없는 사람이다. 오직 문장의 재주가 있어 세상에 용납되었는데 식자들은 더불어 한 조정에 서는 것을 부끄러워하였다."[3]라고도 했다. 허균 스스로 『한정록』 '서(序)'에, "… 경박하고 거침이 없는 행동에 당세 권세가에게 미움을 받는 바 되어 …."[4]라고 기술했듯이 자신에 대한 세간의 평가를 잘 알고 있었고 이를 감내하고 있었다.

후대의 평가도 자유로운 의식과 자유분방한 성품을 지닌 '선각자', 백성의 편에 선 '혁명가', 조선 실학의 '선구자'라고 칭송되기도 하며 한편으로는 시대의 '이단아', 경박한 '정략가', 기생과의 추문 등으로 인해 여색을 탐한 자[5]라고 폄하되기도 한다. 이렇듯 그의 일생은 현실과 이상의 갈등 등 '시대와의 불화'[6]로 일관했다. 허균은 이와 같이 고단한 삶을 독서로 달랬고 그 내용을 초록하면서 책과 함께 살았다.[7]

허균의 삶은 오늘날의 관점으로 본다 해도 고난과 갈등 등 스트레스(stress)의 연속이었을 것이다. 그는 『한정록』의 일관된 주제인 '한거(閑居)', 즉 '한가로운 삶'을 갈망했으나 실제로는 그 꿈을 이루지 못했다. 본 연구는 허균이 추구한 '한가로운 삶'이라는 라이프스타일(lifestyle)은 어떤 것인가에 주목한다.

미래창조과학부 산하의 미래준비위원회와 카이스트(KAIST) 등은 현재 우리 사회의 주요 이슈(issue)들이 10년 후에는 어떤 중요성과 의미로 전개될 것인지를 분석한 바 있다.[8] 4차 산업혁명 시대를 대비하는 일환으로 진행된 이 연구에서는 빅 데이터(big data) 분석을 통해 '삶의 질을 중시하는 라이프스타일'을

2) 신병주(2002). 허균의 삶과 사상. 문헌과 해석. Vol. 19: 118-133.

3) 『선조실록』. 선조 32년(1599년) 5월 25일 기사(한국고전 종합 DB).

4) 『한정록』. '서(序)'(한국고전 종합 DB).

5) 손문호(2002). 허균의 정치사상 연구. 사회과학연구. Vol. 15: 35-50.

6) 허균은 촉망받는 유학자로서 입신양명을 이루기도 했다. 한편으로 그는 불교와 도학에 심취했고 그런 이유로 배척받았다. 그의 생애는 한마디로 '시대와의 불화'라고 요약할 수 있다.

7) 엄경섭(2015). 『閑情錄』을 통해 본 허균의 독서 경향. 동남어문논집. 제40집: 155-179.

8) 미래창조과학부 미래준비위원회 · KISTEP · KAIST(2017). 10년 후 대한민국, 4차 산업혁명 시대의 생산과 소비. 고양: 도서출판 지식공감.

비롯해 18개 이슈를 도출하였다. 주목되는 점은, '삶의 질을 중시하는 라이프스타일'이라는 이슈는 그 자체로서는 중요성과 영향력이 상대적으로 낮으나 여타의 이슈들과 연관 관계가 가장 많은 이른바 '마당발 이슈'라는 것이다.[9]

본고에서는 현대 라이프스타일 관점에서 허균이 『한정록』을 통해 추구한 삶의 방식과 태도를 살펴보고자 한다. 또 이러한 삶의 방식과 태도가 현대 라이프스타일에 제시하는 시사점을 모색하는 것이다.

선행 연구

허균과 관련한 선행 연구는 그의 문학관, 시문을 비롯한 저작물, 비평가로서 허균의 풍격 비평 등을 비롯해 정치사상, 도교 사상 등 여러 관점에서 연구가 이루어졌다. 허균의 문학관에 대해서는 그의 생애와 사상이 문학관에 미친 영향 혹은 이 연관성이 구체적으로 표현된 양상 등에 주목한 연구가 있다.[10] 이에 주목한 연구자들은 대부분 『홍길동전』을 중심으로 허균의 사회변혁에 관한 관심에 집중하여 왔고 시문학이나 비평을 중심으로 한 연구는 상대적으로 적다.[11]

개혁과 혁명을 주제로 한 『홍길동전』은 허균 문학의 핵심으로 간주되어 왔다. 『홍길동전』의 주제를 고찰한 연구를 통해 허균은 위대한 사상가였다기보다 이율배반적이고 야누스적 인성의 소유자였다고 한다.[12] 이에 의하면, 허균은 파직되어 물러나 있어도 현세적 권력의 욕망을 버리지 못했던 인물이었다고도 한다.

허균은 풍격 용어를 사용하여 선대의 작가와 시를 비평한 『성수시화(惺叟詩話)』를 저술한 바 있다. 여기서 사용한 청경(淸勁), 청절(淸切), 청초(淸楚), 청월(淸越) 등 '청(淸)' 계열 풍격 용어를 고찰한 결과 허균은 시 속에 드러난 작가의 기상과 시에 담긴 의경(意境)을 중시하였다고 한다.[13] 본 연구와 관련성

9) '마당발 이슈'의 시사점은 사회적 영향력이 넓기 때문에 이슈의 대응에서도 관련 이슈와 함께 포괄적인 접근이 필요하다는 것이다(미래창조과학부 등, 2017. 앞의 책. pp. 213-223).

10) 이월령(1994). 허균의 몽기류 연구. 국어 문학. Vol 29: 49-72; 정숙인(2006). 성수시화에 나타난 허균의 풍격 비평. 우리 문학연구. Vol 19: 261-284.

11) 윤재환(2016). 『惺叟詩話』 속 風格 用語를 통해 본 許筠의 '淸' 系列 風格 연구. 동양고전연구. Vol 63: 9-40.

12) 김용범(1983). 허균 연구(1). 국어국문학. Vol 89: 137-155.

이 있는 풍격 용어로 '한(閑)'을 들 수 있는데 이와 관련된 평어로는 한담(閑澹), 한아(閑雅), 한원(閑遠) 등이 있다.

한국사상사 분야의 연구에서는 허균의 학문과 사상에 있어서 가장 주목되는 점으로 '박학'과 '개방성'을 든다.[14] 허균은 성리학뿐만 아니라 불교와 도교에도 능통했으며 서학에까지 두루 관심이 깊었다. 이로 인해 당시의 사회 모순을 과감히 지적할 수 있었다고 한다.

허균의 도교 사상에 관한 연구도 있는데, 『남궁선생전』, 『장생전』 등 허균이 저술한 전(傳)을 통해 도교 사상에 관한 허균의 인식 태도와 당대 도교 사상의 흐름을 살펴보았다.[15] 이 연구에서 허균이 도교 사상에 심취할 수 있었던 이유는 단순히 현실에서의 좌절만이 아니라 당대의 큰 흐름 속에서 이해하여야 한다고 했다. 이 밖에도 허균의 '동천복지(洞天福地)'에 대한 의식이 조선 후기에 미친 영향과 도교 문화사적 의미를 살펴본 연구도 있다.[16]

허균의 주요 저술에 있어서 현실의 고난과 아픔이 중요한 계기로 작동했으며 '치유로서의 글쓰기'는 허균 문학의 출발점으로 논의될 수 있다고 한다.[17] 이 연구에 의하면, 시문 전반을 비롯해 한국문학에서 도선적 경향을 중요한 흐름으로 드러낸 인물로서 허균은 선구자적 위치를 차지한다고 했다.

본고의 제재인 『한정록』은 허균의 순수한 창작물이 아니라 여러 서적의 내용을 선별하여 편집한 유서(類書)류 저작이다.[18] 따라서 이를 통해 허균의 문학적 가치를 읽어내는 데는 한계가 있기 때문에 『한정록』은 학계에 큰 주목을 받지 못했다.[19] 따라서 『한정록』은 문학, 농학, 서지학 그리고 도가사상 등 여러 관점에서의 연구가 있으나 『홍길동전』 등 다른 저작에 관한 연구에 비해 성과물의 양은 많지 않은 편이다.

---

13) 윤재환(2016). 앞의 글. pp. 9-40.

14) 신병주(2002). 앞의 글. pp. 118-133.

15) 박영호(1990). 전을 통해 본 허균의 도교 사상. 도교 문화연구. 제4집: 133-166.

16) 정민(2000). 허균의 『동국 명산동천 주해기』와 도교 문화사적 의미. 도교 문화연구. 제14집: 37-70.

17) 김풍기(2014). 전란의 상처와 치유로서의 글쓰기. 문학 교육학. 제43호: 9-33.

18) 유서(類書)의 첫 번째 부류는 각종 자료를 편집한 일반적 유서이고 두 번째 부류는 한 분야의 내용만을 전문적으로 편집한 부류이다. 이 중 『한정록』은 두 번째 부류에 속한다. 김은슬(2009). 『閑情錄』 現傳本에 나타난 문헌의 인용 방식과 그 체계. 서지학보. 제33호. p. 57.

19) 엄경섭(2015). 앞의 글. pp. 155-179; 박영호(1991). 『閑情錄』 연구. 도교 문화연구 제5호: 237-255.

농학 분야의 연구는 주로 『한정록』 중 「치농(治農)」 편을 대상으로 여기에 서술된 작물의 종류, 재배기술과 가치, 농업경영 사상 등을 고찰했다.[20] 이 밖에도 『한정록』 중 「병화사(甁花史)」를 대상으로 조선 시대 화예(花藝)와 병화(甁花)의 예술적 가치와 의미를 살펴본 연구도 있다.[21]

『한정록』 전반에 관한 본격적인 연구는 한국문학 분야의 김석하 연구에서 비롯되었다.[22] 이 연구는 '한국 문학사에서 낙원사상(樂園思想)'이라는 흐름 속에서 『한정록』을 고찰하였다. 이에 의하면 허균이 추구한 은일 사상은 종교적 피안이나 선계가 아닌 현실 세계에서의 인간 중심 은일 사상이었으며, 그는 불교와 도가를 섭렵함으로써 사상적 영향은 받았으나 뿌리 깊은 유교적 소양으로 인해 현세중시적 관념의 범주를 넘지 않았다고 했다.

『한정록』을 통해 허균의 독서 경향과 사유방식, 도교 사상을 살펴본 연구도 있다.[23] 이에 의하면 『한정록』의 편찬 동기는 한거(閑居)하는 방법과 이상적인 처세방식의 준거를 마련하기 위한 것이라고 했다. 또 『한정록』은 도가적 삶의 원리와 유가적 실천적 규범을 아우르고 있으며, '유(儒)'와 '도(道)'를 대립항이 아닌 상보항으로 조화시키려 한 허균의 의도가 돋보인다고 했다.

한영규에 의하면 『한정록』은 사람이 삶을 영위하면서 고심하기 마련인 '바쁨'과 '한가함'에 대해 정면으로 문제 삼았고 그 나름의 해결책을 제시했다는 의미가 있으며, 이 문제는 우리에게도 여전히 유효하다고 했다.[24] 따라서 『한정록』은 약재 창고와 같아 이 책의 한 조목은 하나의 양약(良藥)과 같고 그 약재는 300년이 지난 지금도 의미가 있다고 한다.

이 외에도 조선 후기 소품문을 관류하고 있는 '아취(雅趣)'와 '양생(養生)'에 주목한 연구도 있는데,[25] 이 연구에서는 『한정록』 역시 전체적인 흐름은 결국 '아취'와 '양생'으로 귀착될 수 있으며 접화(接花)와 예목(藝木), 명산 탐방도

20) 김영진(1986). 『한정록』을 통하여 본 허균의 농업경영 사상. 농촌경제, Vol. 9(2): 105-115; 김용섭(1986). 『한정록』의 농업론. 동방학지. Vol. 52: 19-39.

21) 김혜자(2010). 「병화사」를 통해 본 화예적 의미. 한국 화예 디자인학 연구. Vol 23: 69-91.

22) 김석하(1973). 허균의 한정록 연구(김석하, "한국문학의 낙원사상 연구"). 서울: 일신사. pp. 152-170.

23) 박영호(1991). 앞의 글. pp. 237-255.

24) 한영규(2002). '한적'의 선망과 『한정록』. 문헌과 해석. Vol. 19: 165-176.

25) 김성진(2010). 조선 후기 소품문과 양생. 동양 한문학연구. 제30집: 203-233.

단순한 기호가 아닌 일종의 양생법이라고 했다.

『한정록』을 통해 허균의 독서 경향과 그가 지향했던 삶과 사유방식을 밝힌 연구도 있다.[26] 이에 의하면, 벼슬을 버리고 자연으로 돌아가고자 했으나 이를 이루지 못한 허균의 모순적 생애가 『한정록』에 담겼다고 했다. 또 허균은 독서를 하며 『한정록』의 구성을 다듬고 초록하면서 자신의 고단한 삶을 치유하고자 했다고 한다.

서지학 분야의 연구에서는, 17종의 『한정록』 현전본을 대상으로 인용 방식, 인용 문헌과 체계를 비교한 연구도 있다.[27] 이 연구에서 현전본이 17종이나 전해진다는 것은 당대부터 후대에 이르기까지 『한정록』이 유행하였음을 반증한다고 했다.

선행 연구 검토 결과, 『한정록』은 저술의 특수성으로 인해 연구 성과가 상대적으로 적은 편이다. 특히 '한가로운 삶'의 방식과 태도를 주제로 한 『한정록』에 대해 조경사 관점에서의 연구 성과는 없었다.

현대 라이프스타일 개관

라이프스타일은 개인이나 집단 등 사회구성원이 시대 상황에 대응하며 형성되는 사회현상이자 문화 현상이다. 이 현상은 '스타일(style)'이란 단어가 의미하듯이 지속성과 안정성을 유지하는 특성이 있다. 라이프스타일에 대한 개념 정의는 학문 분야 간 차이가 있지만, 특정 사회, 특정 집단 혹은 개인이 지니고 있는 독특한 생활양식이라는 점을 토대로 한다.[28] 라이프스타일은 관심 분야, 태도 및 가치관 등에 의해서 구체화되고 차별화되며 이를 통해 생활문화의 제 요소들을 드러내거나 이 요소들을 변화시키기도 한다.[29]

---

26) 엄경섭(2015). 앞의 글. pp. 155-179.

27) 김은슬(2009). 앞의 글. pp. 55-88.

28) 김미리 · 박옥련(2011). 라이프스타일의 유형별 스타마케팅의 관심도 및 헤어 행동. 한국 인체 미용 예술학회지. 12(1): 167-179.

29) 정순희 · 김현정(2002). 라이프스타일 연구에 관한 이론적 고찰. 소비문화연구. 제5권 2호: 107-128.

이러한 라이프스타일은 유기체적인 속성도 갖는데, 새롭게 생성되어 붐을 일으키며 확산되는 과정을 거치며 이후에 파생되거나 변형된 스타일을 낳거나 소멸되기도 한다. 즉 라이프스타일은 구성원들이 추구하는 가치, 태도, 신념 등의 내적 요인과 사회・문화적 환경, 시간적 추이 등 외적 요인에 따라 변화하는 유동성을 갖는다. 현대 라이프스타일의 주요 트렌드(trend)를 살펴보면 다음과 같다.

웰빙(well-being)

우리나라에서는 2002년 말부터 '웰빙'이라는 개념이 언급되기 시작했다.[30] 웰빙 열풍의 핵심은 '건강'이며 현대사회의 여러 병폐에 대응하여 '심신의 조화'를 이루며 건강한 삶을 추구하는 라이프스타일이다. 라이프스타일로서의 웰빙은 건강으로 삶의 질을 높일 수 있는 모든 활동을 뜻하기도 하며,[31] 특히 우리나라에서의 웰빙 문화는 명상이나 건강식품 등이 중요하게 부각되고 있듯이 개인의 건강에 초점을 두고 있다.[32]

21세기에 들어 웰빙이 화두로 등장하고 현대인의 일상생활과 소비문화에 변화를 가져오는 등 주목을 받고 있으나 사실 이 '잘 먹고 잘사는' 것은 인간의 원초적 욕망 중 하나이다. 즉 '건강한 삶'의 추구는 시대와 지역, 인종과 남녀노소를 초월한 인류 공통의 관심사로 늘 존재해 왔다. 따라서 현대에 두드러지게 부각된 웰빙 열풍은 '서구 물질문명에 대한 반발'에서 출발한 것이므로 상당 부분 동양전통문화의 특성을 지니고 있으며 그 개념과 실천방법 등에 있어서 중국 위진 남북조 시대 이후 이어진 도교 문화 속의 '양생'과 유사한 점이 있다고도 한다.[33]

'건강한 삶의 추구'는 근본적으로 개인주의 혹은 자기중심적인 속성을 갖는다. 이러한 이유로 인해 우리나라에서의 웰빙 열풍은 일부 부정적인 양상을 나

30) 전명수(2007). 한국 '웰빙' 문화에 나타난 뉴에이지 운동의 전일주의에 관한 일 고찰. 담론 201. 10(2). p. 8.

31) 박광희(2011). 웰빙 라이프스타일, 웰빙 태도, 삶의 만족 및 인구통계학적 특성 간 관계. 대한가정학회지. 49(7). p. 41.

32) 전명수(2007). 앞의 글. p. 5.

33) 김용표(2010). 소동파의 양생 수련을 통해 본 '웰빙' 정신. 중국학보 제62집: 3-34.

타내기도 했다. 즉 '건강한 삶'을 표방한 웰빙 문화의 실상은 단지 이윤 추구를 위한 상업성을 위장하기 위한 수단으로 사용되기도 했다. 이런 현상에 대해 '돈'이 될 만한 것에 '웰빙'이라는 단어를 사용함으로써 부유층의 의식주와 여가생활에 '웰빙'의 탈을 쓴 고급 브랜드 사용 등으로 타인과의 차별성 부각 혹은 신분과시의 수단으로 이용하는 등 소비구조가 왜곡되고 사회계층 간 위화감을 조성했다고도 한다.[34] 웰빙 열풍 이후 웰에이징(well-aging), 웰다잉(well-dying), 웰니스(wellness; well-being+fitness), 사회적 웰빙(social well-being), 로하스(LOHAS) 등과 같은 파생 개념이 등장하기도 했다.[35]

로하스(LOHAS, lifestyles of health and sustainability)

로하스는 단어가 의미하는 그대로 '건강과 지속가능성'을 함께 고려하는 라이프스타일이다. 로하스 개념은 공동체의 더 나은 삶을 위해 소비생활을 건강하고 친환경 중심으로 전개하자는 생활양식이다.[36] 로하스가 미국에서 소비 트렌드로 형성된 것은 1980대부터이며 미국의 내추럴마케팅연구소(Natural Marketing Institute)는 1999년부터 건강과 웰니스(wellness) 관련 산업과 상품에 대한 소비자 태도와 동향 등에 대한 데이터베이스(data base)를 축적하고 있다.[37]

'로하스'는 건강한 삶을 추구한다는 점은 '웰빙'과 같지만, 차별성은 '지속가능성(sustainability)'에 있다. 웰빙은 개인주의적이고 자기중심적인 데 반해 로하스는 공동체와 환경, 사회정의 등과 함께 후대까지를 고려하는 지속 가능한 삶을 지향한다는 의미가 있다.

느리게 살기 운동(slow movement)

빠른 변화와 성장 위주의 현대 산업사회가 초래한 폐해가 사회적 이슈로 등

34) 김용표(2010). 앞의 글. p. 8.

35) 양홍식(2013). 행복으로 가는 힐링(healing). 윤리문화연구. 제9호. p. 120.

36) 명계수 · 서진희(2010). 로하스 사회에서 유기농 과자 패키지의 발전 방향에 관한 연구. 브랜드 디자인학연구. 8(3): 142-152.

37) Natural Marketing Institute homepage(http://www.nmisolutions.com).

장함에 따라 빠르게 사는 삶에서 벗어나 느림의 가치 실현을 통해 여유롭고 건강한 삶을 추구하는 슬로(slow) 문화 현상이 등장하였다.[38] 슬로시티(slow city)[39]를 의미하는 '치타슬로(cittaslow)' 운동은 1999년에 이탈리아 토스카나 지방의 소도시인 그레베 인 키안티(Greve in Chianti)의 전 시장 파올로 사투르니니(Paolo Saturnini)의 제안으로 시작되었다.[40] 여기에 동조한 몇몇 소도시 시장들은 시민의 삶을 개선하기 위해 지역 음식과 상품, 공예품, 특징적인 장소와 경관, 자연 발생적인 종교행사 등 전통과 문화를 존중하며 '느리고(slow) 차분한(quiet) 생활'의 가치를 재인식하게 되었다. 이 운동에서 '느림(slow)'은 단순히 '빠름(fast)'의 반대말이 아니라 지속 가능한(sustainable), 생태적(ecological), 지역적(local), 심미적(aesthetic) 등의 의미를 내포한다.[41] 슬로 푸드(slow food)로부터 시작된 이 운동은 슬로 관광, 슬로 스쿨, 슬로 북, 슬로 머니, 슬로 리빙 등 삶의 전방위적 영역으로 확대되고 있다.[42]

힐링(healing)

복잡한 사회 관계망 속에서 살아가는 현대인은 소외와 단절로 인해 상처받는 경우가 많다. 또 끝없는 경쟁 과정에서 성취감보다 좌절감과 상실감, 우울증에 빠지기 쉽다. 이러한 병폐는 현대인에게 스트레스로 작용하며 이로 인해 각종 병리 현상을 초래한다. 많은 현대인은 몸과 마음의 병을 앓는다. 특히 마음의 병은 병명, 원인과 증상, 진단과 처치 방법이 모호한 경우가 많다. 따라서 일반인까지 우울증, 강박증, 불안장애, 공황장애 혹은 번아웃 증후군(burnout syndrome) 등이 더 이상 생소한 용어가 아니다.

---

38) 최화열 · 박연옥 · 윤병국(2015). 슬로우 투어리즘에 대한 탐색적 연구. 관광연구저널. 29(2). p. 174.

39) 우리나라에서도 슬로시티 운동이 활발한데, '치타슬로(Cittaslow) 국제연맹'으로부터 슬로시티로 인증받은 우리나라 도시는 청송군 파천면, 담양군 창평면, 하동군 악양면, 제천시 수산면과 박달재, 전주시 전주한옥마을, 남양주시 조안면, 상주시 함창읍 공검면과 이안면, 신안군 증도, 태안군 소원면, 완도군 청산도, 영월군 김삿갓면, 영양군 석보면, 예산군 대흥면과 응봉면이다. 또 2017년 11월 2일 전주에서 '세계 슬로니스 포럼 및 어워즈(World Slowness Forum and Slowness Awards 2017)' 행사가 열렸다.

40) Cittaslow International Headquarter(http://www.cittaslow.org).

41) 양홍식(2013). 앞의 글. p. 105.

42) 김영국(2010). 생활 속 느림의 미학 슬로시티, 도심형 올레를 통한 여성성의 구현. 젠더리뷰. 2010 가을호. p. 24.

오늘날 "한국은 스트레스 공화국"[43]이라고도 한다. 특히 유교 문화적 전통으로 인해 한국의 가정과 사회에서는 감정을 억제하고 '참는 것이 미덕'[44]이라는 관념이 일반적이었다. 그러나 상황이 변화된 오늘날에는 과중한 억압이 분노로 표출되는 울화(鬱火, anger syndrome)로 인한 사건과 사고가 사회문제로 대두되기도 한다. 울화병(鬱火病), 즉 '화병(火病, Hwabyung)'은 1995년에 한국 특유의 문화 관련 증후군을 지칭하는 국제표준어로 미국정신의학회(American Psychological Association)에 등록되기도 했다.[45]

이렇듯 현대인이 겪는 몸과 마음의 병에 대한 대응으로 힐링이 대두되었다. 힐링은 신체의 건강과 함께 마음의 위안과 치유를 포함하는 개념이다.[46] 힐링에 열광하는 현상을 면밀히 살펴보면 몸의 질병에 대한 치료로서의 힐링보다 상처받은 마음, 즉 내면의 치유를 원하고 있다.[47] 힐링 역시 마케팅에 의해 힐링 캠프, 힐링 투어, 힐링 카페, 힐링 뮤직, 힐링 요가, 힐링 댄스, 힐링 명상, 힐링 푸드, 힐링 마사지 등 관련 상품과 시장이 넘쳐난다.[48] 이러한 힐링 열풍으로 조경 분야에서도 '치유환경, 치유경관, 치유정원' 등이 학문적 관심 사항으로 부상하였고 관련 연구가 있었다.[49] 또 조경정책과 산업 분야에서도 공동주택단지에 치유 조경계획 도입을 위한 연구도 있다.[50]

이상과 같이 간략하나마 현대의 라이프스타일[51]을 살펴보았다. '웰빙', '로하

---

43) 조선일보(2017. 8. 17). C2면.

44) "귀머거리 삼 년, 벙어리 삼 년, 봉사 삼 년", "참을 인(忍)자 셋이면 살인도 피한다." 등의 속담.

45) 김영태(2017. 5. 28). Hwabyung(火病). Economic Review. (http://www.econovill.com/news/articleView.html?idxno=315410).

46) 양홍식(2013). 앞의 글. p. 92.

47) 진성수(2013). 동양철학의 생명관과 힐링 콘텐츠. 동양 철학연구. Vol. 75. p. 10.

48) 진성수(2013). 앞의 글. p. 10.

49) 민병욱(2013). 치유정원의 개념을 적용한 병원 옥외공간 조경설계. 한국조경학회지. 41(1): 82-92; 강혜은・이연숙(2004). 치료정원 관점에서 본 친환경 아파트의 조경실태. 한국생태건축학회. 4(2): 57-65; 김세영・주희정・심흥선・안득수(2008). 노인 요양병원 치료정원 조성을 위한 기초조사. 한국산림휴양학회지 12(1): 11-20; 안득수・정나라・최영은(2006). 정신병원 치료정원 조성 기본계획. 한국산림휴양학회지 10(3): 9-19; 김무한(2017). 건강환경 조성을 위한 주의회복이론 관점의 치유환경 고찰. 한국조경학회지. 45(1): 94-104.

50) 이은엽・강명수・윤은주(2015). 공동주택단지의 치유 조경계획 가이드라인 연구. 한국토지주택공사 토지주택연구원 보고서.

51) 이 밖에도 오늘날 여러 가지 삶의 방식과 태도가 회자되고 있다. 혼자 하는 식사 혹은 음주, 여행 등을 즐기는 '혼' 문화를 비롯해 '욜로(YOLO, you only live once)'도 있다. 또 욜로와 관련하여 적게 소유하는 삶을 추구함으로써 생긴 여유 시간과 공간, 돈을 하고 싶은 일이나 여행, 취미 등에 집중하는 미니멀 라이프(minimal life)도

스', '슬로', '힐링' 등 용어에서 보듯이 이들은 모두 서구로부터 전래된 것이다. 웰빙 열풍에서는 즉물적이며 개인적이고 이기적인 경향이 두드러지기도 했다. 이로 인해 소비문화가 왜곡되거나 계층 간 위화감 등 부작용도 있었다. 로하스는 현대 소비문화에 대한 반성이라는 면에서 중요한 의미가 있으나 그 기저는 여전히 소비 트렌드와 마케팅(marketing)이 주도하는 라이프스타일이다. 느리게 살기 운동은 삶의 가치와 철학, 아름다움과 전통에 대한 성찰 등 비물질적 측면까지 고려하는 차별성이 있으나, 개인이 주체가 되기보다 커뮤니티(community)가 주도하는 조직과 활동을 토대로 한다. 힐링에서는 현대의 개개인은 치유가 필요한 존재일 뿐이며 자신을 치유해 줄 무엇인가를 갈구한다. 즉 힐링 캠프, 힐링 투어, 힐링 뮤직 등 외적 수단과 환경에 의존적이다.

현대 라이프스타일은 모두 상업성과 결부되기 쉽다는 약점도 있다. 조선일보사는 2017년 10월 26일부터 29일까지 국내외 라이프스타일의 최신 트렌드를 확인하고, 새로운 방향을 제시하는 '2017 조선일보 라이프 쇼'를 주최하였다.[52] '당신의 삶을 디자인하라(Design Your Life)'라는 주제로 열린 이 행사에는 유통, 인테리어, 관광 분야 기업이 참가하며 관련 콘텐츠를 전시했다. 전시 내용은, 단순·간결한 최적의 생활을 제시하는 미니멀리즘인 '단(單)', 휴식을 통해 재충전하는 '휴(休)', 삶과 공간을 품격 있게 업그레이드하는 '격(格)' 등 3대 주제 전시관이 운영되었다. 여기에는 신세계인터내셔날, CJ제일제당, LG하우시스, 코웨이, 롯데마트, 하이마트, 롯데홈쇼핑, 롯데 명품식품관 등 굴지의 기업이 참가하였고,[53] 국내에 처음 소개되는 상품으로 현대리바트는 미국의 명품 가구, SPC그룹 배스킨라빈스는 고급 커피 브랜드, 롯데하이마트는 힐링 가전, BMW 모토라드는 모터사이클, 젠코리아는 기능성 도자기, 텐마인즈는 안마용품 등을 홍보했다.[54] "현대의 물질적 풍요가 사람들을 행복하게 하는

있다. 또 스마트폰 등 디지털 기기에 과도하게 의존함으로써 유발된 부작용에 대한 대응으로 디지털 디톡스(digital detox), 디지털 다이어트(digital diet), 언플러깅(unplugging)도 새로운 트렌드로 등장하고 있다(진성수, 2013. 앞의 글. p. 20). 그러나 이러한 현상들은 특정 지역 혹은 특정 세대에 국한되며 주류를 이루는 라이프스타일로 자리매김하는 데 한계가 있다.

52) 조선일보(2017. 8. 17). B1 면.

53) '조선일보 라이프 쇼' 홈페이지(https://www.chosunlifeshow.com).

54) 조선일보(2017. 10. 25). B2면.

가?"는 진부한 화두이지만, 이 연장선에서 이러한 명품과 풍족한 소비생활이 현대의 라이프스타일을 대변할 수 있느냐는 의문은 여전히 남는다. 이러한 점이 우리 고유문화와 사상을 바탕으로 현대의 라이프스타일을 다시 조망해 보는 이유이다.

『한정록』의 편제와 내용

『한정록』은 허균이 중국 명대(明代)에 유행한 서적들에서 발췌하고 인용하여 편찬한 유서류의 저작이다. 이 책의 전체를 일관하는 주제는 '한거'와 관련된 인물과 일화이다. 이러한 점은 유교 이외의 것을 이단으로 금기시했던 당대의 사회적 분위기에 비추어 볼 때 특별한 관심을 끌게 한다.[55)]

허균 스스로 『한정록』 '범례(凡例)'에, "… 취미가 같은 벗들과 그것을 함께 보며 모두 참 좋다고 하였다."[56)]라고 했듯이 이 책에 공감하는 이들이 많았다. 또 전술한 바와 같이 역모의 우두머리로 처형된 허균의 『한정록』을 소장하거나 필사하는 것이 위험한 일이었음에도 불구하고 17종에 이르는 현전본이 존재한다는 것은 당대는 물론 후대에도 이 저술의 가치를 인정하는 사람이 많았다는 것을 방증하고 있다.[57)]

실제로 『한정록』은 조선 후기 소품문 작가들을 비롯해 여러 저술에도 영향을 미쳤는데, 유박(1730~1787년)의 『화암수록(花庵隨錄)』, 이덕무(1741~1793년)의 「윤회매십전(輪回梅十箋)」, 이옥(1760~1815)의 『백운필(白雲筆)』 등의 모태가 되었다.[58)] 특히 「치농」 편은 후대에 보다 강조되고 확대되어 홍만선(1643~1715)의 『산림경제(山林經濟)』, 서유구(1764~1845)의 『임원십육지(林園十六志)』로 이어졌다는 점에서 『한정록』은 조선 시대 지식인들의 생활백과사전서의 시원으

55) 박영호(1991). 앞의 글. p. 246.

56) 『한정록』. 권수 '범례'(한국고전 종합 DB).

57) 김은슬(2009). 앞의 글. p. 78.

58) 한영규(2002). 앞의 글; 한영규(2008). 소품문 글쓰기와 임원경제. 한문학보. Vol. 18: 908-931; 김혜자(2010). 앞의 글. p. 73; 김성진(2010). 앞의 글. pp. 223-226.

로서 의미가 있다.59) 이러한 맥락에서 『한정록』은 우리나라 전통 조경의 사상적 배경이 되는 저작물 중 하나로서의 의의가 있다.

『한정록』의 '서'와 '범례'에 의하면, 이 책의 편찬은 허균 42세(광해군 2년, 1610년)에 파직되어 있을 때 시작했다. 이 당시에는 명(明)나라 사신인 주지번(朱之蕃)에게서 받은 『서일전(棲逸傳)』, 『옥호빙(玉壺氷)』, 『와유록(臥遊錄)』 등 3종의 서적을 토대로 '은일', '한적', '퇴휴', '청사' 등 4문(門)으로 유집(類集)하였다. 후에 허균은 46세(광해군 6년, 1614년), 47세(광해군 7년, 1615년) 때 2차례에 걸쳐 북경에 사신으로 간 기회에 4,000권이 넘는 서적을 구입해 왔다. 이후 50세가 되던 해(광해군 10년, 1618년) 3월에 고발로 죄인이 된 상태에서 '은일'을 '은둔'과 '고일'로 나누고 '청사'는 '유흥', '아치'를 비롯해 '섭생'에 이르는 12문으로 세분하여 총 16문으로 재구성하였다. 여기에 제17권 병화사(甁花史), 제18권 상정(觴政), 제19권 서헌(書憲), 제20권 서화금탕(書畫金湯)을 부록으로 추가했다. 이를 완성한 해 8월에 허균은 역모죄로 삭탈관직 되고 처형되었다. 총 20권으로 구성된 『한정록』의 내용은 다음의 표와 같다.

『한정록』의 구성과 내용

초간본 문(門)	완성본 문(門)	내 용
1. 은일(隱逸)	1. 은둔(隱遁)	한거(閑居), 즉 숨어 사는 즐거움
	2. 고일(高逸)	모범이 되는 품행을 지닌 고상한 사람
2. 한적(閒適)	3. 한적(閒適)	자적하는 삶을 산 인물
3. 퇴휴(退休)	4. 퇴휴(退休)	벼슬에서 명예롭게 물러나 한가하게 살다 간 사람들
4. 청사(淸事)	5. 유흥(遊興)	산천의 승경을 구경하며 휴식을 취한 옛사람들
	6. 아치(雅致)	한가함을 즐긴 옛사람들의 아치 있는 행적
4. 청사(淸事)	7. 숭검(崇儉)	과욕을 물리치고 절조를 숭상했던 인물
	8. 임탄(任誕)	세속을 초월하여 법도 없는 생활을 한 이들의 풍류와 아치 어린 언행
	9. 광회(曠懷)	부귀영화를 탐하지 않고 순리를 추구한 인물
	10. 유사(幽事)	산림에서 유유자적하며 욕심 없이 깨끗한 마음
	11. 명훈(名訓)	고인의 말이나 시구에서 훈계가 될 만한 것
	12. 정업(靜業)	독서의 효용, 독서 방법, 독서의 즐거움 등
	13. 현상(玄賞)	시문(詩文), 서화(書畫), 금(琴), 기(棋), 도가의 양생법인 복

59) 한영규(2002). 앞의 글. p. 176.

초간본 문(門)	완성본 문(門)	내 용
		식(服食) 등 주로 옛사람들의 취미 생활
	14. 청공(淸供)	산거(山居)에 필요한 공구와 용도
	15. 섭생(攝生)	장수에 필요한 섭생법
	16. 치농(治農)	한거자(閒居者)가 해야 하는 농업과 그 기술
	17. 병화사(甁花史)	화병에 꽃을 꽂는 방법
	18. 상정(觴政)	음주할 때의 규칙
	19. 서헌(書憲)	서적을 수장하거나 이용할 때의 법
	20. 서화금탕(書畫金湯)	서화에 대한 금언

『한정록』은 저술 방식에 따라 셋으로 구분되는데 제1권 「은둔」에서 제15권 「섭생」까지는 중국 서적을 분문 채록한 것이다. 제16권 「치농」 편은 중국의 농서와 자신의 견문을 바탕으로 직접 저술하였고, 제17권에서 제20권까지는 부록으로 원굉도(袁宏道, 1568~1610년) 등의 저술을 그대로 옮겨놓은 것이다. 본고에서의 고찰 범위는 '한가로운 삶'이라는 연구 주제에 따라 제1권 「은둔」으로부터 제16권 「치농」까지로 한정하였다.

김석하의 연구에서는, 『한정록』 초본의 구성인 '은일', '한적', '퇴휴', 청사의 4 분문(分門)을 기준으로 허균의 은일 사상을 고찰한 바 있다.[60] 즉 '은일', '한적', '퇴휴'의 3 분문 이외에 유흥, 아치, 숭검, 임탄, 광회, 유사, 명훈, 정업, 현상, 청공, 섭생, 치농은 모두 한적(閒適)을 심탐(心耽)하는 은자(隱者)와 일사(逸士)의 '청사'로 간주하여 한 묶음으로 보았다. 또 '청사'에 속한 12 문(門)은 그 내용에서도, 유흥과 아치, 임탄과 광회, 숭검과 명훈, 정업과 현상 및 청공 등은 각기 그 내용을 명확히 구분하기 어렵다고 했다.

박영호의 연구에서는, 『한정록』이 추구한 삶의 행동 방식은 '한적', '고일', '은둔'이며, 자신이 처한 상황 속에서 자연스레 선택하게 된다고 했다.[61] 여기에 '임탄'은 '은둔'의 하위개념의 표현방식이고 '퇴휴'는 '고일'의 구체적인 경우라고 했다. 이 세 가지 행동 방식을 실현하기 위한 행동원리로 정신적인 수행방법과 실천적 수행방법으로 구분하였다. 정신적 수행방법에는 '현상', '유

60) 김석하(1973). 앞의 글. pp. 152-170.

61) 박영호(1991). 앞의 글. pp. 237-255.

흥', '유사', '아치', '광회', '정업'이 있으며 이들은 현실의 질곡으로부터 해방, 즉 '풀어주기'의 역할을 한다고 했다. 특히 이들은 현(玄), 유(遊), 유(幽), 아(雅), 광(曠) 등의 어휘들이 암시하듯이 도가적 기풍을 위주로 한다. 실천적 수행방법으로는 '섭생', '청공', '숭검', '명훈' 등이며 이들은 자칫 풀어지기 쉬운 방만을 규제하는 '묶어주기'의 역할을 하며 '섭생'을 제외한 다른 것들은 유가적 규범을 바탕으로 한다고 했다.

따라서 본고에서는 위의 연구 방법을 토대로 『한정록』에서 추구한 삶의 행동방식 세 가지와 이를 구현하기 위한 '정신적 수행방법' 여섯 가지, '실천적 수행방법' 다섯 가지로 나누어 고찰하고자 하며 이를 도식화하면 다음 그림과 같다.

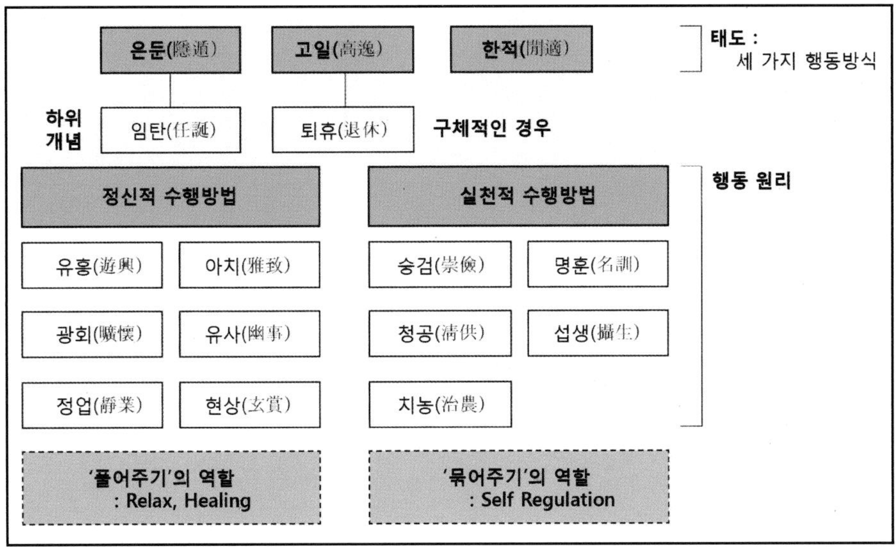

『한정록』이 지향하는 삶의 태도와 행동원리

『한정록』이 지향하는 삶의 세 방식

은둔(隱遁)

허균은 『한정록』 '범례'에서 '은둔'에 대한 설명으로, "세상을 버리고 은거(隱居)하는 것은 이름나기 위해서가 아니고, 이 몸을 오래도록 속세(俗世)를 떠나서 한거(閑居)하게 하여 그 은거의 즐거움에 이르려고 하는 것이다."[62]라고 하였다. '은둔'을 『한정록』의 첫머리에 두었으며 85칙(則)을 수록하여 다른 문(門)에 비해 가장 많은 양을 차지한다. 여기에는 과거 여러 은둔자의 행적과 더불어 벼슬의 속박을 거부하고 은둔의 의지를 드러낸 인물의 이야기가 수록되어 있다. 이 중에 제41칙과 제51칙의 내용을 살펴보면 다음과 같다.

> 곽원유(郭元瑜)는 젊어서부터 세속을 벗어난 운치가 있었다. 암혈(巖穴)에 숨어 사는데, 장천석(張天錫)이 사자(使者)를 보내 예물을 갖추어 초빙하자, 곽원유가 사자에게 날아가는 기러기를 가리키며 이렇게 말하였다. "저 새를 어떻게 가둘 수 있으랴." 『하씨어림(何氏語林)』[63]

> 양(梁)나라 도홍경(陶弘景)은 화양(華陽)에 숨어 살며 벼슬에 뜻을 두지 않았다. 고조(高祖)가 보러 갔다가 묻기를, "산중에 무엇이 있느냐?" 하고 묻자, 도홍경이 대답하기를,
>
> 산중에 무엇이 있냐고요 / 山中何所有
> 고개 위에 흰 구름 많지요 / 嶺上多白雲
> 단지 혼자만 즐길 수 있고 / 但可自怡悅
> 임금님께 가져다줄 순 없지요 / 不堪持贈君
>
> 하였고, 그 뒤에 무제(武帝)가 누차 초빙하였지만 나아가지 않았다. 『사문유취(事文類聚)』[64]

위 사례는 세속 밖에서 새처럼 자유로운 삶을 산 사람과 산중재상(山中宰相)이라 일컫는 도홍경(陶弘景, 456~536년)이 심산유곡에서 유유자적하는 등 전형적인 은둔자의 모습이다. 그러나 이와 대조적인 경우도 있다. 제13칙의 내용을 살펴보면 다음과 같다.

62) 『한정록』 권수. '범례'(한국고전 종합 DB.).

63) 『한정록』 제1권. 「은둔」(한국고전 종합 DB.).

64) 『한정록』 제1권. 「은둔」(한국고전 종합 DB.).

동방만천(東方曼倩)은 한 무제(漢武帝) 때에 낭관(郎官)이 되었는데, 임의대로 하고 구속받지 않으므로 사람들이 모두 미치광이라 하자, 동방삭이 말하기를, "나는 이른바 조정 안에서 세상을 피하는 사람이다. 어찌 옛사람처럼 깊은 산속에서만 세상을 피하겠는가." 하였고, 때로는 좌석에서 술이 거나해지면, 땅을 짚고 노래하기를, "세속에 육침(陸沈)하며 이 세상을 피하노라. 금마문(金馬門) 안 궁궐 속에서도 세상 피하고 몸 보존할 수 있는데, 어찌 꼭 깊은 산속 쑥대 집 밑이어야 하리." 하였다. 『열선전(列仙傳)』[65]

여기서 주목되는 점은 몸은 비록 번잡한 조정에 있더라도 은둔에 뜻이 있다면 그 즐거움을 누릴 수 있다는 것이다. 은둔 편 제15칙에 "성도(成都) 저자에서 점(卜)을 치며" 산 사람, 제18칙에 "쇠전에서 거간꾼 노릇"을 한 사람, 제22칙에 "약초를 캐어 저자"에서 팔아 산 사람, 제65칙에 "수천 평의 논밭과 큰 집"에 산 사람의 이야기도 있다. 즉 제47칙(則)에서 보듯이 "천도(天道)를 응용하고 지리(地利)를 분간"할 수 있다면 자신이 처한 곳은 중요하지 않다는 것이다. 이와 같은 태도는, 도시 풍수에 주목한 최창조가 산골이나 농촌이 아닌 도시에서 근심 걱정 없이 살 수 있는 현대의 명당 길지를 찾고자 노력하였으나 결국은 명당은 자신 마음속에 있었다는 것을 깨달았다는 술회와 일맥상통한다.[66] 그는 '명당 찾기'가 아닌 '명당 만들기'로 방향을 전환한다고 선언하기도 했다.

고일(高逸)

'고일'의 문자 의미는 '매우 빼어남'으로 이 문(門)은 '고상한 품행'을 보인 사람에 관한 기록이다, 허균은 '범례'에서 고일에 대해, "은둔자 중에서도 기이한 자취를 가진 자와 높은 관직에 있는 자로서도 모범을 보이는 자"[67]라고 설명하였다. 여기에도 역시 상대적인 두 부류를 언급하고 있는데 '은둔자'와 '관직에 있는 자'이다. 앞서 '은둔'에서 살펴본 바와 같이 '속세'이건 '물외(物外)'에 노닐건 처한 위치가 중요하지 않다는 것과 같은 맥락이다.

여기에는 모범이 되는 풍모를 남긴 사람에 대한 45칙이 수록되어 있다. 아래

---

65) 『한정록』 제1권. 「은둔」(한국고전 종합 DB.).

66) 최창조(2007). 도시 풍수. 서울: 황금나침반. pp. 144-145. p. 346.

67) 『한정록』 권수. '범례'(한국고전 종합 DB).

의 인용문은 제3칙과 제8칙으로, 명문가 출신으로 우군장군(右軍將軍)을 지낸 왕희지(王羲之, 321~379년)와 초야에 묻혀 지낸 미상(未詳) 인물에 대한 기록이다. 신분이나 지위에 무관하게 고일한 풍모의 모범을 보여 준다.

왕우군(王右軍)은 원래 복식법(服食法)으로 본성(本性)을 기르기를 즐기고 경사(京師)에 거처하기를 좋아하지 않았다. 처음 절강(浙江)에 부임했을 때 문득 그곳에서 한평생을 마칠 뜻을 가졌다. 회계(會稽) 지방은 산수(山水)가 좋은 곳이어서 명사(名士)들이 많이 살고 있었다. 그때 손작(孫綽)·이충(李充)·허순(許詢)·지둔(支遁) 등은 다 문장과 의리(義理)로 한 시대에 으뜸가는 인물들이었는데, 함께 동토(東土)에 집을 짓고 살면서 왕희지와 친숙하게 지냈다. 『하씨어림』[68]

장목지(張牧之)는 죽계(竹溪)에 은거(隱居)하여 세상과 사귀기를 즐기지 않았다. 그래서 손님이 찾아오면 대나무 울타리 사이로 어떤 사람인가를 엿보아, 운치 있고 훌륭한 사람인 경우에만 그를 불러서 자기 배에 태우거나 혹 스스로 배를 저으면서 그와 담소하였다. 속된 사람들은 열이면 열 모두 그를 볼 수 없었으므로, 그에 대한 노여움과 비난이 끊일 날이 없었지만 그런 것에 대해서는 조금도 개의하지 않았다. 『하씨어림』[69]

한적(閒適)

허균이 '범례'에 밝히기를, "한적(閒適)이 이 집록(集錄)에서 제일 중요한 곳인데, 그것은 은둔하여 이 세상을 떠나 있거나 속세에 있거나 모두 자적(自適)에 이를 수 있게 하기 때문이다."[70]라고 하였다. 즉 '한적'은 『한정록』의 핵심이며 전체를 일관하는 기본정신이다. 또 주목되는 점은, '은둔'과 '고일' 두 문(門)에서 고찰한 바와 동일하게 '한적'에 있어서도 처한 곳은 중요하지 않다는 점을 일관되게 서술하고 있다. 여기에는 총 43칙이 수록되어 있다. 다음은 제1칙이다.

'한(閒)' 자의(字義)에 대하여 어떤 이는 달(月)이 대문(大門) 안에 들이비치는 것이 바로 한(閒)자라고 한다. 옛날에는 모두 문(門) 안에 일(日)을 넣은 간(間)자와 같이 보아 왔지만, 그 음(音)만은 달리 쓰이는 경우가 있다. 아무튼, 한가로움이란 저마다 얻기 어려운 것이다. 이를테면 두목지(杜牧之)의 시(詩)에,

68) 『한정록』 제2권. 「고일」(한국고전 종합 DB).

69) 『한정록』 제2권. 「고일」(한국고전 종합 DB).

70) 『한정록』 권수. '범례'(한국고전 종합 DB).

한인이 아니고야 한가로움을 얻을 수 없으니 / 不是閒人閒不得
이 몸이 한객 되어 이 속에 놀고파라 / 願爲閒客此間行

하였다. 이에 오흥(吳興)에 한정(閒亭)을 건립하였다. 나는 본시 한가로움을 무척 좋아하면서도 한가로운 가운데 조용히 앉아 있지 못하여 시(詩)를 짓고 술(酒)을 마련하거나 꽃나무를 가꾸고 새(禽)들을 길들이는 데에 무척이나 바쁘다. 옛날 한치요(韓致堯)의 시에,

벽화 그리며 꽃 모종할 날짜 내심 기억하며 / 畫墻暗記移花日
술독 씻으며 술빚을 기회 먼저 짐작하네 / 洗甕先知醞酒期
한인에게도 바쁜 일 있다는 걸 알아다오 / 須信閒人有忙事
아침 일찍 비 맞으며 어부를 찾아가네 / 早來衝雨覓漁師

하였으니, 옥산초인(玉山樵人)이야말로 나와 뜻이 같은 자라 하겠다. 『미공비급(眉公祕笈)』[71]

위 인용문의 두목지(杜牧之)와 옥산초인(玉山樵人) 한치요(韓致堯)는 당나라 때의 문사이다. 이 글에서는, '한(閒)'의 자의(字意) 설명과 함께 '한가함(閒)'을 얻기는 쉽지 않으며 '한가로운 사람(閒人)' 역시 한가함을 즐기기 위한 여러 잡다한 일(忙事)로 바쁘다고 한다. 역설적이기도 한 이 글은 각자 삶의 지향점을 어디에 두는가에 대한 화두이다. 즉 세속적 영달과 부귀영화에 집착할수록 한가로움과는 멀어진다는 것이다. 다음은 제12칙으로 자적(自適)하는 삶을 보여준다.

손방(孫昉)의 호는 사휴거사(四休居士)인데, 산곡(山谷)이 그 호의 뜻을 묻자, 웃으면서, "거친 음식을 먹어도 배만 부르면 그만이고, 누더기를 입어도 몸만 따뜻하면 그만이고, 불평과 불만도 시기가 지나면 그만이고, 탐욕과 질투도 나이가 많아지면 그만이다." 하므로, 산곡이 말하였다. "이것이 곧 안락법(安樂法)이다. 대저 욕심이 적은 것은 불벌(不伐)의 집이 되고, 만족함을 아는 것은 극락(極樂)의 나라가 된다." 사휴거사의 집에 3묘(畝)의 동산이 있어 화목(花木)이 무성한데, 손이 찾아오면 차를 달이고 술을 내놓고는, 인간의 기쁜 일들을 서로 담론(談論)하다가 차와 술이 식어버리는 것도 주객(主客)이 모두 모르고는 하였다. 『옥호빙(玉壺氷)』[72]

71) 『한정록』 제3권. 「한적」(한국고전 종합 DB.).

72) 『한정록』 제3권. 「한적」(한국고전 종합 DB.).

윗글에 나오는 손방(孫昉)은 중국 송(宋)나라 때 태의(太醫)로 안분 자족한 삶을 살았다. 손방에게 질문한 산곡(山谷)은 황정견(黃庭堅, 1045~1105년)의 호이다. 황정견은 주돈이(周敦頤, 1017~1073년)의 인품을 '광풍제월(光風霽月)'로 표현한 일이 널리 알려져 있다. 다음은 제35칙이다.

> 이태백(李太白)의 시에, "청풍명월은 일전이라도 돈을 들여 사는 것이 아니다. (淸風明月不用一錢買)"라고 하였는데, 동파(東坡)의 적벽부(赤壁賦)에는 이르기를, "저 강상(江上)의 맑은 바람과 산간(山間)의 밝은 달이여, 귀로 듣노니 소리가 되고 눈으로 보노니 빛이 되도다. 갖자 해도 금할 이 없고 쓰자 해도 다할 날이 없으니, 이것은 조물(造物)의 무진장이다."라고 하였으니, 동파(東坡)의 뜻은 대개 이태백의 시구(詩句)에서 나온 것이다. 대저 바람과 달은 돈을 들여 사지 않을뿐더러, 그것을 가져도 누가 금할 이가 없는 것이니, 태백과 동파의 말이 진실이다. 그러나 맑은 바람과 밝은 달을 즐길 줄 아는 사람은 세상에 몇 사람 되지 않고 맑은 바람과 밝은 달도 1년 동안에 또한 몇 날도 되지 않는다. 가령 어떤 사람이 이 낙(樂)을 안다 할지라도 혹은 세속 일에 골몰하여 정신을 빼앗기거나 혹은 장애(障礙)로 인하여 비록 그를 즐기려 해도 즐기지 못하는 자가 있다. 그렇다면 일없이 한가하게 있으면서, 이미 돈을 들여서 사는 것도 아니요, 게다가 그를 가져 보았자 누가 갖지 못하게 금할 이도 없는 이 청풍명월을 만나 가지고도 즐길 줄을 모른다면 이는 자기 스스로 장애를 만들어낸 것이다. 『경서당잡지(經鋤堂雜志)』[73]

위 인용문은 당(唐)의 이백(李白, 701~762년)과 송(宋)의 소식(蘇軾, 1037~1101년)과 관련된 이야기다. 이 두 사람은 진(晋)의 도연명(陶淵明, 365~427년)과 더불어 허균이 본받고 따르고자 한 인물이다. 허균은 여러 글에서 이들에 대한 존경을 표했다.

허균은 자신의 거처를 이 세 군자와 자신을 더해 '네 명의 벗이 사는 집'이란 뜻에서 당호를 '사우당(四友堂)'이라 하고 「사우당기(四友堂記)」를 짓기도 했다. 또 허균은 화공에게 이백의 초상화를 그리게 하고, 여기에 "만리창파에 한 하늘 밝은 달(萬里滄波 一天明月)"이라고 찬(贊)을 지었는데 후에 이 구절로 인해 이백의 귀신을 만난 신기한 경험을 「수헐원신영선찬기(愁歇院神詠仙贊記)」[74]로 남기기도 했다. 위 인용문에 값을 지불할 필요도 없고 무진장인 청풍명월을 즐길 줄 아는 이는 오로지 몇 안 되는 자적하는 사람이라는 것이다.

---

73) 『한정록』 제3권. 「한적」(한국고전 종합 DB.).

74) 『성소부부고』 제6권. 문부(文部) 3, 기(記)(한국고전 종합 DB.).

퇴휴(退休)

퇴휴의 문자 의미는 '벼슬에서 물러나 쉬는 것'이다. 허균은 '범례'에서 '퇴휴'에 대해, "심(心)과 사(事)가 어긋나거나 공적(功迹)과 시대가 맞지 않거나, 아니면 또 만족하고 그칠 바를 알거나 일의 기미(幾微)를 깨닫거나, 또 아니면 몸이 쇠하여 일에 권태롭거나 하면 비로소 관직에서 물러나는데, 이는 자기 허물을 잘 고치는 것이라고 말할 수 있다."[75]라고 하였다. 자신의 심신 혹은 시대 상황을 판단하여 적절한 때에 관직에서 물러남으로써 한가로운 삶에 이를 수 있다는 것이다. '퇴휴'는 고상한 품행, 즉 '고일'의 구체적인 경우로 볼 수 있다. 여기에는 총 56칙이 수록되어 있으며 다음은 제8칙이다.

> 전예(田豫)가 위(魏)나라에 벼슬하여 남양 태수(南陽太守)로 승진되었다. 여러 번 사직(辭職)했으나 들어주지 않자, "나이 70세에도 직위에 있는 것은 비교하자면 통행금지 시간이 넘었는데도 쉬지 않고 밤길을 다니는 것과 같아서, 죄인인 것입니다." 하고, 드디어 병을 핑계하여 고향으로 돌아갔다. 『하씨어림』[76]

다음의 인용문은 제10칙으로 진(晋)의 도연명이 팽택 현령을 사직한 일화이다.

> 진(晉)나라 도잠(陶潛)이 팽택영(彭澤令)으로 부임한 지 80여 일 만에 군(郡)에서 독우(督郵)를 파견했다. 독우가 도착하자 아전들이, "응당, 정장을 하고 독우를 뵈어야 합니다." 하니, 도잠이 탄식하면서, "내가 어떻게 오두미(五斗米) 때문에 향리(鄕里)의 소아(小兒)에게 허리를 굽힐 수 있겠는가!"하고, 그날로 인수(印綬)를 풀어놓고 고향으로 돌아갔다. …. 『문기유림(問奇類林)』[77]

도연명은 관직을 버린 이 일을 계기로 「귀거래사(歸去來辭)」를 지었다. "돌아가노라(歸去來兮)"라는 구절로 시작하는 이 시는 은자의 삶을 선언하는 명문(名文)으로 전해진다.

---

75) 『한정록』 권수. '범례'(한국고전 종합 DB.).

76) 『한정록』 제4권. 「퇴휴」(한국고전 종합 DB.).

77) 『한정록』 제4권. 「퇴휴」(한국고전 종합 DB.).

임탄(任誕)

'임탄'의 문자 의미는 '본성, 즉 마음 가는 대로 따름'이다. '범례'에는 '임탄'에 대해, "세속의 울타리를 벗어난 선비의 소행(所行)은 마음대로여서 법도(法度)가 없지만, 그 풍류(風流)와 아취(雅趣)는 속진(俗塵)을 씻거나 더러움을 맑게 하기에 족하다."[78]라고 하였다. '임탄'은 '은둔'의 하위개념으로 볼 수 있으며 이 두 문(門)의 내용을 명확히 구분하기도 어렵다. 여기에는 총 40칙이 수록되어 있다. 다음은 제3칙과 제4칙에 수록된 글이다.

> 유백륜(劉伯倫)은 우주(宇宙)가 좁다고 여겼다. 항상 녹거(鹿車)를 타고 술 한 병을 휴대하고는 사람을 시켜 삽(鍤)을 메고 따르게 하면서 말하였다. "내가 죽거든 그 자리에 묻어라." 『세설신어(世說新語)』[79]

> 유령(劉伶)은 항상 술을 실컷 먹고 방탕하여 혹 옷을 벗은 알몸으로 집에 있기도 하였다. 사람들이 그걸 보고 나무라면 유령은 이렇게 말하였다. "나는 천지(天地)를 집으로 삼고 옥실(屋室)을 옷으로 삼는데, 여러분은 무슨 일로 나의 옷 속에 들어왔는가?" 『세설신어』[80]

유령(劉伶, 221~300년)의 자(字)는 백륜(伯倫)으로 중국 진나라 때 죽림칠현의 한 사람이다. 그는 왜소한 체구에 용모도 매우 보잘것없었으나 인용문에서 보듯이 세속의 법도나 타인의 이목에 거리낌 없는 자유분방한 삶을 살았다. 그는 술을 예찬한 '주덕송(酒德訟)'이란 시를 남겼는데 이 중에 "하늘을 이불 삼고 땅을 자리 삼아 마음 가는 대로 따른다(幕天席地 從意所如)."라는 구절이 유명하다. 이러한 임탄의 태도는 세속의 더러움을 씻는 수단이다.

허균의 스승인 손곡 이달(蓀谷 李達, 1539~1612년) 역시 외모나 생활 방식에 있어서 유령과 흡사했던 것으로 보인다. 허균은 자신의 스승이 '임탄'으로 일관한 생애에 대해, "… 용모가 아담하지 못하고 성품도 호탕하여 검속(檢束)하지 않았다. … 그의 마음은 탁 트여 한계가 없었고, 먹고사는 생업에는 종사하지 않아서 사람 중에는 이 때문에 더 그를 좋아하는 이도 있었다. …"[81]라는 글을 남겼다.

---

78) 『한정록』 권수. '범례'(한국고전 종합 DB.).

79) 『한정록』 제8권. 「임탄」(한국고전 종합 DB.).

80) 『한정록』 제8권. 「임탄」(한국고전 종합 DB.).

다음은 제40칙으로 명대(明代)의 문인이자 서화가인 진계유(陳繼儒, 1558~1639년)에 대한 글이다.

> 진미공(陳眉公)이 말하기를, "나는 1만 권(卷)의 이서(異書)를 소장(所藏)하여 이금(異錦)으로 씌우고 이향(異香)으로 쬐면서 띳집 · 갈대 발 · 종이 창문 · 흙벽으로 된 집에서 평생을 포의(布衣)로 그 가운데서 시(詩)를 읊고자 한다." 하니, 객(客)이 말하였다. "참으로 그렇게 되면 천지간의 한 이인(異人)일 것입니다." 『암서유사(巖棲幽事)』[82]

진계유는 29세 때 유자(儒者)의 의관을 태우고 벼슬을 포기한 후 은거하였고 82세로 생을 마칠 때까지 풍류와 자유로운 생활을 즐겼다.[83] 이 글은 단원 김홍도(檀園 金弘道, 1745년~미상)에 의해 「포의풍류도(布衣風流圖)」로 재현되기도 했다. 단원의 그림에는 "종이창, 흙벽으로 된 집, 평생토록 벼슬 않고 그 가운데서 읊조리리(紙窓土壁 終身布衣 嘯詠其中)"[84]라는 화제가 쓰여 있다. 그림 속 인물은 맨발에 '포의' 차림의 선비가 세속의 울타리를 벗어나 풍류와 아치를 즐기는 모습이다.

「포의풍류도」, 김홍도, 28.0×37.0cm (출처: 유홍준 · 이태호, 2003: 39)

81) 『성소부부고』 제8권. 문부(文部) 5, 전(傳)(한국고전 종합 DB.).

82) 『한정록』 제8권. 「임탄」(한국고전 종합 DB.).

83) 중국역대인명사전 (http://terms.naver.com/entry.nhn?docId=1709232&cid=42981&categoryId=42981).

84) 유홍준 · 이태호(2003). 유희삼매—선비의 예술과 선비취미. 서울: 학고재. p. 155.

『한정록』의 정신적 수행방법

유흥(遊興)

허균은 '범례'에서 '유흥'을 설명하기를, "산천(山川)의 경치를 구경하여 정신을 휴식시키는 것은 한거(閑居) 중의 하나의 큰일이다."[85]라고 하였다. 명산대천을 찾는 산수 유람의 목적은 '정신의 휴식'이라는 점을 강조하고 있다. 이 문(門)에는 총 38칙이 수록되었다. 다음은 제7칙이다.

> 종소문(宗少文)이 아름다운 경치를 좋아하여 멀리 유람하기를 즐겼다. 그래서 서쪽으로 형산(荊山)과 무산(巫山)에 올랐었고 남쪽으로 형산(衡山)에 올랐었다. 인하여 형산에다 집을 짓고 평소 숭상해오던 유람을 즐긴 상자평(向子平)의 뜻을 이루려 했으나, 병에 걸려 강릉(江陵)으로 되돌아오고 말았다. 그는 탄식하기를, "노병(老病)이 한꺼번에 이르렀으니 명산(名山)을 두루 구경하기가 어려울 것 같구나. 이젠 마음을 맑혀 도(道)를 궁구하며 누워서 유람해야겠다." 하고 유람했었던 곳의 경치를 집에다 모두 그려 놓았다. 그리고 사람들에게 이렇게 말하였다. "내가 비파로 곡조를 타서 그림 속의 산들이 모두 메아리치게 하련다." 『와유록(臥遊錄)』[86]

위 인용문의 소문(少文)은 종병(宗炳, 375~443년)의 자이다. 종소문은 중국 남북조시대 송나라의 화가로 최초로 산수화 이론서인 『화산수서(畵山水序)』를 남겼다. 위 인용문의 일화는 후대의 많은 이에게 영향을 준 '와유(臥遊)'의 기원이 된다. 이에 의하면, 와유란 단지 편히 누워 눈으로 즐기는 것에 그치는 것만이 아니라 "마음을 맑혀 도를 궁구"하는 것이다. 또 몸은 비록 늙고 병들었어도 비파를 타서 그림 속의 산들이 모두 메아리치게 한다는 웅혼한 기상을 보여 준다. 다음은 제32칙이다. 여기에서도 한거자(閑居者)의 유흥이 지향하는 바를 보여 주고 있다.

> 일찍이 높은 산에 올라 성시(城市)를 내려다보았었다. 성이 개미집처럼 보이니, 모르겠지만 거기에 있는 사람은 얼마나 되겠는가. 높은 데서 내려다보니 우습기 짝이 없었다. 이 산이 성의 높이보다 과연 얼마나 더 높겠는가. 그런데도 이렇게 보이는데 장차 진짜 신선이 하늘 위에서 인간 세상을 내려다본다면, 개미집같이 보일 정도뿐이 아닐 것이다. 『지비록(知非錄)』[87]

---

85) 『한정록』 권수. '범례'(한국고전 종합 DB.).

86) 『한정록』 제5권. 「유흥」(한국고전 종합 DB.).

아치(雅致)

'아치'의 문자 의미는 '우아한 운치'이다. 허균은 '범례'에서 '아치'에 대한 설명을, "한정(閑情)을 좋아하는 선비의 뜻은 자연히 달라서, 속인(俗人)은 비웃고 고인(高人)은 찬탄한다."88)라고 하였다. 이 문(門)에는 총 74칙이 수록되어 '은둔'에 이어 두 번째로 많은 양이다. 다음은 제16칙, 제21칙, 제67칙이다.

> 도연명(陶淵明)이 한번은 논의 물소리를 듣고는, 지팡이에 의지해서 한참 듣고 나서 이렇게 탄식하였다. "벼는 이미 이삭이 나오고 푸른빛은 사람의 옷을 물들인다. 시시각각으로 흉금(胸襟)의 가시를 씻어 주니, 이 물은 우리 스승이나 어른들보다 낫구나." 『지비록』89)
>
> 사혜(謝譓)는 함부로 사람을 사귀지 않아서 잡스러운 손이 그 집 문을 드나들지 않았다. 가끔 혼자 술을 마시고는 이렇게 말하였다. "나의 방을 드나드는 것은 오직 맑은 바람뿐이요, 나와 대작(對酌)하는 것은 다만 밝은 달이 있을 뿐이다." 『하씨어림』90)
>
> 강산(江山)의 풍월(風月)은 본래 일정한 주인이 없고, 오직 한가로운 사람이 바로 주인인 것이다. 『소문충공집(蘇文忠公集)』91)

위의 인용문에서 보듯이 물소리, 바람과 달 등 소소한 자연 경물에서 얻는 운치에 관한 글이다. 이러한 것은 속인이 아닌 오직 한정을 좋아하는 선비만 취할 수 있다는 것이다. 전술했듯이 이 문(門)과 앞서 살펴본 '유흥'에 수록된 글은 그 내용을 명확히 구분하기 어렵다. 이러한 점은 임탄과 광회, 숭검과 명훈, 정업과 현상 및 청공의 경우도 동일하다.

광회(曠懷)

'광회'의 문자 의미는 '넓은 도량'이다. 허균은 '범례'에서 '광회'를, "장부(丈

87) 『한정록』 제5권. 「유흥」(한국고전 종합 DB.).
88) 『한정록』 권수. '범례'(한국고전 종합 DB.).
89) 『한정록』 제6권. 「아치」(한국고전 종합 DB.).
90) 『한정록』 제6권. 「아치」(한국고전 종합 DB.).
91) 『한정록』 제6권. 「아치」(한국고전 종합 DB.).

夫)의 처세(處世)는 마땅히 가슴이 탁 트이도록 가져야 하니, 상황에 따라 마음을 크게 먹고 순리(順理)로써 스스로를 억제하면 인품(人品)이 고상하게 되기를 바라지 않더라도 자연 고상하게 된다."[92]고 설명하였다. 여기에는 부귀영화를 멀리하고 순리에 따라 산 사람의 이야기가 총 41칙이 수록되어 있다. 다음은 제34칙과 제37칙이다.

> 효렴(孝廉) 진종(陳琮)이 별장을 읍의 북망(北邙)에 지었는데, 앞뒤에 무덤이 다닥다닥 붙어 있었다. 그리하여 어떤 사람이 진종에게 얼굴을 찡그리며 희롱하기를, "눈에 매양 이 무덤들만 보이니 아주 즐겁지 않겠나?" 하니, 진종이 웃으며 말하였다. "그렇지 않다. 눈으로 날마다 이 무덤들을 보니, 사람으로 하여금 감히 즐기지 않을 수 없게 한다." 『세설신어보(世說新語補)』[93]

> 도현경(都玄敬)은 재거(齋居)가 조용하여 빈객(賓客)을 모시고 술을 마시며 옛이야기를 하기 좋아했는데, 하루 종일 그렇게 하려 하였다. 그리고 혹 쌀이 떨어지면 웃으면서 말하였다. "하늘과 땅 사이에서 마땅히 도생(都生)으로 하여금 굶어 죽게는 안 할 것이다." 『소창청기(小窓淸記)』[94]

유사(幽事)

'유사'의 문자 의미는 '그윽한 흥치'를 뜻한다. 허균은 '범례'에서 '유사'를, "한가한 곳에서 혼자 살면서 담박하게 아무것도 구하지 않아도 일상 생활하는 일이야 그 일을 당하면 역시 하게 된다."[95]라고 설명하였다. 여기에는 총 40칙이 수록되어 있다. 다음은 제13칙, 제21칙, 제22칙에 실린 담박한 일상에서 얻는 그윽한 흥치의 예이다.

> 의리(義理)를 말한 글을 읽고, 법첩(法帖)의 글씨를 익힌다. 맑은 마음으로 고요히 앉아 유익한 벗과 청담(淸談)을 한다. 몇 잔 술로 얼근해지면 화초에 물을 주고 대나무를 심는다. 거문고를 듣다가는 학(鶴)을 애완(愛玩)하고, 향을 피우다 차도 끓인다. 배를 띄워 산수(山水)를 구경하고 장기와 바둑에도 뜻을 붙인다. 비록 다른 낙이 있다손 치더라도 나는 바꾸지 않으리라. 『옥호빙』[96]

---

92) 『한정록』 권수. '범례'(한국고전 종합 DB.).

93) 『한정록』 제9권. 「광회」(한국고전 종합 DB.).

94) 『한정록』 제9권. 「광회」(한국고전 종합 DB.).

95) 『한정록』 권수. '범례'(한국고전 종합 DB.).

96) 『한정록』 제10권. 「유사」(한국고전 종합 DB.).

알맞게 화초와 대나무를 심고, 적성(適性)대로 새와 고기를 키운다. 이것이 곧 산림(山林)에서의 경제(經濟)이다. 『암서유사』[97]

산에서 살려면 네 가지 법이 있으니, 나무는 일정한 줄이 없고 돌도 일정한 위치가 없다. 집은 굉장하게 짓지 않고 마음에는 바라는 일이 없다. 『암서유사』[98]

정업(靜業)

허균은 '범례'에서 '정업'을, "글은 고요한 데서 하는 일 중의 하나인데, 한거자(閑居者)가 글이 아니면 무엇으로 세월을 보내며 흥(興)을 붙이겠는가."[99]라고 설명하였다. 여기에는 독서를 주제로 총 33칙이 수록되어 있다. 다음은 제4칙과 제5칙이다.

설문청(薛文淸)은 말하였다. "독서는 고요하고, 여유 있으며, 자세하게 해야 마음이 그 가운데 들어가 독서의 묘미(妙味)를 얻을 수 있다. 만약 시끄럽고, 조급하게, 건성으로 하면 이른바 『중용(中庸)』에 있는 말처럼, 보아도 보이지 않고 들어도 들리지 않으며 먹어도 그 맛을 모르게 되니, 어떻게 그 묘미를 얻을 수 있겠는가. 『독서록(讀書錄)』[100]

또 설문청은 말하였다. "독서를 자기 심신(心身)에서 마음의 공부로써 체득하지 않으면 고금 천하의 책을 다 읽어도 무익하다." 『독서록』[101]

위 인용문에 나오는 설문청(薛文淸)은 명나라 초기 학자인 설선(薛瑄, 1389~1464년)의 시호이다. 그는 실천을 중시한 학자로 『독서록』은 그의 대표적인 저술이다.

여기에서의 정업과 비슷한 말로 정좌(靜坐)가 있다. 정좌는 불가의 좌선(坐禪)이나 도가의 좌망(坐忘)과 대비되는 유가적 정신집중 방법이며 마음공부라고 할 수 있다.[102] 즉 성리학자들은 정좌를 통해 산란한 마음을 다스린 후 독서를 해야만 글을 제대로 이해할 수 있다고 생각했다. 허균은 한거자 역시 독서를 통해 수양을 게을리하지 말아야 할 것을 강조하였다.

---

97) 『한정록』 제10권. 「유사」(한국고전 종합 DB.).

98) 『한정록』 제10권. 「유사」(한국고전 종합 DB.).

99) 『한정록』 권수. '범례'(한국고전 종합 DB.).

100) 『한정록』 제12권. 「정업」(한국고전 종합 DB.).

101) 『한정록』 제12권. 「정업」(한국고전 종합 DB.).

102) 최석기(2014). 조선 선비의 마음공부, 정좌. 서울: 보고사. p. 38.

독서에는 독서하기 좋을 때가 있다. 그러므로 동자(董子: 위(魏) 동우(董遇))의 '삼여(三餘)의 설'이 가장 일리가 있다. 그는 말하기를, "밤은 낮의 여분(餘分)이요, 비 오는 날은 보통 날의 여분이요, 겨울이란 한 해의 여분이다. 이 여분의 시간에는 사람의 일이 다소 뜸하여 한마음으로 집중하여 공부할 수 있다." 하였다. 그러면 어떻게 하는가. 맑은 날 밤에 고요히 앉아 등불을 켜고 차(茶)를 달이면, 온 세상은 죽은 듯 고요하고 간간이 종소리 들려올 때, 이러한 아름다운 정경 속에서 책을 대하여 피로를 잊고, 이부자리를 걷고 여자를 가까이하지 않는다. 이것이 첫째 즐거움이다. 풍우(風雨)가 길을 막으면 문을 잠그고 방을 깨끗이 청소한다. 사람의 출입은 끊어지고 서책(書冊)은 앞에 가득히 쌓였다. 흥에 따라 아무 책이나 뽑아 든다. 시냇물 소리는 졸졸 들려오고 처마 밑 고드름에 벼루를 씻는다. 이러한 그윽한 고요가 둘째 즐거움이다. 또 낙엽이 진 나무숲에 세모(歲暮)는 저물고, 싸락눈이 내리거나 눈이 깊게 쌓인다. 마른 나뭇가지를 바람이 흔들며 지나가면 겨울새는 들녘에서 우짖는다. 방 안에서 난로를 끼고 앉아 있으면 차 향기에 술이 익는다. 시사(詩詞)를 모아 엮으면 좋은 친구를 대하는 것 같다. 이러한 정경(情景)이 셋째 즐거움이다. 나는 일찍이 이러한 의미를 알았기 때문에 그러한 것을 부연하여 여러 사람과 같이 나누고자 한다. 『소창청기(小窓淸記)』[103]

현상(玄賞)

『한정록』 '범례'에는 '현상'에 대해, "옛날에 고인(高人)이나 운사(韻士)는 풍류(風流)를 서로 감상하거나 문예(文藝)로써 스스로 즐겼다. 그러므로 서화(書畫)나 거문고 타기, 바둑 등 여러 가지 고상한 놀이는 사람의 성미(性味)에 맞아 근심을 잊어버릴 수 있는 도구(道具)로서 없앨 수 없다."[104]라고 하였다. 여기에는 선비의 고상한 취미와 풍류에 대해 총 49칙이 수록되어 있다.

왕낭중(王郞中)은 바둑 두는 것을 좌은(坐隱)이라 하였고, 지공(支公)은 바둑 두는 것을 수담(手談)이라 하였다. 『미공비급』[105]

위 인용문은 제31칙으로 바둑은 고상한 취미로 앉아서 하는 은(隱)이며 손으로 나누는 이야기라는 것이다. 아래의 그림은 허균과 동시대를 산 선비화가 이경윤(李慶胤, 1545~1611년)의 「송하탄기도(松下彈棋圖)」로, 소나무 아래에서 바둑 두는 두 사람과 그 주변에 무리 지어 핀 국화를 그린 그림이다. 여기에는 이호민(李好閔)과 유몽인(柳夢寅)의 제화시가 있는데, 이호민은 "소나무 아래

103) 『한정록』 제12권. 「정업」(한국고전 종합 DB.).

104) 『한정록』 권수. '범례'(한국고전 종합 DB.).

105) 『한정록』 제13권. 「현상」(한국고전 종합 DB.).

바둑 두는 사람은 어찌 기리계(綺里季)이랴(松下彈棋者 何須綺里季) …."[106]라고 썼다. 여기의 기리계는 진한(秦漢) 교체기에 상산(商山)에 은거한 네 명의 현자, 즉 상산사호(商山四皓) 중 한 사람이다. 이렇듯 은자와 그들의 고상한 취미인 바둑 간의 깊고 긴 유래를 보여 준다.

「송하탄기도(松下彈棋圖)」, 이경윤, 37.0×27.0cm, 경남대학교 박물관
(출처: 경남대학교·서울 서예박물관, 2006: 166)

다음의 제39칙은 버드나무를 애호했던 도연명과 관련된 일화이다. 도연명이 팽택 현령을 사직한 일과 은둔을 선언한 '귀거래사'는 '퇴휴'에서 살펴본 바 있다. 도연명은 버드나무를 좋아하여 자신의 거처에 다섯 그루의 버드나무를 심고 오류선생이라 자처한 바 있다. 이 인용문에 나오는 정소사라는 이는 자신의 기호와 풍류에 따라 소나무 일곱 그루를 심고 스스로 칠송처사라 했다.

> 정소사(鄭少師)는 자기 집에 작은 소나무 일곱 그루를 심고서 칠송처사(七松處士)라 자호(自號)하고 말하였다. "후세에 내가 오류선생(五柳先生)과 대우(對偶)가 될 것이다." 『하씨어림』[107]

106) 경남대학교·서울 서예박물관(2006). '시·서·화에 깃든 조선의 마음.' 전시용 도록. p. 295.

107) 『한정록』 제13권. 「현상」(한국고전 종합 DB.).

『한정록』의 실천적 수행방법

숭검(崇儉)

'숭검'의 문자 의미는 '검소하게 절약함을 추구하는 것'이다. 『한정록』 '범례'에는 '숭검'에 대해, "퇴거(退去)한 사람은 맛 좋은 음식이나 화려한 의복을 취해서는 안 되고 오직 검소해야 돈도 절약이 되고 복(福)도 기를 수 있다."[108]고 하였다. 여기는 총 44칙이 수록되어 있다. 다음은 제1칙과 제5칙이다.

> 안자(晏子)가 제나라 재상으로 한 벌의 여우 갖옷(狐裘)을 30년 동안이나 입었다. 『권계총서(勸誡叢書)』[109]

> 왕량(王良)은 대사도(大司徒)가 되어 무명옷을 입고 질그릇을 사용하였다. 사도(司徒)의 관리인 포회(鮑恢)가 일이 있어 그의 집에 들렀다가 대사도 부인이 무명치마를 입고 땔나무를 끌며 밭에서 집으로 돌아오는 것을 보았다. 『권계총서』[110]

위 인용문의 안자는 춘추시대 제(齊)나라의 재상이었고, 왕량은 진(晉)나라의 예조판서 격인 대사도였다. 이들은 높은 지위에 있음에도 불구하고 검소한 삶을 실천했다. 다음은 제35칙이다. 앞의 사례와 달리 가난하지만 자족한 삶을 사는 학자의 이야기다.

> 호거인(胡居仁)은 집안이 매우 가난하여 다 해진 옷에 거친 밥을 먹으며 살면서도 태연히 이렇게 말하였다. "인의(仁義)로 몸을 윤택하게 하고 책꽂이로 집을 장식하면 만족하다." 『명세설신어(明世說新語)』[111]

호거인은 앞의 '정업' 편에서 살펴본 설선(薛瑄)과 함께 명나라 초기의 대표적인 성리학자이다. 이 문(門)에는 지위 고하를 막론하고 재물의 욕심을 버리고 검소함을 실천한 사례를 싣고 있다.

---

108) 『한정록』 권수. '범례'(한국고전 종합 DB.).

109) 『한정록』 제7권. 「숭검」(한국고전 종합 DB.).

110) 『한정록』 제7권. 「숭검」(한국고전 종합 DB.).

111) 『한정록』 제7권. 「숭검」(한국고전 종합 DB.).

명훈(名訓)

『한정록』 '범례'에는 '명훈'에 대해, "고인(古人)의 짤막한 말이나 대구(對句) 같은 것 중에 속된 것을 치유하거나 세상을 훈계할 만한 것이 있는데, 한거 중에는 살펴보아야 한다."112)라고 설명하였다. 여기에는 잠언(箴言) 성격의 짧은 글이 실려 있는데 유·불·선을 망라하며 총 65칙이 수록되어 있다. 다음 인용문은 제10칙이다.

> 남이 듣지 못하게 하려거든 내가 말하지 않는 것이 낫고, 남이 알지 못하게 하려거든 내가 그런 행동을 안 하는 것이 낫다. 『공여일록(公餘日錄)』113)

다음은 제51칙이다.

> 당시(唐詩)에,
> 걸어가다 보니 시내 상류에 이르렀고 / 行到水窮處
> 앉아 있으니 구름이 피어나는 것이 보이네 / 坐看雲起時
> 하였는데, 이 말은 매우 의취가 있다. 희로애락(喜怒哀樂) 미발(未發)의 기상(氣象)과 발(發)하여 절도에 맞는 단서(端緖)를 모두 이로써 상상할 수 있다. 『소창청기』114)

위의 인용문은 종남산(終南山)에 은거한 왕유(王維, 699~759년)가 자신의 망천장(輞川莊)을 읊은 「종남별업(終南別業)」 중 두 구절이다. 여기의 "행도수궁처 좌간운기시(行到水窮處 坐看雲起時)"는 귀신도 흠칫하게 한다는 명구로 퇴계 이황(1501~1570년)과 허균도 높이 평가하여 아꼈고, 신익성(1588~1644년)은 '선(禪)의 경지', 이해수(1536~1599년)는 '언어로 얻어낼 수 있는 것이 아니다(所得非言語)', 김정희(1786~1856년)는 '선지(禪旨)의 오묘한 경지'라고 칭송하였다.115) 이와 같이 격조 높은 짧은 대구(對句)들을 늘 가까이함으로써 '속된 것을 치유'할 수 있다는 것이다.

---

112) 『한정록』 권수. '범례'(한국고전 종합 DB.).

113) 『한정록』 제11권. 「명훈」(한국고전 종합 DB.).

114) 『한정록』 제11권. 「명훈」(한국고전 종합 DB.).

115) 고연희(2011). 그림, 문학에 취하다. 서울: 아트북스. pp. 58-71.

왕유의 이 시를 화제로 수많은 그림이 전해지는데 남송(南宋)의 황제 리종(理宗)이 화제를 쓰고 마린(馬麟)이 그린 「좌간운기도(坐看雲起圖)」가 있다. 또 이인문의 그림에 김홍도가 「종남별업」을 쓴 「송하한담도(松下閑談圖)」가 있으며 김홍도의 「남산한담(南山閑談)」에도 이 시를 화제로 적었다.

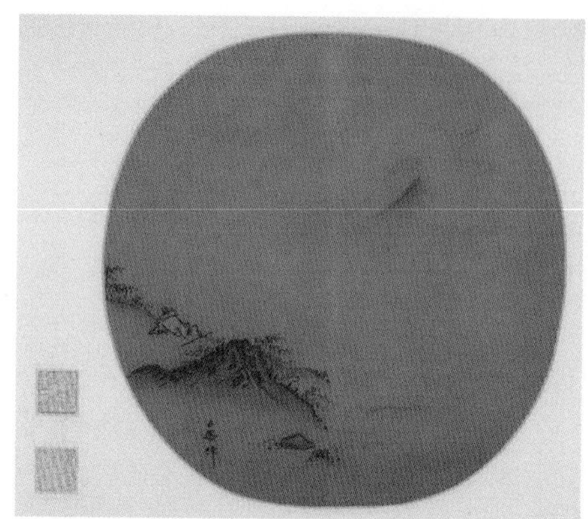

「좌간운기도(坐看雲起圖)」, 마린(馬麟), 부채 그림, 25.1×25.3cm
(출처: The Cleveland Museum of Art, http://www.clevelandart.org)

「남산한담(南山閑談)」, 김홍도, 29.4×42cm, 개인 소장
(출처: 고연희, 2011: 69)

「송하한담도(松下閑談圖)」, 이인문 그림 · 김홍도 글, 종이에 수묵담채, 109.3×57.4cm, 국립중앙박물관 소장(출처: 고연희, 2011: 59)

청공(淸供)

청공의 문자 의미는 '정갈하게 갖추는 것'이다. 『한정록』 '범례'에는 '청공에 대해, "산에 은거하여 살 때도 역시 필요한 일용품(日用品)이 있는데, 침석(枕席)이나 음식이 세속(世俗)과는 매우 다르다."[116]라고 설명하였다. 여기에는 은거에 필요한 도구와 문방구, 술과 차, 쉽게 구할 수 있는 약재, 채소 등과 제조법 등을 수록하였다. 또 이들은 검박(儉朴)해야만 의취(意趣)를 보존할 수 있다고 했다. 여기에는 총 50칙이 수록되어 있다. 다음은 제3칙과 제5칙, 제6칙이다.

> 문방구(文房具)를 보기 좋고 취미에 맞추기 위하여 이를 시장처럼 벌여 놓으면 자못 아취(雅趣)를 잃게 된다. 이를 정돈하는 방법은 원석공(袁石公)의 병화(甁花)처럼 청소(淸疏)해야 바야흐로 아치(雅致)가 있게 된다. 『소창청기』[117]

> 청사(淸事)는 지나치게 의도적이어서는 안 된다. 만일 의관(衣冠)은 반드시 기고(奇古)한 것만을 찾고, 물품은 정량(精良)한 것만을 구하며, 음식은 색다르게 맛있는 것만을 구한다면, 이는 청사 중의 탁사(濁事)이니, 나는 이들을 청사의 좀이라고 생각한다. 『소창청기』[118]

> 사공도(司空圖)가 중조산(中條山)에 은거(隱居)할 때에 소나무 가지를 깎아서 붓대를 만들고는 말하였다. "은둔한 사람의 붓은 마땅히 이래야 한다." 『하씨어림』[119]

위 인용문의 사공도(司空圖, 837~908년)는 당나라 말의 시인이다. 환관의 발호와 당쟁으로 정치가 어지러워지자 벼슬을 버리고 은거하였다. 그가 지은 시평론서인 『24시품(二十四詩品)』은 후세에 시·서·화 이론에 큰 영향을 미쳤다.

한가함을 즐기는 은자로서의 삶에 있어서 본래의 의취를 보존하는 것이 중요하다는 것이다. 음식이나 사소한 일용품조차 타인과의 차별화나 신분 과시를 위한 것이라면 "탁사(濁事)이며 청사(淸事)의 좀"으로 아치를 잃게 한다고 했다.

선비들은 '청(淸)'자를 선호하여 청의(淸議), 청백리(淸白吏), 청요직(淸要職), 청명(淸名), 청류(淸流) 등의 용어를 즐겨 썼으며 이러한 가치관은 지식인뿐 아

116) 『한정록』 권수. '범례'(한국고전 종합 DB.).

117) 『한정록』 제14권. 「청공」(한국고전 종합 DB.).

118) 『한정록』 제14권. 「청공」(한국고전 종합 DB.).

119) 『한정록』 제14권. 「청공」(한국고전 종합 DB.).

니라 사회 전반에 확산되었다.120) '청공'을 제재로 그린 강세황의 「청공도(淸供圖)」가 있다. 그림 속에는 문방사우를 비롯해 괴석과 매화나무를 심은 화분이 있다. 화제로 "무한경루 청공지도(無限景樓 淸供之圖)"라고 썼다. '무한경루'는 표암이 서울 남산에 마련한 집의 당호이다.121) 이 그림은 선비들이 추구한 청공의 이미지를 잘 보여 주고 있다.

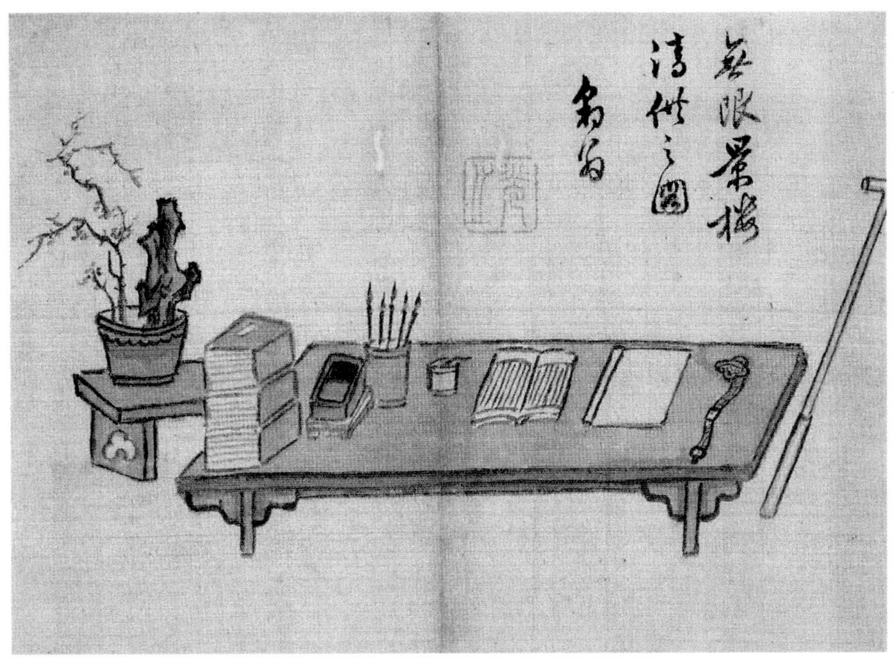

「청공도(淸供圖)」, 강세황, 23.3×39.5cm(출처: 국립중앙박물관, 2013: 212)

섭생(攝生)

'섭생'의 문자 의미는 '생명을 잘 지키는 것'을 뜻한다. 『한정록』 '범례'에는 '섭생'을, "신선(神仙)을 구하는 것은 너무 막연하고 애매하여 잘 알 수 없다. 산택구자(山澤臞者) 장우(張雨)같이 복식(服食)과 섭양(攝養)으로 오래 살 수 있는 방법도 있는 것이다."122)라고 설명하였다. 이 문(門)에는 태식(胎息), 단전(丹田),

120) 정옥자(2003). 우리가 정말 알아야 할 우리 선비. 서울: 현암사. p. 57.

121) 국립중앙박물관(2013). 표암 강세황-시대를 앞서간 예술혼. 탄신 300주년 기념 특별전 전시도록. p. 299.

정(精)·기(氣)·신(神) 삼보(三寶) 등 도가 양생법과 관련된 내용이 많다.

허균은 도가에 심취하고 능통했음에도 신비적이고 막연한 신선, 환단(還丹) 등을 경계하는 글을 여럿 남겼다.[123] 허균이 「노자(老子)」에 대해 쓴 글에, "… 후세에 그의 무리가 노자의 학술을 전환하여 신비롭게 만들어, 그것이 더 흘러 가서는 수련(修煉)·복식(服食)·부록(符籙)·재초(齋醮) 등의 법을 만들어 괴이하고 황당하여 바르지 못하게 됨으로써 세상을 현혹하고 사람을 속이는 일이 많았다. ….”[124]라고도 했다. 여기에서 주목되는 점은 도가적 양생법인 복식과 섭양의 효용은 인정하고 있다는 것이다. 이 문(門)에는 도가적 양생법이 주를 이루고 있으며 총 55칙이 수록되어 있다. 다음은 제5칙, 제8칙과 제11칙이다.

> 욕심은 마음에서 일어나고 마음은 호흡을 고르게 쉬는 데 따라 안정되는 것이니 마음과 숨이 서로 의지하면 숨이 고르게 되고 마음도 안정을 찾게 된다. 『도서전집(道書全集)』[125]
>
> 정(精)·기(氣)·신(神)이 내면의 삼보(三寶)이고, 귀·눈·입이 외면의 삼보인데, 내면의 삼보는 물건에 끌려 흐리지 말게 해야 하고, 외면의 삼보는 마음을 유혹하여 흔들리지 말게 해야 한다. 『금단정라대전(金丹正理大全)』[126]
>
> 고요한 곳에서는 기운을 단련시키고 시끄러운 곳에서는 정신을 단련시킨다. 『금단정리대전』[127]

위의 인용문에서 보듯이 마음을 다스려 병을 사전에 예방하는 것이 도가적 양생법의 요점이라 할 수 있다. 동서고금을 막론하고 '건강'은 모든 이의 공통 관심이며 특히 허균은 젊어서부터 소갈증을 앓았으므로 양생과 의서에 관심이 컸다.[128]

퇴계(退溪) 이황(李滉, 1501~1570년)도 중국 함허자(涵虛子)의 도가류 양생

122) 『한정록』 권수. '범례'(한국고전 종합 DB.).

123) 『성소부부고』 제4권. 문부(文部) 1, 서(序), 「섭생월찬서(攝生月纂序)」; 제12권, 문부 9, 설(說), 「문설(文說)」(한국고전 종합 DB.).

124) 『성소부부고』 제13권. 문부 10, 독(讀), 「노자(老子)」(한국고전 종합 DB.).

125) 『한정록』 제15권. 「섭생」(한국고전 종합 DB.).

126) 『한정록』 제15권. 「섭생」(한국고전 종합 DB.).

127) 『한정록』 제15권. 「섭생」(한국고전 종합 DB.).

128) 김성진(2010). 앞의 글. p. 229.

서인 『활인심(活人心)』을 필사한 『활인심방(活人心方)』을 펴내기도 했다. 이러한 양생법은 당대에 폭넓게 수용되었던 것으로 보인다.

치농(治農)

허균은 『한정록』 '범례'에서 '치농'에 대해, "사농공상(士農工商) 사민(四民)의 생업 중에서 농업(農業)이 근본으로 한거자(閑居者)가 해야 할 사업(事業)이다."[129]라고 했다. 여기에는 각종 곡물과 채소, 작물의 재배를 비롯해 양잠, 양우, 양계, 양어 등 농사일을 망라하여 기술하였다. 「치농」 편은 후에 여러 농서를 편찬하는 토대가 되었음은 전술한 바와 같다. 다음은 택지와 정거에 관해 기술한 내용이다.

> 택지(擇地), 생활의 방도를 세우는 데는 반드시 먼저 지리(地理)를 선택해야 하는데, 지리는 수륙(水陸)이 서로 잘 통하는 곳을 제일로 치기 때문에 산(山)을 등지고 호수(湖水)를 바라보는 곳이라야 가장 좋다. 그러나 반드시 지역이 관대(寬大)하여야 하며, 또한 긴속(緊束)한 곳이 필요하니, 대개 지역이 관대하면 재리(財利)를 많이 생산할 수 있고, 지역이 긴속하면 재리를 모아들일 수 있다.[130]
>
> 정거(定居), 거처(居處)와 음식(飮食)은 인도(人道)의 대단(大端)이 되는 것이니, 지리(地利)는 이미 얻었다 하더라도 거처할 곳이 없으면 이 몸은 어디에 있을 것인가. 어떤 땅을 경리(經理)하려 할 때 또 집 짓는 일까지 하다 보면 시기를 잃어서 일을 망치게 됨을 면치 못할 것이다. 그러므로 산업(産業)을 제정하는 데 있어 이미 완성된 가옥(家屋) 등을 사는 것이 옳다. 그러나 또한 너무 크지 않은 것으로 해야 한다.[131]

이 문(門)은 허균 자신의 경험을 바탕으로 직접 저술하였다는 의미가 있다. 특기할 점은 위 인용문에서 보듯이, '택지(擇地)'와 '정거(定居)'를 비롯해 '때를 따름(順時)', '애써 부지런히 일함(務勤)', '검소함을 익힘(習儉)' 등의 내용을 포괄하고 있다는 점이다. 즉 생업으로서의 '농사'가 아닌 한거자의 사업으로서의 농사를 다룬 허균의 저술 의도가 드러나 있다.

---

129) 『한정록』 권수. '범례'(한국고전 종합 DB.).

130) 『한정록』 제16권. 「치농」(한국고전 종합 DB.).

131) 『한정록』 제16권. 「치농」(한국고전 종합 DB.).

마무리 말

이상과 같이 『한정록』을 살펴보았다. 여기서 일관되게 추구한 '한적한 삶'은 허균에게는 이루지 못한 꿈이다. 그는 『한정록』을 저술한 해 8월에 반역죄로 처형됨으로써 갑작스럽게 생을 마감하기도 했거니와 더욱 근본적인 이유는 현실적 욕망과 세속의 굴레를 벗지 못했던 그의 양면성에 기인한다.[132] 허균 스스로도 『한정록』 '서'에 자신의 모순적 삶에 대해 밝히길, "나 스스로 반성하려는 것이다. … 초연히 탁세(濁世)를 벗어나는 옛날의 어진 이와 나를 비교해 보니, 그들의 지혜와 나의 어리석음의 차이가 어찌 하늘과 땅의 차이에 그치겠는가."[133]라고 후회하고 있다.

현대에 주류를 이루는 라이프스타일을 살펴본 결과, 웰빙 열풍에서는 즉물적이며 개인적이고 이기적인 경향이 두드러졌으며 이로 인해 소비문화가 왜곡되거나 계층 간 위화감 등 부작용도 있었다. 로하스는 지속가능성을 추구하나 근본적으로 소비 트렌드(trend)와 마케팅(marketing)이 주도하는 라이프스타일이라는 한계가 있었다. 느리게 살기 운동은 삶의 가치와 철학 등 비물질적 측면까지 고려하는 차별성이 있으나, 개인이 주체가 되기보다 커뮤니티(community)가 주도하는 조직과 활동을 토대로 한다. 힐링에 있어서 현대인은 치유가 필요한 존재일 뿐이며 자신을 치유해 줄 무엇인가를 갈구한다. 이들은 모두 개인의 건강과 안녕을 외부에 의존하는 경향이 크며, 따라서 상업성과 결부되기 쉽다는 취약점도 있다.

이에 비해 허균이 『한정록』을 통해 추구한 삶의 방식과 태도에서 얻을 수 있는 시사점은 다음과 같이 요약할 수 있다. 첫째, 『한정록』은 '한가로운 삶'의 주체는 자신이라는 점을 강조하고 있다. 즉 자신이 주도하는 주체적인 삶을 살아야 한다는 것이다. 허균은 '은둔', '고일', '한적'이라는 세 가지 삶의 방식을 제시하였다. 또 삶에 있어서 속세이건 물외이건 자신이 처한 곳은 중요하지 않으

132) 김용범(1983). 앞의 글; 엄경섭(2015). 앞의 글.

133) 『한정록』 권수. '서'(한국고전 종합 DB.).

며 관직에 있거나 벼슬에서 물러나 있거나 무관하게 외적 상황을 초월하여 자적(自適)에 이를 수 있다는 것이다. 자신이 처한 상황과 여건에 따라 스스로 안분자족할 수 있어야 함을 강조하였다. 이를 이루기 위해, 나가고 물러남의 때를 잘 파악하는 것도 중요하며 세속의 울타리를 벗어나 풍류와 아취를 즐길 수 있는 마음가짐도 갖추어야 한다는 것을 강조하고 있다. 이러한 모든 것이 결국 자신에게 주어진 문제라는 것이다. 즉물적이며 외부 의존적인 현대 라이프스타일과 달리 자신의 삶에 대한 진지한 성찰로부터 출발한다는 점이 대비된다.

둘째, 한가로운 삶을 사는 데 있어서 내적 충만, 즉 정신적인 측면을 강조하였다. 산천의 경치를 구경하여 정신을 휴식하는 '유흥', 한정을 좋아하는 선비만 취할 수 있는 '아치', 순리를 따르며 부귀영화를 멀리하는 '광회', 담박한 일상에서 얻는 그윽한 흥치인 '유사', 한거자(閑居者)가 마땅히 해야 할 독서와 관련된 '정업', 여러 가지 고상한 취미인 '현상' 등을 통해 내적 충만감을 얻을 수 있으며 자적할 수 있다는 것이다. 이들은 '한가로운 삶'을 위한 시간 혹은 그를 통해 얻는 여가 시간을 어떻게 활용하여야 하는가에 대한 화두이다. 현대 주류 라이프스타일에서 좋은 먹거리나 쾌적한 환경 등에 의존하거나 자신을 치유해 줄 수 있는 무엇인가를 갈구하는 것과 대비된다.

셋째, 한가로운 삶을 위한 실천적 수행방법도 규범화하여 제시하고 있다. 여기에는 좋은 음식이나 화려한 의복을 멀리하고 검소함을 추구하는 '숭검', 고인(古人)의 훈계를 가까이하는 '명훈', 의취(意趣)를 잃지 않도록 검박한 일용품에 대한 '청공', 도가적 수련법인 복식(服食)과 섭양(攝養)으로 건강을 지키는 '섭생', 한거자가 해야 할 일인 농사에 대한 '치농'이 있다. 이러한 것들은 스스로 방종하거나 방만, 나태에 빠지는 것을 방지하는 장치라 할 수 있다. 또 한거자의 삶에 있어서 겉멋을 부리거나 타인에게 과시하는 것을 경계하며 스스로 건강을 유지할 것도 강조하고 있다. 이들은 현대 소비문화에 나타나는 고급화와 명품 추구, 과시와 타인과의 차별화를 위한 소비 등에 대한 반성을 촉구한다. 실천적 수행방법에서도 물질과 정신의 조화를 강조하고 있다.

전술한 바와 같이 『한정록』은 여러 서적의 내용을 선별하여 편집한 유서(類書)류의 방대한 저술로 각 분문에 총 750여 칙이 수록되어 있다. 또 수록된 글의 종류는 시(詩), 부(賦), 전(傳), 잠언(箴言) 등 다양하며 그 내용도 유·불·선을 망라하고 있다. 따라서 본고의 한계는 『한정록』과 현대 라이프스타일에 대해 명확한 비교 고찰이라기보다는 시사점 도출을 위한 리뷰(review) 연구에 머물렀다는 점이다. 추후 『한정록』에 담긴 조경 관련, 여러 개념과 사례에 관해 후속 연구가 필요할 것이다.

덧붙이는 말

'한적한 삶'에 대한 허균의 갈망은 『한정록』 외에 여러 글을 통해 확인할 수 있다. 허균은 24세(선조 25년, 1592년)에 임진왜란으로 강릉 사천에 피난하여 외가인 애일당(愛日堂)에 기거하면서 '누추한 내 방'이란 뜻의 「누실명(陋室銘)」을 지었다. 이 글은 자신의 작고 누추한 방을 도연명의 초라한 집에 비유하면서 군자로서의 삶에 자족한다는 내용이다.

> 방의 넓이는 10홀, 남으로 외짝문 두 개 열렸다. 한낮의 해 쬐어, 밝고도 따사로워라. 집은 겨우 벽만 세웠지만, 온갖 책을 갖추었다. 쇠 코 잠방이로 넉넉하니, 탁문군(卓文君)의 짝일세. 차 반 사발 따르고, 향 한 대 피운다. 한가롭게 숨어 살며, 천지와 고금을 살핀다. 사람들은 누추한 방이라 말하면서, 누추하여 거처할 수 없다 하네. 내가 보기엔, 신선이 사는 곳이라, 마음 안온하고 몸 편안하니, 누추하다 뉘 말하는가. 내가 누추하게 여기는 건, 몸과 명예가 모두 썩는 것. 집이야 쑥대로 엮은 거지만, 도연명도 좁은 방에서 살았지. 군자가 산다면, 누추한 게 무슨 대수랴.[134]

다음은 허균이 관직을 받거나 파직을 거듭하던 37세 때(선조 38년, 1607년) 정월에 친구인 화가 이정(李楨, 1578~1571)에게 자신의 이상적인 삶의 모습과 거처를 그림으로나마 그려달라는 부탁 편지이다.

> 큰 비단 한 묶음과 각가지 모양의 노랗고 푸른 비단을 함께 집 종 아이에게 부쳐, 서경(西京)으로 자네에게 보냈으니 부디 산을 등지고 시내에 임

한 집을 그려주시되 다음과 같이 배치하여 주게. 온갖 꽃과 밋밋한 대나무 천여 개를 심고, 가운데로는 남쪽으로 향한 마루를 터서, 그 앞 토방을 넓게 하여 석죽(石竹)·금선초(金線草)를 심고, 괴석과 오래된 화분을 배열하고, 동편의 안쪽 방에는 휘장을 걷고 도서(圖書) 천 권을 진열하며, 구리 병에는 공작의 꼬리를 꽂고, 박산(博山)의 술동이를 비자나무 탁자에 놓아주게. 서쪽의 창문을 열면, 애첩(愛妾)이 나물국을 장만하고 손수 동동주를 걸러서 선로(仙爐)에 따르는 동안 나는 방 가운데에 방석을 비기고 누워서 책을 읽고 있으며, 자네는 (원문 2자 빠짐) 와 주위에서 농담하며 웃고 즐기되 모두가 건(巾)과 비단 신을 착용하고 도복(道服)에는 띠[帶]를 두르지 않으며, 한 줄기의 향불 연기는 발(箔) 밖에서 피어오르는데 두 마리의 학은 돌의 이끼를 쪼고, 산동(山童)은 비를 들고 와서 꽃을 쓸고 있는 모습을 그려주게. 이렇게 되면 인생의 일은 끝나는 것이라고 보네. 그림이 완성되면 돌아오는 태징공(台徵公, 태징은 이수준(李壽俊)의 자) 편에 부쳐주기를 간절히 바라네.[135]

편지 내용에, 거처의 터는 배산임수의 입지 조건을 충족해야 하며 여기에 식재할 여러 종류의 수목과 화훼를 열거했다. 이와 함께 괴석과 화분을 비롯해 구비해야 하는 각종 기물은 물론 이 정원을 이용하는 행태에 이르기까지를 망라하여 적었다. 이러한 상세한 서술로 인해 이 편지는 마치 글로 쓴 정원 설계도처럼 보인다.

허균보다 백 수십여 년 후에 활동한 실학자 이덕무(李德懋, 1741~1793년)는 자신이 '보고 듣고, 말하고 느낀 것'을 모아 『이목구심서(耳目口心書)』를 편찬했다. 그는 여기에 이 편지를 인용하며, "허단보(許端甫, 단보는 허균 자) 『부부집(覆瓿集)』의 간독(簡牘)들은 아름답고도 기이해서 즐겨 읽을 만한 것으로 우리나라에는 드물게 있는 것이다. … 그가 나옹(懶翁) 이정(李楨)에게 준 편지에 동산(東山)을 그리는데 그 배치를 설명한 것이 역력히 신묘(神妙)한 경지에 들어갔으니 매우 기이한 필치이다."라고 썼다.[136]

이후 허균은 43세(광해군 3년, 1611년) 봄에 귀양지인 함열현(咸悅縣) 거처에 역시 이정이 그려준 세 시인의 초상화를 걸고 당호(堂號)를 사우재(四友齋)라 하였다. 다음은 이때 지은 기문이다.

재(齋)를 사우(四友)라고 이름 지은 것은 왜냐? 허자(許子 저자 자신을 가리킴)의 벗하는 자가 셋인데, 허자가 그중 하나를 차지하고 보니, 아울러 넷이 된 셈이다. 세 사람은 누구인가? 오늘날의 선비는 아니고 옛사람이다. 허자는 성격이 소탈하고 호탕하여 세상과는 잘 맞지 않으므로, 당시의 사람들이 무리를 지어 꾸짖고 떼 지어 배척하므로, 문에 찾아오는 이가 없고 나가도 더불어 뜻에 맞는 곳이 없다. 그래서 탄식하며, "벗이란 오륜(五倫)의 하나인데 나만 홀로 갖지 못했으니 어찌 심히 수치로 여기지 않을 수 있겠는가." 했다. 물러 나와 생각건대, 온 세상이 나를 비천하게 여기고 사귀지 않으니 내가 어디로 가서 벗을 구할 것인가. 마지못해 옛사람 중에서 사귈 만한 이를 가려 벗으로 삼을 수밖에 없었다.
내가 가장 사랑하는 이는 진(晉) 나라의 처사(處士) 도원량(陶元亮)이다. 그는 한가하고 고요하며 평탄하고 소광(疏曠)하여 세상일 따위는 마음에 두지 않고 가난을 편히 여기며 천명을 즐기다가 승화귀진(乘化歸盡)하니, 맑은 풍모와 빼어난 절개는 아득하여 잡을 길이 없다. 나는 몹시 그를 사모하나, 그의 경지에는 미칠 수가 없다.
그다음은 당(唐)나라 한림(翰林) 이태백(李太白)이다. 그는 비범하고 호탕하여 팔극(八極)을 좁다 하고 귀인들을 개미 보듯 하며 스스로 산수 간에 방랑하였으니, 내가 부러워하여 따라가려고 애쓰는 처지이다.
또 그다음은 송(宋)나라 학사(學士) 소자첨(蘇子瞻)이다. 그는 허심탄회하여 남과 경계를 두지 않으므로 현명한 이나 어리석은 이, 귀한 이나 천한 이 할 것 없이 모두 그와 더불어 즐기니, 유하혜(柳下惠)의 화광동진(和光同塵)을 본받고자 하나 못하는 처지이다.
이 세 분의 군자는 문장이 천고(千古)에 떨쳐 빛나지만, 내 보기에는 모두 그들에게는 여사(餘事)였다. 그러므로 내가 취하는 바는 전자에 있지 후자에 있지 않다. 만약 이 세 분 군자를 벗 삼는다 할 것 같으면, 어찌 속인들과 함께 어깨를 포개고 옷소매를 맞대며, 사분사분 귓속말하며 스스로 우도(友道)로 삼을 것인가.
나는 이정(李楨)에게 명하여 세 군자의 상을 꼭 같이 그리게 하고, 이 초상에 찬(贊)을 짓고 석봉(石峯)으로 하여금 해서(楷書)로 쓰게 하였다. 매번 머무는 곳마다 반드시 좌석 한쪽에 걸어놓으니 세 군자가 엄연히 서로 대하여 권형(權衡)을 평정(評定)하며 마치 함께 웃고 얘기하는 듯하고, 더욱이 그 인기척 소리를 듣는 듯하여 쓸쓸히 지내는 생활이 괴로운 것을 자못 알지 못하였다. 이러고 보니 나는 비로소 오륜을 갖추게 되었으며, 더욱 남과 더불어 사귀는 것을 즐거워하지 않게 되었다.
아, 나는 확실히 글을 못하는 자라 세 분 군자의 여사에도 능하지 못하지만, 성격마저 탄솔(坦率)하고 망용(妄庸)하여 감히 그러한 인물이 되기를 바라지는 못한다. 단지 그분들을 존경하고 사모하여 벗으로 삼고자 하는 정성만은 신명(神明)을 느끼게 할 수 있다. 그러므로 벼슬에 그 출처와 거취는 암암리에 그분들과 합치되었다. 도연명이 팽택(彭澤)의 영(令)이 되어 80일 만에 관직을 벗었는데, 나는 세 번이나 태수가 되었으나 임기를 못 채우고 문득 배척받아 쫓겨났다. 이태백은 심양(潯陽)과 야랑(夜郞)으로 가고 소동파는 대옥(臺獄)과 황강(黃岡)으로 갔었다. 이는 모두 어진 이가 겪은 불행이지만, 나는 죄를 지어 형틀에 묶이고 볼기 맞는 고문을 받은 뒤 남쪽으로 옮겨지니, 아마도 조물주가 희롱하여 그 곤액은 같이 맛보게 하였으나, 부여된 재주와 성품만은 갑자기 옮겨질 수 없는 것이 아니겠는가.
하늘의 복을 입어, 혹시라도 전야로 돌아가도록 허락된다면, 관동(關東)

지방은 나의 옛 터전이라 그 경치며 풍물이 중국의 시상산(柴桑山)·채석산(采石山)과 견줄 만하고, 백성은 근실하고 땅은 비옥하여 또한 중국의 상숙현(常熟縣)과 양선현(陽羨縣)보다 못지않으니, 마땅히 세 군자를 받들고 감호(鑑湖) 가에서 초복(初服) 입던 신세로 돌아간다면, 어찌 인간 세상의 한 가지 즐거운 일로 되지 않겠는가. 저 세 분 군자가 아신다면 역시 장차 즐겁고 유쾌하게 여기실 것이다. 내가 사는 집은 한적하고 외져서 아무도 찾아오는 이가 없으며, 오동나무가 뜰에 그늘을 드리우고 대나무와 들매화가 집 뒤에 총총히 줄지어 심겨 있으니, 그 그윽하고 고요함을 즐기면서 북쪽 창에다 세 군자의 초상을 펴놓고 분향하면서 읍을 한다. 그래서 마침내 편액을 사우재(四友齋)라 하고 인하여 그 연유를 위와 같이 기록해둔다. 신해년(1611, 광해군3) 2월 사일(社日)에 쓰다.[137)]

여기서 네 명의 벗은 허균 자신을 비롯해 본받고 싶은 진나라 처사 도연명, 당나라 한림 이태백, 송나라 학사 소동파이다. 도연명은 '드넓은 정신세계'를 지녔고 이태백은 '산수 간에 마음껏 노닌' 사람이었으며 소동파는 '텅 비고 드넓은 심회로 화광동진(和光同塵)의 풍모'를 지녔다고 했다. 이들은 모두 "세상에 나아가고 물러난 자취가 저도 몰래 서로 합치"한다고 했다. 또 이들은 모두 재능을 제대로 펼칠 기회를 얻지 못하고 불우한 삶을 살았으나 고매한 정신세계와 학문을 이루고 자유로운 삶을 산 사람들이다. 허균은 이들을 받들고 이들과 같은 삶을 사는 것을 절실히 원했다. 이러한 간절한 바람이 『한정록』에 고스란히 담겨 있다.

134) 김풍기 역(2004). 누추한 내 방. 서울: 태학사. pp. 77-79.

135) 『성소부부고』 제21권. 문부(文部) 18, 척독하(尺牘下)(한국고전 종합 DB.).

136) 『청장관전서』 제51권(한국고전 종합 DB).

137) 『성소부부고』 제6권. 문부(文部) 3, 기(記)(한국고전 종합 DB.).

저자 후기

이 책의 출간 준비는 한없이 가벼운 마음으로 시작했었다. 여기에 수록한 각 논문은 익명의 세 분으로 구성된 동료 평가(peer review) 과정을 거쳤기 때문이다. 따라서 이미 검증된 연구 결과를 단행본으로 엮는 것은 그리 어렵지 않을 것이라고 대수롭지 않게 생각했었다. 그러나 이 생각이 터무니없이 어리석었다는 것을 깨닫는 데는 그다지 오랜 시간이 걸리지 않았다.

내가 쓴 글을 수년 후에 다시 정독하는 것은 엄청난 고통을 수반한다는 것을 이번 작업을 통해 알 수 있었다. 가끔 발견되는 오·탈자 정도는 바로잡으며 그런대로 넘어갈 수 있었다. 논문을 작성하던 당시에 명확한 분석과 인식이 부족하여 얼버무리고 넘어간 부분이 주머니 속의 송곳처럼 삐져나왔다. 곳곳에 논리적 비약도 있었고 서술의 오류도 눈에 띄었다. 이럴 때마다 보는 사람은 없지만, 얼굴이 화끈거리고 식은땀이 흘렀다.

나는 수백 년 전에 쓰인 옛글을 텍스트 삼아 논문을 쓰고 있다. 이 옛글은 목판으로 혹은 필사에 필사 등 지난한 과정을 거친 것들이다. 좀이 쏠고 비바람의 풍화를 견디고 전쟁과 재난을 넘어 오늘에 전해진 것이다. 문자의 생명력은 실로 위대하다.

내가 쓴 논문은 어떤가? 일부러 찾아보는 이는 없지만, 디지털 데이터로 변환되어 이미 온 세상에 공개되어 있다. 이제 와서 아무리 부끄럽고 후회막심한들 그 글을 삭제하거나 파기해 버릴 방법이 없다. 더구나 이 전자 자료라는 물건은 지구가 멸망할 때까지 아니면 그 후까지도 영원할 수도 있다. 글쓰기의 엄중함이란…!

청(淸)대의 모기령(毛奇齡, 1623~1713년)은 뛰어난 학자였다. 그러나 그는 학풍이 경솔하고 도덕적이지 못하며 권력에 굴종했다는 비난을 받았다. 그는 처한 상황이 변하게 되자 자신이 쓴 글을 자기가 쓴 것이 아니라고 부인하기도 했고, 자신의 저술인 『사서개착(四書改錯)』을 스스로 파기하여 인멸하려고도 했다. 지난날 경솔하게 쓴 글이 후회막급하여 원점으로 되돌리고 싶었던 그의 심정을 나는 충분히 공감할 수 있다.

선배 제현의 연구 성과에 비하면 이 책은 보잘것없다. 몇 해 혹은 고작 몇 개월 후에 나 스스로가 이 책을 두고 후회할 수도 있겠다. 그럼에도 불구하고 지금은 마음이 가볍다. 오랜 짐을 내려놓은 기분이다. 이 단계에서 일단락 짓고 새로운 마음으로 다시 시작하는 것도 좋을 듯하다.

참고문헌

1. **파초(芭蕉)의 식재 의미와 설계 용도**(Design Use)

1. 김명희 · 홍형순(2011). 고전 시문과 회화를 통해 본, 연(*Nelumbo nucifera*)의 활용과 애호 행태. 한국전통조경학회지. 29(4): 1-13.
2. 김인환 역해(2006). 『주역』. 서울: 고려대학교출판부.
3. 김태정(1996). 한국의 자원 식물Ⅴ. 서울: 서울대학교출판부.
4. 노재현 · 김영숙 · 고여빈(2010). 조경 식물 파초(*Musa basjoo*) 식재 양상과 그 의미. 한국전통조경학회지. 28(2): 23-36.
5. 농촌진흥청 농업과학기술원 농촌자원개발연구소(2008). 한국의 전통음식 10, 제주도. 파주: 교문사.
6. 민족문화추진회 편(2004). 『한정록』. 許筠. 『閑情錄』. 서울: 솔출판사.
7. 삼성미술관 Leeum(2011). 조선화원대전 도록.
8. 실시학사 고전문학연구회 역(2009). 완역 이옥 전집 3. 李鈺, 『白雲筆』. 서울: ㈜휴머니스트.
9. 杨臣彬 编(2007). 扬州绘画. 上海: 上海世纪出版股份有限公司.
10. 유홍준 · 이태호(2003). 유희삼매—선비의 예술과 선비취미. 서울: 학고재.
11. 유홍준 · 이태호(2000). 만남과 헤어짐의 미학, 조선 시대 계회도와 전별시. 서울: 학고재.
12. 이문구(2000). 내 몸은 너무 오래 서 있거나 걸어왔다. 서울: (주)문학동네.
13. 이선(2006). 우리와 함께 살아온 나무와 꽃. 서울: 수류산방. 중심.
14. 임정기(2006). 『사가집(四佳集)』 「사가시집」 제45권. 시의 주석에 재인용(한국고전 종합 DB).
15. 정민(2007). 18세기 조선 지식인의 발견. 서울: 휴머니스트.
16. 조성진 · 조영열 역(2004). 한시와 일화로 보는 꽃의 중국문화사. 中村公一(2002). 中國の愛の花ことば. 서울: 뿌리와 이파리.
17. 최승범(1998). 산수화처럼 펼쳐지는 탈속의 시정. 문화와 나. 1998. 7, 8. Vol.4. 삼성문화재단. pp. 22-24.
18. 한국사연구회(2007). 개경의 생활사. 서울: 휴머니스트.
19. 호암미술관(2007). '한국미술 속의 정원을 걷다.' 전시회 도록.
20. 『가정집(稼亭集)』(한국고전 종합 DB, http://db.itkc.or.k).
21. 『간이집(簡易集)』(한국고전 종합 DB, http://db.itkc.or.k).
22. 『계곡집(谿谷集)』(한국고전 종합 DB, http://db.itkc.or.k).
23. 『계원필경집(桂苑筆耕集)』(한국고전 종합 DB, http://db.itkc.or.k).
24. 『고려사절요(高麗史節要)』(한국고전 종합 DB, http://db.itkc.or.k).
25. 『동국이상국집(東國李相國集)』(한국고전 종합 DB, http://db.itkc.or.k).
26. 『목은집(牧隱集)』(한국고전 종합 DB, http://db.itkc.or.k).
27. 『사가집(四佳集)』(한국고전 종합 DB, http://db.itkc.or.k).
28. 『산림경제(山林經濟)』(한국고전 종합 DB, http://db.itkc.or.k).

29. 『속동문선(續東文選)』(한국고전 종합 DB, http://db.itkc.or.k).
30. 『약천집(藥泉集)』(한국고전 종합 DB, http://db.itkc.or.k).
31. 『연암집(燕巖集)』(한국고전 종합 DB, http://db.itkc.or.k).
32. 『오주연문장전산고(五洲衍文長箋散稿)』(한국고전 종합 DB, http://db.itkc.or.k).
33. 『익재집(益齋集)』(한국고전 종합 DB, http://db.itkc.or.k).
34. 『승정원일기(承政院日記)』(한국고전 종합 DB, http://db.itkc.or.k).
35. 『청장관전서(靑莊館全書)』(한국고전 종합 DB, http://db.itkc.or.k).
36. 『포저집(浦渚集)』(한국고전 종합 DB, http://db.itkc.or.k).
37. 『한정록(閒情錄』(한국고전 종합 DB, http://db.itkc.or.k).
38. 『홍재전서(弘齋全書)』(한국고전 종합 DB, http://db.itkc.or.k).
39. https://saloniere.blog.me/93651998.

2. 옛 정원에서 '오동(梧桐)'의 수종, 식재 장소와 경관적 활용

1. 강판권(2010a). 어느 인문학자의 나무 세기. 서울: 지성사.
2. 강판권(2010b). 역사와 문화로 읽는 나무 사전. 파주: (주)글항아리.
3. 강판권(2010c). 나무 열전. 파주: (주)글항아리.
4. 강판권(2011). 미술관에 사는 나무들, 세상에서 가장 아름다운 붓. 파주: 효형출판.
5. 국립전주박물관(2012). 호생관 최북. 탄신 300주년 기념 특별전 도록.
6. 국립중앙박물관(2013). 표암 강세황－시대를 앞서간 예술혼. 탄신 300주년 기념 특별전 전시도록.
7. 김영진(2003). 증보산림경제 해제. (농촌진흥청, "고농서국역총서 4. 국역 증보산림경제"). pp. 5-19.
8. 김풍기(2012). 옛 시에 매혹되다. 서울: 푸르메.
9. 김하라 편역(2015). 일기를 쓰다 2. 兪晩柱, 『欽英』. 파주: 돌베게.
10. 김학주 역(2011). 장자. 莊周, 『莊子』. 고양: 연암서가.
11. 남명학연구소 경상 한문학연구회 역주(2003). 대동운부군옥 1, 3. 權文海, 『大東韻府群玉』. 서울: 소명출판.
12. 농촌진흥청(2003). 고농서국역총서 4, 증보산림경제 Ⅰ. 柳重臨, 『增補山林經濟』.
13. 민족문화추진회(2007). 국역 산림경제 1. 洪萬選. 『山林經濟』. 파주: 한국학술정보(주).
14. 박상진(2004). 역사가 새겨진 나무 이야기. 파주: 김영사.
15. 박상진(2009). 우리 문화재 나무 답사기. 서울: 왕의 서재.
16. 박상진(2011a). 문화와 역사로 만나는 우리 나무의 세계 1. 파주: 김영사.
17. 박상진(2011b). 문화와 역사로 만나는 우리 나무의 세계 2. 파주: 김영사.
18. 산림청 임업연구원(1992). 한국수목 도감. 서울: 임업연구원.
19. 삼성미술관 Leeum(2011). 조선화원대전 도록.
20. 삼성미술관 Leeum(2006). 조선 말기 회화전 도록.
21. 송재소, 최경열, 이철희, 강지희, 김영죽, 최영옥 역주(2011). 당시 삼백수 2. 서울: 전통문화연구회.

22. 신상섭, 노재현(2009). 『지봉유설』로 본 이수광의 조경 식물 인식 및 가치관. 한국전통조경학회지. 27(1): 1-10.
23. 실시학사 고전문학연구회 역(2009). 완역 이옥 전집 3. 李鈺, 『白雲筆』. 서울: (주)휴머니스트.
24. 안대회 편역(2005). 산수 간에 집을 짓고. 徐有榘, 『林園經濟』. 파주: 돌베개.
25. 안대회(2008). 고전 산문 산책. 서울: (주)휴머니스트.
26. 유병례(2009). 한·중 고전 시가에 나타난 오동나무 이미지 비교. 중어중문학. 44집: 201-238.
27. 유홍준·이태호(2003). '유희삼매 - 선비의 예술과 선비취미' 기획전 도록. 서울: 학고재.
28. 이병훈 역(2009). 양화소록. 姜希顔, 『養花小錄』. 서울: 을유문화사.
29. 이선(2006). 우리와 함께 살아온 나무와 꽃. 서울: 수류산방. 중심.
30. 이종묵(2006). 조선의 문화공간 3. 서울: (주)휴머니스트.
31. 이종묵 역(2009). 사의당지, 우리 집을 말한다. 洪敬謨, 『四宜堂志』. 서울: (주)휴머니스트.
32. 정민(2005). 18·19세기 문인지식인층의 원예 취미. 한국한문학연구. 35집: 35-77.
33. 조선미 역(2002). 중국 회화사. Cahill. J. F.(1960). Chinese Painting. 서울: 열화당.
34. 최영전(1997). 한국민속 식물. 서울: 아카데미서적.
35. 최완수(2004). 겸재의 한양 진경. 서울: 동아일보사.
36. 한국민족미술연구소(2008). 간송문화. 제75호.
37. 한국전통조경학회 편(2011). 동양 조경문화사. 서울: 도서출판 대가.
38. 한국조경학회 편(2007). 동양 조경사. 서울: 문운당.
39. 허경진·김형태 역(2008). 시명다식. 丁學游, 『詩名多識』. 서울: 한길사.
40. 허균·이경재 외(2004). 선인들이 남겨놓은 삶의 흔적들. 서울: 다른세상.
41. 『가정집(稼亭集)』(한국고전 종합 DB, http://db.itkc.or.k).
42. 『간이집(簡易集)』(한국고전 종합 DB, http://db.itkc.or.k).
43. 『농암집(農巖集)』(한국고전 종합 DB, http://db.itkc.or.k).
44. 『다산시문집(茶山詩文集)』(한국고전 종합 DB, http://db.itkc.or.k).
45. 『동계집(桐溪集)』(한국고전 종합 DB, http://db.itkc.or.k).
46. 『동국이상국집(東國李相國集)』(한국고전 종합 DB, http://db.itkc.or.k).
47. 『동문선(東文選)』(한국고전 종합 DB, http://db.itkc.or.k).
48. 『명재유고(明齋遺稿)』(한국고전 종합 DB, http://db.itkc.or.k).
49. 『목은집(牧隱集)』(한국고전 종합 DB, http://db.itkc.or.k).
50. 『사가집(四佳集)』(한국고전 종합 DB, http://db.itkc.or.k).
51. 『산림경제(山林經濟)』(한국고전 종합 DB, http://db.itkc.or.k).
52. 『상촌집(象村集)』(한국고전 종합 DB, http://db.itkc.or.k).
53. 『서계집(西溪集)』(한국고전 종합 DB, http://db.itkc.or.k).
54. 『석주집(石洲集)』(한국고전 종합 DB, http://db.itkc.or.k).
55. 『성소부부고(惺所覆瓿藁)』(한국고전 종합 DB, http://db.itkc.or.k).
56. 『성호사설(星湖僿說)』(한국고전 종합 DB, http://db.itkc.or.k).
57. 『성호전집(星湖全集)』(한국고전 종합 DB, http://db.itkc.or.k).
58. 『순암집(順菴集)』(한국고전 종합 DB, http://db.itkc.or.k).

59. 『완당전집(阮堂全集)』(한국고전 종합 DB, http://db.itkc.or.k).
60. 『학봉집(鶴峰集)』(한국고전 종합 DB, http://db.itkc.or.k).
61. 『한정록(閑情錄)』(한국고전 종합 DB, http://db.itkc.or.k).

3. 그림 속 식물요소를 통해 본 「독서여가도(讀書餘暇圖)」의 의미

1. 고연희(2007). 조선시대 산수화. 아름다운 필묵의 정신사. 서울: 도서출판 돌베개.
2. 국립산림품종관리센터(2015). 우리 산에 자라는 약용식물.
3. 김경용(2001). 기호학이란 무엇인가. 서울: 민음사.
4. 김인환 역해(2006). 주역. 서울: 고려대학교출판부.
5. 문봉선(2006). 새로 그린 매란국죽 1. 서울: 도서출판 학고재.
6. 박상진(2001). 궁궐의 우리 나무. 서울: 눌와.
7. 박영택(2006). 회화에 나타난 식물성의 상상력(교수신문사, "우리 시대의 미를 논한다"). 서울: 성균관대학교출판부. pp. 54-94.
8. 박은순(2008). 이렇게 아름다운 우리 그림. 한국문화재보호재단.
9. 서은숙 역(2003). 시는 붉고 그림은 푸르네. 黃玉峰. 詩情畵意. 서울: 도서출판 학고재.
10. 임업연구원(1992). 한국수목 도감.
11. 오주석(1999). 옛 그림 읽기의 즐거움 1. 서울: 솔출판사.
12. 유봉학(2006). 경화사족의 사상과 진경 문화(최완수 외, "우리 문화의 황금기 진경시대 1, 사상과 문화"). 서울: 도서출판 돌베개.
13. 유봉학(2003). 조선 후기 풍속화 변천의 사회・사상적 배경(최완수 외, "우리 문화의 황금기 진경시대 2, 예술과 예술가들"). 서울: 도서출판 돌베개.
14. 유홍준(2001). 화인 열전 1. 서울: 역사비평사.
15. 윤진영(2006). 독서의 여가와 산수도. 문헌과 해석. 2006년 겨울호 통권 37호: 29-39.
16. 이병훈 역(2009). 양화소록. 姜希顔. 「養花小錄」. 서울: 을유문화사.
17. 이상희(2004). 꽃으로 보는 한국문화 3. 서울: 넥서스 BOOKS.
18. 이선(2006). 우리와 함께 살아온 나무와 꽃. 서울: 수류산방. 중심.
19. 장진성(2007). 조선 후기 사인풍속화와 여가문화. 미술사논단. 24: 261- 291.
21. 정민(2005). 18, 19세기 문인 지식층의 원예 취미. 한국한문학연구. 35: 35-77.
22. 정양모(2009). 정선 그림의 특징과 위상(국립중앙박물관, "겸재 정선, 붓으로 펼친 천지 조화" 테마전 도록). 서울: 통천문화사.
23. 조성진・조성렬 역(2004). 한시와 일화로 보는 꽃의 중국문화사. 中村公一(2002). 中國の愛の花ことば. 서울: 뿌리와 이파리.
24. 최완수(1993). 겸재 정선 진경산수화. 서울: 범우사.
25. 최완수(2003). 겸재 정선과 진경 산수화풍(최완수 외, "우리 문화의 황금기 진경시대 2, 예술과 예술가들"). 서울: 도서출판 돌베개.
26. 최완수(2004). 겸재의 한양 진경. 서울: 동아일보사.
27. 최완수(2009). 겸재 정선 2. 서울: 현암사.
28. 한국자생란연구회編(1989). 동양란 가꾸기. 서울: 세종문화원.

29. 호암미술관(2007). '한국미술 속의 정원을 걷다' 전통정원 희원 개원 10주년 기념전 도록.
30. 홍성봉(1991). 조선조 역대 왕의 수명과 그 사인. 한국인구학회지. 14(1); 35-46.
31. 한국산업진흥원 디자인 데이터베이스(http://www.designdb.com).

4. 상수(象數) 원리를 정원구성에 적용한 용도서(龍圖墅)와 귀문원(龜文園)

1. 강병기 · 최종현 · 임동일(1995). 전통공간사상에 관한 연구(1): 역과 음양 · 오행 사상에 근거한 전통적 공간개념의 형성. 국토계획. 30(6): 7-20.
2. 구미래(1995). 한국인의 상징세계. 서울: 교보문고.
3. 김명주 · 박현수(2006). 소쇄원 공간의 재해석을 통한 도심지 공원 계획안: 음양 사상을 이용한 쌈지공원. 대한건축학회 학술발표대회 논문집 26(1): 447-452.
4. 김인환 역해(2006). 주역. 서울: 고려대학교출판부.
5. 김학수(2005). 끝내 세상에 고개를 숙이지 않는다. 서울: 도서출판 삼우반.
6. 민족문화추진회(2007). 국역 산림경제 1. 洪萬選.『山林經濟』. 파주: 한국학술정보(주).
7. 박상진(2004). 역사가 새겨진 나무 이야기. 서울: 김영사.
8. 신승훈(2007). 산림경제 해제(민족문화추진회, "국역 산림경제"). 파주: 한국학술정보(주). pp. 3-27.
9. 신원봉 역(2005). 역경 잡설. 南懷瑾, 易經雜說. 서울: 문예출판사.
10. 신원봉 역(2006). 주역 강의. 南懷瑾, 易經繫傳別講, 서울: 문예출판사.
11. 안대회 편역(2005). 산수 간에 집을 짓고. 徐有榘,『林園經濟』. 파주: 돌베개.
12. 유봉학(1999). 조선 후기 학계와 지식인. 서울: 신구문화사.
13. 유준영(1990). 한국전통건축의 기호학적 해석: 화음동정사를 중심으로. 미술사학연구회 미술사학 제2권: 25-57.
14. 유준영(2010). 김수증의 은둔사상(유준영 · 이종호 · 윤진영, "권력과 은둔"). 서울: 북코리아. pp. 34-187.
15. 윤창열(2010). 하도 낙서와 삼역괘도. 서울: 상생출판.
16. 이광호 역주(2011). 근사록 집해 Ⅰ. 朱熹 · 呂祖謙 편저, 葉菜 집해.『近思錄集解』. 서울: 아카넷.
17. 이종묵(2009). 성리학적 사유를 구현한 조선 선비의 집. 남명학연구원 남명학 제14권: 303-332.
18. 임병학(2007). 선진유학에 나타난 하도 낙서. 한국국학진흥원 국학연구 제11집: 253-281.
19. 전용원(2005). 주자 역학의 상수학적 특성 연구: 하도 · 낙서 · 태극의 관계를 중심으로. 중국어문학논집 제35호: 455-481.
20. 전창선 · 어윤형(2011). 음양오행으로 가는 길. 서울: 와이겔리.
21. 전창선 · 어윤형(2012). 음양이 뭐지? 서울: 와이겔리.
22. 정옥자(2003). 우리가 정말 알아야 할 우리 선비. 서울: 현암사.
23. 한국사상사연구회(2011). 조선 유학의 개념들. 서울: 예문서원.
24. 한동석(2006). 우주 변화의 원리. 서울: 대원출판.

25. 홍형순・이원호(2006a). 19세기 문인 항해 홍길주의 『숙수념』에 관한 조경학적 고찰. 한국전통조경학회지. 24(3): 67-78.
26. 홍형순・이원호(2006b). 허균의 저작을 통해 본 상상적 공간. 한국전통조경학회지. 24(4): 111-120.
27. 홍형순(2012). 『산림경제』「복거」편 중 용도서와 귀문원에 내재된 의미. 한국전통조경학회 춘계학술논문발표회 초록집 pp. 55-60.
28. 『송자대전』(한국고전 종합 DB. http://db.itkc.or.kr).
29. 국립중앙박물관(http://www.museum.go.kr).
30. 한국 역대 인물 종합정보 시스템(http://encykorea.aks.ac.kr).

5. 「장주묘암도」에 표현된 정원 도해의 메타포(Metaphor)

1. 김인환 역해(2006). 주역. 서울: 고려대학교출판부.
2. 김일권(2018). 전통 자연학의 범주와 오행지학적 상관론. 동아시아고대학. 제50집. pp. 225-254.
3. 김충열(2007). 「주역」 강의 원고. 삼성출판박물관 강좌.
4. 김충열(2000). 「周易」 泰卦・否卦 講義 —東洋의 '興亡盛衰'의 한 모델—. 한벽문총 제9집: 53-66.
5. 김충열(1999). 「易」의 宇宙觀, 性命觀 그리고 文化觀. 한국주역학회 「주역연구」 제3집: 3-21.
6. 김충열(1997). 損・益卦의 論理와 敎訓. 한국주역학회 「주역연구」 제2집: 19-32.
7. 김형찬 역(2013). 논어. 서울: 홍익출판사.
8. 박창애(2016). 조선 시대 주자 숭모열과 그 이미지 시각화 양상. 대동문화연구 제93집. pp. 199-241.
9. 신영복(2007). 나의 동양고전 독법 강의. 서울: 돌베게.
10. 신원봉 역(2006). 주역 강의. 南懷瑾(1991). 周易繫傳別講. 서울: 문예출판사.
11. 신원봉 역(2005). 역경 잡설. 南懷瑾(1997). 易經雜說. 서울: 문예출판사.
12. 유홍준(2001). 화인 열전 1. 서울: 역사비평사.
13. 윤진영(2016). 영조 대의 미술문화 : 회화를 중심으로. 장서각아카데미 왕실문화강좌. pp. 97-112.
14. 윤창열(2010). 하도 낙서와 삼역괘도. 서울: 상생출판.
15. 이광호 역주(2011). 근사록 집해 Ⅱ. 서울: 아카넷.
16. 이태호(1992). 영조의 요청으로 그린 「장주묘암도」에 대한 소고. pp. 109-122.(이태호・유홍준 편, "조선 후기의 그림과 글씨"). 서울: 학고재.
17. 허균(2003). 한국의 정원, 선비가 거닐던 세계. 서울: 다른세상.
18. 호암미술관(2007). 전통정원 희원 개원 10주년 기념 소장품 테마전 '한국미술 속의 정원을 걷다' 전시 도록.
19. 『승정원일기』(국사편찬위원회 한국사 데이터베이스, http://db.history.go.kr).
20. 『영조실록』(한국고전 종합 DB, http://db.itkc.or.kr).

6. 겸재 진경산수화 속의 정원

1. 강명수(2001). 진경산수화 분석을 통한 산지 구릉 경관 유형의 분류 및 해석. 한국조경학회지. 29(4): 12-23.
2. 강영조·배미정(2002). 겸재 정선의 진경산수화에 나타난 조망행동. 한국조경학회지. 30(5): 1-12.
3. 고연희(2002). 조선 후기 회화와 타자성. 미술사학보. 18: 23-46.
4. 고연희(2007). 조선 시대 산수화. 아름다운 필묵의 정신사. 서울: 도서출판 돌베개.
5. 김광석·박길룡(2004). 산수화의 시각구조와 도시풍경 담기에 관한 연구. 대한건축학회 학술발표논문집. 24(1): 259-262.
6. 김기임·윤홍택(1996). 예술 분야에 나타난 조선 시대 정원의 구성요소와 구성원리. 대한건축학회 학술발표논문집. 16(2): 125-128.
7. 김정용(1999). 중국 회화이론과 원림 건축사상 비교연구. 건축역사연구. 8(2): 33-45.
8. 김재숙(2001). 진경 시대 미학 사상 연구. 한국동양 철학회 동양철학. 15: 149-178.
9. 김채현·배현미(2007). 풍속화에서 살펴본 공공공간의 형태특성에 관한 연구. 한국전통조경학회지. 25(2): 59-71.
10. 김현준·심우경(2007). 「동궐도」에 나타난 식재 현황 및 특징 분석. 한국전통조경학회지. 25(2): 141-154.
11. 노재현·신상섭·박율진(2008). 다산도에 표현된 다산초당의 원형 경관 탐구. 한국전통조경학회지. 26(2): 31-41.
12. 박은순(2002). 진경산수화의 관점과 제재. 우리 땅, 우리의 진경(국립춘천박물관, "조선 시대 진경산수화" 특별전 도록). 서울: 통천문화사.
13. 백종철·김용기(2001). 조선 시대 궁궐에 조성된 취병의 특성에 관한 연구. 한국전통조경학회지. 19(2): 28-37.
14. 심우경(2007). 고분벽화에 표현된 이상향이 정원문화에 미친 영향. 한국전통조경학회지. 25(2): 11-24.
15. 안대회(2008). 통원 유만주의 조경미학. 한국전통조경학회지. 27(1): 48-56.
16. 안휘준(1999). 한국회화사. 서울: 일지사.
17. 유가현·성종상(2009). 진경산수화에 표현된 풍토 경관에 관한 기초연구. 한국조경학회지. 37(1): 87-99.
18. 유병림·황기원·박종화(1989). 조선조 정원의 원형. 서울대학교 환경대학원 부설 환경계획연구소.
19. 유홍준(1999). 조선 후기 진경산수화의 화론과 진경시의 시론. 미술사학보. 12: 41-55.
20. 유홍준(2001). 화인 열전 1. 서울: 역사비평사.
21. 이선(2006). 우리와 함께 살아온 나무와 꽃. 서울: 수류산방. 중심.
22. 이원복(2004). 조선 시대 산수화 - 그 흐름과 특징(국립광주박물관, "조선 시대 산수화" 특별전 도록). 서울: 예맥출판사. pp. 120-133.
23. 전영옥(2004). 조선 시대 괴석의 특성과 산수화와의 관련성에 관한 연구. 한국전통조경학회지. 22(2): 1-12.
24. 정민(2007). 18세기 조선 지식인의 발견. 서울: 휴머니스트.

25. 정봉구 · 한동수(2007). 조선 후기 한양의 원림에 관한 연구. 대한건축학회 논문집 계획계 23(10): 81-92.
26. 정연식(1996). 겸재 진경산수화의 낭만주의적 경향. 서울여자대학교 인문과학연구소 인문논총. 3: 241-268.
27. 조경진 · 서영애(2008). 조선 시대 풍속화를 통해 본 정원의 풍류적 의미 연구. 한국조경학회지. 36(5): 94-107.
28. 조선일보(2009. 3. 25). "겸재 정선의 그림대로 압구정 복원키로"
29. 조선일보(2009. 10. 7). "낙산사 그림같이 되살아나다"
30. 지순임(2005). 중국화론으로 본 회화미학. 서울: 미술문화.
31. 최완수(1993). 겸재 정선 진경산수화. 서울: 범우사.
32. 최완수(2003). 겸재 정선과 진경 산수화풍(최완수 외, "우리 문화의 황금기 진경 시대 2, 예술과 예술가들"). 서울: 도서출판 돌베개.
33. 최완수(2004). 겸재의 한양 진경. 서울: 동아일보사.
34. 최완수(2006). 조선왕조의 문화절정기, 진경 시대(최완수 외, "우리 문화의 황금기 진경 시대 1, 사상과 문화"). 서울: 도서출판 돌베개.
35. 최완수(2009). 겸재 정선 2. 서울: 현암사.
36. 최종현(2007). 원림 건축 형식으로서의 한국전통 산수화 고찰. 한국전통조경학회지. 25(4): 13-36.
37. 호암미술관(2007). '한국미술 속의 정원을 걷다' 전통정원 희원 개원 10주년 기념전 도록.
38. 홍형순(2008). 「장주묘암도」정원 도해의 메타포. 한국전통조경학회지. 26(1): 1-8.
39. 국립중앙박물관(http://www.museum.go.kr).

7. 표암(豹菴)의 「호가유금원기(扈駕遊禁苑記)」에 나타난 궁원 유람행사의 내용과 의미

1. Editions de la Réunion des Mugées Nationaux(1992). The Way to Present the Gardens of Versailles. by Louis XIV.
2. 강관식(2011). 조선 시대 도화서 화원 제도. (삼성미술관 Leeum, "조선화원대전 도록"). pp. 261-282.
3. 국립중앙박물관(2013). 표암 강세황－시대를 앞서간 예술혼. 탄신 300주년 기념 특별전 전시도록.
4. 김기봉(2013). 태양왕과 만천 명월 주인옹: 루이 14세와 정조. (역사학회 편, "정조와 18세기." 서울: 푸른역사). pp. 270-305.
5. 김종진 · 변영섭 · 정은진 역(2010). 표암 유고. 姜世晃, 『豹菴遺稿』. 파주: 지식산업사.
6. 문화재관리국(1991). 동궐도.
7. 민길홍(2013). 18세기 화단에서 표암 강세황의 위상. (국립중앙박물관, "표암 강세황－시대를 앞서간 예술혼. 탄신 300주년 기념 특별전 전시도록"). pp. 344-357.
8. 박광용(2013). 조선의 18세기, 국정 운영 틀의 혁신. (역사학회 편, "정조와 18세기." 서울: 푸른역사). pp. 54-77.
9. 박동욱 · 서신혜 역주(2009). 표암 강세황 산문전집. 姜世晃, 『豹菴遺稿』. 서울: 소명출판.

10. 변영섭(2013). 문화의 시대에 다시 읽는 강세황. (국립중앙박물관, "표암 강세황－시대를 앞서간 예술혼. 탄신 300주년 기념 특별전 전시도록"). pp. 314-325.
11. 오수창(2013). 18세기 조선 정치사상과 그 전후 맥락. (역사학회 편, "정조와 18세기." 서울: 푸른역사). pp. 28-53.
12. 이원복(2011). 표암 강세황의 화훼조충화. (국립중앙박물관, "표암 강세황－시대를 앞서간 예술혼. 탄신 300주년 기념 특별전 전시도록"). pp. 326-343.
13. 정우진・오이천・심우경(2013). 강세황의 「호가유금원기」로 살펴본 창덕궁 후원의 원형 경관 탐색. 한국전통조경학회지. 31(1): 87-97.
14. 조인수(2011). 조선 왕실에서 활약한 화원들: 어진 제작을 중심으로. (삼성미술관 Leeum, "조선화원대전 도록"). pp. 283-295.
15. 진상철(2012). 「동궐도」에 담겨 있는 우리나라의 조경. (고려대학교박물관, "동궐"). pp. 302-330.
16. 『승정원일기』(한국고전 종합 DB, http://db.itkc.or.kr).
17. 『정조실록』(한국고전 종합 DB, http://db.itkc.or.kr).
18. 『홍재전서』(한국고전 종합 DB, http://db.itkc.or.kr).
19. 국립중앙박물관(http://www.museum.go.kr).
20. 한국민족문화대백과사전(http://encykorea.aks.ac.kr)

8. 정조(正祖)의 궁원(宮苑) 유락(遊樂)

1. 김동욱(2001). 조선 시대 건축의 이해. 서울대학교출판부.
2. 김문식(2000). 정조 어제집『홍재전서』의 서지적 특징. 한국학중앙연구원 장서각. 제3집: 7-33.
3. 김상보(2015). 화폭에 담긴 한식. 서울: Hollym.
4. 김준혁(2008). 정조대 정치체제운영과 개혁정책. 동양 정치사상사. 7(2): 59-84.
5. 김현욱・김용기・최종희(2000). 조선왕조실록 분석을 통한 경복궁과 창덕궁 후원의 공간이용행위에 관한 연구. 한국정원학회지. 18(3): 41-50.
6. 김현욱(2007). 조선왕조실록에 나타난 창덕궁의 공간이용행위에 관한 연구. 한국전통조경학회지. 25(3): 40-52.
7. 김형찬 역(2013).『논어』. 孔子,『論語』. 서울: 홍익출판사.
8. 박동욱・서신혜 역주(2009). 표암 강세황 산문 전집. 姜世晃,『豹菴遺稿』. 서울: 소명출판.
9. 서백당(2009). 서백당・관가정의 건축과 의례, 송첨(松簷).
10. 신원봉(2009). 정조의 주역관. 동양문화연구. 제3집: 98-127.
11. 안대회(2009). 어찰첩으로 본 정조의 인간적 면모. 대동문화연구. 제66집: 145-174.
12. 이수학(2000). 창덕궁 후원의 경관에 관한 소고. 한국조경학회지. 28(1): 92-108.
13. 정옥자(2012). 지식기반 문화 대국 조선. 파주: 돌베개.
14. 정우진・심우경(2011). 창경궁 후원 이용의 역사적 고찰. 한국전통조경학회지. 29(1): 71-89.
15. 정우진・오이천・심우경(2013). 강세황의 「호가유금원기」로 살펴본 창덕궁 후원의 원형 경관 탐색. 한국전통조경학회지. 31(1): 87-97.
16. 최승희(1988). 해제. (민족문화추진회역, 「일성록」). pp. 1-20.

17. 홍형순(2011). 고전 시문을 통해 본 파초(*Musa basjoo*)의 식재 의미와 설계용도(Design Use). 한국전통조경학회지. 29(2): 52-62.
18. 『국조보감』(한국고전 종합 DB, http://db.itkc.or.kr).
19. 『다산시문집』(한국고전 종합 DB, http://db.itkc.or.kr).
20. 『동각잡기』(한국고전 종합 DB, http://db.itkc.or.kr).
21. 『연암집』(한국고전 종합 DB, http://db.itkc.or.kr).
22. 『일성록』(한국고전 종합 DB, http://db.itkc.or.kr).
23. 『정조실록』(한국고전 종합 DB, http://db.itkc.or.kr).
24. 『청장관전서』(한국고전 종합 DB, http://db.itkc.or.kr).
25. 『홍재전서』(한국고전 종합 DB, http://db.itkc.or.kr).
26. 문화재청 궁능유적본부 창덕궁관리소(http://www.cdg.go.kr).
27. 문화콘텐츠닷컴(www.culturecontent.com).
28. 한국민족문화대백과사전(http://encykorea.aks.ac.kr).
29. 한식 아카이브(http://archive.hansik.org).

9. 정조(正祖)의 화훼(花卉) 애호 태도와 의미

1. 국립산림품종관리센터(2015). 우리 산에 자라는 약용식물.
2. 국립전주박물관(2012). 호생관 최북. 탄신 300주년 기념 특별전 도록.
3. 김동욱・우희중(2008). 현륭원의 입지선정과 원침계획에서 정조의 역할. 건축역사연구. 17(5): 23-37.
4. 김동욱(1996). 조선 정조조의 창덕궁 건물구성의 변화. 대한건축학회논문집. 12(11): 83-93.
5. 김량회・김향미(2013). 조선 시대 정조의 미술교육 진흥정책과 자비대령화원 제도에 관한 연구. 조형교육. 제48집: 107-127.
6. 김문식(2014). 정조의 생각. 파주: 글항아리.
7. 김문식(2000). 정조 어제집『홍재전서』의 서지적 특징. 한국학중앙연구원 장서각. 제3집: 7-33.
8. 김백철(2011). 1990년대 한국사회의 '정조 신드롬' 대두와 배경. 국학연구. 제18집: 187-230.
9. 김인규(2009). 弘齋 正祖의 學問觀. 溫知論叢. 제23집: 293-320.
10. 김태정(1996). 한국의 자원 식물Ⅲ. 서울: 서울대학교출판부.
11. 김현옥(2010).『책문』에 나타난 정조의 학문관. 한문 고전연구. 제21집: 155-176.
12. 김효진・리상용(2012).『홍재전서』의 인용 문헌분석을 통한 정조의 독서 행태 연구. 서지학연구 제53집: 295-324.
13. 노영구(2016). 조선 후기의 전술. 서울: 그물.
14. 문화재관리국(1991). 동궐도.
15. 민선영(2013). 마음의 휴식을 위한 공부. 중국산문연구집간. 제3집: 114-126.
16. 백민정(2010). 정조의 학문관과 공부 방법론. 동양철학. 제34집: 467-524.

17. 수원화성박물관(2009a). 정조, 화성과 만나다. 개관기념 특별전 전시도록.
18. 수원화성박물관(2009b). 정조, 예술을 펼치다. 특별기획전 전시도록.
19. 신양선(1993). 조선 후기 정조 연구. 실학사상연구. 제4집: 89-136.
20. 신원봉(2009). 정조의 주역관. 동양문화연구. 제3집: 98-127.
21. 안대회(2011). 정조 치세어록. 서울: 도서출판 푸르메.
22. 안대회(2009). 어찰첩으로 본 정조의 인간적 면모. 대동문화연구. 제66집: 145-174.
23. 염정섭(2006). 18세기 후반 정조대 농정책의 시행과 의의. 농업사 연구. 5(1): 49-79.
24. 윤무학(2013). 조선 후기의 병서 편찬과 병학 사상. 한국철학논집. 제36집: 101-133.
25. 이기동(2012). 서경 강설. 서울: 성균관대학교출판부.
26. 정민(2005). 18, 19세기 문인 지식층의 원예 취미. 한국한문학연구. 제35집: 35-77.
27. 정민(2003). 「화암구곡」의 작가 유박(1730~1787)과 『화암수록』. 한국시가연구. 제14집: 101-133.
28. 정민(1995). 관물정신의 미학 의의. 동아시아문화연구. 제27집: 225-247.
29. 정옥자(2012). 지식기반 문화 대국 조선. 파주: 돌베개.
30. 정옥자(2003). 우리 선비. 서울: 현암사.
31. 최두진(2009). 정조대의 초계문신 교육제도 연구. 교육사상연구. 23(1): 229-248.
32. 최성엽(2007). 정조의 시관(詩觀)에 대한 고찰. 한문학보. 제17집: 391-411.
33. 한상권(2007). 정조의 군주관. 조선시대사학보. 제41집: 141-177.
34. 홍을표(2013). 西晉 馬隆의 西征으로 본 八陣圖. 중국사연구. 제83집: 1-36.
35. 홍형순(2015). 정조의 궁원 유락. 한국전통조경학회지. 33(4): 10-25.
36. 홍형순(2014). 표암의 「호가유금원기」에 나타난 궁원 유람행사의 내용과 의미. 한국전통조경학회지. 32(2): 1-11.
37. 홍형순(2011). 고전 시문을 통해 본 파초(Musa basjoo)의 식재 의미와 설계용도(Design Use). 한국전통조경학회지. 29(2): 52-62.
38. 『다산시문집』(한국고전 종합 DB, http://db.itkc.or.kr).
39. 『산림경제』(한국고전 종합 DB, http://db.itkc.or.kr).
40. 『연산군일기』(한국고전 종합 DB, http://db.itkc.or.kr).
41. 『인조실록』(한국고전 종합 DB, http://db.itkc.or.kr).
42. 『일성록』(한국고전 종합 DB, http://db.itkc.or.kr).
43. 『임하필기』(한국고전 종합 DB, http://db.itkc.or.kr).
44. 『정조실록』(한국고전 종합 DB, http://db.itkc.or.kr).
45. 『제갈량어복강팔진도(諸葛亮魚腹江八陣圖)』(한국학전자도서관, http://lib.aks.ac.kr).
46. 『홍재전서』(한국고전 종합 DB, http://db.itkc.or.kr).

10. **환경사 관점에서 본 조선 시대 궁궐에 범과 표범의 출몰**

1. 고태우(2016). 한국 근대 생태환경사 연구 동향. 2016년 생태환경사 학술대회, '역사와 생태환경의 만남, 연구 동향과 사례' 초록집: 5-17.
2. 국립고궁박물관(2016). 특별전 '영건(營建), 조선 궁궐을 짓다' 전시도록.
3. 국립문화재연구소(2011). 반구대 암각화.
4. 국립생물자원관(2013). '한국의 호랑이 문화와 복원 가능성 기초연구' 보고서.
5. 김기봉(2009). 환경사란 무엇인가. 서양사론. 제100호: 5-37.
6. 김동진(2017). 조선의 생태환경사. 서울: 도서출판 푸른역사.
7. 김동진(2007). 조선전기 강무의 실행과 포호 정책. 조선시대사학보. 제40권: 93-131.
8. 김동진(2005). 조선전기 농본주의와 포호 정책. 역사와 담론. 제41권: 71-116.
9. 김동진・이항(2011). 조선 시기 한국인과 한국 범의 관계 변화. 역사와 담론. 제58권: 155-185.
10. 김무진(2010). 조선전기 도성 사산의 관리에 관한 연구. 한국학논집. 40: 453-485.
11. 김영수(2013). 서울 한양도성의 보존현황과 주변부 관리. 도시인문학연구. 5(1): 66-96.
12. 김정미・경세진・조재모(2015). 경사 지형 활용의 관점에서 살펴본 경희궁의 배치에 관한 연구. 대한건축학회논문집(계획계). 31(1): 75-86.
13. 김철 역(2016). 언더우드 부인의 조선 견문록. Underwood, L. H.(1904). Fifteen Years Among the Top-knots. 서울: 이숲.
14. 김호근・윤열수 엮음(1986). 한국 호랑이. 서울: 열화당.
15. 서울특별시(1992). 서울의 조경.
16. 심승구(2007). 조선 시대 사냥의 추이와 특성. 역사민속학. 제24호: 164-197.
17. 안계복・이원호(2014). 조선 시대 궁궐 정원의 원형 경관 복원을 위한 제안. 한국전통조경학회지. 32(3): 10-20.
18. 오주석(2006). 이인문의 「강산무진도」. 서울: 신구문화사.
19. 이은옥 역(2009). 한국 호랑이는 왜 사라졌는가? 遠藤公男(1986). 파주: 이담 Books.
20. 이은옥・정유진 역(2014). 한국의 마지막 표범. 遠藤公男(2013). 파주: 이담 Books.
21. 정우진・고제희(2016). 조선 시대 궁궐 정전(正殿)의 배치형식에 투영된 풍수구조. 한국전통조경학회지. 34(1): 18-39.
22. 정우진・송석호・심우경(2013). 창덕궁 후원 존덕정 일원 지당의 변형과 조영경위에 관한 고찰. 한국전통조경학회지. 31(1): 71-86.
23. 정우진・심우경(2012). 창덕궁 태액지의 조영사적 특징. 한국전통조경학회지. 30(2): 46-63.
24. 정우진・심우경(2012). 조선 시대 궁궐 후원 농경지 조영의 특성. 한국조경학회지. 30(4): 62-77.
25. 정우진・심우경(2011). 창덕궁 후원 이용의 역사적 고찰. 한국전통조경학회지. 29(1): 71-89.
26. 정우진・오이천・심우경(2013). 강세황의 「호가유금원기」로 살펴본 창덕궁 후원의 원형 경관 탐색. 한국전통조경학회지. 31(1): 88-97.
27. 정호권(2016). 과연 우리나라에 야생호랑이와 야생표범은 존재하는가? MICE 관광연구. 제16권 제4호: 77-95.

28. 조계영(2008). 조선 시대 호환과 국가의 대책. 사학연구. 제91권: 189-223.
29. 조선일보(2018. 7. 26). 27면.
30. 조선일보(2018. 7. 23). 종합 A2면.
31. 조선일보(2018. 6. 9). 종합 A2면.
32. 조선일보(2018. 3. 12). 27면.
33. 주남철(2006). 한국건축사. 서울: 고려대학교출판부.
34. 중앙일보(2012. 9. 16). 10면.
35. 중앙 SUNDAY(2012. 9. 16). 288호 10면.
36. 진상철(2015). 동궐도에 보이는 궁궐 정원의 조영수법. 한국전통조경학회지. 33(4): 26-37.
37. 최종욱(2013). 우리나라 호랑이들의 멸종사. 대한수의사회지. 49(5): 275-276.
38. 한국조경학회 편(2011). 동양조경사. 서울: 문운당.
39. 한국전통조경학회 편(2011). 동양조경문화사. 서울: 도서출판 대가.
40. 환경부 보도자료(2016. 11. 2). 세계 최초 한국 표범 게놈 지도 완성.
41. 홍순민(2016). 한양도성. 서울특별시 한양도성 도감.
42. 홍형순(2015). 정조의 궁원 유락. 한국전통조경학회지. 33(4): 10-25.
43. 홍형순(2014). 표암의 「호가유금원기」에 나타난 궁원 유람행사의 내용과 의미. 한국전통조경학회지. 32(2): 1-11.
44. Hughes, J. D.(2015). 환경사의 세 차원. 생태환경과 역사. 창간호: 13-28.
45. 『고려사절요』(한국고전 종합 DB, http://db.itkc.or.kr).
46. 『목민심서』(한국고전 종합 DB, http://db.itkc.or.kr).
47. 『비변사등록』(국사편찬위원회 한국사 데이터베이스, http://db.history.go.kr).
48. 『승정원일기』(한국고전 종합 DB, http://db.itkc.or.kr).
49. 『승정원일기』(국사편찬위원회, http://sjw.history.go.kr).
50. 『일성록』(한국고전 종합 DB, http://db.itkc.or.kr).
51. 『조선왕조실록』(한국고전 종합 DB, http://db.itkc.or.kr).
52. 『증보문헌비고』(한국의 지식콘텐츠, http://www.krpia.co.kr).
53. 다음 지도(http://map.daum.net).

11. **현대 라이프스타일(Lifestyle) 관점에서 본 허균(許筠)의 『한정록(閑情錄)』**

1. 강혜은 · 이연숙(2004). 치료정원 관점에서 본 친환경 아파트의 조경실태. 한국생태건축학회. 4(2): 57-65.
2. 경남대학교 · 서울 서예박물관(2006). '시 · 서 · 화에 깃든 조선의 마음.' 전시도록.
3. 고연희(2011). 그림, 문학에 취하다. 서울: 아트북스.
4. 국립중앙박물관(2013). 표암 강세황－시대를 앞서간 예술혼. 탄신 300주년 기념 특별전 전시도록.
5. 김무한(2017). 건강환경 조성을 위한 주의회복이론 관점의 치유환경 고찰. 한국조경학회지. 45(1): 94-104.
6. 김미리 · 박옥련(2011). 라이프스타일의 유형별 스타마케팅의 관심도 및 헤어행동. 한국

인체미용예술학회지. 12(1): 167-179.
7. 김석하(1973). 한국문학의 낙원사상 연구. 서울: 일신사.
8. 김성진(2010). 조선 후기 소품문과 양생. 동양 한문학연구. 제30집: 203-233.
9. 김세영 · 주희정 · 심홍선 · 안득수(2008). 노인 요양병원 치료정원 조성을 위한 기초조사. 한국산림휴양학회지 12(1): 11-20.
10. 김영국(2010). 생활 속 느림의 미학 슬로시티, 도심형 올레를 통한 여성성의 구현. 젠더리뷰. 2010 가을호: 24-31.
11. 김영진(1986). 『한정록』을 통하여 본 허균의 농업경영 사상. 농촌경제, Vol. 9(2): 105-115.
12. 김영태(2017. 5. 28). Hwabyung(火病). Economic Review. (http://www.econovill.com/news/articleView.html?idxno=315410).
13. 김용범(1983). 허균연구(1). 국어국문학. Vol 89: 137-155.
14. 김용섭(1986). 『한정록』의 농업론. 동방학지. Vol. 52: 19-39.
15. 김용표(2010). 소동파의 양생 수련을 통해 본 '웰빙' 정신. 중국학보 제62집: 3-34.
16. 김은슬(2009). 『한정록』 현전본에 나타난 문헌의 인용 방식과 그 체계. 서지학보. 제33호: 55-88.
17. 김풍기(2014). 전란의 상처와 치유로서의 글쓰기. 문학교육학. 제43호: 9-33.
18. 김풍기 역(2004). 누추한 내 방, 허균 산문집. 서울: 태학사.
19. 김혜자(2010). 「병화사」를 통해 본 화예적 의미. 한국 화예 디자인학연구. Vol 23: 69-91.
20. 명계수 · 서진희(2010). 로하스 사회에서 유기농 과자 패키지의 발전 방향에 관한 연구. 브랜드 디자인학연구. 8(3): 142-152.
21. 미래창조과학부 미래준비위원회 · KISTEP · KAIST(2017). 10년 후 대한민국, 4차 산업혁명 시대의 생산과 소비. 고양: 도서출판 지식공감.
22. 민병욱(2013). 치유정원의 개념을 적용한 병원 옥외공간 조경설계. 한국조경학회지. 41(1): 82-92.
23. 박광희(2011). 웰빙 라이프스타일, 웰빙 태도, 삶의 만족 및 인구통계학적 특성 간 관계. 대한가정학회지. 49(7): 39-49.
24. 박영호(1991). 『한정록』 연구. 도교 문화연구 제5호: 237-255.
25. 박영호(1990). 전을 통해 본 허균의 도교 사상. 도교 문화연구. 제4집: 133-166.
26. 손문호(2002). 허균의 정치사상 연구. 사회과학연구. Vol. 15: 35-50.
27. 신병주(2002). 허균의 삶과 사상. 문헌과 해석. Vol. 19: 118-133.
28. 안득수 · 정나라 · 최영은(2006). 정신병원 치료정원 조성 기본계획. 한국산림휴양학회지 10(3): 9-19.
29. 양홍식(2013). 행복으로 가는 힐링(healing). 윤리문화연구. 제9호: 90-120.
30. 엄경섭(2015). 『한정록』을 통해 본 허균의 독서 경향. 동남어문논집. 제40집: 155-179.
31. 유홍준 · 이태호(2003). 유희삼매—선비의 예술과 선비취미. 서울: 학고재.
32. 윤재환(2016). 『성수시화』 속 풍격 용어를 통해 본 허균의 '청' 계열 풍격 연구. 동양고전연구. Vol 63: 9-40.
33. 이월령(1994). 허균의 몽기류 연구. 국어 문학. Vol 29: 49-72.
34. 이은엽 · 강명수 · 윤은주(2015). 공동주택단지의 치유 조경계획 가이드라인 연구. 한국

토지주택공사 토지주택연구원 보고서.
35. 전명수(2007). 한국 '웰빙' 문화에 나타난 뉴에이지 운동의 전일주의에 관한 일 고찰. 담론 201. 10(2): 5-39.
36. 정민(2000). 허균의 『동국 명산동천 주해기』와 도교 문화사적 의미. 도교 문화연구. 제 14집: 37-70.
37. 정숙인(2006). 성수시화에 나타난 허균의 풍격 비평. 우리문학연구. Vol 19: 261-284.
38. 정순희 · 김현정(2002). 라이프스타일 연구에 관한 이론적 고찰. 소비문화연구. 제5권 2호: 107-128.
39. 정옥자(2003). 우리가 정말 알아야 할 우리 선비. 서울: 현암사.
40. 조선일보(2017. 10. 25). B2면.
41. 조선일보(2017. 8. 17). B1면.
42. 조선일보(2017. 8. 17). C2면.
43. 진성수(2013). 동양철학의 생명관과 힐링 콘텐츠. 동양 철학연구. Vol 75: 7-37.
44. 최석기(2014). 조선 선비의 마음공부, 정좌. 서울: 보고사.
45. 최창조(2007). 도시 풍수. 서울: 황금나침반.
46. 최화열 · 박연옥 · 윤병국(2015). 슬로우 투어리즘에 대한 탐색적 연구. 관광연구저널. 29(2): 173-183.
47. 한영규(2008). 소품문 글쓰기와 임원경제. 한문학보. Vol. 18: 908-931.
48. 한영규(2002). '한적'의 선망과 『한정록』. 문헌과 해석. Vol. 19: 165-176.
49. 허경진(2013). 허균 연보. 서울: 보고사.
50. 『선조실록』(한국고전 종합 DB. http://db.itkc.or.kr).
51. 『성소부부고』(한국고전 종합 DB. http://db.itkc.or.kr).
52. 『청장관전서』(한국고전 종합 DB, http://db.itkc.or.kr).
53. 『한정록』(한국고전 종합 DB. http://db.itkc.or.kr).
54. '조선일보 라이프 쇼' 홈페이지(https://www.chosunlifeshow.com).
55. 중국역대인명사전(http://terms.naver.com/entry.nhn?docId=1709232&cid=42981&categoryId=42981).
56. Cittaslow International Headquarter(http://www.cittaslow.org).
57. Natural Marketing Institute homepage(http://www.nmisolutions.com).
58. The Cleveland Museum of Art(http://www.clevelandart.org).

홍형순

공학박사, 조경기술사.

1957년 충청북도 충주에서 출생했다. 청주대학교 조경학과를 졸업한 후 한양대학교 환경과학대학원과 청주대학교 대학원에서 학위를 취득했다. 1986년부터 1996년까지는 한국종합조경㈜와 ㈜신화컨설팅에서 조경계획과 설계 실무에 종사했다.

1997년부터 중부대학교 환경조경학과 교수로 재직 중이다. 우리나라 전통 정원의 미학, 여기에 내재한 문화와 사상적 배경 등에 학문적 관심을 두고 있다.

2007년 5월부터 2015년 4월까지 문화재청 문화재전문위원, 2015년 5월부터 문화재위원(민속분과)으로 활동하고 있다. 『조경설계론』(기문당, 1999), 『서양 조경사』(문운당, 2005), 『텍스트로 만나는 조경』(나무 도시, 2007), 『조경학의 이해』(기문당, 2008) 등의 공저가 있다.

옛글과 그림으로 본

한국 정원의 내면 읽기

초판인쇄 2019년 7월 12일
초판발행 2019년 7월 12일

지은이 홍형순
펴낸이 채종준
펴낸곳 한국학술정보㈜
주소 경기도 파주시 회동길 230(문발동)
전화 031) 908-3181(대표)
팩스 031) 908-3189
홈페이지 http://ebook.kstudy.com
전자우편 출판사업부 publish@kstudy.com
등록 제일산-115호(2000. 6. 19)

ISBN 978-89-268-8859-9 93610